贵州破产法治
发展报告

主　编 / 邓德禄　陈应武
执行主编 / 贾梦嫣　雷　苑

REPORT ON
INSOLVENCY LAW
DEVELOPMENT IN GUIZHOU

社会科学文献出版社
SOCIAL SCIENCES ACADEMIC PRESS (CHINA)

贵州破产法治发展报告
编 委 会

编委会委员 （以姓氏笔画排列）

王 璐　邓成军　邓德禄　归 东　孙 玉

吴大华　吴月冠　张 可　张瑜瑶　陈应武

陈露桦　罗 宁　郑锡国　孟庆艳　胡月军

贾梦嫣　雷 苑　虞 沁　潘 虹　潘志成

潘善斌

主 编　邓德禄　陈应武

执 行 主 编　贾梦嫣　雷 苑

副 主 编　归 东　胡月军　吴月冠　张 可　孟庆艳

郭 佳

作 者 （以姓氏笔画排列）

丁丽萍　马 倩　马贵强　王 飞　王 晶

王化宏　王军武　王曼茜　韦 娟　韦嫣婷

邓成军　龙 斐　龙婷婷　归 东　田 滔

朱俊蓉　刘 熹　刘廷艳　刘晓玲　李 枚

李家荣　杨 杰　杨存梅　杨启孟　杨金练

杨济峄	肖埔乐曦	吴玉梅	何炎霖	宋瑱瑱
张 忙	张 杰	张 雪	张玉福	张金勇
张瑜瑶	陈万莉	陈美姣	罗 宁	罗 强
罗依婷	郑锡国	居丽卿	孟荣钊	柳 燕
钟娇娇	姚 斌	袁晶晶	贾梦嫣	郭 佳
彭 娟	舒子贵	鲁 迪	谢 伟	谢 军
雷 苑	詹 雨	谭雅露	戴兴栋	

摘　要

当前，破产已成为推动产业提质升级和新旧动能转换的重要方式，拓展经济市场空间、激发市场活力的重要政策工具，以及观察营商环境构建的重要窗口。回顾中国破产法治发展历程，中国的破产法是在计划经济体制向市场经济体制转轨的改革开放过程中诞生的，这意味着，中国破产法的发展与完善必然是一个充满艰难、困惑、徘徊的过程，但最终一定会遵循市场经济的规律，建立起具有中国特色的完善的破产法律制度。

近年来，贵州省坚持以习近平新时代中国特色社会主义思想为指导，深入学习贯彻党的二十大精神和历次全会精神，深入践行习近平法治思想，围绕"努力让人民群众在每一个司法案件中感受到公平正义"的目标，立足贵州实际，聚焦破产法治发展中心热点难点问题，持续强化破产应用法学研究和法治专业人才队伍建设，力争推出一系列实践性与学理性并重、能够有效服务地方经济社会高质量发展和高质量安全的应用法学成果，为推动更高水平法治贵州建设贡献力量。

本书集中收录了近年来贵州破产法治领域里一些具有代表性的调研报告、理论文章等研究成果。研究的主题涵盖小微企业破产、破产审判专业化建设、管理人队伍建设、"执破融合"、个人债务集中清偿、法治化营商环境建设、破产重整涉税问题等，研究主题深具法治发展时代印记。相关作者包括来自科研院所、司法机关、行政机关的学者，法官、检察官和破产管理人等。这些研究成果，从不同方面、不同视角，反映了研究者的所思、所想、所惑、所得。诸多不同的甚至是冲突的观点汇聚在一起，构成了贵州破产法治发展的图景，也记录了中国的破产法治的发展历程。

关键词： 破产法治　营商环境　小微企业破产　破产审判专业化　贵州省

目　录

小微企业破产重整机制创新研究

破产管理人履职监督问题研究

破产审判专业化建设与裁判规则研究

"执破融合"机制创新研究

破产重整与困境企业拯救

目 录

个人债务集中清偿债制度探索

府院联动与法治化营商环境建设

G 1

中小微企业快速重整机制的困局与破局[*]

——以 2018~2023 年贵州法院受理案件为视角

贵州省高级人民法院、贵州省社会科学院联合课题组[**]

摘　要：中小微企业在经济社会发展中的重要意义不言而喻。在当前市场环境下，中小微企业对于重整制度的需求更显迫切。但是，中小微企业的特性与现行破产重整制度存在内在冲突，主要表现为主体不适性、自行管理制度形同虚设、出资人权益调整难等。推进中小微企业快速重整，要准确界定中小微企业的范围，准确识别中小微企业的法律特性，以企业主体为分类标准，构建多元化的程序机制；对绝对优先原则进行适度修正；构建对债务人或者企业主更加友好的重整规则。

关键词：中小微企业　快速重整　贵州省

---

[*] 如无特殊说明，本报告数据来源于贵州省高级人民法院。

[**] 课题组成员：雷苑，贵州省高级人民法院民二庭庭长；贾梦嫣，贵州省社会科学院法律研究所研究员；郭佳，贵州省高级人民法院民二庭法官助理。

中小微企业在经济社会发展中的重要意义不言而喻。根据联合国统计，全球 90% 以上的企业是中小微企业，中小微企业提供了超过 70% 的雇佣市场，贡献了超过 5% 的全球经济 GDP。① 中小微企业也是贵州省企业中数量最大、最具活力的群体，据统计，2021 年前三季度，全省规模以上工业中小微企业有 4579 家，实现总产值 5182.5 亿元、营业收入 4329.65 亿元、利润总额 226.41 亿元、税金总额 155.71 亿元，平均用工人数达 47.22 万人。规模以上中小微企业工业增加值占比达 56.4%。②

受其特性所致，中小微企业的生命周期普遍较短。数据显示，我国中小微企业的平均生命周期仅为 3 年;③ 同时，中小微企业运营"僵尸化"现象明显，2000~2013 年，中小微"僵尸企业"绝对数量和占全部"僵尸企业"数量的比例不断上升，最高峰时，中小微"僵尸企业"数量占全部"僵尸企业"数量的 77%。④ 可以说，在当前市场环境下，中小微企业对于重整制度的需求更显迫切。中小微企业破产也是世界银行"营商环境"评估重点关注的内容。该评估指标强调，与大型企业有所不同，中小微企业通常在进入或寻求破产程序支持时已经不具有太多有价值的资产，评估指标主要看是否针对中小微企业建立简化的破产清算及重整程序，包括给予"诚信"个人债务人债务豁免、更短的法定债务限额、更低的程序准入门槛及程序转换的可能性。近年来，我国各地法院陆续出台了与中小微企业快速或简易破产重整有关的规范性文件。2022 年 4 月 25 日，北京一中院率先出台了全国首个专门规范中小微企业快速重整的制度规范——《中小微企业快速重整工作办法（试行）》。贵州省高级人民法院于 2023 年 12 月出台了《贵州省高级

---

① 联合国网站，https://www.un.org/en/observances/micro-small-medium-businesses-day，最后访问时间：2024 年 7 月 15 日。

② 《2021 年贵州中小企业运行情况新闻发布会》，http://www.scio.gov.cn/xwfb/dfxwfb/gssfbh/gz_13849/202207/t20220716_241374_m.html，最后访问时间：2024 年 8 月 2 日。

③ 《工商总局局长：我国小微企业平均生命周期仅三年》，https://news.cctv.com/2018/03/01/ARTIHfIdKuk11HFxvHqfZFk2180301.shtml，最后访问时间：2024 年 8 月 10 日。类似观点还可参见何长见、何毅：《中国小企业发展的系统性障碍与制度创新》，中国大地出版社，2007。当然，小微企业退出市场的方式是多样的，破产只是其退出市场的方式之一。

④ 方明月、张雨潇、聂辉华：《僵尸企业为何僵而不死？如何破局?》，中国人民大学国家发展与战略研究院网站，http://nads.ruc.edu.cn/xzgd/4f9b9883b99f48ad9ae92e19c283b7a2.htm，最后访问时间：2024 年 9 月 1 日。

人民中小微企业快速重整工作办法》。西安中院、衡阳法院等地方法院相继出台了针对中小微企业快速重整的工作指引文件。上述几家法院的文件内容大致相同，都是围绕中小微企业的识别和重整准入条件、自行管理的运用、对时限指标的缩短、出资人权益的多样化调整等内容展开，仅对可适用"快速重整"程序企业的无担保债务数额的上限有不同规定。

但是，以上制度的设计是否有助于切实提高对中小微企业的特殊保护和提高破产审批效率，还需要从实证角度进行观察。本报告以贵州法院 2018~2023年的重整案件作为分析样本，从审限、债务人情况、债权人情况、出资人权益调整情况、投资人来源、重整成功概率等方面，勾勒出贵州法院重整案件审判工作的大致轮廓，对制约重整工作效率的因素进行类型化分析，提出重构中小微企业快速重整工作机制的几点建议，为下一步贵州法院破产重整工作的质效提升提供方向和思路。

一　2018~2023年贵州法院破产重整工作基本概况

（一）破产案件审理总体情况

2018~2023 年，贵州省三级法院共受理申请破产案件（包含案号名称为"破申""破终"的案件）1892 件，其中，破产清算案件 1596 件，破产重整案件 291 件，破产和解案件 5 件。从数量上看，破产清算案件仍然是破产案件的主流，占破产案件总数的 84.4%，破产重整案件仅占破产案件总数的 15.4%。

从申请受理情况来看，自 2018 年开始，贵州省受理的破产案件逐年上升。2018 年，全省受理破产清算案件 140 件、破产重整案件 17 件；2023年，受理破产清算案件 527 件、破产重整案件 85 件。从申请人类型来看，2018~2023 年，债务人申请破产清算案件的数量高于债务人申请破产重整案件的数量，在 291 件破产重整案件中，债务人申请的有 120 件，占比41.2%；在 1596 件申请破产清算案件中，债务人申请的有 248 件，占比15.5%（见图 1）。

从审结情况来看，2018~2023 年，全省三级法院共审结破产案件（案号名称为"破终"的案件）945 件，其中破产清算 751 件，破产重整 163 件，破产

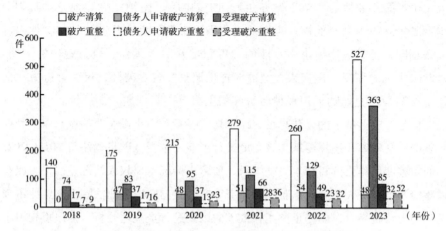

图 1　2018～2023 年全省法院申请破产及受理情况

和解 31 件。通过结案方式进行筛选，① 并去除掉重复或者最终未实际进入破除审判程序的 30 件外，最终可用于本文分析的样本案件数量为 165 件（含破产重整和破产和解案件）。分地域看，经济较为活跃、特色产业较为集群的地区如遵义市、六盘水市占据了破产重整案件的前两位，经济欠发达地区的破产案件数量也相对较少，如铜仁市、黔东南州等（见图 2）。

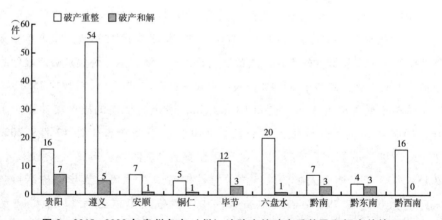

图 2　2018～2023 年贵州各市（州）法院审结破产重整及和解案件情况

① 对提取样本数据进行筛选的原因是，许多案号为"破×"字号的案件，结案方式可能为裁定驳回申请、撤回申请或移送其他法院管辖等，并未实际开展破产审理工作，故该部分案件不应被纳入本文所指的破产重整或和解案件。

4

从重整计划通过情况看，2018～2023年审结的141件破产重整案件中，以"批准重整计划并终止重整程序"方式结案的有130件，以"重整转清算"方式结案的有10件，以"重整转和解"方式结案的有1件。24件破产和解案件全部以"认可和解协议并终结破产程序"方式结案。在130件以"批准重整计划并终止重整程序"方式结案的重整案件中，运用"强制裁定"批准重整计划的为51件，未运用"强制裁定"方式批准重整计划的79件。整体来看，贵州省2018～2023年审结的重整案件质效尚可，但以"强制裁定"方式批准的重整案件占比较高。

（二）2018～2023年全省破产案件的行业、规模、负债分布

从行业分布情况来看，贵州省重整案件主要分布于房地产业（60家）、采矿业（33件）两大行业，其次为制造业（32件）、批发零售业（10件）、建筑业（6件）等（见图3）。

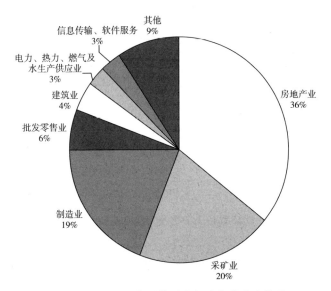

图3　2018～2023年重整及和解案行业分布情况

各市（州）的重整案件行业分布情况呈现不同的特点，如遵义市的重整案件所涉及产业最多，依次是房地产业（25家）、制造业（10家）和采矿业

（9家）等。而在矿产资源较为丰富的六盘水市、毕节市等地区，采矿业企业破产占据了破产重整案件的半壁江山，如六盘水市受理的21件案件涉采矿业9件，占42.9%，其次为房地产行业7件，其余行业各1件。再如毕节市办理的15件案件中，涉采矿业9件，占60%，其次为房地产业（5件）。房地产业与采矿业虽然在各市（州）的占比有所不同，但总体看仍是重整及和解案件的主流。

从企业规模来看，进入破产前，企业从业人员在20人以下的有71家，20~50人的有33家，51~100人的为12家，100人以上的为28家。根据《关于中小微企业划型标准规定的通知》的标准，贵州省破产重整的企业95%以上属于"中小微企业"（见图4）。

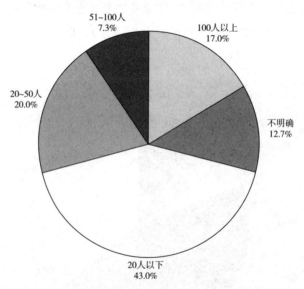

图4　2018~2023年进入破产程序前企业从业人员人数情况

从债务金额来看，负债在5000万元以下的有47家，负债在1亿~5亿元的有51家，负债50亿元以上的有7家（见图5）。这与贵州省破产企业的行业分布情况是相关联的。

统计期间内，负债金额最大的为遵义市中级人民法院审理的（2023）黔03破5号贵州渝能矿业有限责任公司等6家公司合并破产重整案，负债金额

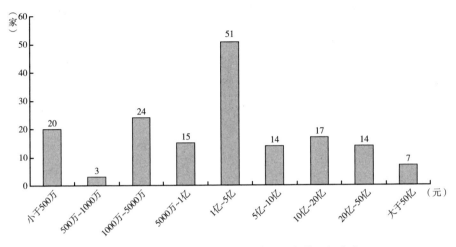

图 5　2018~2023 年重整和解案件企业负债区间分布

注：区间含左不含右。

为 72.96 亿元。① 非合并重整案件中负债金额最大的为贵阳市中级人民法院审理的 （2018） 黔 01 破 12 号贵州国源矿业开发有限公司破产重整案，负债金额为 69.42 亿元。

　　从数据看，贵州省重整和解案件中，企业的负债金额绝大多数在 500 万元及以上，但是，即使大多数企业符合中小微企业划型标准中关于中小微企业的标准，也并不一定适用贵州省高级人民法院《中小微企业快速重整工作办法（试行）》进行审理。这主要是因为可进行快速重整的中小微企业需要同时满足债务数额等方面的要求。例如，假设债务人企业本身债务关系复杂、债权人多，即使其在规模上符合中小微企业的标准，也无法适用《中小微企业快速重整工作办法（试行）》快速解困。

---

① 该案为 6 家关联企业合并重整案件，即贵州能渝煤业开发有限责任公司、贵州庆源矿业开发有限公司、贵州金宏煤炭开发有限公司、遵义黔渝煤业开发有限责任公司、贵州官仓矿业开发有限公司、贵州渝能矿业有限责任公司合并破产重整，故债务金额实际为 6 家企业的债务总额。

（三）2018~2023年重整和解案件引入投资人及出资人权益调整情况

从投资人来源渠道看，在成功引入投资人的案件中，有46件投资人来源于公开网络招募，14件来源于线下招募，13件来源于原股东或实际控制人介绍，此外，还有2件是由政府平台公司介入，4件依靠企业原股东出借款项自救（见图6）。

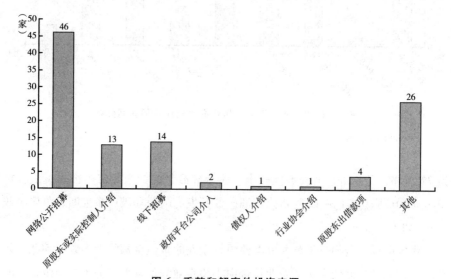

图6　重整和解案件投资来源

在提取到有效数据的105件[①]案件中，有66家企业的股东或出资人同时担任该企业的法定代表人或"董监高"职务，有39家企业股东未直接显示担任企业职务。

在调整原出资人权益方面，在提取到有效数据的74件引入新"投资人"的重整案件中，有66件通过"出资人无偿让渡95%以上股权"的方式调整出资人权益，有3件通过"增资扩股"方式调整，有3件未调整，有1件通过"限制分红"方式调整，仅有1件通过"补偿原出资人"方式调整（见图7）。[②] 进入破

---

① 成功引入投资的107件重整和解案件中，有2件未提取到有效数据。

② 参见（2021）黔01破12号"贵阳大数据交易所有限责任公司破产重整案"，该案中引入投资1658万元，该金额足以覆盖企业债务，原出资人在获得部分补偿后让渡股权。

产重整的中小微企业多采取"经营权+所有权"合一的经营模式，股东往往同时担任公司的"董监高"职务，掌握公司的经营权。一旦企业进入破产重整程序，战略投资人往往以获取重整企业的经营权为对价支付投资款，股东完全失去公司的经营控制权和收益，对出资人权益的调整方式较为单一。

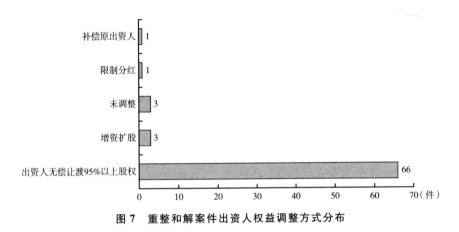

图7　重整和解案件出资人权益调整方式分布

二　中小微企业的法律特性及其与破产重整制度的内在冲突及调适

（一）"中小微企业"范围确定难

如何准确界定中小微企业的范围，是构建中小微企业快速重整特殊规则需要首先回答的问题。即使在同一国家的不同行业，对中小微企业的认定标准都可能大不相同，更没有一个全球公认的定义。① 在我国，通常以国

---

① Khrystyna Kushnir, " A Universal Definition of Small Enterprise: A Procrustean bed for SMEs?" https: //blogs. worldbank. org/en/psd/a-universal-definition-of-small-enterprise-a-procrustean-bed-for-smes? _gl = 1 * u7pqo2 * _gcl_au * MTQxMTk3NzA4Ni4xNzI1MTc3MzM1。在该文中，作者举例指出，"For example, in China an MSME can be an enterprise with 1 to 3000 employees; total assets from ￥ 40 to 400 million and business revenues from ￥ 10 to 300 million depending on the industry. Meanwhile, the EU considers an MSME an enterprise with up to 250 employees and turnover of no more than € 50 million or a total balance sheet of no more than € 43 million"。

家统计局等部委联合印发的《统计上大中小微企业划分办法（2017）》①作为划分标准。该办法根据不同行业的特点，从员工人数、营业收入、资产总额3个因素进行认定。但是，在破产语境下，这些因素可能难以获取或者难以客观、全面地反映企业规模情况。在司法实践中，有的地方将债务规模大小、债权人人数等因素，作为识别中小微企业的主要标准（见表1）。

表1　部分省份法院破产审判中关于适用中小微企业破产的标准条件

文件名称	标准条件
北京破产法庭《中小微企业快速重整工作办法(试行)》	第二条　本办法适用于债权债务关系明确,财产状况清楚,且符合下列条件之一的中小微企业重整案件: (一)无财产担保负债总额不超过1亿元的企业; (二)符合国务院相关部门制定的中小微企业划型标准规定的企业
重庆市第五中级人民法院《小微企业破产案件审理指引(试行)》	第一条　本指引适用于同时符合下列条件的债务人财产状况清晰、债权债务关系简单、债权人人数较少的小微企业破产案件: (一)债务人主要财产权属无争议且易处置; (二)债务人的债权债务关系相对明确; (三)债权人人数在100人以下
贵州省高级人民法院《贵州省中小企业快速重整工作办法（试行）》	符合《中小企业划型标准规定》(工信部联企业〔2011〕300号)中小微企业标准的重整案件,同时具备以下条件的,适用本办法: (一)债权债务关系明确,财产状况清楚; (二)企业无财产担保负债总额不超过5000万元; (三)债权人人数不超过50家; 债务人申请适用本办法的,企业职工人数一般不超过100人,超过100人的,申请时应当提交经职工大会或职工代表大会审议通过的职工安置方案。 本办法公布后国务院有关部门对《中小企业划型标准规定》作出修订的,以最新标准为准

此外，从世界银行"营商环境"评估角度而言，在英文语境中，"MSMEs"指"中小微企业"，但该词的含义可能随着立法文本的不同而呈现不同的含义。例如，联合国国际贸易法委员会起草的《简易破产制度文本草案》中将"中小微企业"界定为个人企业经营者（指以独资形式从事某一行业的自然人或无限责任的小企业自然人业主及成员）、无限责任小微企业（不

---

① 2011年制定，2017年修订。

具有独立法人人格的微型和小型企业创建人）、有限责任小微企业。显然，我国目前语境下的"中小微企业"的范围较世行范围或联合国国际贸易法委员会《简易破产制度文本草案》中的范围更窄，这是因为我国现行的《中华人民共和国企业破产法》将申请破产的主体限定为企业法人。① 由于我国目前尚未建立对商业主体个人如个体工商户、家庭联产承包户等从事商事活动但并非企业法人主体的专门破产制度，破产语境中的"中小微企业"的范围因上位法制度供给缺失而存在天然缺陷。②

（二）自行管理制度"形同虚设"

关于重整中的自行管理制度，《中华人民共和国企业破产法》中仅有第七十三条③对自行管理进行了粗略规定。对于重整中企业开展自行管理的条件、监督、程序转换等问题，该法没有明确。各地法院围绕中小微企业出台的快速重整规范性文件中对"自行管理"制度进行了进一步探索，如贵州省高级人民法院出台的《中小微企业快速重整工作办法（试行）》第十条至第十四条对自行管理的准入条件、权限等进行了规定。但是，实务中，债务人自行管理制度"形同虚设"。在调研的案件中，仅有 4 家采用自行管理方式完成重整，而这 4 家企业选择自行管理的前提均为未引入新的投资方。

"自行管理"方式之所以被运用得较少，大致有如下几个方面的原因：一是普遍认为自行管理的企业可能会陷入道德困境，让已经资不抵债经营失败的债务人继续管理公司，无法保证债权人所得清偿会比目前更优；二是目前在法律层面尚无可操作的标准，对于自行管理的债务人缺乏有效的

---

① 《中华人民共和国企业破产法》第二条：企业法人不能清偿到期债务，并且资产不足以清偿全部债务或者明显缺乏清偿能力的，依照本法规定清理债务。企业法人有前款规定情形，或者有明显丧失清偿能力可能的，可以依照本法规定进行重整。

② 在《中华人民共和国企业破产法》修订之际，结合我国各省区市法院前期已试点开展的"个人破产"工作实践，有必要将商事主体如个体工商户、个人独资企业、家庭联产承包经营户甚至消费者等纳入法律规定的破产主体范围，解决主体不适格带来的实践无所适从的僵局，也更接近世行"BEE"语境下的"中小微企业"的范围。

③ 《中华人民共和国企业破产法》第七十三条：在重整期间，经债务人申请，人民法院批准，债务人可以在管理人的监督下自行管理财产和营业事务。有前款规定情形的，依照本法规定已接管债务人财产和营业事务的管理人应当向债务人移交财产和营业事务，本法规定的管理人的职权由债务人行使。

监督标准，很难保证不引发债权人的信任危机或债务人的"监守自盗"行为。

（三）出资人权益调整难

调研的重整案件中，对出资人权益的调整方式较为单一。在提取到有效数据的 74 件案件中，有 66 件通过"出资人无偿让渡 95% 以上股权"的方式调整出资人权益，即将原有的出资人权益归零。这意味着企业一旦选择进入破产程序，原出资人往往面临着"全无"的后果。将出资人权益化整为零的"主流做法"大概是受到"绝对优先原则"[1] 的主流观点的影响。有学者指出，如企业因资不抵债进入破产程序，出资人不得再继续保留企业的股权。[2]《中华人民共和国企业破产法》第八十七条是关于重整计划表决及法院强制裁定批准重整计划的规定；第一百一十三条是关于企业破产财产清偿顺序的规定。虽然法律未对出资人的权益和顺位进行明文规定，但从对于公司股东持有债权原则认定为劣后等实务倾向可看出，实务中对股东债权的认定较为严苛。

在中小微企业破产重整案件中，过分强调"绝对优先原则"可能存在以下问题。第一，重整程序是"向死而生"的程序，重整的企业仍继续经营，可能继续产生营业收入和经济价值，这与破产清算中"必死无疑"的企业有着本质不同，这也就意味着对重整企业不可能作出准确无误的估值，若该基础不存在，则对各顺位债权人的分配基础亦不复存在。第二，"绝对优先原则"缺乏对债务重整的宏观性和全局性的考虑。重整中除了需考量对债权人的保障和清偿问题之外，更需要将重整企业的商业计划和营利计划纳入重整计划考量中，必要时债权人的地位需让位和服从于重整企业的经营计划。如果每个债权人都高举"债权人大旗"而缺乏对重整工作整体的考虑，则重整工作很可能因内部分化或矛盾无法开展。不少学者也已注意到，在破产重整程序尤其是中小微企业的重整程序中，一味贯彻"绝对优先原则"，忽略对原出资人的保

---

[1] "绝对优先原则"又称绝对主义，绝对顺位规则（Absolute Priority Rule）是美国 1978 年破产法修改时对重整计划强制批准设置的标准，它要求在原出资人获得或保留任何利益之前，无担保债权人须得到完全清偿。

[2] 许德风：《公司融资语境下股与债的界分》，《法学研究》2019 年第 2 期。

护，其后果是将使重整程序"清算化"，将一个正常经营的企业分解为一池子的静态现金供债权人分配和排序，与企业经营常识相悖。[①]

进一步看，与大型企业中职业经理人与股东身份分离的情况不同，中小微企业的一大特征即中小微企业的经营权和所有权呈现"二合一"的形态，股东往往同时担任公司的高管，企业的经营往往可能对股东个人的客户资源、特殊才艺等有严重依赖。如直接将出资人权益全部化整为零，对于盘活企业可能有害无益，但如何调适此种情况下的债权人利益和出资人利益矛盾，需要进一步理论证明。

（四）资产高混同性和经营高度依赖性导致流通性低

鉴于中小微企业在本质上有别于大型企业的法律特征，有必要构造一种有别于普通重整制度的中小微企业重整规则。[②] 中小微企业具有以下法律特性：中小微企业与企业主关联性强，法人治理结构不完善；中小微企业具有强烈的"人身属性和个人色彩"，[③] 其所有权与经营权密不可分。这决定了"在中小微企业重整中，出资人可以基于出资人和经营者双重身份参与谈判"。[④] 中小微企业的"人身属性和个人色彩"，不仅表现为企业的股东往往也是经营者，而且其经营管理人员甚至一些债权人也可能是家庭成员、亲友等具有较深情感联结的人员，此外，企业主的专业知识、人脉资源及其与业务的特殊联系，也可能对企业的生存发展影响较大。

在破产的情况下，即使企业股东的权益被调整为零，企业主对于破产企业和破产程序也有较强的控制权或者"控制欲"。现行《中华人民共和国企业破产法》虽然规定在重整期间，经债务人申请，人民法院批准，债务人可以在管理人的监督下自行管理财产和营业事务，[⑤] 实践中的重整模式却主要是以管理人管理为常例，以债务人自行管理为例外。再加上中小微企业法人治理

[①] 韩长印：《中小企业重整的法理阐释与制度重构》，《中国法律评论》2021 年第 6 期。

[②] 韩长印：《中小微企业重整的法理阐释与制度重构》，《中国法律评论》2021 年第 6 期。

[③] 徐阳光、武诗敏：《我国中小微企业重整的司法困境与对策》，《法律适用》2020 年第 15 期。

[④] 韩长印：《中小微企业重整的法理阐释与制度重构》，《中国法律评论》2021 年第 6 期。

[⑤] 《中华人民共和国企业破产法》第七十三条。

结构不完善，为了避免企业主利用重整程序"逃废债"损害债权人的权益，在中小微企业的重整中由债务人自行管理的例证就更少。一旦进入重整程序，企业主几乎不可避免地丧失对企业的控制权和话语权，甚至完全"出局"，这在一定程度上影响了中小微企业重整的积极性，也不利于重整程序的推进。

中小微企业财产与企业主或其关联人的个人财产混同度高。家族经营是中小微企业的突出特征。一方面，企业财产与企业主或其亲友等关联人的财产混同，企业与个人之间的资金拆借、流转频繁，普遍存在"体外循环"的现象。另一方面，当中小微企业陷入财务困境时，通常由企业主或其亲友等关联人提供担保、借款。因此，中小微企业的重整，既是对企业本身的挽救，也是对企业主个人财务状况的清理。[①] 中小微企业股权等权益和资产的流通性低，营业具有脆弱性，变价难度大，重整周期长、成本高。同时，重整计划执行的不确定性大，即便顺利进入重整计划的执行阶段，能够用于债权清偿或者分配的资金或者财产往往所剩无几，债权清偿率低。

三　路径与重构：推进中小微企业快速重整的理论基础与实践路径

（一）总体思路上，以企业主体为分类标准，构建多元化的程序机制

《全国法院破产审判工作会议纪要》指出，建立破产案件审理的繁简分流机制。对于债权债务关系明确、债务人财产状况清楚的破产案件，可以通过缩短程序时间、简化流程等方式加快案件审理进程，但不得突破法律规定的最低期限。[②]

当前，很多法院都在探索破产案件"繁简分流"。但是，简易破产程序不等同于中小微企业破产程序，就中小微企业快速破产而言，以"繁简分流"为主要范式的探索存在两个天然的缺陷。第一，当前，简化程序主要用于破产清算案

---

①　徐阳光、武诗敏：《我国中小微企业重整的司法困境与对策》，《法律适用》2020年第15期。

②　《全国法院破产审判工作会议纪要》第29条。

件，而在破产重整案件中运用较少。第二，由于繁简区分主要是以债务人财产金额、债权债务金额作为区分标准，这意味着这种简化或者加速主要是在程序规则的层面上进行的，难以在实体规则层面有所突破，[①] 简而言之，程序简化并不能解决中小企业破产中的特殊问题。[②]

因此，应当根据主体区分的标准，为中小微企业构建充分反映其特性、回应其需求的重整程序，提高重整程序与这类主体的适配性，更好地发挥破产重整程序的价值和作用。

（二）制度理念上，对绝对优先原则进行适度修正

如前文所述，中小微企业破产制度的构建，绝不仅仅意味着程序上的简化，而更需要在制度理念和实体规则上有所突破。在制度理念上，应当适度地突破绝对优先原则，构建对债务人或者破产企业更加友好的破产机制。

绝对优先原则是现代破产法的核心原则，拥有悠久的历史，并被各国普遍接受。在这一原则下，只有当排序在先的债权人获得全额清偿或者放弃其优先地位时，后一顺位的债权人才能获得清偿，股东的优先地位则劣于所有的债权人。[③] 这一原则见诸《中华人民共和国企业破产法》第一百一十三条、第八十七条等规定。例如，依《中华人民共和国企业破产法》第八十七条之规定，只有在职工债权、税款债权将获得全额清偿，且重整计划草案所规定的债权清偿顺序并不违反第一百一十三条之规定的情况下，人民法院才可对重整计划草案进行强裁。近年来，一些学者对"绝对优先原则"进行了反思和修正。例如有学者认为"绝对优先原则"让股东难以参与企业拯救，从而影响拯救的成功率，[④] 而一些实体因规模、特征、地域和产量等原因，只有股东兼任管理层才具有重整可行性。[⑤] 在国外法律中，如美国《小型商业重整法》以相对优先规则取代了原先法院强裁所要遵守的绝对优先原则；《欧盟重组指令》则允

---

① 徐阳光、武诗敏：《我国中小微企业重整的司法困境与对策》，《法律适用》2020 年第 15 期。
② 王欣新：《破产法修改中的新制度建设》，《法治研究》2022 年第 4 期。
③ 苏洁澈、贺丹、刘颖：《营商环境优化视域下破产法修改前沿问题笔谈》，《政法论坛》2024 年第 2 期。
④ 贺丹：《破产重整优先规则：实践突破与规则重构》，《政法论丛》2022 年第 2 期。
⑤ 苏洁澈、贺丹、刘颖：《营商环境优化视域下破产法修改前沿问题笔谈》，《政法论坛》2024 年第 2 期。

许其成员国选择适用绝对优先原则或者相对优先原则，为法院提供了更灵活及多元的强裁标准。

（三）制度设计上，构建对债务人或者企业主更加友好的重整规则

除了法律法规规定必须公告的事项，在当前破产案件"繁简分流"改革的大背景下，可以考虑进一步缩短程序时限，简化程序流程。除了在审理程序上的简化、压缩外，还应当在实体规则上进行突破。

1.简化重整计划草案的表决规则和强裁规则

为了促进拯救、提高重整计划草案的通过率，可以考虑对表决规则和强裁规则进行调整，以提高债务人、债务人股东参与重整计划的积极性，适当削弱担保债权人等债权人对破产程序的控制。例如，为中小微企业债务人设置更为宽松的通过门槛、采用简单多数表决代替"双过半"规则，或者更为灵活的分组方式，将所有的债权人作为一个组别表决或者简化债权人分组；在表决时，为"默示同意规则"的适用留下空间，明确没有提出反对意见的债权人即视为同意。又如，在强裁规则上，赋予人民法院更加灵活的强裁标准，对"职工、税款等债权全额清偿""按照第113条之规定进行清偿"等规则进行调整。

2.强化债务人自行管理制度的适用

现行《中华人民共和国企业破产法》虽然为债务人自行管理留下了空间，实践中，出于种种因素的考虑，重整计划的执行一般由管理人负责，债务人股东则通常因为权益调整为零而完全"出局"，这并不利于在整体上充分保留债务人的重整价值。通过建立有利于中小微企业重整程序的治理规则，需要强化债务人自行管理制度的适用，让企业主和原来的管理层继续经营，最大程度地维持债务人的运营价值；同时，管理人回归到监督、辅助的角色中，辅助债务人执行重整计划，当债务人自行管理行为可能损害债权人利益或者存在"逃废债"等风险时，由管理人取代债务人自行管理或者终结重整程序。

3.强化中小微企业破产与企业主个人债务清理的联动

企业主、关联人的个人债务无法与企业债务进行联动清理，是当前推进企业破产特别是中小微企业破产重整中的一个痛点。无论是从保护企业家、营造

宽容失败的价值导向角度，还是从激励企业主参与重整的角度出发，都应当关注企业主、关联人的个人债务与企业债务的清理联动，真正帮助"诚实而可信"的企业和企业关联主体摆脱债务枷锁。从制度构建的角度，可以考虑将中小微企业的破产作为切入点，实现企业破产制度与个人破产制度的有效联动。

G 2
小微企业破产"逃废债"防范机制研究

刘　熹　杨金练[*]

摘　要： 小微企业人合性强的特征似乎为其实施破产"逃废债"行为提供了天然的"便利"，易引发"破产制度就是帮助债务人逃避债务"的质疑。对此，应当建立信用体系与行政监管共同发力的破产前监管机制，在经营阶段预防破产"逃废债"行为的产生；完善顶层设计，明确对破产程序中"逃废债"行为的统一处理模式，以便法院和管理人在破产程序中更好履行审查职责，精准识别破产"逃废债"行为；建立民事、行政、刑事责任和司法制裁相结合的惩戒机制，实现高效惩治破产欺诈、预防和威慑作用兼具的法律效果。

关键词： 小微企业　破产"逃废债"　防范机制

一　问题的提出

市场经济的健康发展需要源源不断的活力。这意味着，不仅需要降低准入门槛来激励新兴市场主体"入场"，也需要建立高效便利的出清机制，保障已经失去活力的市场主体及时地"出场"，避免"僵尸企业"驻留降低市场活力。通过"一进一出"的妥善把控，促进市场"新陈代谢"、良性循环。2023年5月，世界银行（World Bank）发布了新营商环境评估（Business Ready,

---

* 刘熹，贵州省安顺市中级人民法院清算与破产审判庭庭长；杨金练，贵州省安顺市中级人民法院清算与破产审判庭四级法官助理。

B-Ready）指标体系，替代了原有的《营商环境报告》中的"营商环境评估"体系（Doing Business，DB）。B-Ready评估体系在企业破产指标中"办理破产"项下增加了"小微企业特别程序"的相关要求，将一个国家或地区是否设置了专门针对小微企业的破产程序作为衡量一个国家或地区营商环境的指标之一。B-Ready小微企业特别程序的指标包含了3个考核指标：一是可获得性和资格，允许小微企业在出现不能偿还到期债务的情形时即可申请进入破产程序；二是重整向清算程序的转换，保障无法通过重整恢复经营能力的企业及时转入清算程序从而退出市场；三是债务清偿，要求明确最低限度的债务免除标准及不予免除的条件。

小微企业或许难以以其个体直接影响市场运行和经济发展，但因数量多、灵活性强等特点，小微企业对社会经济发挥着不可估量的作用。据世界银行2017年公布的数据，世界上1/3的劳动力由中小微企业雇佣，在高收入国家GDP中的贡献为51%，在中低收入国家GDP中的贡献为56%。①《B-Ready方法论手册》也指出，"中小微企业约占全球企业的90%，就业人数占比为50%以上"。就我国而言，截至2022年7月22日，小微企业数量占市场主体的91.68%。② 可见，世界银行针对小微企业提出破产特别程序的要求也是顺应经济发展趋势的必然举措。

鉴于小微企业蓬勃发展的新兴态势，以及《中华人民共和国企业破产法》多年未修订的法治现状，学界掀起了以世界银行发布的《B-Ready方法论手册》中小微企业破产特别程序为切入点的研究热潮。在破产程序中，不能被忽视的一点是，企业的破产原因是资不抵债，即企业破产后将有大量的债权人利益减损。而小微企业还具有人合性强、监管强度低、抗风险能力弱、债务结构单一等特征。从其特征来看，小微企业人合性强，股东对企业资产的支配任意性强，且小微企业通常仅由公司监事履行监管职责，但监事往往是股东之一或聘任而来，履职能力和强度均达不到理想

---

① World Bank, Report on the Treatment of MSME Insolvency, 2017.

② 孙文凯、陈昊洁：《多个指标显示小微企业市场活力稳中回升》，https：//mp. weixin. qq. com/s？__biz=MjM5MzI5NjQxMA==&mid=2650798939&idx=1&sn=838fae4addf3ccb604ad 97b280796501&chksm=be92622e89e5eb386fef4495ccc1d86e74fecbf9aeb2e275b5da8c4971536ccb e94073080851&scene=27，最后访问时间：2022年8月5日。

的效果，缺乏有效的资金监管。小微企业的债务结构单一，信用贷款或实物抵押贷款是小微企业最为有效且便捷的融资渠道，资不抵债时，这部分债权的保障程度低。在审判实务中，债务人在陷入经营困境后，或基于减免债务的期望，或基于"逃废债"目的，主动或被动地选择进入破产程序，从而引发了债权人对自身权益保障的担忧，亦使得破产制度的制度价值受到挑战。若仅将目光置于如何为小微企业退出市场提供便利，对债权人来说无疑增大了经营风险。必须承认的是，我国目前的破产立法对破产"逃废债"的规制尚显不足，打击手段还不多，打击力度还不够。① 所以，在设置小微企业破产特别程序时，亦不能忽视对"逃废债"行为的审查和防范机制的构建。

二　概念探讨："小微企业"与"破产逃废债"

（一）"小微企业"划型标准

对于小微企业目前并无统一的界定标准，目前普遍采用的有雇员人数标准，债务金额标准，以及综合考量从业人员、营业收入和资产总额的复合标准。世界银行在 B-Ready 指标体系中采用"雇员人数标准"，将雇员人数小于250 人的民营企业划定为中小微企业。但世界银行作为国际组织，其所颁布的指标对各成员国并无强制性，仅供成员国借鉴参考，小微企业的范围仍允许各国根据国情自行划定。采用"债务金额标准"的有美国、欧洲部分国家和韩国等，以企业申请破产时所负债务金额作为认定是否属于小微企业的标准。② 相较于以上两种单一标准，我国并未采取无行业差别的标准，而是在 2017 年修订的《中华人民共和国中小企业促进法》第二条中规定了由企业从业人员、营业收入、资产总额复合而成的评判标准，具体由国家统计局依据《中华人民共和国中小企业促进法》第二条的规定，以统一的统计口径，制定了《统计上大

---

① 丁海湖：《个人破产逃废债的防范》，《人民司法》2022 年第 22 期。
② 齐砺杰《论小微企业破产程序中的"债务免责"指标及其实现进路》，《中国政法大学学报》2023 年第 6 期。

中小微型企业划分办法（2017）》，并明确个体工商户参照该办法适用。①

　　首先，就 B-Ready 指标中的"雇员人数标准"来说，世界银行作为国际组织，其发布的划型标准对成员国具有一定的指引作用，但截至目前世界银行的成员国共有 189 个，包含发达国家、发展中国家和最不发达国家，且各成员国的经济体制并不一致。雇员人数或许能在一定层面上反映企业规模，但在科技化水平日益提高、企业形式多样的今天，雇员人数与企业规模和债权债务情况并不必然"挂钩"。并且，在破产领域，职工债权是债权确认过程中较为明晰的一类债权，职工人数的多少，并不能代表债权债务的复杂程度。故本报告认为世界银行所提出的"雇员人数标准"并不适宜作为破产程序中审查企业是否为小微企业的划型标准。其次，"债务金额标准"作为专门针对破产程序提出的一个标准，其审查的是公司申请破产时债务金额的大小。有观点认为，"商事破产"指标与其他指标最大的区别在于，它是一种司法指标，而非行政指标。② 并据此认为，采用"债务金额标准"能便于企业在申请破产时，根据所负债务的多少进行繁简分流，从而顺利地将小微企业送入破产特别程序。但破产程序的启动，若由债务人自行申请，则不得不考虑本报告探讨的债务人可能隐瞒实际的债务情况以便适用简易破产程序。即便在审理过程中通过债权申报掌握实际的债权债务情况，亦会导致程序的转换，从而造成司法资源的浪费。最后，司法指标与行政指标并非相互排斥使用的，相反，企业从注册成立至无法经营申请破产，是从行政登记、行政管理再到司法破产程序的过程，企业经营过程中行政管理部门可以通过对企业监管，了解企业的规模，从而分类施策并对企业类型作出调整。而在法院受理破产时，直接依据行政机关认定的企业类型选择破产程序，也更能节约司法资源，提高审查效率，统一的划型标准更加符合实践中的行政管理和司法审查需要。故本报告认为，我国采用的"复合标准"更为适宜。

---

①　划分办法针对不同行业划定了不同标准，如工业行业中，从业人员少于 300 人，营业收入小于 2000 万元的划为小微企业；建筑业中，营业收入小于 6000 万元，资产总额小于 5000 万元的为小微企业；批发业中，从业人员少于 200 人，营业收入小于 5000 万元的为小微企业。

②　齐砺杰：《论小微企业破产程序中的"债务免责"指标及其实现进路》，《中国政法大学学报》2023 年第 6 期。

（二）破产"逃废债"概念厘定

"逃废债"并非一个法律概念，而是从司法实践中提炼而得，并逐渐为一些司法文件所采用的概念。本报告所称破产"逃废债"，是"逃废债"的一种表现形式，指的是债务人恶意提起破产申请，企图利用破产程序，使企业自身所负债务获得免除的行为。破产"逃废债"的目的是使企业自身所负债务获得免除，而为了达到债务免除的目的，就必须使企业具备破产条件，满足破产标准。根据《中华人民共和国企业破产法》第二条和第七条①规定，企业不能清偿到期债务，且资不抵债或明显缺乏清偿能力的，可以申请重整或清算。故恶意减少自身资产或虚构债务的行为，都是本报告所称破产"逃废债"行为。实践中常见的破产"逃废债"行为主要包括隐匿或侵占财产、非法转移或处置财产、虚构或承认不真实的债务等。

需要明确的是，本报告所称破产"逃废债"与虚假诉讼存在区别。从广义上来说，破产程序也是司法程序的一种，破产"逃废债"的本质就是虚假破产，以实现"逃废债"的非法目的，故破产"逃废债"可以视为广义上的虚假诉讼。但为更好地区分本报告所使用的概念，宜从狭义角度理解破产"逃废债"和虚假诉讼。虚假诉讼包含单方欺诈和双方串通两种类型，单方欺诈侵害的是另一方当事人的合法权益，双方之间存在实质的利益对抗；而串通的双方不存在利益对抗，侵害的是第三方的合法权益。破产"逃废债"行为损害的是全体债权人的合法权益，故虚假诉讼行为若存在于破产程序中或对破产程序中所涉债权债务产生影响，便是破产"逃废债"行为的一种，故二者有一定程度的交叉。破产"逃废债"作为一种不诚信的违法行为，不仅损害诚信经营债权人的合法权利，也会扰乱市场经济秩序。打击破产"逃废债"行为，构建破产防范机制，是维护交易诚信的必然举措。

---

① 《中华人民共和国企业破产法》第二条：企业法人不能清偿到期债务，并且资产不足以清偿全部债务或者明显缺乏清偿能力的，依照本法规定清理债务。企业法人有前款规定情形，或者有明显丧失清偿能力可能的，可以依照本法规定进行重整。第七条：债务人有本法第二条规定的情形，可以向人民法院提出重整、和解或者破产清算申请。债务人不能清偿到期债务，债权人可以向人民法院提出对债务人进行重整或者破产清算的申请。企业法人已解散但未清算或者未清算完毕，资产不足以清偿债务的，依法负有清算责任的人应当向人民法院申请破产清算。

三 审判实务中对破产"逃废债"行为的处理

《中华人民共和国企业破产法》的发展经历了从债权人本位到社会本位的变化，也呈现了从破产惩戒主义到破产拯救主义的变化趋势。如今破产制度不仅以保障债权人利益为首要目标，也更多地着眼于整个社会的发展和市场经济的健康运行。有的观点认为，破产制度就是为债务人逃避债务提供合法渠道，以致破产制度的价值遭受挑战。事实上，破产制度是为挽救或释放"诚而不幸"的债务人而建立的，若所有的市场主体均恪守诚实信用的契约精神，必然能营造一个安全、可预期的市场环境。

但经营风险复杂多样，没有一个市场主体可以保证自己只营利不亏损。对于市场主体来说，大家都可能进入破产程序，并平等地在破产程序中以自身所剩全部资产清偿部分债务，对无法清偿的债务"一笔勾销"，从而获得挽救或释放债务、解决纠纷的机会。但"逃废债"作为一种主观恶意的欺诈行为，若被允许在破产程序中获得债务免除，则是对债权人利益的损害、对破产制度的亵渎，更是对社会经济秩序的严重破坏。

实践中，对不同类型的破产"逃废债"行为也有不同的处理方式。

（一）不予受理或裁定驳回申请

《中华人民共和国企业破产法》明确规定了企业破产的受理条件，从法律条文来看，并未明确将存在破产"逃废债"行为作为不予受理或裁定驳回申请的情形。但《中华人民共和国企业破产法》颁布较早，近年来，最高人民法院和各地人民法院也逐步开始探索通过规范性文件、地方性法规等方式建立破产程序中打击"逃废债"的制度规范，但各地的做法也不尽一致。《最高人民法院关于推进破产案件依法高效审理的意见》（法发〔2020〕14号）第二十二条规定，要准确把握违法行为入刑标准，严厉打击恶意逃废债行为。法定代表人、出资人、实际控制人等有恶意侵占、挪用、隐匿企业财产，或者隐匿、故意销毁依法应当保存的会计凭证、会计账簿、财务会计报告等违法行为，涉嫌犯罪的，人民法院应当根据管理人的提请或者依职权移送有关机关依法处理。从最高人民法院的该条规定看，并未明确存在破产

"逃废债"行为时破产程序是否继续审理。2020年8月31日发布的《深圳经济特区个人破产条例》第十四条规定，"人民法院审查破产申请时，发现有下列情形之一的，应当裁定不予受理；人民法院已经受理但未宣告破产的，应当裁定驳回申请：……（二）申请人基于转移财产、恶意逃避债务、损害他人信誉等不正当目的申请破产的"，该条例虽针对的是在深圳市试行的个人破产制度，但仍可见其将破产"逃废债"行为作为不予受理情形之一的实践态度。2021年11月4日《重庆市第五中级人民法院关于在审理企业破产案件中防范和打击逃废债务行为的工作指引（试行）》第三条规定，"对于符合破产申请受理条件但是存在借破产逃废债务可能性的企业，应当依法受理破产申请，在破产程序中依法撤销或否定不当处置财产行为，追究相关主体的法律责任"。与深圳市不同，重庆市采取的是破产"逃废债"行为不影响破产程序受理的态度。

《贵州省高级人民法院破产审判工作实务操作指引（试行）》（以下简称《指引》）第三条、第十二条重述了与《中华人民共和国企业破产法》一致的破产原因和受理条件，并明确规定不得在法定条件之外设置附加条件。《指引》第二十五条明确了不予受理的情形，但未规定存在破产"逃废债"行为时人民法院可不受理破产申请。但在适用过程中，也有人认为，股东、出资人、实际控制人等若存在侵占、隐匿、转移企业资产的行为，将会使得企业实际资产状况无法查实，刑事程序中追回财产的情况将会影响破产财产的认定和资不抵债的判断，这些也都将影响对是否达到破产受理条件的判断。

破产"逃废债"行为的目的是逃避债务，但对破产申请不予受理并不能保障债权人的债权获得清偿，无法实现化解纠纷的社会效果。并且在破产程序中本身也会存在破产衍生诉讼，允许刑事案件与破产程序同步推进更能提高审判效率。追究刑事责任的主要目的是查清并追回债务人侵占或隐匿的财产，若在刑事程序的威慑下将债务人自愿返还财产作为减轻量刑的情节，可节约执行程序所需耗费的司法资源，也能实现罪责刑相适应的法律效果。另外，破产程序中管理人清产核资、审查账目、申报债权等行为，也能为刑事案件的审查提供线索。因此，本报告认为不宜将存在破产"逃废债"行为作为不予受理或驳回破产申请的情形。

（二）管理人行使撤销权或取回权等

对于不构成刑事犯罪，但减损债务人财产的不当行为，《中华人民共和国企业破产法》第三十一至三十四条，赋予管理人通过行使撤销权、取回权和认定无效的方式恢复债务人财产的权利。上述条款赋予管理人的权利在实践中广泛适用，在一定程度上能保障债务人财产妥善入库，但其亦存在一定的局限性。撤销权的行使有一年、六个月的期限限制，并且该期限以人民法院受理破产之日为计算节点。撤销权的行使不考虑债权人和债务人双方是否存在恶意串通减损债务人财产的合意，确实能较好地避免提前清偿和个别清偿行为。但是，债务人为逃避债务而出现的行为本身具有主观恶意，在小微企业中更易操作且具有较强的隐蔽性，管理人较难在短时间内发现，故应当区分债务人是否具有主观"逃废债"的恶意，对破产"逃废债"行为的撤销应当给予更长的权利行使期限或不设限制期间。

四 小微企业破产"逃废债"行为的防范进路

破产"逃废债"是一种破坏市场经济秩序、损害他人合法权益的违法行为，必须对其加以防范和打击。然而，本报告虽然主要探讨破产程序中"逃废债"行为的防范，但也必须明确，"逃废债"行为可能长期存在于企业的管理经营中，不仅仅在破产程序审理过程中，所以对于小微企业破产"逃废债"行为的防范和打击，应当贯穿于企业生产经营、破产注销的全过程。

（一）强化监管：发挥行政管理和信用体系的职能作用

1. 强化市场监管部门对企业的经营监管

市场监管本质上是预防性社会治理原则在破产制度中的前端延伸。预防已经从一项法律指导性原则演变为当代法治运行的新模式，在国家治理现代化进程中占据了重要地位。[①] 企业陷入负债困境导致无法经营并非"一日之过"，

---

① 徐阳光、陈怡然：《企业破产前困境拯救机制的法理阐释与体系构建》，《苏州大学学报》（法学版）2024 年第 3 期。

在法院受理企业破产前，更多的是市场监管部门通过企业设立登记、变更登记、企业年报、税务审查等方式履行对企业的监管职责，较之于司法的被动性，行政机关的管理职能效力更强。因此，防范破产"逃废债"行为并非法院一家之事，强化市场监管部门的职责，将防范重心前移，更能有效防范破产"逃废债"行为的产生。小微企业具有极强的人合性特征，是促使其成为破产"逃废债""重灾区"的关键因素之一。市场监管部门在履行对企业的监管职责时，应严格审查企业的变更登记情况，避免任意变更导致后续的追责困难；结合企业季报、年报等主动审查股东的到期出资是否履行、交易往来有无异常，以此作为是否允许企业继续经营的审核条件，从而保障企业资产及时到位；另外，应允许正常经营但陷入破产困境的企业退出市场，并且要为之构建便利制度，合法、规范经营的企业才是破产制度应当服务的对象。

2. 强化股东与企业间的信用联系

诚实信用原则作为《中华人民共和国民法典》中的"帝王条款"，是长久以来引领市场交易的基础。虽然目前我国已建成世界上最大的个人信用信息基础数据库，[①]但数据库的建立似乎并未对市场交易主体诚信度的提高产生明显的正向影响。对于法院来说，最能体现信用情况的不外乎执行案件，然而在小微企业作为被执行人的案件中，更多的却是无法联系、无财产可供执行、无力偿还债务的"三无"状态，申请执行人仅能得到将企业和法定代表人列为失信被执行人的执行结果。从防范破产"逃废债"的角度来看，此时信用体系并未发挥作用，反而是执行程序充实了其数据库中的人员名单，无疑与建立信用体系的初衷背道而驰。为充分利用信用体系防范破产"逃废债"行为，首先，应当强化股东与小微企业之间的信用联系，将股东出资设立的企业的信用状况作为股东个人信用信息之一。虽然法人制的企业中股东仅以出资为限对公司承担责任，但小微企业具有极强的人合性，股东对企业经营、管理均有极大的决定权和极强的任意性，将股东个人信息与企业信用信息建立联系，一方面能督促股东审慎行使权力，妥善管理公司，另一方面也能限制股东将企业作为自己圈钱的工具。其次，打造信用信息系统与行政机关、司法机关平台的互联

---

① 汤维建：《制定我国〈个人破产法〉的利弊分析及立法对策》，《甘肃政法大学学报》2021年第 6 期。

互通，便于行政机关在管理过程中有针对性地开展对信用欠佳企业的监管，也能为司法机关受理破产案件时的审查重点提供参考。

（二）规范设计：破产程序中织牢审查防护网

1. 完善顶层设计，统一规范适用

中共中央、国务院高度重视营商环境优化建设工作，重视民营经济和中小微企业的发展，多次就营商环境建设发文，其中就包括破产制度改革的要求。[①] 截至目前，贵州省、河南省、重庆市及深圳市、苏州市等多地均通过省高院、市中院发文的方式，对辖区法院审理破产案件时打击破产"逃废债"出台了相关工作意见，但经过对比，各地对破产"逃废债"行为的列举、存在破产"逃废债"行为时破产申请是否受理、对破产"逃废债"行为的处置方式等均不一致。各地相异的做法一方面不利于维护破产审判中的司法一致性，易引发债权人对破产制度的质疑，损害破产制度的权威性；另一方面也会打击各地法院在破产审判中适用法律的自信心，以至在适用法律时踌躇不决，阻碍破产程序的推进，导致撤销权等权利时间计算节点推迟，造成破产财产的流失，与护航经济高质量发展的目标背道而驰，也易使破产管理人在履行管理职责时忽略审查，让恶意逃债的责任人得以逃脱。随着供给侧结构性改革的持续深入，等待进入破产程序的企业存量未减，打击"逃废债"的形势也将更为严峻。故本报告认为通过最高人民法院出台统一的工作意见或提请修改《中华人民共和国企业破产法》，明确存在破产"逃废债"行为时破产申请是否受理、破产"逃废债"行为具体类型或认定标准、破产"逃废债"责任人的惩处方式等问题，是当前回应破产审判实践需要的最好方式。

2. 发挥司法职能，深化破产审查

本报告认为破产申请的受理与打击"逃废债"应是并行不悖的，若将存在破产"逃废债"行为的案件纳入破产受案范围，则法院将承担更为细致、严格的审查职责。从职责分工上看，法院在破产审判中主导着破产程序的推进，督促管理人履行资产核查、债务申报、制定重整或清算方案等职责。为更好地识别并打击"逃废债"行为，法院必须提示、督促管理人审慎履职，严

---

① 徐阳光：《中国破产法年度观察（2022-2023）》，《法律适用》2024 年第 4 期。

格审查小微企业中股东的出资情况、经营交易资料和财务账簿、与关联企业间的交易真实性，以及企业大额资产的流向，对可能存在虚假交易或股东侵占企业资产情形的，赋予管理人要求债务人、股东、实际控制人等作出说明或提供印证资料的权利，必要时引入第三方审计核查。并且，法院还应当畅通与其他部门的协同路径，构建有力的政府、法院联动机制，便于管理人向有关部门调取债务人关联企业的所需信息，以及股东、实际控股人出资或控制的企业信息等，拓宽核查渠道，细化核查内容。在掌握确实的"逃废债"证据时，向相应征信部门或市场监管部门通报，督促落实相关的惩戒措施。构成犯罪的，与公安部门畅通线索移送路径，保障不法行为及时获得惩处，杜绝破产"逃废债"行为逃脱法律制裁的可能途径。另外，要求债务人配合管理人的审查工作，若企业管理人员确实怀有利用破产程序实现免逃债务的企图，必然会存在隐瞒事实、隐匿或销毁账簿、联合他人恶意串通虚构债权债务等使不法行为难以查清的情形，此时管理人因不具有公权力无法对相关人员采取措施，需要法院以国家机关的身份要求相关人员予以配合，拒不配合的给予相应制裁。

3. 督促提升管理人履职能力

破产案件审理中管理人承担较多职责，与债权人和债务人的接触时常比法院更多，对破产案件审理的效率、质量均有较大的影响。合格的管理人往往需要兼具扎实的专业水平和良好的职业道德，扎实的专业水平保证破产法律制度的准确适用、疑难问题的正确梳理和妥善应对；良好的职业道德保证履职的公正和处理问题的责任心。管理人履职需要法院给予其身份的认同，但作为接管破产企业财产和事务的关键主体，也需要法院的有力监督，尤其是在存在破产"逃废债"行为的案件中，更应对管理人主导的核查与追责工作进行常态化监督，从而加大对"逃废债"行为的审查力度和打击力度。

（三）惩戒追责：建立破产"逃废债"惩戒机制

就现行的规范制度来说，除了在破产程序中对破产"逃废债"行为的相关规制和相关的民事追责外，针对破产程序的罪名仅有《中华人民共和国刑法》第一百六十二条规定的虚假破产罪，但此罪名在实践中的适用少之又少。另外，有关联的还有侵占罪、职务侵占罪、虚假诉讼罪等，但总体来说，因为适用情形不多，实务中从民事责任到刑事责任没有有效衔接，所以惩戒力度与破产程序所期望的制度保障相去甚远。惩戒机制的衔接缺失，让破产"逃废债"行为常常可以自由游走于法律责任的空白地带，即便被认定为虚假交易，也可能只需要承担返还的民事责任。"逃废债"行为本身的隐蔽性强、刑事责任门槛高的特点，让破产"逃废债"行为成为一项"低风险、高回报"的违法活动。

打击破产"逃废债"，是保护债权人利益、维护破产制度价值和司法权威、稳定市场经济秩序的必要之举，但若缺乏有力的惩戒机制，根本无法实现打击效果。对此，必须构建从民事责任到刑事责任强度衔接适宜的惩戒机制。就民事责任而言，《中华人民共和国企业破产法》和《中华人民共和国民法典》对行为撤销、无效等的相关规定已较为明确。刑事责任中虚假破产罪虽然适用得较少，但只要在破产程序中加大线索移送力度，应当能够实现刑事制裁的威慑效力和惩戒效果。此外，本报告认为还应当赋予人民法院等司法机关在破产程序中制裁部分情节较轻的破产"逃废债"行为的手段，如罚款、拘留等，较之刑事程序时间长、入罪门槛高的特点，司法惩戒的适用效率更高，能及时给予相关人员制裁实现惩戒效果。另外，还应当设置相应的行政处罚措施，限制破产"逃废债"相关人员后续注册、经营企业的权利。如此一来，既强化了法院在破产程序中的司法权力，也增大了破产"逃废债"的违法成本，并将对强化建立市场信用、防范破产程序中的不法行为起到积极的推动作用。

G 3
法治化营商环境视域下
小微企业破产的困境及化解

钟娇娇　王军武[*]

摘　要：现行破产制度框架内，没有针对小微企业破产的专门程序，小微企业走向破产前的营商环境建设痛点问题亟须解决。在经济下行压力下，应当结合优化营商环境的现实需要，从小微企业走向破产的前端环境出发，建立挽救破产小微企业的机制，盘活有挽救价值的小微企业。为小微企业主准备好简便易行的退出机制，充分整合市场资源，才能为建立具有中国特色的小微企业专门性破产制度提供思路，促进小微企业的可持续发展。

关键词：法治化营商环境　小微企业　专门性破产　商事制度改革

营商环境是指从企业创立到终结的整个过程中，影响企业生存发展的各类环境因素的综合环境，包括法治环境、市场准入和退出环境、行政效率环境等诸多方面。党的二十大报告提出，"完善产权保护、市场准入、公平竞争、社会信用等市场经济基础制度，优化营商环境"。良好的营商环境是企业生存发展的必要外部条件。2023年5月，世界银行正式发布营商环境评价BR体系文件，将商事破产指标列为十大一级指标之一。世界银行认为，有效的破产框架可确保不可存续的企业迅速清算、可存续的企业以可持续的方式进行有效重组，小微企业破产免责制度的构建，是评价一国破产制度设计和适用水平的重

---

* 钟娇娇，贵州师范大学法学院硕士研究生；王军武，贵州师范大学法学院教授。

要参考因素。

世界银行对小微企业破产程序之所以如此重视，是因为小微企业事关民生。打通小微企业的发展痛点，有利于促进就业，助推经济发展转型，缓解经济下行压力。专门针对小微企业发展特点和发展要求的简易破产程序更是依法推进小微企业及时进行重整或清算、整合经济市场资源、释放市场活力、培育企业家精神、鼓励创业的重要途径。建立适合小微企业的特殊破产程序能挽救有存续价值的小微企业，为其提供实质上的制度保障，也是市场经济体制改革的必然选择。① 然而，现行《中华人民共和国企业破产法》中对于小微企业破产程序并无专门规定，营商环境建设体系对于处于破产前端的小微企业的帮扶也存在不同程度的问题。

一　法治化营商环境视域下小微企业发展概述

（一）小微企业的发展现状

我国政府为释放经济发展活力，积极推进政务"放管服"，简化行政审批手续，极大地改善了营商环境。2019 年 11 月，世界银行发布了《2020 年营商环境报告》，我国被评为全球营商环境改善幅度最大的十大经济体之一。在大众创业、万众创新的浪潮引领下，我国小微企业蓬勃发展，成为社会主义市场经济体系中的重要主体。中国政府网发布的《2023 年中小微企业发展情况报告》显示，截至 2022 年末，中国中小微企业数量已超过 5200 万户，比 2018 年末增长 51%。2022 年平均每天新设企业 2.38 万户，是 2018 年的 1.3 倍。② 小微企业的经营范围涉及大众生活和国民经济发展的方方面面，从传统的家庭作坊式手工业到现代化数字浪潮下的电子商务业，小微企业都是重要的参与主体。

在小微企业数量上升的同时，许多小微企业的生存压力也在大幅提升。大量的小微企业在市场浪潮下走向破产。数据表明，2016 年初至 2023 年 6 月 30日，在全国范围内公开的所有涉案破产企业中，注册资本在 100 万元以下的企

---

① 王欣新：《小微企业破产立法的重要意义与作用》，《人民法院报》2022 年 9 月 8 日。
② 《我国中小微企业已超 5200 万户》，https://www.gov.cn/lianbo/bumen/202306/content_6887257.htm，最后访问时间：2024 年 1 月 15 日。

业有 59715 家，占总数的 22.85%。此外，还有数量庞大的走向经营困境的小微企业仍然以"僵尸企业"的形态存在于市场中，并未进入破产程序。可见，当前市场环境中，很多小微企业的经营状况不容乐观。

（二）小微企业的发展特点

小微企业生命周期短暂，自身规模小，大多属于轻资产类型，抵御风险的能力差，产业转型的成本高。因此一旦遭受外部冲击（如政策改变、市场变化）就容易陷入债务危机，具有天然的脆弱性。在不规范的市场环境下这种脆弱性尤为突出。从企业结构来看，小微企业运行、管理、债务结构单一，企业主往往身兼多职。企业运营权与企业主个人高度关联，具有极强的人身依赖性，这与大中型公司所有权和经营权相分离的模式并不相同。这样的依附模式也增加了小微企业的管理风险，一旦小微企业主决策失误或者滥用权力，就很容易让企业陷入经营困境。

在资金流转上，小微企业的经营渠道较少，备用资金有限，受到交易相对人的影响极大。在经营过程中，资金回收一旦吃紧就容易陷入资金短缺的情况。金融机构对小微企业多实行以抵押物为前提的融资，甚至对小微企业抵押物进行打折评估，一定程度上加重了小微企业的融资负担。部分小微企业因权力混合，企业治理混乱，底数不清，未对运营、投融资、资产信用等情况进行真实备案，后期企业发展"爆雷"后，很难满足金融机构的信用评估要求，加上经营成本很难降低，小微企业很容易陷入财务困境。在责任模式方面，许多小微企业公司股东因个人担保合同对公司承担无限责任，大多数小微企业的企业主或成员不受有限责任保护。当小微企业经营陷入困境时，企业主很难通过普通的破产制度实现个人债务责任豁免，企业主的负担和创业压力极其沉重。

（三）小微企业破产制度现状

小微企业是市场经济活动的主要参加者，但我国的破产相关法律中没有针对小微企业的专门性破产程序，目前适用的是一般的破产程序。然而一般的破产程序从制度设计上更加适用于公司组织架构复杂、权责明晰、债务多元化的大中型企业。破产程序具有耗时长、费用高的特点。小微企业的结构、债务具有单一性，企业规模和破产需求也与大中型企业不同。考虑到过重的破产成本，大多数小微企业往往不愿意申请破产，导致其错过最佳被拯救时机。

此外，目前我国只有《中华人民共和国企业破产法》，尚未建立起个人破产制度，仅部分地区开展了个人破产的试点工作。小微企业的债务与个人债务高度重叠，企业主具有双重债务压力，不愿因公司破产致家庭背负债务，从而迟迟不申请企业破产。小微企业独有的重整救济程序也存在缺位，配套帮扶措施不足。重整启动难，重整效用发挥也难。在一些优质小微企业重整期间，地方性的小微企业融资担保体系往往只注重短暂性帮扶，缺乏持续性的、有针对性的注资机制，不能为重整的企业提供及时、准确、适用的资金支持，导致部分优质小微企业不能"起死回生"，只能走向破产清算，这不利于小微企业规范退出市场。

（四）法治化营商环境视域下化解小微企业破产困境的意义

2020 年 1 月 1 日起施行的《优化营商环境条例》是我国营商环境优化工作的一个重大突破，标志着我国营商环境优化工作进入了法治化推进的新阶段，使政府部门和市场主体追求改善营商环境有了新依据。但是优化营商环境是一个时代命题，不能只靠营商环境立法，还需要在传统部门法层面，以具体的制度改革加以回应。

中国国际贸易促进委员会发布的《2022 年度中国营商环境研究报告》显示，42.7%的企业 2022 年上半年销售收入下降了 20%～50%。当前，市场对人工智能、大数据、云计算等数字技术的可用性、易用性和有用性有了更加全面和深刻的认知，生产方式正在经历持续的变革与突破，小微企业更难生存，难以获取持久的市场竞争优势。因此，要从营商环境建设的角度，化解小微企业破产的前端和末端困境，保证符合条件的小微企业能够继续经营、扭亏为盈，让在市场竞争中淘汰的小微企业拥有更有效率、更加轻松的退场方式，给予小微企业主重新开始的机会。这既是新时代破产法不可回避的问题，也是当前国际形势下提升我国经济竞争力的途径。

二 法治化营商环境视域下小微企业破产的原因分析

（一）小微企业融资难

很多小微企业资金流不稳定。在款项无法收回时，小微企业主通常选择通过借贷融资保障生产活动继续进行。但目前面向小微企业的融资渠道多为终端性的同质融资，少有结合企业生命周期进行的结构优化型融资。尤其是面对中小微企业"短、小、频、急"的融资需求，现有金融体系还不能有效提供充足的金融产品和服务。[①] 在此融资体系下，一方面，小微企业本身的特性使得其管理机制不健全，企业信用信息模糊，银行审核参考数据少，查询方式落后，容易出现信息不对称的现象，很难满足金融机构的融资条件；另一方面，银行内部认知固化，对小微企业融资存在"惧贷、慎贷"的倾向，而小微企业大多属于轻资产，要么无资产可抵押，要么资产多次抵押，很难从正规渠道获得融资，融资需求得不到有效满足。

（二）小微企业营商环境适配度低

营商环境适配度是指营商环境中适于企业稳定生存发展的外在环境与企业发展目标之间的匹配程度，匹配程度越高，越能发挥政策工具、市场工具的效用，从而实现企业良性发展的目标。当前小微企业的营商环境适配度低，小微企业主对当前营商环境建设的获得感不足，主要体现在市场环境和数字技术方面。在市场环境方面，部分小微企业未办理市场准入的相关手续，压缩了合规小微企业的经营空间，破坏正常的市场经营环境。数字经济的发展推动了实体经济向平台经济方向转变，但平台经济发展也带来了新型垄断问题，小微企业进入平台缴纳高额注册费的现象屡见不鲜。

在数字技术方面，新一轮的信息社会技术革命正在昂扬发展，数字技术的浪潮正在改造和重构商事制度和商业模式。在这样的时代背景下，小微企业相较于大型企业、国有企业存在先天的劣势。小微企业线上经营也面临着门槛高、技术垄断、数据杀熟、强制二选一等风险。由于公共服务配套设施数字化水平低，小微企业的政府政策信息获取渠道不畅通，信用信息汇总难度大，数据分散，缺乏集成型平台，主要表现为相应配套设施数字化建设不均衡、不充分，数据封闭。《2022 年度中国营商环境研究报告》显示，59.1% 的受访企业希望贸促会搭建更完善的信息平台；在缺乏完善信息沟通平台的情境之下，小微企业很难打破数据信息壁垒，难以获得最新的运营情况与资料，在技术发

---

① 童有好：《营造民营经济高质量发展环境的若干问题及对策》，《经济纵横》2019 年第 4 期。

展、资金获取、数字素养、基础设施以及适应快速变化的商业环境等方面存在不足。

（三）市场化的惠企纾困政策不足

小微企业类型多样、创业门槛低，在创业和发展期间都面临着诸多难题，在内外冲击下，小微企业存在不同程度、不同类型的发展困境，有的受限于发展规模和资金，有的难以实现技术价值的转化。普适性的惠企纾困政策的针对性不足。只有贯彻"精准管理"与"分类服务"的理念，采取具有针对性的扶持政策才能发挥更大的作用。

例如，2023 年 1 月 1 日，国家扩展税收优惠区，将小微企业纳入区间性的优惠政策，这在一定程度上减轻了小微企业的经营负担。但是，不同类型的小微企业在不同的发展阶段有着不同的发展特征和发展需求，在普适性的税收政策的基础之上，还需要更有针对性的面向特定小微企业的纾困政策，如面向具备发展潜力或正在快速发展，但前期资金不足的小型企业的减税政策，就要与面向受限于行业类型和经营方式难以发展壮大的小型企业的政策相区别，才能够适应其经营需要。

第四次工业革命中的数字鸿沟也是政府为小微企业定制惠企纾困政策的重大阻碍。小微企业与政府、行业协会等主体之间的数字化信息共享不足，难以获得最新的政策动态与行业变化情况。在此情境下，政府也无法获取小微企业的真实经营数据从而精确把控小微企业动向，难以及时为小微企业进行快速、准确和完整的企业画像和提供经营风险预警。在政府各部门之间，各级政府及部门之间的业务平台和信息数据割裂、数据标准不统一、业务审批流程不一致等，降低了工作协同效率。不同部门掌握的企业信息以及施策方向难以有效对接，对企业享受市场化纾困政策也极为不利。

三　法治化营商环境视域下小微企业破产难的成因

（一）小微企业缺乏专门性破产的制度设计

当小微企业债务人启动破产程序时，企业已不再有经营的可能性，这造成了企业的价值损失，以法律程序的确定性为代价损害了对企业的保护。① 效率低下的破产框架也不利于企业家再次进行创业。现行制度下，小微企业并无独立的市场退出机制，即专门性破产程序，小微企业组织架构简单，但小微企业和大中型企业一律适用时间漫长、费用高昂的标准破产程序，既可能无法及时挽救有价值的小微企业，也不利于清退"僵尸企业"，不利于实现小微企业的风险出清和资源整合。

在程序设计方面，小微企业破产程序应更加简便化。从小微企业自身来看，小微企业在面临破产时，本身就不具备营利能力，漫长的破产受理以及与日俱增的破产费用只会加重小微企业的负担。小微企业破产具有特殊性，在程序设计上应该围绕债权人的权利及实现方式、债务人的权益、启动资格和适用范围等方面进行调整。从审判工作的便利性来看，在"繁简分流"司法实务语境下，应当不断提高审判质效，但专门针对小微企业的简易退出机制仍不完善。如何降低破产成本、实现快速审理以及时挽救企业，特别是解决小微企业在融资、商务和破产领域缺乏资源和专业知识等问题，应是处理小微企业破产时主要考虑的问题。

（二）小微企业破产动力不足

部分小微企业对破产制度或预重整程序不甚了解，对破产程序存在认知误区，认为破产就等于倒闭，忽略了重整这一制度工具，也没有看到清算在对企业进行风险出清、保存小微企业价值、避免小微企业长期损耗丧失价值等方面的积极作用。

根据《中华人民共和国企业破产法》第二十五条，在企业破产程序中企业的经营管理、财产收支等均由管理人接手，原企业主很难插手，这会损害原企业主的积极性。此外，过重的责任形式削减了小微企业主申请破产的动力。由于企业主个人债务、企业债务与家庭相关的个人债务存在高度混同的可能，企业主一旦进入破产程序，除了需要考虑破产后企业债务，还面临着家庭债务的负担。此时，很多企业主选择放手一搏进行高风险自救或者维持企业现状，

---

① 虞李辉：《破产法修订契机下对世界银行新营商环境评估规则的法律回应》，《政治与法律》2023 年第 12 期。

这会进一步损耗企业价值。

债权人对破产程序的参与度不高。在现有制度框架下，破产程序过于复杂，债权人也很难了解企业内部的生产经营状况以及财务状况。相较于参与破产程序，债权人更倾向于通过执行程序追求单独消偿。

四 法治化营商环境视域下小微企业破产困境化解路径

（一）丰富小微企业融资渠道

面对小微企业融资难、融资额度被挤占等困境，可结合企业生命周期阶段的发展特征、资金需求、融资方式等，分层设计阶段性融资，[①] 实行融资畅通工程，增设多元化融资渠道，保障小微企业融资权益。建立健全小微企业融资体系，推进金融供给侧结构性改革，建立多层次的小微金融服务体系，如进行小微企业市场化融资定位，利用不同规模和等级的银行的优势，打造差异化的小微融资市场格局，优化小微企业融资供给，统一小微企业融资原则，保障小微企业"能贷、快贷"。根据小微企业画像，明确小微企业融资标准和条件，实行定制化的融资方案、融资内容，满足优质小微企业的融资需求，引导银行内部传导机制改革，转变过度问责式的"慎贷、惧贷"观念，打造银企互动式的融资模式。[②] 小微企业自身也要加强合规管理，建立管理台账明细，上报常规信息，实行信誉银行积分制度，鼓励非义务性信息上报，完善小微企业信用信息网，努力化解信息不对称的困境。

另外，还要鼓励建设商誉体系，推行信用免责制度。合理审查小微企业违约情况，结合信誉银行积分制度，设置小微企业商誉修复考察期，对诚信小微企业债务人实行较短的法定期限，获得一定程度的债务免责。数字化手段也可以为投融资赋能，推进融资方式智能化转型升级。如结合信誉银行积分制和ESG 信息披露机制，建立小微企业信用信息数据库。政府根据小微企业和银行的信息，进行信息资源整合，搭建企业信用信息共享集成平台，为小微企业的

---

① 魏来：《融资对赌协议的分层结构设计研究》，《中国注册会计师》2023 年第 5 期。
② 罗鹏飞、陈银银、陈彪：《政府刺激性投资政策下中小微企业银税互动设计及其投融资决策》，《中国管理科学》2022 年第 8 期。

融资提供数据支撑，为银行完整小微企业画像提供技术支持，为小微企业发展提质增效。稳定小微企业"担保链"也是重要的内容。完善政府担保体系，协调利益分配机制，加强各地方担保机构联系，降低担保门槛，做好风险把控与备案，参考应收账款质押登记制度，建立贷款保证登记制度，化解"担保链"风险。[①]

（二）提高小微企业营商环境适配度

首先，加强小微企业营商环境法治宣传，根据小微企业对营商环境的反馈优化营商环境，发挥司法体制改革对营商环境法治化建设的保障作用。以优质的营商环境引导小微企业转型，建立优质小微企业产业链。同步整治打压小微企业经营发展空间、恶意限制市场竞争的行为，营造更加公平、法治化的营商环境，从制度层面减轻小微企业的经营成本。

其次，建立各机构和部门的小微企业数据及时互通的机制和小微企业专门集成性数据共享平台。不断推进小微企业信息"一网通查"，破产事务"一网通办"，更加方便地获取小微企业的经营数据，以此来打破小微企业的信息壁垒、最大化减少信息差。如建立小微企业数字锁房，设置一个数字储物柜，做好企业备案，激活各部门小微企业的信息，供小微企业使用。实时更新小微企业信用信息数据库，便于政府及时制定优化惠企政策，根据数据了解小微企业的最新运营情况，引导这部分企业做好风险防控与缓冲。

（三）为小微企业提供市场化惠企纾困政策

小微企业从创业期到发展期，对硬件设施和软件设施的需求不断发生变化，应及时关注不同时期小微企业的难点，实行"一企一策"的定制化小微企业纾困政策。例如，杭州市国家营商环境创新试点始终坚持特色改革，明确在国家试点"规定动作"外，"不搞简单取消下放、不搞税费减免"，结合杭州产业发展特色、政府数字化改革等实际，推出了一批"自选动作"，将52项特色事项细化成了160余条具有针对性的惠企措施。以杭州模式为借鉴，打造"营商环境—灵活调适"的框架，将多样性、动态性、协同性作为优化营

---

① 殷兴山：《金融支持民营小微实践》，《中国金融》2019 年第 24 期。

商环境、减轻小微企业破产困境的出发点和落脚点，才能为小微企业发展提供一批行之有效的惠企纾困政策。

在此框架下，政府可以针对小微企业经营中的薄弱环节提供定位、定向的支持，从而挽救有价值的小微企业。如在初创期，在基础的惠企政策上建立纾缓期专门性的减税降费、结转和抵消亏损等政策，优化区间性税收优惠政策等。与小微企业的成长期相结合，不同阶段实行差异化、精准化的税收优惠政策，以缓解小微企业在不同时期的税收压力。同时，银行也可依据准确的小微企业信用等相关信息，精准、完整地绘制小微企业的画像，进行适配服务，提高小微企业的融资效率。

数据支持是协调政府部门工作职责、提高政策实施效能、促进小微企业个性化发展的关键。针对政府部门之间信息不对称、数据不畅通、数字化水平低的困境，政府部门之间要进行数据共享，鼓励小微企业完善企业信用等信息，打通数据链，建立小微企业数字化信用信息汇总平台，与各种监管机构、银行、其他商业实体安全地在线共享和存储文件，进行小微企业的数据分析。以此为基础采取靶向施策、靶向帮扶手段，如建立小微企业专项纾困基金、政府性融资担保公司，健全此类公司的设立、运行、营利考核、合理人员免责等机制。对于市场潜力大、商誉良好、具有价值的特色小微企业进行市场化的监管和辅导，从政策引领、基础设施、政务服务、人才供给等方面推进资源精准调配，以实现小微企业的精准化治理、优质化发展。

（四）建立小微企业专门破产制度

当前世界各国对于小微企业破产程序的适用存在两种不同的模式。第一是根据破产时具体案件的烦琐程度进行区分，若案件涉及的权利义务关系复杂、权利主体众多、财产利益重大则适用普通程序，反之则适用简易破产程序。第二是按照主体类别进行划分，建立专门的小微企业破产制度。这也是本次世界银行营商环境评估所表现的倾向。

我国在建立小微企业专门破产制度中应当考虑以下要素。第一，对适用主体及适用标准进行清晰界定。从广义的语境来看，只要符合一定的经济实质特征，就属于小微企业，如在我国广泛存在的个人独资、合伙企业等。但是企业的发展是一个动态的过程，在订立主体和适用标准时也要考虑企业在不同经营时期、不同发展阶段的特点。第二，重视发挥简易破产重整机制的功效。小微企业基数大，是中国目前数量最大、最具活力的企业群体，小微企业发展得越好，当地就业和创业就越充分。对于具备再生能力和经营价值的小微企业，要积极鼓励其进入破产重整程序。第三，搭建好适配小微企业破产程序的个人免责制度，否则企业主将很难摆脱债务的泥潭，小微企业破产制度的意义也将名存实亡。

（五）提升小微企业通过破产程序自救重生的动力

扭转小微企业对破产制度的错误认识，做好小微企业破产价值的相关宣传和普及工作尤为重要。要引导小微企业正确认识破产制度的价值，并通过做好小微企业破产预重整培训、制定破产激励政策等，鼓励困境小微企业主动申请破产，增强小微企业破产意愿。对于有价值的小微企业鼓励进入重整程序，重整对企业的经营与管理至关重要，企业家对直接进入破产程序具有排斥心理，可在正式进入破产程序前设置预重整制度或程序，对破产重整程序进行前期辅导，进行预重整备案与登记，留足企业家的心理缓冲期，提升债务人的破产接受度，保证后期破产工作的顺利推进。

通过合法的程序设计，化解小微企业责任风险。合理界定企业债务与家庭债务，减轻企业家的家庭债务压力。在企业债务方面，对债权人的合法权益进行保护，对债务人权益合法保留，提高债权人破产程序的参与度。[①] 发挥债权人对于破产程序的推动作用，鼓励债务人在破产重整中发挥拯救企业的主观意愿。在财产豁免上，采取保留营运价值的动态豁免，激励债务人创造价值，积极重整自救从而避免走向清算。

五 结语

营商环境和商事制度之间的关联密切，优化以小微企业破产制度为代表的商事制度体系是优化营商环境、推动经济高质量发展的引领和枢纽。营商环境

[①] 刘冬梅、席林林：《宜商环境视域下小微企业重整中原出资人权益保留问题研究——以 G 市法院 2018 年~2022 年的破产案件为研究对象》，《法律适用》2023 年第 3 期。

的不断优化，既是增强市场主体信心的必要途径，也是倒逼商事制度改革的重要动力。分析小微企业破产困境，在营商环境建设的全局视角之下，健全小微企业专门性破产保护相关法律法规是一个无法回避的问题。从营商环境和破产制度相结合的角度出发，弥合传统商业模式与数字时代需求之间的鸿沟，才能提高小微企业的发展韧性，在危机中不断加强小微企业的复原力和生产力，盘活破产小微企业的价值，使小微企业的发展提质增效，实现小微企业的可持续发展。

G 4

破产管理人行业协会建设发展状况调研报告

——以贵州省为例

贵州省破产管理人协会课题组[*]

摘 要： 破产管理人行业协会的成立与运行，对于提升破产管理人队伍的职业素养及专业能力、促进管理人行业的自律发展、优化营商环境、加大破产保护力度有着积极作用。本报告对贵州省破产管理人协会及贵州省9个市（州）破产管理人协会的构建及运行、专业化建设、互助基金使用三个方面进行调研，以初步展现贵州省各级破产管理人协会的运行情况，并对贵州省各级破产管理人协会存在的问题和未来发展方向进行相应分析。

关键词： 破产管理人协会 组织架构 专业化建设 互助基金

---

* 课题组成员：归东，贵州省破产管理人协会会长；郑锡国，贵州省破产管理人协会监事长；邓成军，贵州省破产管理人协会秘书长；张瑜瑶，贵州省破产管理人协会副秘书长；丁丽萍，贵州省破产管理人协会单位会员代表；刘敏，贵州省破产管理人协会单位会员代表；宋瑱瑱，贵州省破产管理人协会单位会员代表。

破产管理人协会是由依法设立的律师事务所、会计师事务所、破产清算事务所等社会中介机构及专业破产业务人员自愿组成的社会团体法人，承担着支持会员依法执业、制定执业规范、开展业务培训、组织行业研讨等职责，同时代表管理人与法院、司法行政等相关机关进行工作协调。破产管理人协会的成立和管理对于破产程序的顺利进行至关重要，有助于推动破产管理人队伍的专业化、市场化和可持续发展。

破产管理人协会在我国经历了从无到有的发展过程。2007 年《中华人民共和国企业破产法》施行后，破产管理人制度开始建立；2014 年 9 月，广州市成立了全国第一家破产管理人协会。随后，各地纷纷成立破产管理人协会，截至 2020 年 5 月，全国已成立了六十多家此类协会。2020 年 5 月 13 日，贵阳市破产管理人协会在贵州省内率先成立。随后，贵州省其余市（州）陆续成立破产管理人协会。2022 年 12 月 21 日，贵州省破产管理人协会成立大会在贵阳召开，可以说，这是贵州省破产管理人行业的一个里程碑事件，标志着贵州省的破产管理人行业建设和管理人工作步入了自律化、规范化、社会化的轨道。显而易见，贵州省破产管理人协会的成立，对于提升破产管理人队伍的职业素养及专业能力、促进管理人行业的自律发展具有重要意义，对优化贵州省营商环境、加大破产保护法治力度有着积极作用。

基于此背景，本报告对贵州省破产管理人协会及 9 个市（州）破产管理人协会的构建及运行、专业化建设、互助基金使用三个方面进行调研，初步分析了贵州省内破产管理人协会的运行情况，并对协会存在的问题和未来发展方向进行深入探讨。

一 贵州破产管理人协会建设及运行概况

破产管理人协会的组织结构一般包括会员大会、理事会、监事会等。其中，会员大会是协会的最高权力机构，由所有会员组成，负责审议和决定协会的重大事项；理事会由会员大会选举产生的代表组成，是协会的决策机构，负责协会的日常管理和运作，通常也由理事会选举产生协会会长和副会长，负责领导协会的日常工作和代表协会对外联络；监事会独立于理事会，由会员大会选举产生，负责监督理事会的工作和财务状况。从调研情况看，目前，贵州省协会及各个市（州）协会组织结构基本完善；除上述基本组织结构外，贵阳市、毕节市和安顺市还设立协会秘书长，负责全面工作抓落实。但不同的协会在业务主管部门、会员构成类型、地域分布、会费收取、制度设置、专业委员会设置等方面略有不同，以下分而述之。

（一）业务主管部门

贵州省及各市（州）破产管理人协会的业务主管部门并不完全一致，一些地区协会以司法行政机关即当地司法局为业务主管部门，一些地区则以司法审判机关即人民法院为业务主管部门。例如，贵州省破产管理人协会的业务主管部门为贵州省司法厅，贵阳市、遵义市、毕节市、黔南州的破产管理人协会的业务主管部门为当地的司法局，六盘水市、铜仁市、黔西南州、安顺市、黔东南州的破产管理人协会的业务主管部门则为属地中级人民法院（见表1）。由于司法行政机关与人民法院法定职权不同，其对协会的管理和指导方式也存在不同。

从其他省份的实践看，对破产管理人协会的业务主管部门的职责，一直存在较大争议，不同地方的做法也不尽相同。但是，各地协会业务主管部门不一致的情况，在一定程度上影响了不同地区协会之间沟通协作的顺畅度和紧密度。

表1　各地破产管理人协会业务主管部门

协会所属地	业务主管部门
贵州省	贵州省司法厅
贵阳市	贵阳市司法局
遵义市	遵义市司法局
六盘水市	六盘水市中级人民法院
安顺市	安顺市中级人民法院
毕节市	毕节市司法局
铜仁市	铜仁市中级人民法院
黔南州	黔南州司法局
黔东南州	黔东南州中级人民法院
黔西南州	黔西南州中级人民法院

（二）会员构成

调研显示，各协会会员主要包括律师事务所、会计师事务所、破产清算事务所/公司、个人管理人，其中以律师事务所较多，这一构成与省内入册的管理人构成基本一致，值得注意的是，尽管入册的管理人是破产管理人协会会员的主体，[①] 但破产管理人协会的会员并不限于入册的管理人。例如，贵州省、贵阳市、遵义市、铜仁市、黔南州破产管理人协会会员单位包括了资管公司、交易平台、税务师代理公司、拍卖机构、评估机构、造价机构、测量机构、档案业务公司、律师个人等非管理人企业或自然人。非入册管理人通过加入破产管理人协会寻找业务机会，表明围绕破产形成的业务链条正不断扩展（见表2）。

表 2　贵州省内破产管理人协会会员类型构成情况

单位：人

协会所属地	协会会员数量	协会会员构成				
		律师事务所	会计师事务所	破产清算事务所/公司	个人管理人	其他
贵州省	150	117	13	7	0	13
贵阳市	97	58	13	5	12	9
遵义市	69	41	7	2	6	13
六盘水市	39	31	3	5	0	0
安顺市	41	38	0	3	0	0
毕节市	40	33	5	2	0	0
铜仁市	51	28	2	1	0	20
黔南州	43	32	4	3	1	4
黔东南州	142	15	4	0	123	0
黔西南州	91	18	2	2	7	62

（三）会员地域分布

从协会会员地域构成看，贵州省、贵阳市、遵义市、铜仁市、黔南州对会

[①]　除黔东南州破产管理人协会外，其他协会管理人单位占会员总数的50%以上。

员入会资格不存在地域限制，六盘水市、黔西南州、毕节市、安顺市、黔东南州对会员设置了地域限制，仅限本地机构入会。访谈显示，各协会对于会员地域限制持不同态度，一些协会认为设置地域限制有利于保护本地管理人案件优势，一些协会则认为取消地域限制有利于实现外地管理人与本地管理人形成良性循环并促进沟通成长（见表3）。是否对其会员地域作出严格限制，取决于协会发展目标和战略定位。如果协会的目标是服务本地市场，加强本地破产管理的专业性和针对性，那么设置地方限制可能更有利；如果协会希望建立一个更加开放和包容的平台，促进专业知识的交流和行业的整体发展，那么不设置地方限制可能更合适。破产管理人协会应根据自身的实际情况和发展目标，权衡利弊，制定或修订合理的入会资格标准。此外，也可以考虑在不设置硬性地方限制的前提下，通过政策引导和激励措施，鼓励会员积极参与本地破产管理事务。

表3 贵州省内破产管理人协会会员地域限制情况

协会所属地	会员入会是否存在地域限制
贵州省	否
贵阳市	否
遵义市	否
六盘水市	是
安顺市	是
毕节市	是
铜仁市	否
黔南州	否
黔东南州	是
黔西南州	是

（四）会费收取

会费是破产管理人协会得以顺利运行的基础，协会的组建、办公场所使用、工作人员管理、培训交流等均需要费用支撑。因此，课题组对各协会2023年的会费收取情况进行了调研（见表4），会费收取情况对协会的影响将在协会专业化建设及互助基金中具体分析，本处不赘述。

表 4 贵州省内破产管理人协会 2023 年度会费收取情况

单位：元

协会所属地	2023 年会费收取金额
贵州省	850000.00
贵阳市	393750.00
遵义市	355826.00
六盘水市	207000.00
安顺市	暂未收取
毕节市	24000.00
铜仁市	12000.00
黔南州	暂未收取
黔东南州	60000.00
黔西南州	333000.00

（五）制度建设

为保障协会的顺利运行，部分协会依托协会章程，从会费收取、破产案件实务、会员自律管理等方面建立相关制度。因考虑社会团体的自律性，本报告着重以行业自律管理为方向，介绍贵州省内破产管理人协会考核、奖惩制度设立情况及适用效果（见表5）。

表 5 贵州省内破产管理人协会制度设置及影响力情况

协会所属地	是否设置考核制度	是否设置奖惩制度	协会考核和奖惩结果对法院管理人考核是否有影响
贵州省	否	是	否
贵阳市	是	否	是
遵义市	是	是	是
六盘水市	否	否	否
安顺市	否	是	是
毕节市	否	否	否
铜仁市	否	否	否
黔南州	否	是	是
黔东南州	是	是	是
黔西南州	是	否	是

根据本次调研结果，贵阳市、遵义市、黔西南州、黔东南州破产管理人协会对会员设置考核制度，贵州省、遵义市、安顺市、黔东南州、黔南州破产管理人协会对会员设置奖惩制度，其中贵阳市、遵义市、黔西南州、黔东南州的考核结果以及遵义市、安顺市、黔南州、黔东南州的奖惩结果能够反馈至法院作为管理人考核评定的参考。总体来看，仅有少部分协会设立了完整的考核和奖惩制度，有部分协会甚至两者均未设立。与省外破产管理人协会比较，贵州省内协会的制度设立有待完善。考核机制和奖惩规则的建立，有助于加强对破产管理人的监督管理，提高破产案件的办理质量和效率，促进破产管理人行业的健康发展。通过建立和实施有效的考核机制和奖惩规则，破产管理人协会可以促进行业的健康发展，提升服务水平，保护所有利益相关者的合法权益。

（六）专业委员会设置

专业委员会的设立实际上是将协会职责落实到"人"，明确各委员会的职责，将不同任务分配至专业人员，更有助于破产管理人协会的专业化建设。从本次调研情况看，仅贵州省、贵阳市、遵义市破产管理人协会设置了专业委员会。具体来说，贵州省破产管理人协会设置了业务培训委员会，困境企业投资专业委员会，会员联络与维权委员会，行业战略委员会，对外交流委员会，审计、财税专业委员会，考核奖惩委员会，普遍性疑难化解委员会8个专业委员会；贵阳市破产管理人协会设置了党建服务部、会员服务部、财务部、维权考核惩戒部、培训部、对外联络委员会、投融资委员会、审计评估委员会、庭外重组及调解委员会、评审委员会、宣传委员会11个专业委员会；遵义市破产管理人协会设置了业务指导与培训委员会、宣传与对外联络委员会、援助基金管理委员会、会员维权委员会、会员自律委员会、综合管理办公室6个专业委员会。各协会在内部机构的设立和发展不尽均衡（见表6）。

表6　贵州省内破产管理人协会专业委员会设置情况

协会所属地	是否设置专业委员会
贵州省	是
贵阳市	是
遵义市	是

协会所属地	是否设置专业委员会
六盘水市	否
安顺市	否
毕节市	否
铜仁市	否
黔南州	否
黔东南州	否
黔西南州	否

二 贵州破产管理人协会的专业化建设

通过强化破产管理人协会专业化建设，可以提升协会会员办理业务的整体水平、专业与服务能力。制订完善专业化建设计划、提供业务技能培训、制定业务指引规范执业标准、建立完善对外交流机制等，都是实践中常见的提升专业化水平的方式。

（一）专业化建设计划与预算

调研显示，除黔西南州以外，贵州省与各市（州）破产管理人协会均未针对协会会员的专业化建设制订专门建设计划，部分管理人协会未就专业化建设方面的费用编制年度预算（见表7）。

表7 贵州省内破产管理人协会专业化建设与预算情况

协会所属地	是否制订专门建设计划	是否对专业化建设方面编制年度预算
贵州省	否	否[1]
贵阳市	否	是,约为50%
遵义市	否	是,约为80%
六盘水市	否	是,约为60%

续表

协会所属地	是否制订专门建设计划	是否对专业化建设方面编制年度预算
安顺市	否	是，约为 50%
毕节市	否	否
铜仁市	否	否
黔南州	否	否[②]
黔东南州	否	否
黔西南州	是	是，约为 45%

说明：①贵州省管理人协会下设委员会每年每个委员会有 3 万元活动经费，实务培训则根据年度工作需要灵活调整。

②黔南州管理人协会因未设立专业和专门委员会，暂无专业化建设方面的预算安排，实务培训则根据年度工作需要灵活调整。

（二）破产管理人协会组织的培训

贵州省与各市（州）破产管理人协会通过召开会长办公会听取意见、线上征求意见、面谈等多种方式收集协会会员的培训需求，并不定期开展培训活动。主要的培训内容为法律法规更新与解读、破产管理实务操作、案例分析与经验分享等。访谈中，有 4/9 的市（州）管理人协会认为目前的培训活动能够满足会员的实际需求，有 5/9 的市（州）和贵州省管理人协会认为目前的培训活动不能满足会员的实际需求，仍需要在管理人履职能力提升以及履职风险预防等多方面进行加强（见表 8）。

表 8　贵州省内破产管理人协会组织的培训情况

协会所属地	收集培训需求的方式	培训频次	培训主要内容	培训是否满足会员的实际需求	在培训中仍需加强的方面
贵州省	召开会长办公会听取意见、向会员征集意见等	不定期	破产管理实务操作、案例分析与经验分享	否	管理人履职能力提升和履职风险预防

破产管理人行业协会建设发展状况调研报告

协会 所属地	收集培训 需求的方式	培训频次	培训主要内容	培训是否 满足会员的 实际需求	在培训中仍需 加强的方面
贵阳市	设置培训部专业委员会，通过会员群收集需求	不定期	法律法规更新与解读、破产管理实务操作、案例分析与经验分享	否	—
遵义市	按照主管部门、业务指导部门的要求，管理人意愿以及市场需求等确定	每季度或不定期		是	—
六盘水市	收集管理人在处理破产案件中的典型案例，分析其中反映出的问题和不足；在协会会员交流群沟通收集需求	每年定期		否	未来需加强破产管理实务操作方面的学习
安顺市	以面谈、观察以及调查问卷的方式收集需求	不定期		否	未来需加强更多关于破产实务难点，以及除破产法以外的学习
毕节市	对会员单位开展访谈收集管理人的培训需求	不定期		否	未来需加强管理人履职能力提升和履职风险预防方面的培训
铜仁市	线上沟通收集需求	不定期		是	—
黔南州	召开理事会听取意见、向会员征集意见等	每季度或不定期		是	未来需加强管理人履职能力提升和履职风险预防等方面的学习
黔东南州	按照主管单位的要求，并与会员单位面谈的方式收集需求	不定期	破产管理实务操作、案例分析与经验分享	否	未来需加强破产实务方面的学习
黔西南州	不定期在会员群里征集管理人在办案过程中遇见的各种问题，收集整理后进行针对性的培训	不定期	法律法规更新与解读、破产管理实务操作、案例分析与经验分享	是①	—

说明：黔西南州破产管理人协会制定了专门的业务培训制度。

（三）破产管理人协会对外交流活动

调研显示，贵州省破产管理人协会的对外交流工作较为丰富，市（州）级协会的对外交流活动整体来看有待进一步加强（见表9）。

表 9　贵州省内破产管理人协会对外交流活动情况

协会所属地	是否与其他管理人协会进行交流活动	主要的交流活动
贵州省	是	2023 年,前往广东省破产管理人协会以及广州市、深圳市破产管理人协会交流 2024 年,前往广西壮族自治区破产管理人协会进行交流
贵阳市	是	2020 年,前往成都市破产管理人协会交流学习 2022 年,前往兰州市破产管理人协会交流学习 2023 年,前往绍兴市破产管理人协会交流学习
遵义市	是	2023 年,前往重庆市破产管理人协会进行考察学习
六盘水市	否	—
安顺市	是	与贵州省其他市(州)破产管理人协会进行交流
毕节市	是	与贵州省其他市(州)破产管理人协会进行交流
铜仁市	否	—
黔南州	是	2024 年,协会与黔南州中级人民法院共同前往浙江省温州市中级人民法院破产法庭、温州市破产管理人协会、绍兴市中级人民法院、绍兴市破产管理人协会进行交流学习
黔东南州	否	—
黔西南州	是	与安顺市破产管理人协会及六盘水市破产管理人协会交流学习

（四）破产管理人协会制定业务指引

调研显示，除贵州省破产管理人协会外，其他的破产管理人协会均已经制定了相关业务指引、指导和规范文件，内容涵盖资产处置、债权审查等。一些协会与当地人民法院共同制定工作指引，有助于在最大范围内达成共识、推动工作（见表10）。

表 10　贵州省内破产管理人协会制定业务指引情况

协会所属地	是否制定与破产有关的业务指引、指导和规范文件	主要的文件名称
贵州省	否	—
贵阳市	是	《贵阳市中级人民法院 贵阳市破产管理人协会破产案件管理人工作指引（试行）》 《破产案件债权审核规则》 《破产案件立案审查指南》
遵义市	是	《破产案件管理人工作指引（试行）》 《关于建立遵义市企业破产事务法律保护服务中心工作机制的意见（试行）》
六盘水市	是	《六盘水市破产管理人协会关于统一破产程序中财产网络拍卖相关工作的规定（试行）》 《六盘水市破产管理人协会关于统一破产程序中信息披露的规定（试行）》。
安顺市	是	《安顺市破产管理人协会驻安顺市中级人民法院工作室工作制度》 《安顺市破产管理人协会驻安顺市中级人民法院工作室工作内容》 《安顺市危机企业预警工作规范（试行）》
毕节市	是	《毕节市破产管理人债权申报及审查业务操作指引》
铜仁市	是	《铜仁市破产管理人协会关于补充申报债权收费标准指引》
黔南州	是	《黔南州中级人民法院 黔南州破产管理人协会破产案件管理人工作指引（试行）》
黔东南州	是	《黔东南州破产管理人业务操作指引》
黔西南州	是	《黔西南州破产管理人协会办理破产案件工作指引》 《黔西南州破产管理人协会办理破产案件债权审查工作指引》

（五）破产管理人协会业务主管部门指导

各主管部门采取组织培训、现场走访、召开联席会议等多种方式为破产管理人协会会员提供业务指导（见表11）。

表 11　贵州省内破产管理人协会业务主管部门的指导情况

协会所属地	业务主管部门	主要指导方式
贵州省	贵州省司法厅	现场、线上指导,具体内容有协会的筹建设立、换届、章程修订、党建、实务培训等
贵阳市	贵阳市司法局	不定期参与协会会长办公会及理事会、会员大会等
遵义市	遵义市司法局	现场走访,指导协会建章立制,帮助协会与中院沟通疑难问题,对协会会员提供业务指导
六盘水市	六盘水市中级人民法院	通过政策解读与宣传、培训与教育、业务规范与标准制定、信息共享与交流、监督与评估、协调与合作,为协会成员提供咨询和指导
安顺市	安顺市中级人民法院	定期召开《中华人民共和国企业破产法》学习培训会、专题研讨会、破产经济实务学习以及破产企业税收实务学习,为协会会员提供业务指导
毕节市	毕节市司法局	采取召开联席会议(2022~2023 年共召开联席会议 7 次)、联合发布相关文件、开展业务培训等方式为协会会员提供业务指导
铜仁市	铜仁市中级人民法院	通过举办培训、座谈会等形式为协会会员提供业务指导
黔南州	黔南州司法局	采取现场、线上指导的方式对协会的筹建设立、换届、章程修订、党建等方面为协会提供业务指导
黔东南州	黔东南州中级人民法院	针对破产案件的共性问题组织座谈等
黔西南州	黔西南州中级人民法院	不定期组织破产相关法律学习、解释及实务操作、为协会会员提供业务指导

三　互助基金制度运行

近年来,随着僵尸企业市场出清工作力度的加大,越来越多的无产可破案件被法院受理。在无产可破案件中,债务人企业缺乏有效资产,在进入破产程序后不仅无力清偿债权,而且连管理人报酬等破产费用都无法解决。为了补贴办理无产可破案件的管理人,提高管理人办理无产可破案件的积极性,切实助力营商环境优化,各地建立了破产案件"互助基金",即由当地的破产管理人协会牵头建立资金池，从收取了较多管理人报酬的案件中按一定比例提取资金注入资金池，用于补贴办理无产可破案件的管理人。[①] 各地的做法略有不同，分述如下。

（一）贵阳市

建立了专门的管理规则。资金来源于互助基金签约会员办理案件的管理人报酬（管理人报酬超过 50 万元后，按比例计提）。互助基金由协会管理发放，目前尚无财政支持。用途主要是针对无产可破案件。由协会接受申领并负责审批。发放标准最高不超过 5 万元，最低不低于 0.5 万元。每年的会员大会都会公布收支情况。目前互助基金约有 170 万元。

（二）遵义市

建立了专门的互助基金的收取和使用办法，对基金委员会的职责、收取标准、申领程序、支付标准进行了详细规定。资金来源主要是管理人报酬提取（针对外地的管理人，要求其竞标的时候承诺缴纳互助基金），尚未获得财政支持。由管理人申请后，报基金委员会审定，最终由协会批准。

（三）六盘水市

建立了专门的管理办法。资金主要来源于财政支持、银行支持、管理人报酬捐赠（管理人报酬超过 50 万元后，按比例计提）。资金由六盘水市中级人民法院进行管理，由协会接受申报，最终由六盘水市中级人民法院裁定。发放标准不超过 5 万元。[②]

（四）安顺市

名称为"破产管理人基金"，建立专门的规范性文件。资金来源于管理人

---

① 虽然各市（州）对"互助基金"有不同的称谓，如毕节市称为"破产案件保障基金"、黔南州称为"破产费用基金"、铜仁市称为"企业破产援助资金"等，但其本质都是破产管理人群体的互帮互助及管理人报酬的以丰补歉。本文统一称为"互助基金"。

② 六盘水地区的无产可破案件，会跟有产可破案件一起"打包"招标，以此提高管理人办理无产可破案件的积极性。

捐赠。一般由管理人在选聘时自愿出具捐赠承诺书，最终的具体金额根据管理人办理案件的情况确定，并由法院设置专户进行管理。

（五）毕节市

名称为"破产案件保障基金"，建立了专门的管理办法。资金从管理人报酬中提取，用途为补助无产可破的案件，补贴标准为据实报销。目前基金有近49万元。申领程序是向管协申领，由会长办公会确定，每年进行公示。

（六）铜仁市

名称为"企业破产援助资金"，建立了专门的管理办法，对于收支、资金来源、管理人报酬的提取比例等都进行了规定，但是目前尚未实际发放过。

（七）黔南州

名称为"破产费用基金"，建立了收取和使用的相关规定办法。资金从管理人报酬中提取，资金主要是用于协会的日常办公需要（因协会不收取会费）和补贴无产可破案件。支付标准基本控制在1万~3万元，超过5万元时报法院批准。互助基金目前超过10万元。申领程序为向法院申请，由法院批准。无产可破案件有部分的财政支持。

（八）黔东南州

名称为"破产案件援助基金"，建立了专门的管理办法，由协会自主管理。资金主要从管理人报酬中提取（管理人报酬超过20万元的部分提取10%）。发放由协会自主审批确定，但是目前尚未发放过。当地法院每年也有单独用于补贴无产可破案件的财政支持资金，由法院自行管理和发放。

（九）黔西南州

未建立专门的管理办法，相关制度内嵌在协会财务管理制度中，体现为"特别会费"。资金来源主要是管理人捐赠（管理人报酬超过10万元按照5%收取，基础会费可以抵充特别会费）。无产可破案件补贴一般不高于1万元。

四　贵州破产管理人行业建设面临的挑战与对策

（一）协会构建与运行方面

1.存在的突出问题

（1）破产管理人协会的职能不统一，行业管理没有统一标准。贵州省破产管理人协会及各市（州）破产管理人协会职能不统一的原因是缺乏统一的法律法规、章程来规定其职责，从协会社会团体性质来看，有相应的法律进行规范，但协会会员又属于目前立法较"新"的破产管理人制度规范的群体，因此，破产管理人协会无法同律师协会一样有专门的《中华人民共和国律师法》进行规范。同时，各地协会的职能定位和业务主管单位不一，可能导致破产管理人行业在不同地区的发展出现不平衡，影响行业整体水平的提升。

（2）协会内部监督机制不完善。贵州省破产管理人协会及各市（州）破产管理人协会共 10 个协会中，仅 4 个协会设置了考核制度，表明行业协会的自律性发展不充分，无法有效管理和培养管理人，影响行业整体水平的提升。并且缺乏有效的监督或制度未有效落实，也会影响破产案件的审理效率和办理质量。

（3）协会实质性运行不足。破产管理人协会成立的主要目的是通过集合团体力量，在规范管理人行业的同时也为管理人提供更大的沟通交流平台，但是目前协会对管理人的选任、报酬等实质性权益不享有任何监督、建议、决定权利，导致在运行过程中无法充分发挥破产管理人协会的职责，在无法保障管理人权益的情况下，存在扩建会员队伍的障碍。

2.完善建议

（1）加强立法支持、设置行业标准。相关立法部门应修订相关法律法规，为破产管理人协会职能的实施提供法律依据和支持，确保协会职能的权威性和执行力。同时，制定破产管理人的行业标准和操作规程，包括职业道德准则等，为协会发展提供更多的支撑材料。

（2）加强各协会的联系，保持协会业务与职能的一致性。各协会加强沟通交流，加快构建破产管理人行业自律机制，以行业自律机制为主导进一步完善管理人协会的其他制度。

（二）专业化建设方面

1. 存在的突出问题

（1）缺乏专业化建设计划以及相关的专业委员会。专业化建设计划能够为协会在专业化建设的各项工作中提供明确的指导和方向，确保资源的合理配置和有效利用。但从调研情况来看，除黔西南州以外，各市（州）协会均未形成专门的管理人专业化建设计划，且仍存在一半的协会未对专业化建设方面的费用编制年度预算。专业化建设计划与年度预算的缺失，可能导致协会在开展管理人专业化建设方面缺少系统性。同时，除贵阳市设置了培训部、对外联络委员会以及遵义市设置了业务指导与培训委员会、宣传与对外联络委员会外，其他市（州）级协会并未设置相关专业委员会开展业务培训与对外交流活动。

（2）业务培训不能充分满足会员需求，对外交流不足。除黔西南州、黔南州、遵义市以及铜仁市外，其他协会均认为当前的培训内容不能满足协会会员的实际需求，并提出仍需要加强破产实务操作、管理人履职能力与履职风险等方面的培训。同时，在调研过程中，有市（州）提出因存在协会经费有限、所处地理位置较为偏远、会员参与积极性不足等因素从而影响协会举办相关业务培训的能力与有效性。有市（州）提出希望贵州省高级人民法院与贵州省破产管理人协会能够整合培训资源，并依托省级平台、法学会组织、高校等开展更加高质量、高水平的业务培训讲座，将相关业务培训有效地辐射到各市（州），也可以在各市（州）轮流与贵州省破产管理人协会联合开展相关培训。建议由贵州省破产管理人协会邀请省高院评选出的十佳案例的管理人开展沙龙论坛，分享办案经验。此外，也有市（州）协会提出市场的培育与管理人专业化建设是相辅相成的，且案件的实操办理是提升管理人专业化建设最直接、最有效的方式。

在调动会员积极参与培训的问题上，黔西南州的计划值得借鉴与推广。黔西南州破产管理人协会拟与省司法局、黔西南州律师协会共同发文，组织协会成员参与为期三天的专业化培训，参加培训的 30 个课时可抵扣律师执业继续教育的课时，同时在竞选管理人的竞争性谈判中，参加培训的课时可以作为加分评分项。

（3）省级层面的业务指导不足。从调研的情况来看，基本上各市（州）均单独或联合人民法院共同制定了与破产业务相关的业务指引、指导和规范文件，但贵州省破产管理人协会尚未制定与破产业务相关的指引。在调研过程中，也有市（州）提出希望由省破产管理人协会牵头制定一套从管理人担任到破产案件终结的全过程规范性文件，既可提升管理人的工作效率，又能统一规范管理人的工作。

2. 完善建议

（1）制定专业化建设计划与预算。破产管理人协会开展专业化建设是协会最为重要和基础的服务内容，为加强协会会员的专业化能力，提升会员办案水平与竞争力，建议破产管理人协会根据会员情况、破产案件特点以及协会自身运行机制等制订匹配的专业化建设计划与安排预算。

（2）省级层面强化业务指引。为进一步提升破产案件的处理效率与质量，保障破产管理人的专业性和规范性，从省级层面制定与破产业务相关的指引或文件显得尤为重要。建议在省级层面制定与破产业务相关的指引文件，为全省破产管理人提供明确的操作指南，有效规范管理人工作流程。

（三）互助基金方面

1. 存在的突出问题

（1）财政支持力度不足。从调研情况看，除了黔南州、六盘水市、黔东南州的无产可破案件有部分财政支持外，其他地区基本依靠管理人自发从管理人报酬较高的案件中进行按比例提取，注入诸如"互助基金"资金池后再对其他办理无产可破案件的管理人进行补贴。即使对于有财政补贴的地区，财政补贴的力度相较于无产可破案件的消耗量仍显不足，亦需要互助基金进行一定的弥补。财政支持的力度不足，无产可破案件的补贴标准在几千元到几万元不等。这一标准对于破产管理人在无产可破案件中所投入的人力、物力成本来说只是杯水车薪，影响破产管理人对于办理无产可破案件的积极性。

（2）管理人报酬提取比例不一，各市（州）破产管理人协会对于管理人报酬应提取至"互助基金"的比例并无明确规定，由此也引发了实操过程中的很多问题，如法院对此行使自由裁量权的区间范围过大，外地管理人对于当地规则不理解或不配合等。调研过程中也出现了在全省范围内统一"互助基金"管理人报酬提取标准的呼声。

（3）管理权限不一致。根据调研情况，有的市（州）"互助基金"的管理权限在法院，由当地中院设立专门账户进行统一管理，如安顺市、六盘水市，但多数地区是由市（州）的破产管理人协会进行自主管理。针对申领审批情况，部分地区由当地中院进行最终审定，如六盘水市、安顺市、黔南州，而其他地区就直接由破产管理人协会通过内部自治程序进行批准。管理权限不一致使各市（州）"互助基金"所对应的管理办法及运行方式存在较大差异，由此也造成了一些问题，如法院管理的模式往往支付审批流程冗长，致使补贴资金不能及时发放到位等。

2.完善建议

（1）考虑在全省范围内统一"互助基金"的提取比例，针对外地管理人在本地法院办理破产案件的情形，对于如何缴纳"互助基金"问题进行明确，避免出现各地互助基金缴纳标准不一所带来的龃龉，也避免出现管理人异地办案时重复缴费或未缴纳费用的情况。

（2）建议加大法院和破产管理人协会在收取"互助基金"问题上的配合和协同，确保符合"互助基金"缴纳标准的管理人能主动按照相应标准缴足"互助基金"，以维系"互助基金"的持续运转。

五　结语

贵州省各级破产管理人协会已基本成立，为了促进破产领域的进一步规范化，需要健全破产管理人协会的体制机制，对协会的职能和制度等进一步细化和完善，让协会成为管理人的帮助者及监督者，让管理人能在破产程序中高效、公正地处理破产事务，让管理人及非管理人单位能够依托协会分享资源并承担社会责任，从总体上保障贵州省破产业务的正向发展。

G 5

破产管理人履职尽责及监督问题的功能重构

——基于"委托—代理"理论的视角

罗 宁 韦嫣婷*

摘 要：在市场化、法治化、国际化营商环境优化的过程中，破产程序是发挥市场出清、规范市场秩序的重要机制。在破产程序中，管理人是否充分履行法定职责决定了能否最大程度实现破产程序的目标价值。但在司法实践中，管理人的履职出现重重困难与乱象，极大影响了破产程序的功能实现。因此，完善相关配套制度，明确各方利益主体的监督权限，对保障破产管理人依法履职、破产程序发挥作用具有相当重要的意义，也是优化营商环境的重中之重。本报告从目前破产程序设计的角度出发，综合司法实践中破产管理人履职尽责的难点痛点，探析破产程序中破产管理人的职能定位，探讨规制破产管理人履职情况的可行路径。

关键词：破产程序 破产管理人 "委托—代理"理论

管理人的履职质效极大地影响破产案件的推进，也决定了破产案件能否满足各类主体的期待、最大程度实现破产制度的目标价值、落实相关利益主体合法权益。但在司法实践中，破产管理人履职尽责存在种种乱象，如破产重整案

---

* 罗宁，贵州省高级人民法院民二庭副庭长；韦嫣婷，贵州省高级人民法院民二庭法官助理。

件中债务人公司往往需继续经营运转以保持营业价值，但破产管理人如果亲自对债务人公司进行管理，则可能会因市场环境相对复杂，在商业价值判断上有所欠缺；又如由债务人自行对企业进行管理，可能会出现管理人与债务人之间的职责边界不清、监督对象模糊、监督手段缺失、互相推卸责任的结果；再如管理人接受法院指定之后，往往"大权独揽"，与法院疏于沟通，反馈不及时不全面，或"谨小慎微"，事无巨细均向人民法院请示汇报，由法院拍板决策，导致法院成了变相的管理人；至于管理人办理案件时相关材料归档不及时不全面、重整计划执行完毕后管理人即"功成身退"而疏于处置后续大量收尾工作、预重整程序缺少法律法规予以规制监督等问题，也极大地制约了我国破产案件的办理结果及社会效果。

上述乱象，一方面是在管理人履职尽责能力和破产程序制度期待上存在颗粒度不齐从而出现矛盾，大部分破产程序更注重对剩余财产的分配，考虑到律师事务所或会计师事务所在法律事务及账目处理上更加专业，能相对公允地处理破产案件，因此管理人一般为律师事务所或会计师事务所，但这一制度设计与破产重整制度的目的存在冲突，即事务所之所长为专业事务而非市场运营及商业判断，但破产重整的最佳结果为企业重获新生，以擅长法律或账目的事务所来处理经济学及商业的问题，必然存在难以相互适应的矛盾。另一方面则是管理人的报酬已经由人民法院依法核定，在相对固定的模式下，管理人作为自收自支的商业机构，自然会存在降本增效压力下以尽可能少的工作量获得定额报酬的想法，从而在具体破产案件办理中出现推动进度不积极、材料归档不及时等问题。在顶层设计方面，确实存在制度供给不足导致的重整程序乱象丛生的结果。在底层执行方面，即便法院与管理人都有将破产案件办理好的主观意愿，也难免存在管理人与法院之间缺少沟通或过度沟通等问题。

探讨上述问题的解决之法，最终结果则必然指向"破产管理人客观上需加强自身专业能力，主观上也应以'如我在诉'的标准来回应社会关切""出台更详尽的制度以供使用""明确法院与管理人沟通对接权限及机制""职责划分明确后方许可债务人自行管理财务"等方案。但本报告认为，在对症下药解决问题的同时，也需思考管理人制度是否存在结构性问题，理清管理人的权责基础，只有在管理人的身份地位具体明确的前提下，才能分析督促管理人履职尽责的最优方式，以最少的程序内耗达到最优的处置效果。

一 破产管理人地位的现有规定及破产管理人地位之疑

（一）破产管理人制度规定

1. 全国性规定

2021年2月25日，为推动和保障管理人依法履职，国家发展和改革委员会、最高人民法院等部门印发《关于推动和保障管理人在破产程序中依法履职进一步优化营商环境的意见》（以下简称《意见》），强调以坚持有效监督为基本原则之一，指出管理人应当勤勉尽责，忠实履职，切实维护职工、债权人、投资者、破产公司及相关利益主体合法权益，切实维护社会公共利益，依法依规向人民法院报告工作，接受债权人会议和债权人委员会等相关方面的监督。

截至目前，《中华人民共和国企业破产法》等明确规定了管理人的主要职责，如《中华人民共和国企业破产法》第二十五条、第六十九条、第九十一条等明确规定了破产管理人接管债务人资料、调查财产状况、决定债务人内部事务和开支、召开债权人会议等主要职责。但对管理人履职相关的勤勉忠实义务等仅作出原则性规定，如《中华人民共和国企业破产法》第二十七条"管理人应当勤勉尽责，忠实执行职务"，亦未明确法院对管理人的监督途径，如《中华人民共和国企业破产法》第二十三条仅规定了"管理人依照本法规定执行职务，向人民法院报告工作，并接受债权人会议和债权人委员会的监督"。

制度规定之外，中华全国律师协会出台了《中华全国律师协会律师担任破产管理人业务操作指引》，分别对裁定受理破产清算申请后、裁定重整后、裁定和解后、宣告破产后的管理人组织者进行了规定。该操作指引虽无法律效力，但在一定程度上明晰了破产管理人的工作职责和工作程序。

2. 地方性规定

为落实《意见》中对管理人忠实、勤勉履行职责的督促，完善关于管理人履职监督的配套制度，部分地方法院已通过发布工作办法或指引的方式，从流程节点管控、报告制度落实、质效考核评定等角度对管理人履职进行全方位、全流程监督和管理，逐步建立完善的管理人工作监督管理机制，但目前仍有多个地方的法院尚未出台相应的细化指引和规范。

在目前已发布相关配套制度的地方中，部分法院出台明确规范管理人履职的相关指引、规范，细化履职要求。嘉兴市中级人民法院办公室印发了《关于规范破产管理人履职的工作指引》，明确管理人应当在收到指定管理人决定后七日内将团队负责人及组成人员情况报法院备案，管理人终止职务后应当将执行职务过程中形成的材料整理成册，归档保存备查；① 常熟市人民法院发布《破产管理人履职监督和指导规范》，明确管理人应在接受指定当日建立与承办法官、法官助理、书记员联络的微信工作群，确保日常沟通及时反馈、工作任务及时落实、案件进展及时跟进、重大问题及时汇报。② 部分法院将管理人履职监督与管理人工作考核评价相结合，上海破产法庭发布《管理人个案履职评价办法（试行）》，从忠实、勤勉和团队三个指标的基础评价和个案情况的附加评价等方面对管理人履职提出细化工作要求；③ 厦门市中级人民法院发布《破产案件管理人履职监督和考评工作办法（试行）》，明确了人民法院认为必要时，可以要求管理人就相关事项作出说明、提交个案办理的阶段性报告和专项报告，并细化了上述三种汇报的具体要求。④ 贵州省高级人民法院也于2021 年出台了《贵州省高级人民法院破产管理人管理制度》（黔高法〔2021〕216 号），贵阳市中级人民法院会同贵阳市破产管理人协会于 2022 年出台了《破产案件管理人工作指引（试行）》（筑中法〔2022〕88 号），进一步细化管理人职责，引导管理人依法规范履职，强化法院监督。

（二）破产管理人地位之疑

《意见》明确了"管理人是在破产程序中依法接管破产企业财产、管理破产事务的专门机构"，《意见》也列明了各利益主体为"职工、债权人、投资者、破产公司及相关利益主体"。而纵观目前对破产管理人的相关规定和工作

---

① 《嘉兴市中级人民法院办公室关于印发〈关于规范破产管理人履职的工作指引〉的通知》，嘉中法办〔2023〕41 号，2023 年 9 月 11 日。

② 《常熟市人民法院破产管理人履职监督和指导规范》，2022 年 7 月 5 日。

③ 《（上海破产法庭）管理人个案履职评价办法（试行）》，2023 年 9 月 5 日。

④ 《厦门市中级人民法院关于印发〈破产案件管理人履职监督和考评工作办法（试行）〉的通知》，厦中法发〔2022〕34 号，2022 年 4 月 19 日，其中，第 17 条为：人民法院认为必要时，可以要求管理人就相关事项作出说明、提交个案办理的阶段性报告和专项报告。

指引，普遍存在着"五日内应当""七日内如何""十日内怎样"的规定，已尽可能对破产管理人的履职节点及履职方式进行细化，意在督促破产管理人尽其忠实勤勉义务。

但要探讨如何督促破产管理人尽到忠实勤勉义务，首先要探讨忠实勤勉义务的定义。忠实勤勉义务的出处为英国信托法，解决的是委托人、受托人、受益人之间的关系问题，挪用到破产关系中，首先要明晰破产管理人忠实勤勉义务的对象。对此，根据《意见》及相关法律法规的规定，首先，法院作为选任破产管理人的机构，自应作为破产管理人的监督主体；其次，公司债权人（职工亦属破产债权人的一种）、公司投资者、破产公司本身及相关利益主体也都在破产管理人需平衡的各类利益主体的范畴之内。

据此，法院及诸利益主体都具备了一定的督促破产管理人忠实勤勉尽责的基础，由此促成了《意见》中的"管理人应当勤勉尽责、忠实履职，切实维护职工、债权人、投资者、破产公司及相关利益主体合法权益……接受债权人会议和债权人委员会等相关方面的监督"的规定，但这也在客观上造成了破产管理人在履职尽责过程中存在的"政出多门"的矛盾，进一步导致"都可问责即为都不问责，都应负责即为都不负责"之患，以及"既要，又要，还要，更要"的高标准严要求之下破产管理人无所适从甚至直接"摆烂"的窠臼，更带来了现行系列制度、做法、指引纷纷出台，破产重整的效率与破产管理人的履职效果却仍然不尽如人意的实际效果。基于这一情况，本报告认为，生产力决定生产关系，经济基础决定上层建筑，欲对破产管理人制度作出更科学的设计，以促使破产管理人更好地履职尽责，首要之务应是厘清破产管理人与各方面主体的关系，明确破产管理人的角色定位。

二　破产管理人地位的研究现状

（一）相关学说

1. 信托说

英美破产法将财产法中的信托法律关系移到破产法中，破产受托人在法院、破产人、破产债权之外取得独立地位，以受托人的名义实施法律行为，并在法律上取得对破产财团的所有权，以破产财团所有权人的名义，为破产债权人的利益进行管理、变价和分配破产财团，对破产财团的诉讼要以自己的名义起诉和应诉。①

2. 代理说

代理说源自自力救济主义，根据利益归属的不同，分为破产人代理说、债权人代理说、债务人与债权人共同代理说。是将民法上的代理人理论引入破产管理人之中，认为破产管理人实质上是代表被代理人的利益、以被代理人的名义参与破产事务的代理人。②

3. 职务说

职务说是同代理说长期相对立的一种理论，认为破产程序是为全体债权人的利益而进行的概括性强制执行程序，破产管理人是基于职务而从事破产清算事务的，因而其行为在法律性质上是一种职务行为。公法上的职务说认为，破产管理人在参与破产程序过程中，在对破产财产进行管理时具有类似于公法上执行机关的职能。私法上的职务说认为，破产管理人并不是以国家名义管理，而是仍然以私法名义管理，因此这是一种私法上的职务关系。③

4. 财团代表说

破产财团代表说又称机关说，这一学说认为破产财团是独立的权利义务主体，破产管理人执行职务的行为即为破产财团的行为。④ 债务人财产作为一种独立财产用于破产清算，破产财团具有财团法人性质，管理人定位为破产财团的法定代表机构。⑤

（二）破产管理人地位研究基本理念

本报告认为，《中华人民共和国企业破产法》是公司法体系中对"公司最后归宿"进行规制的法律，探讨了破产管理人的实际地位应当回归现代公

---

① 张艳丽：《企业破产管理人法律地位评析》，《北京理工大学学报》（社会科学版）2004 年第 6 期。
② 张军：《论破产管理人的法律地位》，《武汉大学学报》（哲学社会科学版）2012 年第 4 期。
③ 谢辉：《我国破产管理人的法律地位》，《人民法治》2016 年 11 月刊。
④ 冯尚宗、张国刚：《试论破产管理人法律制度》，《湖北社会科学》2008 年第 5 期。
⑤ 陈科林：《信义关系视角下破产管理人的法律地位》，《政治与法律》2023 年第 11 期。

司法本身。公司作为财团法人，因出资人所投资的财产而存在，因此要探讨公司制度，首先需要厘清公司财务制度的基本架构。关于公司财务制度，最简单的处理框架为出资人将财产所有权转移至公司，在财务处理上，将出资人投入的财产列入公司《资产负债表》的"资产"端，将其对公司的权益列入"所有者权益"端；债权人将财产出借给公司，其财产同样被列入公司《资产负债表》的"资产"端，其对公司的权益则被列入"负债"端。上述处理组成了公司财务制度中最基础的《资产负债表》及"资产＝负债＋所有者权益"等式。

这一基本框架经历了自大航海时代以来的长期商业实践，最终形成了现代公司法与财务会计制度的部分基础，核心逻辑为出资人与债权人的财产共同组成了公司作为财团法人所拥有的财产，法人以公司财产对债权人的债权进行最优先的保障，出资人的财产保障则劣后于债权人，相应地，债权人除按照约定享有偏低但稳定的收益之外不获得其他收益，公司运营时的收益归属出资人，亏损也由出资人的财产最终承担。在法律逻辑上，因公司出资人以自身投资资产为公司的运营状况兜底，公司所有权便自然应归属于公司出资人，因公司实际运营情况与风险均与债权人无关，其能相对稳定地获得按照债权合同所得的本金及孳息，自然无权置喙公司管理。在财务处理上，《资产负债表》始终将"负债"放置于"所有者权益"之上，也是债权人的财产保障明显优于出资人的最直观体现。

这一运作逻辑与财务基础，尤其是公司拥有拟制法人的身份地位，能以自身名义进行交易，堪称现代公司法的基础及最大创新，在实际商业运营中应符合各方主体的基本利益，展现了相当的制度优势："高风险高收益"为一切商业规则的基本逻辑，因公司出资人需以自身投入公司的财产为公司的一切活动承担最终风险，故公司出资人自然应当享有来自公司在扣除债权人的稳定孳息后的所有收益；因公司债权人能相对优先地从公司财产中获得回报，自然无法置喙公司的商业运营，仅在公司涉及分立、减资等直接影响公司偿债能力时需要征求债权人意见。

基于上述公司基本框架，早期的公司治理主流理论为"黑箱理论"，即把人们的认识和改造对象看作"黑箱"，不深究"黑箱"的内部结构和运动状况，只重视研究"黑箱"的输入和输出变化，从而推断"黑箱"的内部情况，借以指导人们的行动，提高企业的管理水平。① 但随着人们认识水平的提高，西方学者威尔逊（Wilson）、史宾斯（Spence）、泽克豪森（Zeckhauser）和罗斯（Ross）等人进一步提出"委托—代理"理论，即在委托人不得不对代理人的行为后果承担风险的前提下，研究委托人和代理人之间关系和相互作用的结果及其调整方案。② 在公司中形成的典型"委托—代理"关系主要有三种，"股东—经理人"，即股东将自身财产投入公司，由职业经理人以公司名义运营，经理人为股东的代理人；"小股东—大股东"，即小股东将自身财产投入公司，但公司控制权实际上归属于大股东，大股东为小股东的代理人；"债权人—公司"，即债权人的财产进入公司之后债权人仅享有债权，相应财产的实际控制权归属公司，公司为债权人的代理人。③

以上三组"委托—代理"关系相对科学地解释了公司治理过程中出现的绝大部分利益冲突，对公司法的立法有重要的指导意义。但这一行之有效的分析框架在公司财务状况每况愈下、各方利益主体矛盾更进一步尖锐时出现失灵。公司出资人明显更期待公司重获新生，因此商业决策上必然更为激进冒险；公司债权人只求拿回自身财产及孳息，因此商业决策必然趋于保守，双方不可能达成一致，且无论公司控制权归于公司债权人或归于公司投资人，自身均可能有偏向性立场，其带领公司走出困境的可能性已然极小，此时相对"情绪稳定"的第三方，即破产管理人的引入便成了必然。

破产管理人代理学说对上述情况已经有了相当的认知，并进一步探讨了债权人代理说、债务人代理说、债权人债务人共同代理说等不同观点。但代理学说一直遭受学术界的批评，如民法上的代理关系要求代理人以被代理人名义活动，但破产管理人是以自身名义从事相关行为，且代理人的权限来源于被代理人，破产管理人却享有被代理人不享有的破产撤销权，④ 又如代理说描述下的破产管理人失去了中立的地位，在现实很难平衡三方主体利益。⑤ 本报告认

---

① 周达林：《浅谈"黑箱理论"》，《江西财经学院学报》1987 年第 2 期。

② 赵蜀蓉、陈绍刚：《"委托—代理"理论及其在行政管理中的应用研究述评》，《中国行政管理》2014 年第 12 期。

③ 〔美〕罗伯塔·罗曼诺：《公司法基础》（第二版），罗培新译，北京大学出版社，2013。

④ 张艳丽：《企业破产管理人法律地位分析》，《北京理工大学学报》（社会科学版）2004 年第 6 期。

⑤ 张军：《论破产管理人的法律地位》，《武汉大学学报》（哲学社会科学版）2012 年第 4 期。

为，学术界的批评固然有其道理，但相比起其他学说，代理说基于对公司治理尚算有效的"委托—代理"理论，破产管理人又作为各方利益主体平衡之下的选择，以"委托—代理"理论为基础研究破产管理人实际的"委托—代理"关系，确实存在一定的理论意义与现实意义。

三　破产管理人的实际"委托人"辨析

"委托—代理"理论固然是对现代公司治理体系的一个较为有效的分析框架，但在公司财产状况转向不良时就出现了适用上的问题，即破产管理人虽基于法律规定及法院指定实际管理公司，但依然存在其受谁委托、由谁规制、被谁监督的问题。这些问题既是破产管理人地位多年来存在争议的关键，也是在破产情形下破产管理人究竟应当以何种身份来治理公司的关键。

（一）法院与破产管理人的"委托—代理"关系

《中华人民共和国企业破产法》第十三条规定，"人民法院裁定受理破产申请的，应当同时指定管理人"。《最高人民法院关于审理企业破产案件指定管理人的规定》第二十八条第一款也明确，"管理人无正当理由，不得拒绝人民法院的指定"，该规定第二款还明确，"管理人一经指定，不得以任何形式将管理人应当履行的职责全部或者部分转给其他社会中介机构或者个人"。即论最表面的关系，破产管理人对破产公司的管理权来自法院指定，应对法院负责，受法院监督。将"委托—代理"理论应用至法院与破产管理人之间的关系可以看到，法院虽因其指定行为，天然地成为破产管理人的"委托人"，但明显并非"委托—代理"理论框架下的委托人，其最突出的理由是法院对破产公司缺少预设立场。

所谓"预设立场"，可以以公司正常运营时"股东—经理人"的关系为例来理解，即股东委托经理人运营公司是基于经理人更为专业，能让公司获得更大收益；经理人之所以接受股东委托，是因自身并无足够财力成为股东，但其若接受委托成为经理人，则可在对应平台实现自身能力，且作为公司高级管理人员获取相应报酬和社会地位。在"股东—经理人"关系中，最突出的矛盾也就显而易见：股东倾向于公司能更多地分红，经理人倾向于将财产存留于公司归其掌控。认清上述基本矛盾，能使《中华人民共和国公司法》更加科学地设定相关规则，更好地平衡各种利益冲突。

这一分析框架明显无法适用在"法院—破产管理人"关系中，因法院为居中裁判机构，与破产公司之间并无利益牵连，也无须进行两者的利益平衡，法院对破产案件的受理，固然面临着让人民群众在每一个司法案件中都能感受到公平正义的期待，但对何为"尽快尽好"本就存在不同主体的不同理解，法院又非商事组织，处理破产清算、破产和解案件尚能公平公正，但处理涉及企业是否能重获新生的破产重整案件则明显力不从心，其很难如公司股东监督职业经理人一般既具备专业眼光，又存在内生动力以监督管理人身份对公司管理，自然也就出现了在司法实践上除了对破产管理人办理破产案件的时间节点进行规制之外，在其他方面都不便过分插手的客观事实，也就带来了各类司法文件轮番出台也很难对目前破产案件的办理现状有本质影响的结果。

（二）申请公司破产主体与管理人的"委托—代理"关系

依据《中华人民共和国企业破产法》第七条，申请破产的主体分三类，分别为债务人、债权人、依法负有清算责任的人。关于依法负有清算责任的人，《中华人民共和国公司法》第二百三十二条明确为清算组（一般为公司股东或出资人）。下文将分别予以讨论。

1. 债权人与管理人

在公司正常运营时，公司的重大事项决策权掌握在出资人之手，但在公司走向破产之后，公司的重大事项决策权便转移到债权人手中，权力机关由股东大会转变为债权人会议，此为适用法律从《中华人民共和国公司法》转向《中华人民共和国企业破产法》的重要时间节点。这一处理方式在公司已然没有挽救价值，仅能将公司财产汇算后按照一定规则予以分配的破产清算或破产和解案件中并无过大争议，但在公司还有一定挽救价值的情况下，公司债权人与破产管理人之间的矛盾则显得相当突出。

以"委托—代理"的基本框架来分析公司破产情形下公司债权人与破产管理人的关系，可以看到公司的重大事项决策权掌握在债权人手中，可以比照公司正常运营时的出资人，而公司的实际控制权又实际为管理人所拥有，可以比照公司正常运营时的经理人，二者天然存在债权人想尽可能多地得到自身债权清偿与管理人取得报酬之间的矛盾。关于二者关系，一方面，相比出资人可凭借自身偏好选择经理人，管理人由法院依职权指定，管理人无法拒绝指定，债权人会议虽然有权申请法院更换管理人，但通过法律程序提出异议自然不比出资人可随时更换经理人的渠道通畅，且在破产关系中债权人又依赖于破产管理人确认其债权人地位，因此公司债权人相对于破产管理人的地位，明显劣于公司出资人相对职业经理人之地位；另一方面，法院虽对破产管理人有监督职权，但本身不便过度干涉管理人对破产公司的管理行为，公司债权人相比人民法院，却是明显从主客观方面都更具有监督破产管理人工作的动力。

一般而言，法律规制应当是在对各方主体都相对公平的情形下，对相对弱势的主体进行保护。就此论及债权人对管理人的监督手段，需要明确债权人的地位。《中华人民共和国企业破产法》明文规定了破产债权确认之诉，但破产债权的确认仅是债权人参与管理的开始，在漫长的破产程序中，因公司经营破产才使得破产债权人与破产管理人两个原本"风马牛不相及"的主体产生关联，相比于《中华人民共和国公司法》中对股东与经理人之间的关系有着相当详尽的各类规定而言，《中华人民共和国企业破产法》中仅仅规定了债权人会议对破产管理人的管理监督职权（第六十一条）及管理人的忠实勤勉义务（第一百三十条），民事案件案由规定中与破产有关的纠纷也仅大而化之地规定了管理人责任纠纷，明显属于制度供给不足，这也使得在破产程序中破产管理人履行职责时缺少来自债权人的监管，也就进一步产生了破产程序，尤其是争议偏大的破产重整程序中的种种乱象。

2. 债务人与管理人

债务人自身亦可申请破产，在人民法院受理破产申请后，破产管理人接管债务人身份，倘若公司走向破产清算，债务人自身人格消灭，自无利益诉求可言，只有公司走向破产重整，才有谈论债务人与破产管理人之间关系的意义。《中华人民共和国企业破产法》规定了破产重整期间，债务人可以在人民法院批准的情形下，在管理人监督之下自行管理财产和营业事务，如管理人负责管理，则可聘请债务人的经营管理人员。

在债务人自行管理财产，由管理人进行监督的情形下，"破产管理人—债务人"的关系近似于公司正常运营时的"出资人—职业经理人"的关系，但同样存在一定程度的异化：管理人作为法院指定机构，基于法律规定与职业道德，必然存在忠实勤勉、履职尽责的客观要求，但基于其与破产公司确实不存在利益关联，也非履行"如我在诉"道德义务的国家工作人员，其在监督履职上必然不及公司正常运营时股东对经理人的监督效果，便出现了债务人自行管理财产的种种乱象。关于如何更好监督债务人自行管理财产，应当寻求更有内生动力监督履职的主体。此时回归破产程序中各方利益主体的关系，债权人与出资人和管理人相比明显具有更强烈的对债务人进行监督的意愿与动力。

在管理人对公司财产进行管理的情形下，"债务人—管理人"的关系亦近似于"股东—经理人"的关系，与上一情形刚好相反，即此时经理人为管理人，债务人自身经营不善，偿债困难，对公司话语权已几乎丧失殆尽，此时其对管理人仍存在的监督职能动力来源于"管理人履职尽责，破产重整成功，其可继续保有自身人格并继续经营"的期望。据此，债务人基于自身利益关联，对破产管理人的行为亦比人民法院更具有监督动力。

同时也要看到，在破产重整领域，无论破产企业由谁具体管理，债权人的心理底线都是其清偿率不能低于企业破产清算时其可获得的清偿率，即破产重整不代表债务人可随意进行商业冒险，出资人则会明显期待企业进行商业冒险获得大量收益使得企业摆脱困境，无论哪一方基于自身立场直接对企业施以影响，都会导致企业的实际运营行为偏左或偏右，实际上会影响企业重整效率，因此，由破产管理人对债务人进行管理，或是以破产管理人相对中立的地位来对继续运营的债务人进行监督，也确实是更为稳妥的做法，不宜予以改变。

3. 出资人与管理人

在破产清算程序中，因债权人的资产尚且难以得到足额保证，依法负有清算责任的人（出资人）的权益自然无从谈起，唯有在破产重整程序中，出资人有可能在公司重获新生之后继续享有对公司的控制权，因此谈论出资人与管理人的关系，仅在破产重整程序中有意义。

《中华人民共和国企业破产法》明确规定，重整计划草案涉及出资人权益调整事项的，应当设出资人组，对该事项进行表决（第八十五条），并明确了如出资人组表决未通过重整计划草案，但权益调整方案本身公平公正，则可以协商后再次表决，如仍不同意可以申请人民法院批准（第八十七条）。以"委托—代理"理论来讨论，公司出资人与管理人的关系实质上仍然类似公司正常运营时的"股东—经理人"关系，仅是在角色上，破产程序中的出资人已然明显没有了公司正常运营时出资人的地位与权限，经理人也不再由其选聘，而成了法院依职权指定的管理人。二者几乎不存在利益冲突，在破产重整程序中，作为"经理人"的管理人自然有尽量多地获得报酬的期待，但实际情况为公司资产状况已然不甚良好，管理人相比真正的经理人所能得到的物质享受自然大有不如，而管理人的报酬又为人民法院所确定，仅存在管理人在固定的报酬下尽可能少的工作空间，至于出资人，仅仅在破产重整成功后有可能就此继续享有对公司的控制权，其自然期待管理人能尽可能好地履职尽责以保证其权益的实现，但在破产情形下，出资人组对于公司及破产管理人的实际影响力已降至最低，已几乎不可能对破产管理人的履职尽责产生实质性影响和监管。

四　对破产管理人的规制路径

法院虽作为监督破产管理人工作的主体，但仅是中立的裁判机关而非以营利为目的的商事主体，在处理"公平"问题方面尚算得心应手，在处理破产清算与破产和解案件上已然有了成体系的司法经验，但在处理更偏"效率"甚至涉及商业规则的破产重整案件时，对于债权人、债务人、债务人的投资人，以及虽为中介组织但其本身仍自负盈亏的管理人而言，能力都明显欠缺，故在办理破产案件过程中，法院再如何以"如我在诉"的思想办理案件，也仅能对何时成立微信工作群、何时刻制破产管理人印章、破产管理人最迟何时做出重整计划、破产管理人汇报工作的频率进行规定，但对于破产重整案件实际的办理质量，法院确实存在主客观上都难以规制的困难，产生全国范围内破产重整案件的办理质效天差地别的结果。本报告认为，要更进一步提高破产案件办理质效，其核心还是需要从破产公司的各方利益主体及管理人自身下功夫。

如前文分析，任何利益主体相比于法院而言都更有监督管理人工作的动力，每一利益主体也都基于自身立场对破产重整的公司具有相对明确的核心诉求，但破产管理人又并非为相关利益主体所指定，如此便带来在企业破产重整语境中难以调和的三个矛盾。第一，相关利益主体获得信息依赖于破产管理人召开相关会议的汇报内容，信息获取渠道少，难度大，自然难以形成对破产管理人工作的有效监督。第二，相关利益主体纵使对破产管理人的工作存在疑虑，甚至与破产管理人之间存在龃龉，却不能如同正常"委托—代理"关系中的"委托人"直接解聘"受托人"，这进一步造成了相关利益主体对破产管理人的监督失权。第三，相关利益主体无法决定破产管理人针对破产工作所能获得的报酬，在相关利益主体与破产管理人自身均是以营利为目的的商事主体的基础上，直接造成"委托人"对"代理人"制约因素的彻底失权。

（一）更多元的信息获取渠道

任何监督工作的开展都依赖于监督方对被监督方掌握了足够多的信息，以及对被监督方的各项工作开展予以相对公正的评价。在破产语境中，破产清算与破产和解工作均因"公正"因素远大于"效率"因素，法院能相对顺畅地开展监督工作，及时叫停不当分配或是低价甩卖破产企业相关财产等事项，故而一般争议不大。但因破产重整并非简单理顺债权债务关系后公平分配便可结案，破产管理人能否较好运营破产企业将直接意味着企业能否重获新生，各主体的利益能否最大程度得到保障，因此相关利益主体必然会产生对破产管理人能否较好管理好破产企业的担忧。

但在目前破产重整案件的办理中，较为突出的问题在于破产管理人对自身工作职责定位不清，即本报告开篇时便提出的破产管理人或是"大权独揽"，大小事务均自行决定，或是"谨小慎微"，一应问题均不敢自决而均上报人民法院请求裁决，换言之，破产管理人最常联系的汇报对象为人民法院而非相关利益主体，而人民法院掌握了相关信息却不善经营，自身也缺乏深入了解经营策略并做出正确决策的内生动力，这造成了具备经营智慧也愿意决策的相关主体却困于信息壁垒而无法决策，进一步造成了破产重整案件中的"生死两难"。

基于此，本报告认为，要提高法院监督破产管理人的效能，首要工作在于向有意愿且有利益关系需要了解破产企业信息的主体通报破产管理人相关工作的进展情况，以不局限于债权人会议的方式，多途径向相关主体披露目前破产重整进程，如相关财产清查现状、涉诉案件相关进展、重大资产处置情况、破产重整企业将来的经营规划、目前有意向进入破产程序的投资人等，以确保相关主体能及时了解破产重整企业现状，再由各主体基于自身的商业逻辑与商业经验作出"效率"方面的精确判断。在此基础上，可一定程度地参照《中华人民共和国公司法》中股东知情权纠纷处理的相关逻辑，在企业破产法领域完善"债权人、债务人、投资人知情权"的相关规章制度，在破产管理人过分"大权独揽"且对相关利益主体恶意形成信息壁垒的情形下，相关利益主体可以通过提起诉讼请求法院裁决的方式维护自身权利，这样法院的工作便从需要勉为其难学会商业运作和商事逻辑转变为判断相关利益主体是否有权了解破产企业相关信息，既符合了法院的工作逻辑，又能保障相关主体的切身利益。

（二）更合理的表达发声体系

倘若能保障相关利益主体对破产重整企业的知情权，下一步的工作核心便在于相关利益主体的意愿表达渠道。我国企业破产法领域目前存在债权人会议制度，对标公司法领域的股东大会制度，即重大事项需要债权人会议表决通过，倘若出现重大分歧可由法院裁决的方式保证债权人对破产企业的控制权。这一最根本的体系架构在面对破产清算、破产和解工作时争议不大，因为相比"效率"这一可能存在多种理解方式和经营理念的核心价值而言，"公平"这一核心价值对于各个利益主体而言明显更加可视可感且标准统一。但在破产重整领域，倘若仅局限于债权人会议对破产管理人提出的方案进行表决，则"公平"或许有"唯一解"，破产管理人在法院的指导下并不难寻找到这一"唯一解"，但破产管理人所能提出的有"效率"的方案很有可能并非最高效。

因此，在明显更需要群策群力贡献经营智慧的破产重整领域，倘若只通过"破产管理人提出方案—债权人会议进行表决"这一逻辑运营，则在某种程度上将意味着债权人会议只能回答"是"或"否"，极大浪费了债权人会议所能贡献的智慧。但同时，考虑到企业破产法领域毕竟不同于公司法领域，即公司存在一定人合性，公司股东一般是基于对彼此经营理念的认同才共同开办公司，召开股东会议时基于共同的认知，并不难对经营策略进行商议并达成一致，但破产语境下的债权人无人合性，纯粹基于针对同一民事主体享有债权才被迫处于同一战线，此时不通过破产管理人拿出方案，而指望由债权人会议自行讨论经营方案，明显很难真正达成一致。

综合上述情形，本报告认为，可给予破产语境下的债权人如《中华人民共和国公司法》中规定的股东提案权及质询权一般的权利，以法律或是地方工作指引的方式，明确持有一定债权比例的债权人有权提出针对破产重整企业的重整经营方案供破产管理人及债权人会议参考，如相应提案明显优于破产管理人所能提出的重整方案，或是可与破产管理人所提出的重整方案结合达到更好的效果，明显有利于破产企业重获新生，在此基础上，倘若破产管理人并未接受这一重整方案，则持有一定债权比例的债权人有权对破产管理人提出质询。倘若破产管理人在履职尽责过程中存在不当行为，持有一定债权比例的债权人亦可提出质询，管理人应当对未采取该重整方案或是被提出的工作疏漏之处予以完善。倘若管理人无理由未处理相关主体的监督意见，则进一步增加司法救济的渠道，以保证公司重整程序的正常进行。

（三）更科学的报酬核算方法

如前文所述，纵使相关利益主体与破产企业的利益更加息息相关，而破产管理人明显仅是基于法院指定才与破产企业产生关联，但为避免各利益主体基于自身站位对破产企业采取过分激进或是过分保守的策略，由相对中立的破产管理人来管理破产企业明显更加合理，而破产重整案件办理效果如何，企业重获新生后是勉强运营还是日渐红火，最终仍取决于管理人能否尽力发挥自身主观能动性。而既然谈及发挥主观能动性，对于本身是商事主体而非政府部门的破产管理人来说，其在破产案件中所能获得的薪酬将直接影响其工作积极性，因此，在破产重整案件中，如果破产管理人预期得到的是相对固定的报酬，则其难免以"当一天和尚撞一天钟"的工作态度只完成固定动作，既不关心企业破产重整后运营情况，也不在乎是否存在更优的重整方案，一旦法院裁定通过重整方案，便"功成身退"而丝毫不顾还有大量收尾工作需要开展。因此，在破产重整案件中，尤其需要科学合理地核定破产管理人报酬。

本报告认为，因为目前我国《中华人民共和国企业破产法》的实施还处于起步阶段，各地法院都在"摸着石头过河"，针对破产重整中破产管理人薪酬的核算，以法院目前的实践经验和工作能力，确实较难直接出台如同企业核定高管薪酬一般相对完善且普适的制度，但至少可以完成两方面的工作。第一，法院虽不擅长核定报酬，但可以在保证破产管理人由法院随机指定的基础上，探索由债权人会议与破产管理人共同核定破产管理人报酬的方式，让明显比法院更懂得经营和核定薪酬的债权人来探索更合理的破产管理人报酬给付方式，而法院仅保留最终裁决的权利。第二，考虑到目前破产重整案件中广泛存在的重整方案通过后破产管理人便直接"功成身退"不再理会破产企业后续大量事务的现状，在目前已有的对破产管理人薪酬核定的基础上，可适当探索以破产重整后企业在未来 3~5 年运营的收益比例核算破产管理人的后续报酬，如此，既避免了重整方案通过后的破产企业失管现象，也能进一步提高破产管理人工作的积极性，以更好地激励破产管理人履职尽责。

五　结语

破产程序是服务债权人、债务人、职工、股东及其他利益关切方的司法程序，而提供此类服务的主体是破产管理人，破产管理人的履职质效将直接影响前述受众的服务体验和感受，事实上也决定了破产案件尤其是相对复杂的破产重整案件的审理效果。破产管理人履职的正向动力是其从事该项业务的服务收入，该服务收入由人民法院规定，本身调整空间已偏小，而管理人本身具有中介身份，仅靠内生动力无法确保其履职的公正性和周延性，需要更科学的管理人履职尽责的规制方式，否则管理人的履职将完全随心所欲。

本报告基于如何规制破产管理人履职尽责，探究了为何公司在正常运营时的管理监督并不会出现太大问题，但当公司运营状况不佳甚至走向破产时，会管理监督乱象丛生，引入在公司治理中已然颇为成熟的"委托—代理"理论，对各方主体的关系进行分析，得出法院对管理人的监督虽然必不可少，但法院的监督也最难以开展，最具有内生动力的监督方式仍然是利益相关方基于对自身利益的考量进行的监督。就具体制度设计而言，拓宽债权人、债务人、债务人的投资人的监督渠道，明确上述利益主体在监督手段失效时向人民法院表达利益诉求的渠道，由相关利益主体守在监督的第一线，向人民法院提供破产管理人可能行为失当的相关线索，再由人民法院予以判断是否为管理人行为不当，同时在相对复杂的破产重整案件中，探索以案件办理效果决定破产管理人报酬的"绩效考核方式"，相比以法律文件的方式针对现有问题进行规定和处理而言，应当能更好实现破产审判的质效提升，也能更进一步避免因管理人履职不当而引发的程序和实体风险。

G 6
破产管理人履职责任报告

陈万莉　刘廷艳[*]

摘　要： 破产管理人在破产程序中具有独立的主体地位。因此，必须赋予破产管理人一定的法定职权以确保破产程序的顺利推进，若破产管理人在破产程序中存在履职不当等情形，需承担履职责任。基于此，本报告以破产管理人履职责任的实务案例为切入视角，梳理破产管理人的职责内涵、职责要求，以期促进破产案件的高效办理、营商环境的优化、破产管理人执业风险的降低。

关键词： 破产管理人　管理人履职责任　司法处罚　损害赔偿　信义义务

一　破产管理人履职责任纠纷数据观察

破产管理人是确保破产案件顺利推进的必要角色，管理人的司法处罚责任[①]、损害赔偿责任、刑事责任等自现行《中华人民共和国企业破产法》施行至今一直作为法定责任而存在。2011 年，最高人民法院修改《民事案件案由

---

[*] 陈万莉，贵州惟胜道律师事务所律师；刘廷艳，贵州惟胜道律师事务所律师。

[①] 考虑到人民法院的性质，本报告认为，人民法院对破产管理人处以的罚款等处罚不宜界定为"行政处罚"，本报告参考东莞市第一人民法院对破产管理人处以罚款一案中使用的"司法处罚"概念，将管理人可能承担的、由人民法院实施的罚款等处罚界定为"司法处罚"。参见《罚款 30 万！东莞第一法院首次对破产管理人进行司法处罚》，https://mp.weixin.qq.com/s/a-yzT9Fm1ZOO2tQ7fS27GQ，2024 年 4 月 19 日，最后访问时间：2024 年 10 月 15 日。

规定》，"管理人责任纠纷"作为新增法定案由出现。这表明"管理人责任纠纷"已成为司法实践中较为常见的纠纷类型。

（一）管理人责任纠纷案件数量情况

本报告以"管理人责任纠纷""破产"为关键词在公开案例库[1]进行检索，共获得 3067 件案例结果，其中，民事案件 3063 件，执行案件 4 件。[2] 2017~2020 年，管理人责任纠纷案件数量呈现持续增长状态，其间各年份的案件数量依次为 93 件、117 件、209 件、1119 件，2020 年的案件数量约为 2017 年的 12 倍。2021 年的案件数量虽有所下滑，但降幅较小，为 905 件（见图 1）。

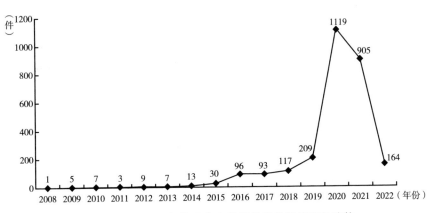

图 1　2008~2022 年管理人责任纠纷案件数量变化趋势

注：受司法公开力度影响，该数据可能非完全统计。

（二）案件裁判结果观察

在检索到的案件中，一审案件有 414 件，法院判决全部/部分支持原告诉

---

[1]　案例库网址：https：//alphalawyer.cn/#/app/tool/result/%7B%5B%5D，%7D/list？queryId = 72a572998d0011ef8e8e043f72aa7614，最后访问日期：2024 年 10 月 18 日。

[2]　除了以侵权责任为主要类型的民事责任外，管理人还可能承担司法处罚、刑事责任，但涉及管理人司法处罚及刑事责任的裁判文书检索结果较为零散，以不同的关键词检索得出的结果均有不同，且相关公开案件数量较少，因此不在此处进行数据列举。本部分以民事责任为分析重点，旨在引出管理人面临的执业风险。

请的案件数量为 40 件，占比为 9.66%（见表 1）；二审案件 486 件①，在二审案件中，改判案件数量为 44 件，占比 9.05%，发回重审的案件为 10 件，占比 2.06%（见表 2）。二审案件量表明，管理人责任纠纷上诉较多；改判及发回重审案件量表明，管理人责任纠纷在审判中存在一定的争议性。

表 1　一审裁判结果各类案件数量

单位：件

一审裁判结果	数量
全部驳回	170
驳回起诉	90
其他	53
全部/部分支持	40
撤回起诉	37
不予受理	24

表 2　二审裁判结果各类案件数量

单位：件

二审裁判结果	数量
维持原判	398
改判	44
其他	31
发回重审	10
撤回上诉	3

综合二审审理情况、再审审理情况，破产管理人责任纠纷诉请支持率情况为：标的额 10 万元及以下的诉请支持率为 53.8%，10 万元至 50 万元（含）的诉请支持率为 40.2%，50 万元至 100 万元（含）的诉请支持率为 76.0%，100 万元至 500 万元（含）的诉请支持率为 39.2%，500 万元至 1000 万元（含）的诉请支持率为 14.1%，1000 万元至 2000 万元（含）的诉请支持率为 12.9%（见表 3）。

---

① 因检索数据中包括补正裁定、开庭公告等文书，一、二审案件数量存在不能正向对应的情况。

表3 诉请支持率情况

单位：%

标的额	支持率
10 万元及以下	53.8
10 万元至 50 万元（含）	40.2
50 万元至 100 万元（含）	76.0
100 万元至 500 万元（含）	39.2
500 万元至 1000 万元（含）	14.1
1000 万元至 2000 万元（含）	12.9
2000 万元至 5000 万元（含）	0.0
5000 万元至 1 亿元（含）	0.0
1 亿元至 5 亿元（含）	0.0

在法院的裁判结果中，判赔额在 10 万元及以下的案件数量为 20 件，占比为 58.82%；判赔额在 10 万元至 50 万元（含）的案件数量为 6 件，占比为 17.65%；判赔额在 50 万元至 100 万元（含）的案件数量为 4 件，占比为 11.76%；判赔额在 100 万元至 500 万元（含）的案件数量为 4 件，占比为 11.76%（见表4）。

表4 判赔额情况

单位：件

判赔额	数量
10 万元及以下	20
10 万元至 50 万元（含）	6
50 万元至 100 万元（含）	4
100 万元至 500 万元（含）	4

从上述数据来看，在管理人责任纠纷方面，法院支持原告诉请、判决管理人承担责任的案件占比较小，一审案件占比为 9.66%。在判决承担赔偿责任的案件中，判赔额在 10 万以下的案件占比较大，为 53.8%。

为帮助管理人更为清晰地了解、认识其履职要求、履职内容，降低执业风险，本报告将主要通过梳理司法实践案例，分析管理人不同责任类型的认定标准，并总结管理人的法定职责。

二　破产管理人的法律地位及职责内涵

（一）破产管理人的法律地位

在研究破产管理人的履职责任前，应先对破产管理人的法律地位有一个清晰的认知。破产管理人制度为"舶来品"，我国引进适用该制度时，并未对破产管理人的法律地位予以明确规定。在英美法系中，信托关系是有关破产管理人法律地位的主流观点。《美国破产法典》第 323 条规定，破产管理人是破产实体的代表人，破产企业的破产财产即为信托财产，管理人作为受托人为保护债权人利益而管理破产财产。[①] 大陆法系主要从私法与公法的视角对破产管理人的法律地位展开讨论与研究。一种学说为代理说，源于私力救济理论，该学说认为破产管理人受被代理人之托开展与破产相关的一系列活动，关于被代理人的身份，又进一步产生债权人、债务人、债权人与债务人共同体、破产财团的争论。[②] 另一种学说为职务说，进一步可细分为公职务说、私职务说，公职务说认为管理人并不是具体利害关系人的代理人，而是承担类似公权力机关的角色，执行类似于公法上的职务；私职务说认为，管理人处置、管理破产财产的权限来源于国家机关的直接指定，但是管理人并不具备公权力机构的名义，而是以私法主体的身份执行职务。[③]

根据《中华人民共和国企业破产法》第二十二条"管理人由人民法院指定"之规定，有观点认为破产管理人属于"法定受托人"。[④] 本报告认为，破产管理人经人民法院依法指定后，以中立性为原则开展各项工作。例如，在法院的监督下全面接管债务人企业并负责债务人财产的保管、清理、估价、处理和分配等事务，向人民法院报告工作，并接受债权人会议和债权人委员会的监

---

① 《美国破产法典》（中英对照本），申林平译，法律出版社，2021，第 97 页。
② 陈科林：《信义关系视角下破产管理人的法律地位》，《政治与法律》2023 年第 11 期。
③ 〔日〕石川明：《日本破产法》，何勤华、周桂秋译，中国法制出版社，2000，第 155~156 页。
④ 张军：《论破产管理人的法律地位》，《武汉大学学报》2012 年第 4 期。

督。这种中立性不同于一般民事规范中受托人代表委托人利益的特性，破产管理人既不单独代表债务人也不单独代表债权人，而是依法履职，符合"法定受托人"的题中应有之义。

（二）破产管理人的职责内涵——信义义务

《中华人民共和国企业破产法》第二十五条明确列举了破产管理人的部分法定职责，考虑到破产事务的复杂性及灵活性，设置了"人民法院认为管理人应当履行的其他职责"之兜底性规定；二十七条规定"管理人应当勤勉尽责，忠实执行职务"。本报告将《中华人民共和国企业破产法》第二十七条之规定界定为管理人的"信义义务"。

本报告认为，人民法院在决定管理人应当履行的其他职责时，应以"勤勉尽责，忠实执行职务"为核心判断标准，以此判断破产程序中的具体事项是否属于其履职范围。例如，管理人通常负有保密义务，而保密义务并非破产法明确规定的管理人义务，但是该义务应理解为勤勉、尽责的必然要求。对管理人在履职过程中应当如何达到"信义义务"要求的标准，法律没有作出细节规定。破产程序分为破产清算程序、破产重整程序、破产和解程序，在不同的破产程序中，对管理人"信义义务"的要求也应当有所不同。

1.破产清算程序中的职责内涵

破产清算程序侧重于完成破产财产的公平分配，协调各顺位债权人之间的矛盾。在破产清算程序中，管理人的"信义义务"应当围绕促进破产财产价值最大化、公平清偿破产债权债务、平衡各方利益三大原则进行判断。《中华人民共和国企业破产法》关于破产管理人在清算程序中应履行的"决定破产申请受理前成立而双方均未履行完毕的合同是否继续履行""追缴出资""调查并公示职工债权""收到债权申报材料后登记造册，进行债权审查，编制债权表"等义务亦是"信义义务"的细化要求。

2.破产重整程序中的职责内涵

在破产重整程序中，涉及与清产核资相关的破产事项时，应以促进破产财产价值最大化、公平清偿破产债权债务、平衡各方利益作为"信义义务"的判断标准。此外，应根据重整程序的不同阶段考虑管理人"信义义务"的内涵。在破产企业进入重整计划执行程序前，由管理人负责拟定重整计划草案、引进投资人、召开债权人会议、推进重整计划草案的通过与批准。

为顺利开展重整相关工作，管理人必须进行大量的企业事务经营与管理，其履职性质与公司董事高度相似，在此情境下，可以参考《中华人民共和国公司法》对董事义务的要求界定管理人的"信义义务"。自重整计划草案经裁定批准进入执行程序后，应由债务人企业自行管理，管理人届时将作为监督者的角色存在，"信义义务"的核心内涵应转化为监督责任。

3. 破产和解程序中的职责内涵

在破产和解程序中，管理人应在债务人与债权人之间就债务减免、债务履行期限延长等事宜作出引导与调解，促进和解协议的达成。此时"信义义务"的内涵更多为一种协助、释明、分析、沟通的责任。

三 破产管理人的责任类型——从几则实务案例切入

（一）司法处罚

针对管理人司法处罚责任的基本要素，本报告认为包含三个方面。第一，管理人违反法定职责，具有违法性。第二，处罚类型包括罚款、从管理人名册中除名等。第三，无论是罚款还是从管理人名册中除名，或是决定停止担任管理人，均是对管理人权利的减损，具有一定的惩戒性。

1. 法律规定

《中华人民共和国企业破产法》第一百三十条规定，管理人未依照本法规定勤勉尽责，忠实执行职务的，人民法院可以依法处以罚款。《最高人民法院关于审理企业破产案件指定管理人的规定》第三十九条规定，管理人申请辞去职务未获人民法院许可，但仍坚持辞职并不再履行管理人职责，或者人民法院决定更换管理人后，原管理人拒不向新任管理人移交相关事务的，人民法院可以根据《中华人民共和国企业破产法》第一百三十条的规定和具体情况，决定对管理人罚款。对社会中介机构为管理人的罚款 5 万元至 20 万元人民币，对个人为管理人的罚款 1 万元至 5 万元人民币。管理人有前款规定行为或者无正当理由拒绝人民法院指定的，编制管理人名册的人民法院可以决定停止其担任管理人一年至三年，或者将其从管理人名册中除名。

2.实务案例

（1）管理人拒不履职被处罚——重庆市某法院发布十大典型案例之一：某公司破产清算处罚管理人拒不履职案。①

法院经审查认为：《最高人民法院关于审理企业破产案件指定管理人的规定》第三十五条规定，管理人无正当理由申请辞去职务的，人民法院不予许可。管理人无正当理由，不得拒绝人民法院的指定。重庆某会计师事务所有限公司作为本院编制的企业破产案件社会中介机构二级管理人名册中的管理人，应当服从人民法院指定其作为管理人的决定。重庆某会计师事务所有限公司无正当理由辞去管理人职务未获许可后，仍坚持辞职不再履行管理人职责，为保障破产案件依法推进，本院决定更换管理人。对重庆某会计师事务所有限公司无正当理由辞去管理人职务的行为进行处罚，将其从本院编制的企业破产案件社会中介机构二级管理人名册中除名，并罚款 10 万元。重庆某会计师事务所有限公司对罚款不服，向重庆市高级人民法院申请复议，重庆市高级人民法院依法复议后驳回其申请，维持原决定。

（2）深圳市中级人民法院公示案例——某律师事务所担任某公司管理人期间因履职出现重大失误，被深圳市中级人民法院罚款 30 万元。②

2020 年 9 月 16 日，深圳市中级人民法院裁定受理深圳市某国际供应链股份有限公司（以下简称供应链公司）破产重整申请，指定北京某律师事务所担任破产案件管理人。2021 年 11 月 12 日，深圳市中级人民法院裁定终结供应链公司重整程序，基于涉诉未决等原因暂未能确认的债权，待债权确定后由管理人负责依照重整计划进行分配。

2022 年 5 月 11 日，经管理人申请，法院按照管理人计算的份额将供应链公司管理人账户中预留的偿债股票划转至 11 家债权人指定账户中。5 月 13 日，管理人向法院提交紧急报告称，未扣减其中 2 家债权人第三人代偿部分和

---

① 重庆市高级人民法院：《重庆破产法庭 2020 年破产审判白皮书及十大典型案例》，https://mp.weixin.qq.com/s/OmXZshacTs7tRgmBkw-n3Q，2021 年 1 月 14 日发布，最后访问日期：2024 年 10 月 15 日。

② 《市中级法院对一管理人履职出现重大失误罚款 30 万元》，深圳市中级人民法院微信公众号，https://mp.weixin.qq.com/s/p-xqN1Y3eg6jxmh5hdNd2w，2022 年 5 月 31 日发布，最后访问时间：2024 年 10 月 11 日。

已经缩减部分债权额，导致划付的数额超出应受偿份额，多划付 5490437 股股票，该部分股票需重新划回管理人账户。随后，法院依申请将该部分股票重新划回供应链公司管理人账户。供应链公司管理人在本案工作中出现重大失误，未尽勤勉尽责义务，5 月 27 日，深圳市中级人民法院依法决定对其处以 30 万元的罚款。

3. 小结

从对管理人处以罚款的法律规定及部分实务案例来看，有权对管理人处以罚款的主体是人民法院，将处罚权限归集到人民法院，与人民法院的"指定管理人权力"和"监督职责"相呼应。除了《最高人民法院关于审理企业破产案件指定管理人的规定》第三十九条明确规定的情形外，人民法院的罚款依据还包括《中华人民共和国企业破产法》第一百三十条规定的"违反勤勉尽责义务、未忠实执行职务"。

针对判断管理人是否存在违反勤勉尽责义务之行为，一般应当以结果为导向，即出现债务人财产减少、债权人正当利益未得到维护等情形，同时需管理人主观上存在故意或重大过失。人民法院以管理人违反勤勉尽责义务、未忠实执行职务而苛以处罚的罚款数额范围，暂无明确规定，由人民法院根据案件情况进行自由裁量。除了处以罚款外，人民法院还有权对管理人作出停止担任管理人、除名等处罚，由于篇幅限制，该类处罚责任不在本报告重点讨论范围，故不赘述。

（二）民事损害赔偿

根据案例检索结果，民事损害赔偿责任为管理人责任的高发类型，法定案由名称为"管理人责任纠纷"。法院在认定管理人是否应承担民事损害赔偿责任时，一般以民事侵权的构成要件为判断标准。民事侵权中又包括过错责任、过错推定责任以及无过错责任，管理人责任属于过错责任，基本构成要件为侵权行为、损害结果、因果关系、过错。

1. 法律规定

《中华人民共和国企业破产法》第一百三十条规定，管理人未依照本法规定勤勉尽责、忠实执行职务的，人民法院可以依法处以罚款；给债权人、债务人或者第三人造成损失的，依法承担赔偿责任。《最高人民法院关于适用〈中华人民共和国企业破产法〉若干问题的规定（二）》第九条规定，管理人依据企业破产法第三十一条和第三十二条的规定提起诉讼，请求撤销涉及债务人财产的相关行为并由相对人返还债务人财产的，人民法院应予支持。管理人因过错未依法行使撤销权导致债务人财产不当减损，债权人提起诉讼主张管理人对其损失承担相应赔偿责任的，人民法院应予支持。《最高人民法院关于适用〈中华人民共和国企业破产法〉若干问题的规定（二）》第三十三条规定，管理人或者相关人员在执行职务过程中，因故意或者重大过失不当转让他人财产或者造成他人财产毁损、灭失，导致他人损害产生的债务作为共益债务，由债务人财产随时清偿不足弥补损失，权利人向管理人或者相关人员主张承担补充赔偿责任的，人民法院应予支持。上述债务作为共益债务由债务人财产随时清偿后，债权人以管理人或者相关人员执行职务不当导致债务人财产减少给其造成损失为由提起诉讼，主张管理人或者相关人员承担相应赔偿责任的，人民法院应予支持。

2. 实务案例

（1）（2021）鲁 17 民终 3327 号案——债权人起诉管理人未支付共益债务导致财产流失。[①]

法院认为：在某能源公司被依法破产清算期间，管理人为支付安保公司费用，向原告刘某某借款，与刘某某之间的关系为借款关系。根据《中华人民共和国企业破产法》的规定，对刘某某所负债务属于共益债务。破产费用和共益债务依法由债务人财产随时清偿，但管理人未及时支付，现某能源公司破产案件已办结，破产财产已分配完毕，无财产可以履行还款义务，原告的损失已实际发生，与管理人履职不当存在因果关系，管理人应当赔偿原告损失。

（2）（2019）苏 11 民终 3217 号案——债权人起诉管理人未妥善保管破产财产、应承担赔偿责任。[②]

法院认为：某信事务所为丹阳市人民法院指定的某电器公司的破产管理人，管理人应当勤勉尽责，忠实执行职务。管理人未能按照我国破产法的规定，勤勉尽责，忠实执行职务，给债权人、债务人或者第三人造成损失的，依法应承担赔偿责任。某信事务所作为某电器的破产管理人，应当认真履行对破

[①] 中国裁判文书网，http://wenshu.court.gov.cn。
[②] 中国裁判文书网，http://wenshu.court.gov.cn。

产财产的管理职能，保证破产财产的存放安全，避免破产财产的灭失给债权人、债务人或者第三人造成损失。虽然丹阳市人民法院在与某电器破产管理人某信事务所办理破产财产的交接时，制作了查封笔录及查封清单，并对案涉仓库加贴了法院封条，但并不能以此为由减轻某信事务所作为管理人的责任，也不能成为管理人对案涉财产放任不管的理由。某信事务所作为某电器的破产管理人，在接手破产资产后，未能勤勉尽责，采取合理的保管措施，怠于行使管理人对破产财产的管理职能，致使破产财产灭失，造成损失，应承担与其过错相当的赔偿责任。

（3）（2021）湘04民终3236号案——管理人损害赔偿责任的"过错"标准为"故意或重大过失"。①

法院认为：根据《中华人民共和国企业破产法》第二十七条、第一百三十条对管理人责任的规定。管理人责任属侵权责任，其构成要件为管理人因故意或者重大过失，实施了违反勤勉、尽责、忠实等义务的行为，给债权人、债务人或者第三人造成了损失，其行为与损失之间存在因果关系，管理人应当承担赔偿责任。某公司认为某事务所作为管理人存在大量遗漏、低估公司资产的情况，但没有提供证据证明存在遗漏、低估资产情况以及该遗漏、低估资产的行为是管理人因故意或者重大过失导致。管理人主观上已经尽到了必要的注意义务，某公司主张的管理人赔偿责任不能成立。

（4）（2021）粤2071民初1306号案——"故意或重大过失"的标准为"善良管理人的注意义务"。②

法院认为：管理人民事赔偿责任在性质上属于侵权责任，管理人承担民事责任须同时具备以下条件：①管理人实施了违反勤勉尽责义务和忠实义务的客观行为。②管理人的不当行为给债权人、债务人或第三人造成损失。③管理人的不当行为与债权人、债务人或第三人所遭受的损失之间存在一定范围的因果关系。④管理人在主观上存在故意或过失。管理人的勤勉尽责义务，就是要求管理人恪尽职守，尽到一个善良管理人的注意义务；忠实义务就是强调管理人不得利用自身地位为自己或某一方利害关系人牟取不当利益。

---

① 中国裁判文书网，http：//wenshu.court.gov.cn。
② 中国裁判文书网，http：//wenshu.court.gov.cn。

3.小结

在管理人损害赔偿责任的各要件中，侵权行为、损害结果、因果关系要件相较于过错要件而言，在认定上具有更强的客观性，能够依托客观证据得出一个较为客观的结论。对于"过错"的认定标准，法院通常采用"故意或重大过失"来进行判断。而"故意或重大过失"的界定可以通过"善良管理人的注意义务"进行判断。当然，本报告在该部分的总结只是一种一般性结论，过错要件是否构成，还需依赖具体的案件事实，以一种整体思维进行穿透式审判。

（三）刑事责任

《中华人民共和国企业破产法》仅就管理人的刑事责任做了概括性规定，我国《中华人民共和国刑法》并未针对破产管理人创设特定的罪名及量刑。目前实务中涉及破产管理人刑事责任的公开案例并不多，也存在较大争议，甚至对是否合法存在争议。

1.法律规定

《中华人民共和国企业破产法》第一百三十一条规定，违反本法规定，构成犯罪的，依法追究刑事责任。

2.实务案例

（1）（2022）浙 10 刑终 220 号蔡某受贿案——律师作为破产管理人成员在破产管理工作中非法收受他人财物的行为如何定性。[①]

法院认为：破产管理人是我国破产法设立的破产管理职位。破产管理人的职责、权限由破产法及最高人民法院关于破产法的相关司法解释规定，与破产管理人原来单位性质无关。无论破产管理人是由律师事务所、会计师事务所等中介服务机构还是其他性质的单位担任，其职责均由破产法等专门设定。根据破产法及其司法解释的规定，破产管理人对破产企业的资产、事务等具有管理权限，而律师事务所及会计师事务所、审计师事务所、资产评估机构等中介服务机构在不具有破产管理人身份的情况下，不具有管理企业资产、事务的权力。因此，破产管理人显然不同于中介服务机构。破产管理人是法律设立的从事破产案件管理的职位，其行为属于从事公务。

---

① 人民法院案例库，http://rmfyalk.court.gov.cn。

作为管理人成员之一的蔡某，理应严格依照破产法及司法解释等规定行使破产管理职权，其却故意违反法律规定和工作制度，将申请破产公司债权拍卖的相关重要信息泄露给债务人，在明知 A 公司由债务利害关系人实际控制而没有竞拍资格的情况下，向管理人和人民法院隐瞒实情，甚至为 A 公司出谋划策，帮助其躲避调查，最终以底价拍得债权包。综上，蔡某身为依照法律规定从事公务的人员，利用职务便利，为他人谋利，非法收受他人财物，数额特别巨大，其行为已构成受贿罪。

（2）（2016）云刑终 198 号——徐某某职务侵占案。①

法院认为：第一，某证券有限责任公司申请破产一案，经依法裁定准许申请人破产后，指定云南某律师事务所主任即被告人徐某某担任破产管理人副组长。破产管理人依法设立后，是具有特殊独立性质的组织，对外履行民事义务并承担民事责任。虽然管理人与被告人徐某某所在律师事务所签订《委托代理合同》，被告人徐某某基于委托关系所产生的法律服务工作职责而执行特定职务，但该委托行为并不影响其身份系某证券有限责任公司破产管理人副组长。第二，被告人徐某某在履行职务过程中，为谋取私利，多次参与债权处置的相关会议，频繁接触意向竞买人，并在充分掌握该债权的实际价值及市场行情后，向管理人隐瞒该债权的实际情况，又向意向竞买人虚构该债权难以变现的事实，同时积极谋划并安排与其有利害关系的他人参与竞拍，以明显低于市场的价格购得该债权，最终非法获利人民币 690 万元，其行为严重侵害了某证券有限责任公司以及全体债权人的合法权益，符合职务侵占罪的主、客观构成要件，应当以职务侵占罪定罪处罚。

3. 小结

我国并未针对破产管理人设置单独的刑事责任规定。法院在定罪时应结合破产管理人的地位、履职性质及具体职责对是否符合犯罪构成进行判断并进行充分论证说理。以上文（2022）浙 10 刑终 220 号案例为例，法院认为管理人履职是公务行为的观点引发了实务中管理人职责定位的讨论，部分观点认为，破产管理人的职责基于法定受托人的地位而产生，不应被列入《中华人民共和国刑法》规制的"从事公务人员"，这会不当扩大《中华人民共和国刑法》

---

① 中国裁判文书网，http://wenshu.court.gov.cn。

的适用范围。

　　除了上文列举的两个司法案例外，管理人可能涉及的其他刑事罪名有：妨碍清算罪①，隐匿、故意销毁会计凭证、会计账簿、财务会计报告罪②，非国家工作人员受贿罪③，对非国家工作人员行贿罪④，挪用资金罪⑤。

---

① 《中华人民共和国刑法》（2023 修正）第一百六十二条：公司、企业进行清算时，隐匿财产，对资产负债表或者财产清单作虚伪记载或者在未清偿债务前分配公司、企业财产，严重损害债权人或者其他人利益的，对其直接负责的主管人员和其他直接责任人员，处五年以下有期徒刑或者拘役，并处或者单处二万元以上二十万元以下罚金。

② 《中华人民共和国刑法》（2023 修正）第一百六十二条之一：隐匿或者故意销毁依法应当保存的会计凭证、会计账簿、财务会计报告，情节严重的，处五年以下有期徒刑或者拘役，并处或者单处二万元以上二十万元以下罚金。单位犯前款罪的，对单位判处罚金，并对其直接负责的主管人员和其他直接责任人员，依照前款的规定处罚。

③ 《中华人民共和国刑法》（2023 修正）第一百六十三条：公司、企业或者其他单位的工作人员，利用职务上的便利，索取他人财物或者非法收受他人财物，为他人谋取利益，数额较大的，处三年以下有期徒刑或者拘役，并处罚金；数额巨大或者有其他严重情节的，处三年以上十年以下有期徒刑，并处罚金；数额特别巨大或者有其他特别严重情节的，处十年以上有期徒刑或者无期徒刑，并处罚金。
公司、企业或者其他单位的工作人员在经济往来中，利用职务上的便利，违反国家规定，收受各种名义的回扣、手续费，归个人所有的，依照前款的规定处罚。
国有公司、企业或者其他国有单位中从事公务的人员和国有公司、企业或者其他国有单位委派到非国有公司、企业以及其他单位从事公务的人员有前两款行为的，依照本法第三百八十五条、第三百八十六条的规定定罪处罚。

④ 《中华人民共和国刑法》（2023 修正）第一百六十四条：为谋取不正当利益，给予公司、企业或者其他单位的工作人员以财物，数额较大的，处三年以下有期徒刑或者拘役，并处罚金；数额巨大的，处三年以上十年以下有期徒刑，并处罚金。
为谋取不正当商业利益，给予外国公职人员或者国际公共组织官员以财物的，依照前款的规定处罚。
单位犯前两款罪的，对单位判处罚金，并对其直接负责的主管人员和其他直接责任人员，依照第一款的规定处罚。行贿人在被追诉前主动交待行贿行为的，可以减轻处罚或者免除处罚。

⑤ 《中华人民共和国刑法》（2023 修正）第二百七十二条：公司、企业或者其他单位的工作人员，利用职务上的便利，挪用本单位资金归个人使用或者借贷给他人，数额较大、超过三个月未还的，或者虽未超过三个月，但数额较大、进行营利活动的，或者进行非法活动的，处三年以下有期徒刑或者拘役；挪用本单位资金数额巨大的，处三年以上七年以下有期徒刑；数额特别巨大的，处七年以上有期徒刑。
国有公司、企业或者其他国有单位中从事公务的人员和国有公司、企业或者其他国有单位委派到非国有公司、企业以及其他单位从事公务的人员有前款行为的，依照本法第三百八十四条的规定定罪处罚。
有第一款行为，在提起公诉前将挪用的资金退还的，可以从轻或者减轻处罚。其中，犯罪较轻的，可以减轻或者免除处罚。

四　破产管理人的履职要求

（一）遵循履职原则——勤勉尽责、忠实执行职务

关于勤勉尽责、忠实执行职务的具体内涵，一方面可参考上文对"信义义务"的总结；另一方面，可以参考忠实勤勉义务的内涵进一步深入理解"信义义务"。忠实勤勉义务可拆分为忠实义务、勤勉义务两部分。忠实义务又称诚信义务、忠诚义务，是指管理人在执行职务时，应当最大程度保护债务人财产和全体债权人的利益；勤勉义务又称善管义务，是指管理人在履行职务过程中，应当以善良管理人的注意，认真、谨慎、合理、高效地处理事务，做到不疏忽、不懈怠。①

（二）厘清"勤勉尽责、忠实执行职务"的法律条文规定

受篇幅限制，该部分不对破产程序中管理人的法定职责进行穷尽列举，重点以"勤勉尽责、忠实执行职务"的履职原则在破产清算程序、破产重整程序、破产和解程序中的具体法定要求展开内容，进行部分列举。

1. 破产清算程序中"勤勉尽责、忠实执行职务"的具体要求

（1）破产财产价值最大化的相关内容如表5所示。

表5　破产财产价值最大化相关内容

内容	法律依据
决定合同履行事宜、发出相关通知	《中华人民共和国企业破产法》第十八条
依法行使撤销权，保证债务人财产充实	《中华人民共和国企业破产法》第三十一条
依法追回债务人财产	《中华人民共和国企业破产法》第三十四条、第三十六条
依法追缴出资	《中华人民共和国企业破产法》第三十五条

---

① 王卫国：《破产法精义》，法律出版社，2020，第100页。

（2）公平清偿破产债权债务相关内容如表 6 所示。

表 6　公平清偿破产债权债务相关内容

内容	法律依据
调查并公示职工债权	《中华人民共和国企业破产法》第四十八条
依法审查申报债权、编制债权表	《中华人民共和国企业破产法》第五十七条
按照法定顺序清偿破产债权债务	《中华人民共和国企业破产法》第一百一十三条

（3）平衡各方利益。具体指实施对债权人利益有重大影响的财产处分行为的，及时报告债权人委员会或人民法院（《中华人民共和国企业破产法》第六十九条）。

2. 破产重整程序中"勤勉尽责、忠实执行职务"的具体要求

在破产重整中，应根据不同的阶段总结管理人的法定职责。

（1）进入重整计划执行程序前的内容如表 7 所示。

表 7　重整计划执行程序前的内容

内容	法律依据
拟定重整计划草案	《中华人民共和国企业破产法》第八十条
推进重整计划的通过与批准	《中华人民共和国企业破产法》第八十六条

（2）进入重整计划执行程序后。该阶段管理人主要扮演监督者的角色，自人民法院裁定批准重整计划之日起，在重整计划规定的监督期内，由管理人监督重整计划的执行（《中华人民共和国企业破产法》第九十条）。

3. 破产和解程序中"勤勉尽责、忠实执行职务"的具体要求

在破产和解程序中，管理人的职责特性更倾向于"协助""沟通"。例如协助债务人拟定和解协议草案等。债权人会议通过和解协议的，由人民法院裁定认可，终止和解程序，并予以公告。管理人应当向债务人移交财产和营业事务，并向人民法院提交执行职务的报告（《中华人民共和国企业破产法》第九十八条）。

五　结语

2024 年 3 月 8 日发布的《最高人民法院工作报告》显示,2023 年度审结破产案件 2.9 万件,同比增长 68.8%。随着破产案件数量的增加,管理人在破产案件中的重要性越发凸显,管理人应当厘清其职责内涵、具体履职要求、责任后果,以促进破产案件的高效办理,优化营商环境,降低执业风险。

破产审判专业化建设与裁判规则研究

G.7

破产司法裁判规则的指引分析

——以 46 件涉破产"入库案例"为例

王 飞*

摘　要： 本报告以分析入库案例裁判要旨为切入点，分析 46 件涉及破产相关内容的入库案例，可以看到这些案例裁判要旨明确了诸多破产裁判规则，涉及破产案件管辖、合并破产、债务人财产、破产债权、共益债务、破产重整以及破产和解等多个方面的裁判示范。从效用发挥的角度看，充分运用好这些典型的破产裁判规则，有助于丰富破产理论、完善破产制度、促进破产司法。

关键词： 破产司法裁判　入库案例　规则指引

公正高效的破产办理有利于提升营商环境质量。进入修改关键时期的《中华人民共和国企业破产法》（以下简称《企业破产法》）也需要尽可能地吸纳更多的司法实践成果。最高人民法院于 2024 年 2 月 27 日上线人民法

---

* 王飞，贵州省社会科学院法律研究所研究员。

院案例库，将最高人民法院发布的指导性案例和经最高人民法院审核的参考案例收录入库（以下简称入库案例）；5 月 8 日起施行《人民法院案例库建设运行工作规程》（法〔2024〕92 号），提出类似案件审理须参考入库案例作出裁判等使用要求。① 作为经最高人民法院筛选进入权威案例库的示范案例，入库案例的裁判要旨（裁判要点）归纳了案件审理裁判规则，值得理论研究和实务应用的高度重视。本报告以分析入库案例裁判要旨为切入点，通过梳理 46 件涉及破产相关内容的入库案例，研析其裁判要旨蕴含的破产司法裁判规则指引，为进一步修改完善《企业破产法》、提升涉破产入库案例的司法运用水平提供参考。

一 蕴含典型性破产司法裁判规则的入库案例概况

笔者于 2024 年 8 月 15 日在人民法院案例库网的"全部"类型下"全文"检索栏输入"破产"一词，选择"精准检索"进行检索后，在"民事"和"执行"两个类别中，检索得到含有典型性破产裁判规则的入库案例 46 件。这些入库案例的概况特征如下。

从入库案例的审理程序看，通过破产审判程序一审裁判的有 19 件、二审裁判的有 9 件、再审裁判的有 7 件，通过其他审理程序（执行裁决等）裁判的有 11 件，占比分别为 41.30%、19.57%、15.22%、23.91%。这表明，第一，经破产审判程序明确破产裁判规则的入库案例，经一审裁判的最多，占了四成以上，这可能与一审案件的数量相对更多有关系，经二审和再审裁判的案例合计占比也超过三成，说明相关破产司法裁判规则在确立前经历了一些分歧和争议，体现较高层级法院对相关法律规范司法应用的理解或补漏。第二，有不少入库案例出自执行裁决等非破产审理程序，数量超过两成，说明确立或释明破产裁判规则并不局限于通过破产案件审理程序产生。

从入库案例的裁判法院级别看，由基层人民法院裁判的有 10 件，由中级

---

① 《人民法院案例库建设运行工作规程》第十九条规定：各级人民法院审理案件时，应当检索人民法院案例库，严格依照法律和司法解释、规范性文件，并参考入库类似案例作出裁判。第二十一条第二款规定：公诉机关、当事人及其辩护人、诉讼代理人等提交入库案例作为控（诉）辩理由的，人民法院应当在裁判文书说理中予以回应。

人民法院裁判的有 14 件，由高级人民法院裁判的有 6 件，由最高人民法院裁判的有 16 件，占比分别为 21.74%、30.44%、13.04%、34.78%。这显示，最高人民法院裁决形成破产裁判规则的入库案例数量相较其他三级法院的数量而言居于首位，该特点符合最高人民法院裁决要更多地收录入库供参考的呼声和趋势。

从入库案例的审判时间看，2014 年审判的有 1 件，2017 年审判的有 2 件，2019 年审判的有 3 件，2020 年审判的有 8 件，2021 年审判的有 13 件，2022 年审判的有 12 件，2023 年审判的有 7 件，占比分别为 2.17%、4.35%、6.52%、17.39%、28.26%、26.09%、15.22%。这显示，入库案例基本上是近 5 年审判的，[1] 这固然与先从 2021~2023 年裁判案例中收录入库的要求有关，不过也可以从案例时效、工作力量、收录效率等制约因素去预见，将来的入库案例大概率更多还是会从新近裁判案件中产生。

从入库案例的案例类型看，属于指导性案例的有 5 件，属于参考案例的有 41 件，占比分别为 10.87%、89.13%。这显示，这些入库案例中参考案例占比近九成，参考案例数量远超指导性案例数量，基于产生参考案例与指导性案例的规则和要求差异，可以看到将来确立破产裁判规则的参考案例数量将同样远大于指导性案例数量。

二　关于破产案件管辖、受理的一些裁判规则

（一）破产案件管辖的规则指引

1. 债权人不得以合同约定方式限制或剥夺债务人破产申请权

《企业破产法》第二条和第七条的规定赋予当事人在符合法定条件情况下的破产申请权。"重庆鼎某物业发展有限公司申请破产清算案"明确，债权人以合同约定监管印章限制债务人行使破产申请权，债务人可以通过股东大会决

---

[1]　虽然这些入库案例的审判时间跨度距今看似接近 10 年，但是 2014 年和 2017 年的共 3 个案例以及 2019 年的 1 个案例，都是以前的指导性案例根据《人民法院案例库建设运行工作规程》规定直接入库的。

议委托法定代表人申请破产。① 入库案例确立了否定强势企业（强势方）限制或剥夺弱势企业（弱势方）破产申请权的裁判规则。任何组织或个人都不得在《企业破产法》规定外附加条件，限制或剥夺当事人破产申请权这一法定权利。

2. 破产集中管辖适用于破产程序进行中发生的有关债务人的民事诉讼，不受协议管辖的约束，不影响第三人撤销之诉案件的专属管辖

《企业破产法》第二十一条规定的破产集中管辖制度，旨在方便破产受理法院更加高效、全面、清晰地掌握破产企业的债权债务关系，有效推进破产程序，依法维护债务人和债权人的合法权益。"某科技公司诉某汽车公司保证合同纠纷案"明确，当事人未起诉破产案件中的债务人，也未对其提出诉讼请求，不属于破产程序进行中"有关债务人的民事诉讼"。② "某光公司诉某而佳公司不当得利纠纷案"明确，重整程序终止后新发生的事实所引发的与债务人有关的民事诉讼不适用破产集中管辖规定。③ "某某机械公司诉中铁某公司承揽合同纠纷案"明确，破产集中管辖法院与当事人协议管辖法院不一致时，应优先适用破产集中管辖规定。④ "刘某鹏诉林某、贵州某能源投资有限公司第三人撤销之诉案"明确，生效司法文书的当事人进入破产程序的，不影响第三人撤销之诉案件的专属管辖，应由作出原生效裁判的法院管辖。⑤ 前述入库案例在以下方面指引人们理解管辖权法律适用冲突下破产集中管辖制度的司法运行：第一，"有关债务人的民事诉讼"是指在该诉讼中债务人提出诉讼请求或其他当事人对债务人提出诉讼请求，致使债务人的财产可能因该诉讼而增加或减少的民事诉讼；第二，因重整程序终止后新发生的事实或事件引发的有关债务人的民事诉讼，不适用破产集中管辖而适用一般管辖；第三，破产集中管辖规定属于特别规定，优先于普通管辖规定；第四，第三人撤销之诉为专属管辖，涉及第三人撤

---

① 重庆鼎某物业发展有限公司申请破产清算案，入库编号：2024-08-2-421-003。
② 某科技公司诉某汽车公司保证合同纠纷案，入库编号：2023-01-2-104-002。
③ 某光公司诉某而佳公司不当得利纠纷案，入库编号：2024-01-2-144-002。该案例确立的裁判规则，不但继续坚持了《全国法院民商事审判工作会议纪要》第 113 条第 2 款规定的立场，而且增强了该款规定的实务操作性。
④ 某某机械公司诉中铁某公司承揽合同纠纷案，入库编号：2024-01-2-114-004。
⑤ 刘某鹏诉林某、贵州某能源投资有限公司第三人撤销之诉案，入库编号：2024-01-2-470-003。

销之诉与破产案件管辖冲突时，由作出原生效判决法院受理。

3. 对不予受理破产申请的裁定可以申请再审

《企业破产法》第十二条规定，申请人可以对不予受理破产申请的裁定提起上诉，但未规定可以对不予受理破产申请的裁定申请再审。"上海某投资公司与烟台某经贸公司申请破产清算案"明确，为做好受理破产申请后的衔接工作，对不予受理破产申请裁定的再审申请，符合再审情形的可以指定原审法院再审。① 入库案例根据《企业破产法》第四条关于破产案件审理程序可以适用民事诉讼法的规定，明确申请人对不予受理破产申请的裁定可以申请再审。

（二）合并破产的规则指引

《企业破产法》未对合并破产作出规定，最早提及"合并破产"一词的规范性文件是最高人民法院 2013 年出台的《关于适用〈中华人民共和国企业破产法〉若干问题的规定（二）》（该部司法解释已修改，保留了合并破产提法），不过实践中往往参照最高人民法院 2018 年印发的《全国法院破产审判工作会议纪要》（法〔2018〕53 号）第 32 条规定，通过识别是否满足适用关联企业实质合并破产"三要件"② 来解决关联企业合并破产问题。"某银行股份有限公司鹤岗分行诉鹤岗市某家电有限责任公司、鹤岗市某生物科技有限公司、鹤岗市某商贸有限公司申请破产清算案"明确，认定法人人格高度混同，主要看企业是否严重丧失法人财产独立性和法人意志独立性；认定区分财产成本过高，可在中介机构《审计意见》的基础上结合关联公司的款项交易性质、借款实际使用主体等情形进行；认定严重损害债权人公平清偿利益，可从实质合并破产能否对债权人公平清偿的角度进行审查。③ "上海某兴铝业有限公司

---

① 上海某投资公司与烟台某经贸公司申请破产清算案，入库编号：2023-08-2-421-002。

② 即关联企业成员之间存在法人人格高度混同、区分各关联企业成员财产的成本过高和严重损害债权人公平清偿利益。

③ 某银行股份有限公司鹤岗分行诉鹤岗市某家电有限责任公司、鹤岗市某生物科技有限公司、鹤岗市某商贸有限公司申请破产清算案，入库编号：2024-08-2-421-001。提及类似实质合并破产条件识别方法的入库案例，还可参见重庆某印染有限公司、重庆某针纺有限公司破产管理人申请实质合并破产清算案，入库编号：2021-18-2-421-001；江苏省某工业（集团）进出口有限公司及其五家子公司实质合并破产重整案，入库编号：2021-18-2-422-001；青海省某投资有限公司等十七家企业申请破产重整案，入库编号：2023-08-2-422-005。

等三公司关联企业实质合并破产案"明确,是否进行实质合并破产,应由法院运用司法裁判权依法裁决,而不是由债权人会议表决。[①] 这些入库案例对实质合并破产的标准认定及启动主体等进行释明,为合并破产案件审理提供了很好的参考样本。不过,鉴于合并破产"刺破法人面纱",对关联企业影响甚重,其认定标准、启动主体和程序等都应当严谨规范,建议新修《企业破产法》吸纳入库案例等提炼的经验规则,以进一步促进合并破产法治化。

三 关于债务人财产、破产债权、共益债务的一些裁判规则

(一)债务人财产的规则指引

1. 破产企业间接持有的境外资产属于适用境内破产程序一并概括清偿的债务人财产

《企业破产法》第五条按照有限普及主义原则对跨境破产问题进行了规定。鉴于跨境破产是债务人在我国境内且具有境外因素的破产,其中境外因素包括债权人在境外、债务人的出资人在境外、破产财产在境外、破产债权受境外法律支配等多种情形,启动跨境破产往往涉及破产法律制度实体和程序都存在差异的不同法域,需要协调破产案件管辖权、破产法律适用、破产裁决承认与执行等方面的冲突,时间成本高。"某某集团公司等十三家公司实质合并破产重整案"明确,重整企业通过设立香港特殊目的公司间接持有的境外资产属于破产财产,可在依法保护该资产境外担保权人利益的基础上直接纳入境内重整程序一并概括清偿。[②] 根据入库案例指引,对涉及境外资产但并不以适用跨境破产程序为必要的企业破产,可直接适用国内企业破产常规程序。

2. 企业破产受理时尚未向执行申请人转移权利的财产属于债务人财产

《企业破产法》第十九条规定,破产受理对债务人财产保全措施和执行程

---

① 上海某兴铝业有限公司等三公司关联企业实质合并破产案,入库编号:2023-08-2-421-005。

② 某某集团公司等十三家公司实质合并破产重整案,入库编号:2024-08-2-422-005。

序具有阻断效力，① 但实践中对处于破产受理时间"界点"的被执行财产是否属于债务人财产存在分歧。一些入库案例对此作了指引，应当以企业破产受理时财产权利归属是否发生转移为标准判断是否属于债务人财产。"盘州某某公司与贵州某甲公司等执行监督案"明确，在企业破产受理时经司法拍卖已经取得但尚未发放给申请执行人的拍卖款项应当被纳入破产程序统一分配。② 实施拍卖、变卖等执行措施进入执行法院专门账户的变价款，企业破产受理时尚未完成向申请执行人转账、汇款或现金交付的，财产权利归属未发生变动，仍属于债务人财产。"南通某集团有限公司与日照某有限公司、日照某分公司执行复议案"明确，与破产受理裁定同日作出但晚于该日送达的以物抵债裁定应予撤销。③ 破产受理裁定作出即生效，而以物抵债裁定则是送达后生效，且标的物所有权自以物抵债裁定送达接受抵债物的债权人时才发生转移。破产受理裁定与以物抵债裁定同一天作出，但以物抵债的抵债物晚于该日才送达，说明破产受理裁定生效时尚未发生权属转移。"某某管理公司与某某集团公司执行复议案"明确，送达日期与破产受理裁定日期相同，但债权人不具有受让抵债财产资质的以物抵债裁定应予撤销。④ 需要特殊主体资质的抵债财产，未经政府主管部门的审批，即使以物抵债裁定送达不具有资质的债权人，亦不能产生权属转移效果。

3. 破产受理前六个月内，第三人将债务人应收账款代为清偿债务人个别债务，损害其他债权人利益的可撤销

《企业破产法》第三十一条、第三十二条规定了破产撤销权制度，赋予

---

① 根据入库案例的指引：①这种执行程序阻断效力产生的前提是，法院已经受理破产申请，破产申请审查阶段不中止对债务人的执行。债权人仅以已对债务人申请破产、债务人已处于破产审查阶段为由，请求停止执行的，法院不予支持。参见某融资租赁有限公司与某信托公司、北京某有限公司等融资租赁合同纠纷执行监督案，入库编号：2024-17-5-203-022。②承诺替被执行人偿还债务的第三人申请破产已被法院受理，申请执行人请求在执行程序中追加该第三人为被执行人的，法院不予支持。参见某甲公司破产管理人与杨某执行监督案，入库编号：2024-17-5-203-019。③经破产审理，债务人被宣告破产的，执行程序被终结。在被执行人被宣告破产且破产清算程序终结后受让债权的债权人请求变更申请执行人的，法院不予支持。参见某投资公司与某资产天津分公司、针织某厂执行复议案，入库编号：2024-17-5-202-034。

② 盘州某某公司与贵州某甲公司等执行监督案，入库编号：2024-17-5-203-025。

③ 南通某集团有限公司与日照某有限公司、日照某分公司执行复议案，入库编号：2024-17-5-202-005。

④ 某某管理公司与某某集团公司执行复议案，入库编号：2024-17-5-203-021。

破产管理人具有否认债务人在破产前一定期间内所实施的侵害债权人利益行为效力并申请法院撤销该行为的权利，其中第三十二条规定了管理人对债务人的个别清偿撤销权。对债务人通过第三人代为清偿形式对债务进行个别清偿的情形如何认定，入库案例予以了指引。"某金属制品公司管理人诉张某某等请求撤销个别清偿行为纠纷案"明确，在法院受理破产申请前六个月内，第三人将债务人的应收账款代为清偿债务人的个别债务，对其他债权人的清偿利益造成损害的，属于破产债权个别清偿撤销范畴，管理人可根据《企业破产法》第三十二条规定请求撤销。①

4. 瑕疵减资或根据股东会"对投资款按月支付利息决议"收息的股东应当向破产企业返还所抽逃出资

《企业破产法》第三十五条规定了股东出资加速到期制度，对企业破产申请受理后债务人的出资人尚未完全履行出资义务的情形进行了规范，以保障企业资本充足原则的实现，但该条规定容易被理解为强调"不受出资期限限制"的出资义务加速到期，而在企业破产时忽视对企业资本维持原则的保障。注册资本作为企业资产的重要组成部分，既是企业从事生产经营活动的基础，又是企业对外承担责任的担保。破产企业在破产前不当减少注册资本，无论出资人是否取回出资，都将降低企业对外偿债能力，严重影响债权人权益。破产企业在破产前瑕疵减资，出资人撤回出资将直接导致企业净资产减少，等同于出资人优先于债权人收回所投资本。即便出资人未取回出资，但收取投资款利息的行为显示其对企业的投资性质已由股权转为债权，等同于出资人可以与债权人同一顺位获得清偿。因此，任何形式的抽逃出资都应当被否定。"江阴市某电气有限公司诉王某等追收抽逃出资纠纷案"明确，程序存在瑕疵的减资不能免除股东抽逃出资责任。②"仪陇县某商贸有限公司诉刘某某、仪陇县供销合作社联合社等损害公司利益责任纠纷案"明确，股东根据股东会"对投资款按月支付利息决议"收息的行为，实质是变相"抽逃出资"，不仅损害公司财

---

① 某金属制品公司管理人诉张某某等请求撤销个别清偿行为纠纷案，入库编号：2023-08-2-289-001。

② 江阴市某电气有限公司诉王某等追收抽逃出资纠纷案，入库编号：2024-08-2-293-001。

产利益，也可能降低公司的对外偿债能力。① 前述入库案例明确，瑕疵减资或根据股东会"对投资款按月支付利息决议"收息的股东应当承担向破产企业返还所抽逃出资义务。

（二）破产债权的规则指引

1. 涉及别除权的一些规则

（1）发包人进入破产程序情形下，建设工程价款优先受偿权的行使期间以建设工程施工合同解除之日或承包人债权申报时间为起算点。《企业破产法》第一百零九条规定拥有别除权的破产债权人具有优先受偿的权利。别除权包括约定担保权和法定担保权，建设工程价款优先受偿权为别除权中的法定担保权。在建设工程价款优先受偿权的行权期限上，《最高人民法院关于审理建设工程施工合同纠纷案件适用法律问题的解释（一）》（法释〔2020〕25号）第四十一条规定，承包人行使建设工程价款优先受偿权的除斥期间最长不得超过十八个月。《企业破产法》第四十六条第一款规定未到期的债权，在破产申请受理时视为到期。实践中对进入破产程序情形下的该项别除权行使期间起算时间存在分歧，入库案例对此予以明确。"通州某集团有限公司诉安徽某化工有限公司别除权纠纷案"明确，符合企业破产法规定的合同解除情形，建设工程施工合同视为解除的，承包人行使建筑工程价款优先受偿权的期限应自合同解除之日起计算。② "重庆某建工公司诉重庆某装备公司建设工程施工合同纠纷案"明确，在发包人进入破产程序的情形下，承包人的工程款债权加速到期，优先受偿权行使期间的计算不以工程款结算为必要，而是以承包人债权申报时间为起算点。③

（2）发包人进入破产程序情形下，承包人所欠农民工工资享有优先受偿权。"陈某诉天长市某安防科技有限责任公司破产债权确认纠纷案"明确，发

---

① 仪陇县某商贸有限公司诉刘某某、仪陇县供销合作社联合社等损害公司利益责任纠纷案，入库编号：2023-08-2-276-001。

② 通州某集团有限公司诉安徽某化工有限公司别除权纠纷案，入库编号：2016-18-2-298-001。

③ 重庆某建工公司诉重庆某装备公司建设工程施工合同纠纷案，入库编号：2023-16-2-115-012。

包人进入破产清算程序，农民工以承包人所欠工资申报债权的，是建设工程价款中的农民工工资，应当享有优先受偿权，优于抵押权和其他债权清偿。①《企业破产法》没有规定农民工工资的清偿顺序，入库案例确立了农民工工资参照建设工程价款优先受偿规则。

（3）仅以建设用地使用权抵押，抵押权的效力及于土地上已有的建筑物以及正在建造的建筑物已完成部分。"无锡某担保有限公司诉无锡某置业有限公司破产债权确认纠纷案"明确，当事人仅以建设用地使用权抵押，债权人可以主张抵押权的效力及于土地上已有的建筑物以及正在建造的建筑物已完成部分。② 我国对不动产抵押采取的是"地随房走、房随地走"的房地一体原则，入库案例首次清晰明确该原则中的"视为一并抵押"为法定抵押权，是一种无需登记而依据法律规定即设立的抵押权。换言之，入库案例明确，抵押人只为建筑物或者建设用地使用权之一办理抵押登记，即使另外一项没有办理抵押登记，抵押权人的抵押权范围亦自然涵盖未办理抵押登记的另一财产，建筑物和建设用地使用权构成债权人的共同抵押财产。

2. 涉及担保债务的一些规则

（1）担保债务适用主债务因破产受理停止计息的规则。根据《企业破产法》第四十六条第二款规定，主债务人被法院裁定受理破产后附利息的债权停止计息。担保合同是主债权债务合同的从合同，相较于主债务而言，担保债务具有从属性，担保人承担的担保责任范围不应大于主债务。主债务人被法院裁定受理破产后，主债务因破产程序而停止计息，如果债权人仍要求担保人继续承担担保债务利息，可能导致担保人最终承担的担保责任范围大于主债务，明显违反担保的从属性原则。最高人民法院《关于适用〈中华人民共和国民法典〉有关担保制度的解释》第二十二条规定，形成担保债务适用主债务因破产受理停止计息规则的司法解释。入库案例进一步明确，执行程序中担保债务适用主债务因破产受理停止计息规则。"韩某与华融某分公司执行复议案""上海某某银行股份有限公司某分行与宁夏某纸业有限公司、宁夏某房地产开

---

① 陈某诉天长市某安防科技有限责任公司破产债权确认纠纷案，入库编号：2023-08-2-295-006。

② 无锡某担保有限公司诉无锡某置业有限公司破产债权确认纠纷案，入库编号：2024-08-2-295-003。

发有限公司执行监督案""某投资公司与某乙公司执行监督案"都明确，执行程序中法院受理主债务人破产案件主债务停止计息的效力应当及于保证债务。①

（2）破产重整中债务减免并不减轻担保人的责任。《企业破产法》第九十二条第三款规定，重整计划不影响债权人对债务人的保证人和其他连带债务人所享有的权利。法律赋予债权人既参加破产又追索保证人的双重救济权，债务人破产不应当构成债权人向保证人主张权利的程序障碍。从破产法理看，《企业破产法》规范的是破产债务人和债权人之间的破产法律关系，破产程序形成的债务减免仅适用于破产债务人，对担保人没有约束力，担保人始终负有全面偿还债务的义务。入库案例明确在破产重整程序中保证人的责任范围不受主债务减少的影响。"某银行股份有限公司郑州农业路支行诉许昌某发制品股份有限公司等保证合同纠纷案"明确，重整计划免除连带保证人保证责任的，该重整计划的效力不及于债务人的保证人和其他连带债务人，其不能以重整计划来对抗债权人的权利主张。②"某银行诉某建设公司保证合同纠纷案"明确，破产重整计划中明确以股抵债，债权人可就其未实际受偿部分金额向担保人追偿。③"甲公司与乙公司等执行监督案"明确，在重整程序债转股情况下，应根据股权实际价值确定担保人是否应当继续清偿，允许债权人对债转股抵债资产不足部分向担保人求偿。④

3. 涉及职工债权的一些规则

（1）由第三方垫付的职工债权在破产程序中按照职工债权性质进行清偿。《企业破产法》第一百一十三条第一款规定破产企业职工工资等职工债权优先受偿，突出了对职工权益的保障。入库案例为更好地落实这一立法精神进行了拓展创新。"某（苏州）集团有限公司申请破产重整案"明确，在破产程序启

---

① 韩某与华融某分公司执行复议案，入库编号：2024-17-5-202-038；上海某某银行股份有限公司某分行与宁夏某某纸业有限公司、宁夏某某房地产开发有限公司执行监督案，入库编号：2024-17-5-203-046；某投资公司与某乙公司执行监督案，入库编号：2024-17-5-203-023。

② 某银行股份有限公司郑州农业路支行诉许昌某发制品股份有限公司等保证合同纠纷案，入库编号：2023-08-2-104-008。

③ 某银行诉某建设公司保证合同纠纷案，入库编号：2023-08-2-104-009。

④ 甲公司与乙公司等执行监督案，入库编号：2024-17-5-203-012。

动前或破产案件审理中，可通过协调第三方垫付职工债权的方式及时保障职工权益，并在破产程序中按照职工债权性质进行清偿。[①]

（2）主张集资款参照职工破产债权优先受偿的应当具有破产企业职工身份。最高人民法院《最高人民法院关于审理企业破产案件若干问题的规定》第五十八条第一款规定了破产企业职工集资款可按照职工债权优先受偿。入库案例进一步明确适用该款需要同时具备三个条件：一是债权人在出借资金时应和破产企业存在劳动关系；二是职工集资款限定在职工工资收入范围内；三是职工集资款的用途应当为解决企业发展需求。"虎某某诉宁夏某有限公司破产债权确认纠纷案"明确，债权人以企业职工名义与破产企业签订借款合同，但在出借资金时其并非破产企业职工，与破产企业之间并不存在劳动关系等用工关系，不应认定为职工集资款债权，在破产程序中不能优先受偿。[②]

4. 涉及债权确认诉讼期间的规则

《企业破产法》第五十八条第三款和最高人民法院《关于适用〈中华人民共和国企业破产法〉若干问题的规定（三）》第八条规定了债权人对债权表记载的债权有异议可以提起债权确认诉讼。入库案例明确，异议债权核查结束后的十五日并非诉讼时效、除斥期间或起诉期限。"沙某某与河南某科技公司、商丘某设备公司等破产债权确认纠纷案"明确，债权人提起债权确认诉讼的十五日期间系不利后果的引导性规定，该十五日期间届满并不导致异议人实体权利或诉权消灭的法律后果。异议人超过前述规定的十五日期间向法院提起债权确认诉讼的，法院不得以超期为由拒绝受理。[③]

（三）共益债务的规则指引

《企业破产法》第四十二条和最高人民法院《关于适用〈中华人民共和国企业破产法〉若干问题的规定（二）》第三十八条规定了破产受理后债务人所发生债务可以认定为共益债务的范围，实践中存在一些债务发生情形在文理解释层面上并不能完全对应前述规定的情况，入库案例根据有关司法解释，综

[①] 某（苏州）集团有限公司申请破产重整案，入库编号：2024-08-2-422-003。
[②] 虎某某诉宁夏某有限公司破产债权确认纠纷案，入库编号：2023-08-2-295-005。
[③] 沙某某与河南某某科技公司、商丘某设备公司等破产债权确认纠纷案，入库编号：2024-08-2-295-001。

合破产法律精神、债务性质、产生原因等因素对共益债务的认定情形进行了细化和拓展。"青海某水电开发有限公司申请破产重整案"明确,因维护公共利益与债权人整体利益产生的费用为共益债务。[①] "上海某某港实业有限公司破产清算转破产重整案"明确,应当将债务人企业经营资质得以保留,经营价值得以维系,提升全体债权人清偿利益的环境整治费用,认定为共益债务。[②] "余姚某某投资有限公司破产程序案"明确,房地产企业破产案件可以通过共益债务融资等市场化方式筹集资金开展烂尾项目续建,经建设工程价款优先权人、财产担保债权人同意,可以赋予共益债务借款"超级优先权",即优先于建设工程价款优先权和有财产担保债权受偿。[③] "霍山某科技有限公司诉安徽某竹业有限公司破产债权确认纠纷案"明确,发生在破产申请受理前的原权利人因取回权丧失而形成的债权,不属于共益债务,应当作为普通破产债权清偿。[④]

四 关于破产重整、和解的一些裁判规则指引

(一)破产重整的规则指引

《企业破产法》对破产重整甚为关注,设置了一整章 25 条专门规定破产重整,加上其他涉及破产重整的条文 4 条,一共有 29 条规定破产重整的条文,在整部《企业破产法》共 136 条条文中的占比超过 21%,这些条文规定了破产重整申请、重整审查、重整期间、重整计划的制定、批准和执行等,规范内容丰富。不过,遗憾的是,目前《企业破产法》尚未触及与破产重整密切相关的、能够对重整程序进程产生较大影响的预重整制度。入库案例对破产重整和预重整的一些规则进行了探索和明确。"深圳某金融控股集团有限公司申请深圳市某集团有限公司破产重整案"明确,在各方利害关系人重整意愿极其

---

① 青海某水电开发有限公司申请破产重整案,入库编号:2023-08-2-422-004。
② 上海某某港实业有限公司破产清算转破产重整案,入库编号:2023-18-2-421-001。
③ 余姚某某投资有限公司破产程序案,入库编号:2023-08-2-516-001。
④ 霍山某科技有限公司诉安徽某竹业有限公司破产债权确认纠纷案,入库编号:2023-08-2-295-002。

强烈的情况下，法院对于企业是否具备重整价值及重整可行性的判断应保持谦抑态度，以尊重当事人意思自治为原则，鼓励重整。① "海南某石油基地有限公司重整案"明确，为充分发挥市场对重整企业的价值发现功能，可运用"假马竞价"模式，通过"遴选+托底报价+网络公开拍卖"的三轮投资人招募引入重整投资人。② "江苏某酒业有限公司及关联公司实质合并破产重整案"明确，重整投资人希望通过注入部分资金试生产全面了解企业经营实力，且有利于恢复破产企业持续经营能力的，可以准许并在法院、管理人及债权人监督下进行。③ "上海某投资有限公司申请破产重整案"明确，可创新重整计划草案表决前，以及重整计划表决未通过后再次表决前的预表决机制，能动推进重整程序。④ "余姚某某投资有限公司破产程序案"明确，强化预重整与重整程序的衔接，在尊重债权人意思自治的原则下，应允许债权人对预重整计划的表决效力延续至重整程序，避免重复表决。⑤ 为了更好地规范预重整，保障破产重整并提升破产重整效率，新修《企业破产法》需要吸收入库案例等探索的实务规则，对预重整作出制度化规定。

（二）破产和解的规则指引

《企业破产法》亦对破产和解保持了较高的关注，设置了一整章 12 条内容来规范破产和解，加上其他涉及破产和解的条文 2 条，一共有 14 条规定破产和解的条文，在整部《企业破产法》136 条条文中占比超过 10%，这些条文规定了破产和解申请、和解审查、和解协议的提出、批准和执行等内容。与破产重整情况类似，目前有些破产和解规定没能跟上实践需求，入库案例予以了一些补充明确。"江苏某甲能源有限公司申请破产重整案"明确，法院在对和

---

① 深圳某金融控股集团有限公司申请深圳市某集团有限公司破产重整案，入库编号：2023-08-2-422-006。
② 海南某石油基地有限公司重整案，入库编号：2023-08-2-422-003。另外，苏州某食品有限公司申请破产重整案、某防护科技股份有限公司申请破产重整案对招募重整投资人亦有类似明确规则指引。分别参见苏州某食品有限公司申请破产重整案，入库编号：2024-08-2-422-002；某防护科技股份有限公司申请破产重整案，入库编号：2024-08-2-422-001。
③ 江苏某酒业有限公司及关联公司实质合并破产重整案，2021-18-2-422-002。
④ 上海某投资有限公司申请破产重整案，2023-08-2-422-002。
⑤ 余姚某某投资有限公司破产程序案，入库编号：2023-08-2-516-001。

解协议进行审查时，程序上可采取债务人与管理人同时申请的"双申请"模式。① "某（苏州）织造有限公司申请破产清算案"明确，自行和解协议须债务人与全体债权人达成一致，不适用债权人会议的强制多数决规则，自行和解协议不约束未申报的债权人。②

五 结语：发挥入库案例明确的破产裁判规则的多元化效用

通过上文的梳理和分析，可以看到入库案例明确了诸多破产裁判规则，涉及破产案件管辖、合并破产、债务人财产、破产债权、共益债务、破产重整和破产和解等多个方面。从效用发挥的角度看，充分运用好这些典型的破产裁判规则，有助于丰富破产理论、完善破产制度、促进破产司法。破产理论研究不可脱离破产司法实践，更不能"轻视"入库案例提炼的破产裁判规则。破产制度完善需要广纳破产司法积累的经验规则，及时回应破产现实问题，入库案例提炼的破产裁判规则，可谓破产司法经验规则中的"精华"，由此《企业破产法》的修改更应当适度吸纳。在破产司法实务中，无论是破产案件的审理法官，还是破产管理人，抑或破产案件的当事人以及利害关系人，都需要高度重视并娴熟运用入库案例提炼的破产裁判规则来提高破产案件办理质量，维护相关方的合法权益。

---

① 江苏某甲能源有限公司申请破产重整案，入库编号：2024-08-2-422-004。
② 某（苏州）织造有限公司申请破产清算案，入库编号：2024-08-2-421-002。

G 8
破产程序中债权核查方式的批评及其完善

谢伟　杨金练　谭雅露*

摘　要： 债权核查是破产程序中的核心事项之一，关系到各债权人核心利益，是破产公平受偿价值的基础所在。确保债权人、债务人对所申报的全部债权进行充分核查核验，至关重要。目前，《中华人民共和国企业破产法》对债权核查的方式规定较为单一且实践中可操作性不强，在一定程度上影响了破产程序的合理高效推进。总体来看，债权核查方式存在的问题包括：债权人核查权难以充分保障；补充申报债权和管理人重新核查后的债权再核查难度大；会议核查虚设，会议核查和债权人个人异议存在矛盾。完善债权核查方式，应当通过制度设置，从以下方面着手：确保债权核查时间充裕，能保障实质充分核查；提升方式灵活性和可操作性；提高债权人会议效率，更好地实现债权人会议表决和债权核查功能。

关键词： 破产债权核查　核查方式　公示核查

破产制度在保障债权公平有序受偿、打破债权债务僵局、恢复社会关系、促进经济再生等方面的独特价值不言而喻，但破产价值的实现亦建立在确保纷繁复杂的每一项破产程序均合理规范高效的基础上。债权核查是关乎破产价值实现的基础性工作。目前，《中华人民共和国企业破产法》对债权核查的方式规定较为单一且实践中可操作性不强，在一定程度上影响了破产

---

* 谢伟，贵州省安顺市中级人民法院清破庭二级法官；杨金练，贵州省安顺市中级人民法院清破庭四级法官助理；谭雅露，贵州省安顺市西秀区人民法院四级法官助理。

程序的合理高效推进，需要对破产程序中债权核查方式进行进一步的精细化研究和构建。

一 破产债权核查的内涵和现状

破产程序中，债务人进入破产的原因一般为已资不抵债，财产不足以清偿所欠债务，故进入破产的债务人在人民法院受理其破产时，其所有的财产基本已相对固定，总量有限，能清偿的债权比例较低甚至无财产可供清偿。在此情况下，对各类债权只能依法按比例清偿，对各债权人申报债权的确认情况关乎各债权人自身债权最终得以清偿的程度，与各债权人利益息息相关，也是各债权人最为关心的问题之一。虽然法律赋予管理人债权审查权，管理人作为专业机构，应勤勉尽职，但管理人可能对申报债权涉及的法律及事实存在认识理解、适用上的不适当，或疏忽大意，甚至恶意串通违法违规导致债权审查错误。因此，有必要全面、充分保障各债权人及债务人对管理人初步审查确定债权的核查权和监督权，真正实现债权确认的真实准确、合理合法，让债权人得以依法公平受偿。故通过何种方式方法实现此制度目的无比关键。

目前，关于破产程序中债权核查方式，主要是《中华人民共和国企业破产法》第五十八条规定的"依照本法第五十七条规定编制的债权表，应当提交第一次债权人会议核查。债务人、债权人对债权表记载的债权无异议的，由人民法院裁定确认。债务人、债权人对债权表记载的债权有异议的，可以向受理破产申请的人民法院提起诉讼"。据此，衍生出了相关学者对债权核查总结的概念，如"债权核查，是指在债权人会议上在管理人对债权人进行申报的债权及未进行申报的债权审查后，依法对管理人审查后的债权进一步核查，以确定管理人通过审查作出的初步结论是属实、准确的活动"[1] "核查债权，即在债权人会议上让每个债权人对已经申报的债权进行核认，并可以提出异议。如果在债权人会议上无人对已经申报的债权的数额或者性质提出异议，法院就可以根据现有的证明材料确定债权"[2] "债权核查，是指债权人会议就已经申

---

① 贺小电：《破产法原理与适用》，人民法院出版社，2011，第491页。
② 最高人民法院民法典贯彻实施工作领导小组编著《中国民法典适用大全·商事卷·企业破产法（一）》对企业破产法第六十一条释义。

报登记债权的真实性进行审查、核实的过程"①。

从上述现行法律规定可知,管理人将编制的债权表提交债权人会议核查是法定形式,核查债权亦是债权人会议主要职权之一。债权核查以债权人会议核查为基本模式。从司法实践来看,对债权的核查亦是以此为基调的,通常程序是管理人被指定后,法院先发布债权申报公告,通知债权人在规定期限内向管理人申报债权,管理人进行登记,并由管理人对申报的债权进行初步核查拿出初审意见,在债权人会议上由管理人逐笔宣读被核查债权的申报情况、相关证据材料以及初审结果,依次由债务人、其他债权人和利害关系人发表意见,如无人提出异议则继续审核下一笔,如有疑问则由管理人或该笔债权相关人员进行解释说明,并作附注说明,如仍有异议则作为有异议债权处理,后续或由管理人重新核查拿出意见或直接由相关主体向人民法院提起债权确认之诉。

二 目前债权核查方式存在的问题

债权核查认定是破产程序中的核心事项之一,虽然相关破产法已就具体方式进行了规定,但该规定过于宏观,没有考虑案件办理过程中的复杂情况和可能存在的困难,且规定之间可能不兼容甚至自相矛盾,影响了破产程序的高质高效推进和制度的周密性。

(一)债权人核查权难以充分保障

让各债权人对较关注的自己及他人申报债权的情况及具体依据进行充分审查、核验、了解掌握,是核查债权的基本要义,故对每一笔有异议债权的核查均需要充分的时间才能得出较公正的结论。但目前规定的在债权人会议上核查债权的方式无疑无法充分保障各债权人对每一笔关注的债权进行充分审查研究。会上核查一般通过管理人逐笔宣读的方式进行,由管理人简单宣读每笔申报情况及认定情况,此种模式存在以下问题。

第一,债权人难以在具体了解审查实际证据材料的基础上进行全面分析,这是一种"形式性听一下"的核查模式,形式大于实质。

---

① 李国光:《新企业破产法条文释义(第2版)》,人民法院出版社,2008,第340页。

第二，特别是在债权较多的案件中，管理人往往为了追求效率，在宣读时语速较快，内容简化，在债权人还没理解清楚上一笔债权的情况下就已开始宣读下一笔，债权人根本无法核查。同样，债权人亦会因为会议冗长、身体疲惫等原因无法始终保持精力集中，全面认真核查债权，最终对债权核查持放任心态，达不到实质审查债权的目的。

第三，债权人会碍于有异议债权的债权人也在会场，持不愿得罪人心态，未能当面提出异议，放任了对有问题的债权进行确认。

第四，并非所有债权人均会参加债权人会议，但法律并没有因此剥夺该部分未参加会议债权人对所有申报债权的核查权。如仅在债权人会议上核查，虽债权人不参加债权人会议是自身问题，但未参加可能对债权申报情况及依据无法再行使核查权，无疑是对其法定权利的一种剥夺，也不利于确保债权核查的完整、全面、准确。

第五，在信息化推进破产案件办理的当下，线上召开债权人会议的优势明显，已有逐步取代现场会议的趋势，如贵州省安顺市中级人民法院近三年来债权人会议除极个别案件外，均是通过线上会议方式召开。在此情况下，通过债权人会议核查债权更显得难以协调和兼顾，难以实现由债权人适时实际对债权进行核查的目的。在线上会议中，管理人宣读债权后，因为数据传输的迟延性以及债权人无法适时表达意见等原因，无法第一时间收集债权人对所宣读债权的意见和疑问，特别是部分债权人线上签到后因会议时间较长等原因退出会议，并没有实际参与核查，这些情况均会导致管理人和人民法院简单认为债权人没有提出异议而作出不适当裁定。

（二）对债权较多的案件实施难度大，债权人会议持续时间过长

对于债权人数量较少、债权金额较低的破产案件，在债权人会议上逐笔核查债权，并不会有太大困难。但如涉及房地产开发企业等债权人数众多、类型多样、债权金额巨大的破产案件，债权人常常能达到几百户甚至上千户，债权金额几十亿元甚至上百亿元，如笔者所在法院办理的某房开企业破产案，债权人申报债权 1200 余笔，金额约 50 亿元，如按照传统的会上核查方式逐笔核查债权，逐笔宣读认定的情况及所提交的依据，按平均每笔 2 分钟计，即需要 2400 分钟，按每天会议召开 8 小时计，仅债权核查就需要 5 天时间，还不考

虑对不予确认或仅部分确认的债权人提出质询和辩驳将花费的更多时间，也不包括债权人会议的其他程序。这会极大消耗人民法院、管理人及各债权人的时间和精力，也将导致核查效果大大降低。同时，如采取传统线下会议方式召开，如此庞大的参会人员需要极大的会场才能容纳，加之时间较长，所花费的会议成本、人员精力等都将过多。

（三）补充申报债权和管理人重新核查后的债权再核查难度大

按现行债权核查规定，债权应提交第一次债权人会议（以下简称"一债会"；第二次债权人会议简称"二债会"；"三债会"同理）核查，但实践中并非所有债权人均在一债会前申报债权，管理人亦无法在一债会前对所有申报债权审核完毕并拿出确定意见。因各种原因，部分债权人在债权申报期内没有申报债权，甚至经常会有债权人在债权申报期满后，一债会、二债会后甚至财产处置分配方案或重整计划通过后才申报债权，《中华人民共和国企业破产法》第五十六条第一款[①]亦赋予了债权人补充申报的权利。同时，管理人履职过程中，一债会召开之际，经常会因时间紧迫、债权债务错综复杂、债权未结算不具备确定条件等原因将部分债权作为待确认债权，待确认债权不在一债会债权人核查的范围中。因此，虽理论上一债会上未能核查的债权可召开二债会、三债会进行核查，但召开一次债权人会议的成本较高、周期较长，给债权人以及法院管理人都会增加无数诉累，特别是债权人数多、金额大的案件，因此债权人会议的召开次数一般很有限，非必要不会轻易启动，专门为了核查部分债权就轻易召开债权人会议并不现实，更何况即使召开更多次债权人会议后，仍可能存在补充申报债权情况，故由债权人会议核查债权的规定始终存在漏洞。并且，虽然可根据《中华人民共和国企业破产法》第六十八条第一款第四项[②]规定，由债权人会议委托债权人委员会核查后续债权，但并非所有案件都会设立债权人委员会，更主要的是债权人委员会的核查意见能否代表全体债权人的意

---

① 《中华人民共和国企业破产法》第五十六条：在人民法院确定的债权申报期限内，债权人未申报债权的，可以在破产财产最后分配前补充申报；但是，此前已进行的分配，不再对其补充分配。为审查和确认补充申报债权的费用，由补充申报人承担。

② 《中华人民共和国企业破产法》第六十八条：债权人委员会行使下列职权：……（四）债权人会议委托的其他职权。

思表示，全体债权人是否认可债权人委员会的核查，债权人委员会的核查能否确实客观、公正，都存在争议，即使各委员无异议，只要其他债权人对债权提出异议，人民法院亦无法直接裁定确认。

（四）会议核查的虚设性，会议核查和债权人个人异议的矛盾性

现行《中华人民共和国企业破产法》规定，管理人编制的债权表应当提交第一次债权人会议核查，债务人、债权人对债权表记载的债权无异议的，由人民法院裁定确认，债务人、债权人对债权表记载的债权有异议的，可以向受理破产申请的人民法院提起诉讼。一方面要求债权人在第一次会议上核查，规定无异议的由人民法院裁定确认，另一方面又规定有异议的可提起债权异议诉讼。对于如何认定债权人会议有无异议、何为债权人无异议，法律未有明确规定。对此，有部分观点认为，可参照《中华人民共和国企业破产法》第六十四条①规定标准，采取由债权人会议表决作出决议的方式核查债权，如该笔债权由出席会议的有表决权的超半数的债权人通过，并且其所代表的债权额占无财产担保债权总额的 1/2 以上，则该笔债权即可由人民法院裁定确认。但该观点并不符合实际，亦不合理，并非所有参加债权人会议的债权人熟悉每一笔债权，甚至可能出于私心，出现债权人利用多数表决变相直接剥夺相关债权人利益的情形，有违公平。而即使将出席债权人会议的债权人一致对相关债权无异议作为认定债权人会议无异议的标准，也非所有债权人均参加债权人会议，这实际上剥夺了未参会人员的异议权。何况该条法律明确规定了债权人债务人对债权有异议的均可以提起诉讼确认，故即使未参加债权人会议的债权人，在得知相关结果后仍有权提起诉讼，甚至可能出现参与会议的债权人在会议核查时未提出异议，但会后提出异议的情况。这导致的结果是无论债权人会议如何核查债权，债权人会议上是否有人提出异议，人民法院都无法根据会议核查结果直接裁定确认相关债权，仍需各债权人在会后的规定时间内核查从而最终确认，如此则现行的"债权应在一债会上核查，无异议的由人民法院裁定确认"的规定就无实质意义了，属于"虽

---

① 《中华人民共和国企业破产法》第六十四条：债权人会议的决议，由出席会议的有表决权的债权人过半数通过，并且其所代表的债权额占无财产担保债权总额的二分之一以上。但是，本法另有规定的除外。

有实无"的条款，并不具备可操作性，规定由债权人会议核查债权的立法目的也无法达到。

三　对完善现行债权核查方式的建议

如何修订完善法律法规，尽可能设计制度、完善方法、优化不足、规避瑕疵、填补漏洞，让其更符合实际需要、操作性更强、运行更顺畅、更能实现保障债权人核查权的立法目的，是当下亟须思考和完善解决的问题。本报告认为，有必要修订完善《中华人民共和国企业破产法》第五十八条对债权核查方式的相关规定，或者制定司法解释完善核查方法。

债权核查最本质的要求是保障债权人债务人对每一笔债权的核查权，确保债权人所申报的每一笔债权真实合法，经得起检验，避免不当认定损害全体债权人的公平受偿权。因此，是否需要在债权人会议上核查债权并不是关键，关键在于需要保证充足的核查时间，保证相关人员能充分核查申报资料，保证核查方法是科学的。笔者结合实践探索，认为可以公示公告核查代替债权人会议核查。对于债权人申报的债权，由管理人初核并编制债权表后，将该债权表在破产重整网、债权人微信群、债务人所在地进行公示公告，并设置一定时间作为异议期，具体时间可根据案件债权人人数和金额等实际情况确定，告知债务人、债权人及时查看，对有疑问的债权可及时与管理人进一步对接核查，由管理人充分释明，对于经公示公告异议期满未提出异议的公示债权可由管理人提请人民法院裁定确认，对于有异议的债权则由管理人复核，管理人复核后再次进行公示，如仍有异议可告知提出异议的债权人通过提起破产债权确认之诉等方式进行确定。结合探索实际，此模式相比债权人会议核查优势明显。

（一）确保债权核查时间充裕，能保障实质充分核查

债权人可完整查看自己及其他债权人申报债权的具体情况并进行分析研判，若有异议也有充足时间与管理人对接，由管理人具体释明，而非在债权人会议上才得知相关债权申报依据和管理人初审情况。

（二）提升方式灵活性和可操作性

无论是何时补充申报的债权，只要在程序终结前提出，以及无论是初次申报的债权还是债权人提出异议后管理人复核确认的债权，均可通过公示公告方式随时向各债权人报告核查情况，这种方法没有任何操作障碍，极大便利了程序的推进。

（三）提高债权人会议效率，更好地实现债权人会议表决功能

据现有规定，破产债权仅能在债权人会议上核查，如上文分析债权人会议核查并不能最终确定无异议债权，而根据规定只有确认了债权的债权人才享有表决权，这样则意味着该次债权人会议将不能确定有表决权的债权人，即该次债权人会议将不能对相关方案进行表决，无法得出表决结论。该次会议核查的债权经过一定异议期限（《中华人民共和国企业破产法》司法解释规定的债权人会议后有 15 天异议期①）仍无债权人提出异议的，由人民法院裁定确认后，再召开一次债权人会议进行表决。无论何种方式均将给人民法院和管理人增加更多工作量，且费时费力。如通过会前公示公告核查的方式核查债权，则在相关债权人会议前，已能确定无异议的债权，在一债会上即可由管理人向人民法院报告无异议债权情况后提请人民法院直接裁定确认，甚至管理人可在会前提请人民法院审查后裁定确认无异议债权人，这样债权人会议上有表决权的债权人就已明确，该部分债权人可作为有表决权的债权人对管理人汇报的相关方案进行表决，直接在会上得出表决结果，一次性完成程序。这样，大量的破产案件仅需召开一次债权人会议，极大提高破产案件办理效率，减轻人民法院、管理人工作量以及债权人的诉累，既科学合理，又高效便捷。

笔者所在法院在上述核查模式的探索过程中，一开始部分管理人认为这种模式可能会导致债权人无休止纠缠管理人核查债权，增加管理人工作量，但经实践，管理人对该模式均拍手称赞，不仅未增加工作量，反而极大减轻了工作

---

① 《最高人民法院关于适用〈中华人民共和国企业破产法〉若干问题的规定（三）（2020 年修正）》第八条：债务人、债权人对债权表记载的债权有异议的，应当说明理由和法律依据。经管理人解释或调整后，异议人仍然不服的，或者管理人不予解释或调整的，异议人应当在债权人会议核查结束后十五日内向人民法院提起债权确认的诉讼。

量，异议期虽会不时有债权人联系核查债权，但这更有利于对债权进行更加全面公正的甄别，避免了后续争议带来更多麻烦。更主要的是原本的债权人会议时间极大缩短，会议次数亦相应减少，破产成本也有所减少，节约了大量的时间和精力，可操作性极强，程序推进更加顺畅，履职更加轻松，作为破产案件办理基础性工作的债权核查更加规范高效。

四　结语

破产制度的价值及重要作用不言而喻，但现行法律规定的在债权核查等方面的局限性给程序的有力、有效推进造成了不良的影响，因此，如何在现有法律框架下，依法有效完善制度机制、优化方式方法、弥补不足，让债权核查得以最大化发挥作用成为立法机关和人民法院不得不思考和解决的难题。

破产程序中"土地出让违约金"
债权的性质认定与处理

张瑜瑶*

摘　要：房地产开发企业因迟延缴付土地出让价款而需承担的"土地出让违约金"的计算基数大、计算标准高，往往是一笔巨额的破产申报债权，切实关系着整个破产案件的清偿处理及其他破产债权人的切身利益。本报告围绕"土地出让违约金"在破产程序中的债权性质认定和清偿顺位处理问题，基于其法律性质，结合破产法相关法律规范，探索性地提出对其以"实际损失"标准作为划分依据，区分"补偿性债权"与"惩罚性债权"，并将"惩罚性债权"劣后于普通债权清偿的处理思路。

关键词：土地出让　破产债权　民事违约金　惩罚性债权　劣后受偿

在我国土地国有体制下，房地产开发企业与土地管理部门签订土地使用权出让合同，并依约定缴纳土地出让价款后获得土地使用权，成为其"拿地"的必要程序之一，也是其开展业务的核心步骤。在这一过程中，无论是双方签订的国有建设用地使用权出让合同，还是国务院相关的政策规范，都对土地出让价款未按期缴付所产生的"违约金"有明确约定和相关规定。

在实务中，由于房地产开发企业资金紧张或政府交地行为存在瑕疵等情形，很少有房地产开发企业能够完全按照合同约定的时间完成土地出让金的缴

---

* 张瑜瑶，贵州富迪律师事务所律师。

付，进而就产生了需要缴付"违约金"的问题。而当下房地产市场下行，越来越多的房地产开发企业进入破产程序。进入破产程序后，因迟延缴付土地出让价款而产生的"违约金"，法律性质究竟是行政滞纳金还是民事违约金、是否属于破产债权、属于何种性质的破产债权、清偿顺位如何等问题，也相继出现。本报告将围绕破产程序中"土地出让违约金"债权的认定与处理问题进行初步分析，并尝试提出可能的处理思路。

一 "土地出让违约金"问题的提出

（一）"土地出让违约金"概念的厘清

在由国土资源部和国家工商行政管理总局联合颁发的 1994 年、2000 年和 2006 年三个版本的《国有土地使用权出让合同》示范文本中，都有"对受让方延期缴纳土地使用权出让金的行为，规定统一收取'滞纳金'"条款。[1] 2008 年 7 月 1 日，国土资源部和国家工商行政管理总局联合发布的《国有建设用地使用权出让合同》，将受让方逾期缴纳出让金应当支付对价的表述调整为"违约金"。而在目前的实务中，针对土地使用权受让方逾期缴纳出让金而所应当承担的新的支付义务，"滞纳金"和"违约金"的概念均在使用。政府部门依然存在使用"滞纳金"概念签订土地使用权出让合同的情况，同时以"滞纳金""土地出让"作为关键词检索相关案例，也会发现使用"滞纳金"概念要求受让方支付"滞纳金"的诉讼主张不在少数。但因"滞纳金"的行政法特点和行政管理属性过强，为了严谨地开展下文的分析论述，本报告暂不使用"滞纳金"概念来进行代指。

此外，土地出让关系中的违约情形和种类较多，但本报告针对土地使用权受让方未按期足额支付土地出让价款行为展开讨论，因此，为方便行文，本报告使用"土地出让违约金"这一概念来代指以房地产开发企业为主要代表的受让方迟延缴付土地出让价款所应当承担的新的缴付义务或者相应的经济赔偿责任。

---

[1] 李远强、李昊成：《土地出让合同履约违约金衡平问题研究》，《浙江国土资源》2020 年第 4 期。

（二）破产法视野下的"土地出让违约金"问题

就目前的破产法相关法律规范而言，与"违约金""滞纳金"问题相关的法律法规主要集中于以下几方面（按照施行或发布时间顺序排列）：《最高人民法院关于审理企业破产案件若干问题的规定》（2002 年 9 月 1 日施行）第六十一条①；《最高人民法院关于税务机关就破产企业欠缴税款产生的滞纳金提起的债权确认之诉应否受理问题的批复》（2012 年 7 月 12 日施行）②；《关于人民法院受理破产案件前债务人未付应付款项的滞纳金是否应当确认为破产债权请示的答复》（2013 年 6 月 27 日发布）③；《全国法院破产审判工作会议纪要》（2018 年 3 月 4 日发布）第二十八条④；《最高人民法院关于适用〈中华人民共和国企业破产法〉若干问题的规定（三）》（2021 年 1 月 1 日施行）第三条⑤；《最高人民法院关于〈破产分配中本金与利息清偿顺序疑问〉的回复》（2021 年 8 月 26 日发布）⑥。

---

① 该条文内容为："下列债权不属于破产债权：（一）行政、司法机关对破产企业的罚款、罚金以及其他有关费用；（二）人民法院受理破产案件后债务人未支付应付款项的滞纳金，包括债务人未执行生效法律文书应当加倍支付的迟延利息和劳动保险金的滞纳金；（三）破产宣告后的债务利息；（四）债权人参加破产程序所支出的费用；（五）破产企业的股权、股票持有人在股权、股票上的权利；（六）破产财产分配开始后向清算组申报的债权；（七）超过诉讼时效的债权；（八）债务人开办单位对债务人未收取的管理费、承包费。上述不属于破产债权的权利，人民法院或者清算组也应当对当事人的申报进行登记。"

② 该批复内容为："税务机关就破产企业欠缴税款产生的滞纳金提起的债权确认之诉，人民法院应依法受理。依照企业破产法、税收征收管理法的有关规定，破产企业在破产案件受理前因欠缴税款产生的滞纳金属于普通破产债权。对于破产案件受理后因欠缴税款产生的滞纳金，人民法院应当依照《最高人民法院关于审理企业破产案件若干问题的规定》第六十一条规定处理。"

③ 该答复内容为："同意你院意见，即人民法院受理破产案件前债务人未付款项的滞纳金应确认为破产债权。"

④ 该条文内容为："破产债权的清偿原则和顺序。对于法律没有明确规定清偿顺序的债权，人民法院可以按照人身损害赔偿债权优先于财产性债权、私法债权优先于公法债权、补偿性债权优先于惩罚性债权的原则合理确定清偿顺序。因债务人侵权行为造成的人身损害赔偿，可以参照企业破产法第一百一十三条第一款第一项规定的顺序清偿，但其中涉及的惩罚性赔偿除外。破产财产依照企业破产法第一百一十三条规定的顺序清偿后仍有剩余的，可依次用于清偿破产受理前产生的民事惩罚性赔偿金、行政罚款、刑事罚金等惩罚性债权。"

⑤ 该条文内容为："破产申请受理后，债务人欠缴款项产生的滞纳金，包括债务人未履行生效法律文书应当加倍支付的迟延利息和劳动保险金的滞纳金，债权人作为破产债权申报的，人民法院不予确认。"

⑥ 该回复内容为："……您来信中所称本金、利息和违约金等债权，属同一顺序普通债权。"

（三）几个关键问题

基于此，针对"土地出让违约金"，暂可先提出以下问题。

1. 是否为破产债权

从上述规定可以看出，行政、司法机关对破产企业的罚款、罚金以及其他有关费用是不作为破产债权的，因此，如果"土地出让违约金"是行政法层面的罚款、滞纳金，那就被排除在破产债权之外，或者说，需要满足相应条件才能成为破产债权。但如果是民法层面的合同违约金，则按照《最高人民法院关于〈破产分配中本金与利息清偿顺序疑问〉的回复》的观点，其性质应当属于破产债权。由此就产生了第一个问题："土地出让违约金"究竟是民事违约金还是行政滞纳金？即"土地出让违约金"是否为破产债权？

2. 是否劣后受偿

根据《全国法院破产审判工作会议纪要》第二十八条对于清偿顺序的规定，可以区分普通债权和清偿顺位在普通债权之后的"劣后清偿债权"。由此，如果认定"土地出让违约金"属于破产债权，那就产生了第二个问题："土地出让违约金"是否劣后受偿？

由此，本报告首先需要对"土地出让违约金"的法律性质进行分析定性，以便厘清"土地出让违约金"在破产程序中的债权认定问题。其次讨论"土地出让违约金"的债权性质，以便厘清其在破产程序中的清偿顺位问题。

二 "土地出让违约金"的法律性质讨论

（一）问题提出：民事合同还是行政协议

"土地出让违约金"存在于土地使用权出让法律关系中，其法律性质的界定，必然与土地使用权出让合同的法律性质保持高度一致性。因此，要判断"土地出让违约金"的法律性质，有必要先从土地使用权出让合同的性质切入。而关于土地使用权出让合同的法律性质，存在民事合同说和行政协议说两种直接对立的观点。①

民事合同说认为，虽然土地使用权出让合同相对方为土地管理部门，但是政府部门是以民事主体身份参与，在行使土地使用权出让行为时是以土地所有权人的身份出现的，其法律地位是一个民事主体，此时土地使用权出让合同双方的国土部门和土地受让人民事主体是平等的。② 且土地使用权出让合同纠纷亦纳入民事诉讼受案范围，并在现行的《民事案件案由规定》中有专门的案由规定。此外，2021 年开始实施的《最高人民法院关于审理涉及国有土地使用权合同纠纷案件适用法律问题的解释》也明确将"土地使用权出让合同纠纷"作为该解释所规范的对象，属于民事审判范围。因此，土地使用权出让合同属于民事合同。

行政协议说则认为，根据《最高人民法院关于审理行政协议案件若干问题的规定》第二条第三款③的规定，国有自然资源使用权出让协议属于行政协议范畴，而根据国务院《关于全民所有自然资源资产有偿使用制度改革的指导意见》等相关文件观点，国有土地资源属于国有自然资源。且在国有土地使用权出让的法律关系中，政府部门享有行政监督权、行政检查权、行政处罚权等特殊权利，带有管理者色彩。因此，国有土地使用权出让合同系行政协议。

笔者更倾向于将土地使用权出让合同作为民事合同来定性。理由主要有以下几点。首先，从土地使用权出让的目的来看，土地使用权是一种用益物权，国家出让土地使用权实际上是一种合意创收的物权行为和民事行为。④ 其次，从缔约过程来看，土地使用权出让合同的缔约过程是按照招拍挂流程进行操作的，体现了民事合同公开、公平、公正的原则，合同内容也是遵循平等、自愿、等价有偿的原则，不存在行政命令和强迫的意思。再次，从法律适用来看，根据最高人民法院最新印发的《民事案件案由规定》，"建设用地使用权出让合同纠纷"已经作为明确的民事案件案由。同时《最高人民法院

---

① 张海鹏：《论国有土地使用权出让合同的民事定性——兼评 76 号指导案例》，《求是学刊》2019 年第 4 期。
② 刘旭华：《再议国有土地使用权出让合同的法律关系性质》，《中国土地》2016 年第7 期。
③ 该条文内容为："公民、法人或者其他组织就下列行政协议提起行政诉讼的，人民法院应当依法受理：……（三）矿业权等国有自然资源使用权出让协议；……"
④ 刘旭华：《再议国有土地使用权出让合同的法律关系性质》，《中国土地》2016 年第 7 期。

关于审理涉及国有土地使用权合同纠纷案件适用法律问题的解释》也将土地使用权出让合同纠纷作为民事审判范畴。最后，从实务操作来看，因为土地出让合同纠纷多为政府部门作为原告方提起的诉讼，而行政诉讼中"官告民"的渠道并未畅通，所以目前法院在受理此类案件时一般按民事案件处理，适用民事相关法律规范，甚至也出现了很多通过商事仲裁处理的案例。且民事立法较行政立法更为完备，因此，以民事案件处理，可援用和参照的法律规范更为全面。综上所述，将土地使用权出让合同定性为民事合同，更符合土地使用权出让这一交易行为的本质特征，更有利于法理解释和实务操作。

（二）问题本质：民事违约金还是行政滞纳金？

正如上文所言，土地使用权出让合同在法律性质上属于民事合同。由此，该合同项下因迟延缴付土地出让价款而需承担的法律责任自然属于民事违约金，而非行政强制措施之一的滞纳金或罚款。且从《国有建设用地使用权出让合同》示范文本的变化来看，"土地出让违约金"经历了从"滞纳金"到"违约金"表述的调整，这一调整也体现了去行政化的趋向。此外，虽然国务院各部委通过出台相关文件，对逾期缴付土地出让价款需支付的违约金标准作出了专门规定，即日 1‰。① 但在司法实践中，亦存在审判机关根据双方合同履行的实际情况、过错程度，结合违约所造成的实际损失对"土地出让违约金"进行司法调减的做法。如最高人民法院（2017）最高法民终 308 号判决和（2016）最高法民终 633 号判决，贵州、四川等地地方法院的（2018）黔民终 330 号判决、（2017）黔民终 49 号判决、（2020）川民终 576 号判决等都直接适用民事审判中的违约金调减规则调减了违约金，更进一步明确了"土地出让违约金"的民事违约金性质。

综上所述，从土地使用权合同的性质切入，结合"土地出让违约金"的名称演变过程及审判实务做法，将"土地出让违约金"定性为民事违约金应当更契合其法律本质。

---

① 《关于规范国有土地使用权出让收支管理的通知》，国办发〔2006〕100 号，2006 年 12 月 17 日；《国有土地使用权出让收支管理办法》，财综〔2006〕68 号，2006 年 12 月 31 日。

（三）结论：是否为破产债权？

本报告所探讨的"土地出让违约金"属于民事法律关系中的违约金，属于债务人企业应当承担的合同违约责任，并非行政滞纳金。因此，依据《最高人民法院关于〈破产分配中本金与利息清偿顺序疑问〉的回复》中的观点"本金、利息和违约金等债权，属同一顺序普通债权"，[①] 由此可以得出初步结论，"土地出让违约金"应当属于破产债权，但破产债权性质如何、清偿顺位如何，是接下来要讨论的重点问题。

三 "土地出让违约金"的破产债权性质及清偿顺位讨论

（一）问题源起："劣后受偿债权"

我国目前采取的是以优先破产债权和普通破产债权为核心的二元破产债权分类体系，[②] 优先破产债权又包括有财产担保债权、职工债权、税收债权、船舶优先权等一系列具有优先受偿属性的详细分类，在此不作赘述。但《全国法院破产审判工作会议纪要》第二十八条提出了人身损害赔偿优于财产性债权、私法优于公法债权、补偿性优于惩罚性债权的基本原则；也补充了在破产债务人清偿全部普通破产债权后仍有剩余财产的情况下，可将剩余财产用于清偿破产受理前产生的民事惩罚性赔偿金、行政罚款、刑事罚金等惩罚性债权的分配规则。该会议纪要第三十九条还提出不当关联债权不得享有优先权，应劣后于其他普通破产债权受偿。由此引入了部分性质的破产债权"劣后受偿"的概念，于是，在已有二元分类体系下补充加入"劣后受偿债权"这一类别有了初步的法理支撑。以《全国法院破产审判工作会议纪要》第二十八条为基础，理论界和实务界也在不断丰富对于"劣后受偿债权"的理解和扩大其适用范围。目前除了将民事惩罚性赔偿金、行政罚款、刑事罚金等惩罚性债权

---

① 《最高人民法院关于〈破产分配中本金与利息清偿顺序疑问〉的回复》，2021 年 8 月 26 日。
② 于新循、彭旭林：《论我国破产债权例外制度——基于劣后债权的制度构建视角》，《四川师范大学学报》（社会科学版）2015 年第 3 期。

作为"劣后受偿债权",迟延履行加倍利息、母公司债权、股东利润支付请求权等也在实务中以劣后受偿的方式进行处理,并通过理论上的探讨赋予其合理性。

总而言之,尽管目前针对"劣后受偿债权"尚未形成系统理论被写入破产法,但"劣后受偿债权"的认定和处理已经有了初步的法理支撑和实践运用,这对"劣后受偿债权"制度的正式建立以及我国破产债权制度体系的进一步改革而言,也是一种有益探索。"劣后受偿债权"概念的引入,也是下文讨论"土地出让违约金"在破产程序中的受偿顺位问题的理论前提之一。

(二)问题本质:"惩罚性债权"与"补偿性债权"的区分

如上文所述,按照《全国法院破产审判工作会议纪要》第二十八条的相关规定,惩罚性债权应当属于"劣后清偿债权"。由此,"土地出让违约金"在破产程序中的清偿顺位问题,其实可以通过对其所属的破产债权性质进行划分来解决。如果其属于惩罚性债权,就将劣后于普通债权进行清偿。而对于"惩罚性债权"的定义,目前尚未有明确法律法规进行规定,主要还是集中在理论界的讨论和审判实务中的一些判例做法。如王欣新认为"惩罚性债权是司法等机关针对债务人违法行为作出的民事、行政或刑事处罚措施,具有特定的实施对象,是具有人身不可代替性质的处罚"。[①] 按照这一观点,只有满足特定的作出主体即司法等机关,以及债务人行为达到违法程度,且遭受了民行刑领域的处罚措施方可构成"惩罚性债权"。[②] 此外,也有学者如许德风将原《中华人民共和国侵权责任法》第四十七条、《中华人民共和国消费者权益保护法》第五十五条、《最高人民法院关于审理商品房买卖合同纠纷案件适用法律若干问题的解释》第九条等特殊的惩罚性赔偿作为"惩罚性债权",[③] 即将"惩罚性赔偿之债"等同于"惩罚性债权"。但这些观点更多的是从民事法律关系的视角出发的,在破产法语境下,应当结合民法的基本原则和破产法的独特性,重新对"惩罚性"这一概念进行解读和界定。

---

① 王欣新:《论破产程序中劣后债权的清偿》,《人民法院报》2018年7月4日,第7版。
② 王艺澄:《破产语境下"惩罚性债权"的解释研究》,硕士学位论文,苏州大学,2022。
③ 许德风:《论破产债权的顺序》,《当代法学》2013年第2期。

破产程序中"土地出让违约金"债权的性质认定与处理

首先,从民法违约责任的承担原则来说,我国主要遵循损失填平原则,从原《中华人民共和国合同法》及现在的《中华人民共和国民法典》来看,都有针对违约金明显高于或低于实际损失的部分通过司法机关进行酌情调整的规定。可见违约金的主要目的还是在于弥补守约方因违约方的违约行为所遭受的实际损失。这样就使得在违约行为的救济中,损失填平的原则其实在一定程度上保障了违约方的利益,反而容易造成鼓励当事人违约的反向效果。于是针对那些情形较为严重、主观恶意明显的违约行为,违约方除了"填平"守约方遭受的实际损失,还应承担实际损失之外的赔偿责任。而这些超过实际损失的违约金部分其实就带有了"惩罚"的意味。因为从最终的效果来看,之所以违约方需要支付超过实际损失部分的违约金,仅仅是因为其违约行为,而不是要去弥补他人因违约而受到的损失。因此,从民法上而言,对于"惩罚"的理解,应当针对性地指向违约行为本身,而不关涉损失填平原则项下对于守约方利益损失的弥补补偿。最高人民法院在判断违约金是否具有"惩罚性"时,也是以违约金数额和实际损失之间的差异作为衡量标准。这也给我们认定"惩罚性"提供了一个也许可行的思路,即以实际损失为标准,高于实际损失部分的违约金或赔偿责任,即具有"惩罚性"。

其次,在破产法的视域下来讨论这个问题时,"惩罚"的对象发生了"转移"。民法视域下的超出实际损失之外的违约金"惩罚"的对象是违约方的违约行为,违约方是受到"惩罚"的主体。但进入破产程序后,违约方同时具备了破产债务人的身份,由于在破产债务人的所有破产财产用于清偿债务后,无法偿还的债务将得到合法的豁免,因此违约金的具体数额对破产债务人而言其实失去了"惩罚"意义,因为"破产"本身已经就是对于破产债务人最大程度的"惩罚"了。故而此时受到"惩罚"的主体对象出现了转移,即高于实际损失的违约金其实惩罚的是其他普通债权人。因为破产财产的数量和价值是固定的,违约金越高,其他普通债权人所能获得的清偿比例也就越低。此时,本来是对违约方违约行为的"惩罚"就变相成为对全体债权人的无辜连累。

因此,在破产法追求平等保护、公平受偿的视域下,对于"惩罚性"的理解应当立足于损失填平原则,将高于实际损失的部分作为惩罚性债权,而充分全面地补偿实际损失的部分,则作为补偿性债权。从最高人民法院的相关观点来看，也是认可"违约金具有补偿性和惩罚性双重性质，合同当事人可以约定高于实际损失的违约金"，不少学者如姚明斌、高敏等①也以此作为用实际损失来划分"补偿性"与"惩罚性"边界的支撑依据。

具体到"土地出让违约金"，就是将"土地出让违约金"中与实际损失数额相同的部分定性为"补偿性债权"，因其发挥着填补损失的功效，既符合民法的基本原则，也符合《全国法院破产审判工作会议纪要》第二十八条所规定的补偿性债权优先于惩罚性债权受偿的法理逻辑；而将"土地出让违约金"中超出实际损失的部分定性为"惩罚性债权"，这样既凸显其"惩罚性"，也能很好地契合和衔接《全国法院破产审判工作会议纪要》第二十八条关于"劣后清偿债权"的话语体系。

（三）结论：区分债权性质区别受偿

上文已经分析了"惩罚性债权"和"补偿性债权"的划分方式，由此，可以以"实际损失"作为衡量尺度，对于"土地出让违约金"的破产债权性质划分及清偿顺位进行考量分析。

1. "实际损失"的确定

首先要解决的是"实际损失"确定的问题，即在土地使用权出让交易中，受让方迟延支付土地出让价款的违约行为给守约方，即土地管理部门所造成的"实际损失"的衡量。经检索相关案例，在调减了"土地出让违约金"的案例中，法院基本是以资金占用成本或者利息损失来计算"实际损失"，由此往往以同期银行贷款利率或该利率的 2 倍作为认定"实际损失"的标准。如最高人民法院在某市国土资源局与某房地产开发有限公司建设用地使用权出让合同纠纷二审案件②中认为"某市国土资源局的损失为某公司所拖欠其土地使用权出让金的利息损失"，以中国人民银行公布的同期同类贷款利率的 2 倍认定"实际损失"，从而计算涉案违约金。在最高人民法院审理的某县人民政府国

---

① 姚明斌：《违约金论》，中国法制出版社，2018，第 48 页；高敏：《关于违约金制度的探讨》，《中国法学》1989 年第 5 期。
② 某市国土资源局与某房地产开发有限公司建设用地使用权出让合同纠纷案，最高人民法院（2016）最高法民终 633 号民事判决书。

破产程序中"土地出让违约金"债权的性质认定与处理

土资源局、某置业有限公司建设用地使用权出让合同纠纷二审案件①中，也延续了上述观点，最高人民法院认为某县国土资源局的"实际损失"主要是资金利息损失，最终按照中国人民银行发布的同期银行贷款基准利率认定"实际损失"标准。

本报告认为，土地出让价款收归国库，土地管理部门只是代表国家收取土地出让价款，因此，对于违约金的设置，其实主要是为了通过一定的"惩罚性"督促合同相对方及时履行缴纳义务，很难去界定迟延缴纳行为究竟给国家造成了多少实际经济损失。故而以资金占用损失等同于土地管理部门因延迟收到土地出让价款而遭受的"实际损失"，并没有严格的依据。但要完全否认迟延支付行为会给国家造成相应损失，也有违客观现实，且还会造成违约成本降低，从而助长违约行为的发生。因此，司法审判中以同期银行贷款基准利率适当上浮（本报告认为，考虑到目前房地产市场普遍下行，上浮暂不应超过同期银行贷款基准利率的 2 倍）作为确定"实际损失"的标准，属于一种技术性处理手段，一方面能够对迟延缴付违约金的行为进行一定的约束，另一方面也适当地弥补财政收入，同时对于违约方来说也不构成过于沉重的债务负担，有其存在的合理性。

2. 清偿顺位的处理

"土地出让违约金"问题的复杂性在于其本质上虽属民事法律关系，但带有强烈的行政管理色彩，其计收标准受到政策文件的严格限定。由此就造成了在实务中，土地管理部门往往按照《国务院办公厅关于规范国有土地使用权出让收支管理的通知》第七条②和《国有土地使用权出让收支管理办法》第三十四条③的相关规定，在土地使用权出让合同中按照日 1‰ 的标准约定"土地出让违约金"，而在合同履行过程中，也是直接适用日 1‰ 的标准向房地产开发企业收取"土地出让违约金"。甚至在有些司法审判中，部分法院还会以这

---

① 某县人民政府国土资源局、某置业有限公司建设用地使用权出让合同纠纷案，最高人民法院（2017）最高法民终 308 号民事判决书。

② 该条文内容为："土地出让合同、征地协议等应约定对土地使用者不按时足额缴纳土地出让收入的，按日加收违约金额 1‰ 的违约金。违约金随同土地出让收入一并缴入地方国库。"

③ 该条文内容为："对国有土地使用权人不按土地出让合同、划拨用地批准文件等规定及时足额缴纳土地出让收入的，应当按日加收违约金额 1‰ 的违约金。违约金随同土地出让收入一并缴入地方国库。"

一标准是有相关规定明确，不可进行司法调整为由，直接以日 1‰的标准认定"土地出让违约金"。如贵州省高院在某房地产开发有限公司、某自然资源和规划局建设用地使用权出让合同纠纷二审一案中就认为，《关于规范国有土地使用权出让收支管理的通知》中日 1‰的违约金标准，属于合同当事人均应遵守的规范性文件规定。其"在制定的目的上是国家针对国有土地一级交易市场做出的政策性规定，不属于可以任意协商调整的合同条款"，[①] 因此直接维持日 1‰的违约金标准。

由此就造成了不少房地产开发企业在进入破产程序时，所需承担的"土地出让违约金"并未经过司法调减，而是直接以日 1‰的标准累积计算。试想，土地出让金一般所涉金额巨大，如果再按照日 1‰的标准计算，这一标准换算之后年利率高达 36.5%，甚至比同期银行贷款基准利率的 10 倍还多。这样一来，随便一个地块的"土地出让违约金"往往动辄几千万元甚至数亿元，在破产债权中的地位可谓举足轻重。

故而针对"土地出让违约金"的破产债权性质认定及清偿顺位处理，就需要更加谨慎，尤其是需要平衡与其他破产债权之间的关系。在此，本报告试图提出这样一种处理思路，即对于直接以日 1‰的标准计算的"土地出让违约金"，其违约金的组成部分可以"实际损失"为限，将不超过"实际损失"的部分作为"补偿性债权"予以认定，属于普通破产债权；而高于"实际损失"的部分作为"惩罚性债权"予以认定，属于"劣后清偿债权"。而对于"实际损失"的标准，暂以不超过同期银行贷款基准利率 2 倍的标准为原则，结合双方合同履行情况、违约方过错程度等因素来具体衡量确定。在区分"补偿性债权"部分与"惩罚性债权"部分后，只将超出"实际损失"的部分作为"惩罚性债权"劣后于普通债权清偿。

这样一来，对其他普通债权人来说，不会受到"转移惩罚"的不公平待遇；对土地管理部门而言，也获得了相应的权利保障，同时能更好地实现"实质公平"，更契合"公平清理债权债务"的破产法宗旨。

---

① 某房地产开发有限公司、某自然资源和规划局建设用地使用权出让合同纠纷案，贵州省高级人民法院（2020）黔民终 297 号民事判决书。

四　小结

综上，本报告在明确"土地出让违约金"的概念后，从土地使用权出让合同入手，对"土地出让违约金"的法律性质进行了分析，在明确其本质属于民事违约金的基础上，结合相关破产法律规范的规定，得出其属于破产债权的初步结论。进而通过引入"劣后清偿债权"的概念、"惩罚性债权"与"补偿性债权"的区分标准，结合"土地出让违约金"的实务现状，探索性地提出了对"土地出让违约金"以"实际损失"标准作为划分依据，将超出"实际损失"部分作为"惩罚性债权"劣后于普通债权清偿的处理思路。

"土地出让违约金"是房地产开发企业在经营过程中常常会面临的经济责任，因其计算基数大、计算标准高，往往使得房地产开发企业在进入破产程序后，单此一项就会出现巨额的债权申报金额。而如何认定和处理"土地出让违约金"，对于整个破产案件的清偿及对于其他普通债权人的权利保护，均具有重要意义。本报告尝试着提出了一种处理路径，但针对破产程序中的"土地出让违约金"的处理，仍然还存在很多有待解决的问题，诸如"实际损失"的确定标准等，仍需进一步加以研究和完善。

Ｇ 10
企业破产中环境侵权债权保护思路的澄清与整合

张金勇　罗　强[*]

摘　要： 破产制度下环境侵权债权保护中存在着一些问题和挑战，如环境债权优先顺序不明确等。在对当前环境债权优先清偿理论方案进行批判性分析的基础上，应当针对企业破产中的环境侵权债权问题进行制度重构。包括引入环保强制险等机制，将环境债权责任份额纳入债务人财产专项隔离和清偿。

关键词： 环境侵权债权　清偿顺位　环保懈怠责任　专项清偿

一　问题的提出

梳理企业破产的司法实务案例可以发现，部分法院在没有考虑该企业处于破产的特殊情形下直接作出由破产企业承担环境侵权责任的判决；其原因是各级法院面对破产企业需要清偿环境债权时，难免会对如何处理环境债权的申报以及其清偿顺序产生思路上的迷茫。而在实践中，部分法院对于环境侵权债务并没有保持足够的谨慎，以至于作出了由破产企业承担责任这一与针对普通公司判决没有任何差别的判决。

实务中存在的问题，与现行法律规定的供给不足和不完善往往具有紧

* 张金勇，贵州省铜仁市中级人民法院员额法官；罗强，西南政法大学硕士研究生。

密的联系。例如有美国学者认为美国破产法与环境法两者的冲突是美国法律体系中存在的最明显的矛盾。因为调整对象的不同，上述两部法律在彼此的领域中履行着各自的职能，好似两条平行线不会产生交集。然而，当环境法领域的法律问题拓展到破产法领域而缺少规定了交叉领域的规制时，可能会产生对应的制度空洞和塌陷，即负有环境侵权责任的企业一旦走入破产程序中，该企业所需要履行的环境侵权债务应当以何种姿态融入其中，并如何于破产程序中使得该环境侵权债务有效地被履行，从现行规定可以看出在制定法律时并没有对该情况给予足够的关注。在我国的部门法体系中同样存在上述交叉问题，该问题应当予以规制但没有进一步加以明确规定和保护。许多缺少社会责任感的企业将环境保护置若罔闻、只追求企业利润而不惜破坏环境，而这一漏洞实际上为其逃避环境侵权责任提供了一种渠道，一旦该家侵权公司已经进行破产清算甚至被注销就会使得环境侵权责任的落实、对被侵权人合法权益和社会公共利益的保障变得更加艰难。

因此，为了避免环境保护利益在企业的破产程序中被变相"挤压"，应为落实和完善环境保护的法治工作提供理论和制度补充方案，本报告认为对企业破产这一特殊情形下环境侵权债权的实现这一亟待妥善解决的问题进行深入探讨确有必要。

二 尝试解决问题的思路

尽管企业环境责任的重要性已经获得了我国立法者相当多的重视，并且公司环境责任的相关立法工作也取得了诸多成效，但纵观现有的法律条文，可以发现现有规定存在一些局限性。首先，环保法规的内容多偏向于原则性，可操作性不强，难以对环境领域的司法实践形成精准的指导，简而言之，"有法难依"；其次，对于企业在一些特殊情形下的环境责任问题，现有法律法规未作出明确规定，无法可依。本报告认为，在我国社会主义核心价值观指引下讨论符合我国国情的环境侵权债权的清偿方案较有研究意义，接下来本报告也将对此依次展开讨论。

在实务中业界人士往往认识到环境侵权债权的申报主体、申报金额以及清偿顺序问题的解决都缺乏明确的规定加以指导。通过梳理文献，也可以发现对于企业破产中的环境侵权债权的讨论绝大部分都是围绕论证破产程序中环境侵权债权予以优先保护的正当性基础，以及破产程序中的环境侵权债权的优先清偿顺位调整的设计展开的。因此本报告将根据该债权的性质和类型，讨论其清偿顺位的优化。为了使环境侵权债权的实现能够全面得到保障，本报告对责任主体、申报主体、多元化思维解决问题的其他关键方案进行浅显讨论，就建立破产特殊情形下实现公司环境责任的全方位机制作出初步探究。

三　方案初探：从环境侵权债权性质与类型出发

基于环境合同违约产生的环境债权，以合同双方的意思自治为基础，其问题的解决并无太大争议，因此本报告探讨不包括上述情形，而是关注环境侵权行为产生的环境债权问题。

首先，破产程序中的环境侵权债权是指破产程序中因债务人环境侵权行为所发生的权利人请求债务人给付一定金钱的权利。[①] 其法律依据是《中华人民共和国企业破产法》第四十四条。[②]《最高人民法院关于审理企业破产案件若干问题的规定》第六十一条、六十二条等采用反向列举的方式规定了企业破产申报债权的除外范围，而没有被该条规定囊括进去的债权从逻辑上应被认定为可以申报的破产债权。[③] 破产债权的除外情形包括劳动债权、共益债务、劣后债权以及除斥债权，而将该条规定认定为申报的除外情形已经获得了部分学者的认同。[④] 而环境侵权债权属于一种侵权之债，并没有被纳入破产债权的除外情形，因此该债权可以由相关的权利人进行申报。

其次，环境侵权债权的法益保护类型划分为二元化的趋势比较明显，即可

---

① 张钦昱：《企业破产中环境债权之保护》，《政治与法律》2016年第2期。
② 《中华人民共和国企业破产法》第四十四条规定：人民法院受理破产申请时对债务人享有债权的债权人，依照本法规定的程序行使权利。
③ 以《最高人民法院关于审理企业破产案件若干问题的规定》第六十一条第（三）（四）项为例，破产宣告后的债务利息、债权人参加破产程序所支出的费用不属于破产债权。
④ 付翠英：《破产法比较研究》，中国人民公安大学出版社，2004，第345~347页。

企业破产中环境侵权债权保护思路的澄清与整合

以分为私益保护和公益保护两种类型，持该观点的主要学者有吴大平、陈俊海[1]和植文斌[2]等。也有观点认为《最高人民法院关于审理生态环境损害赔偿案件的若干规定（试行）》的发布意味着环境侵权诉讼可以分为环境侵权公益诉讼、环境民事公益诉讼以及生态环境损害赔偿诉讼三种。[3] 本报告认为，从法益保护角度出发，环境民事公益诉讼与生态环境损害赔偿诉讼并无本质区别，生态环境损害赔偿诉讼、环境民事公益诉讼的发生都是因为行为人有实行污染环境、破坏生态的行为，只不过前者具有损害的重大风险，而后者已经产生损害后果，因此可以将其纳入统一的环境公益债权中讨论。

从债的发生原因去思考环境侵权债权的性质，环境侵权债权究竟是侵权之债还是无因管理之债，学界观点对此产生分歧。[4] 侵权之债的发生原因是不法行为，无因管理的发生具有合法性，且两者的发生都具有无因性、合意性，对该问题的讨论合乎情理。本报告认为，对于环境侵权债权的讨论需要规避进入绝对化定性思路的"死胡同"中，不然可能会遭受不从实际出发思考问题、解决问题具有学术懒惰之嫌的批评。对于环境侵权债权的发生，在广义上确实也包括由政府或者环境保护部门为了避免污染环境、破坏生态的范围扩大以及危害扩大而先行采取挽救和治理措施，事后再基于环境污染的前因后果和责任主体进行调查并明确其行政责任和民事责任追偿。而这种情形在具有无因管理表征的同时，是否全部符合无因管理之债的构成要件也引发了许多讨论。其中，主要问题有：一是破产企业的环境债务是否是政府或环境保护部门的本职事务，二是环境侵权债务的清偿利益是否属于所谓的他人利益。而对于上述两个问题的回答，都存有正反两说，但是该讨论并不是很热烈，无法形成一种全面的解释论，也有学者认为环境侵权债权可以是一种以消除妨碍为实现方式的"危险之债"。本报告认为，对于该环境侵权债权应当从债权性质的思路出发

---

① 吴大平、陈俊海：《论环境侵权之债在企业破产时的优先受偿》，《山东审判》2015年第3期。

② 植文斌：《破产企业环境公益债权的保障和实现研究》，《梧州学院学报》2023年第1期。

③ 孙怀宁、杨关峰：《管理人视角——企业破产程序中环境债权问题研究》，https：//mp.weixin.qq.com/s？__biz=MjM5ODI5MzI0NA==&mid=2651310844&idx=2&sn=1d38eb4a4ec0f1e29c85118263b45cc0&chksm=bd3f916f8a481879128cd72afff7a639ad64ff82f583f04a5d62b9a3a6f3603aaedea7a98eee&scene=27，最后访问时间2024年9月1日。

④ 植文斌：《破产企业环境公益债权的保障和实现研究》，《梧州学院学报》2023年第1期。

回归到该债权为侵权之债的认识，对于无因管理之债始终无法就债的发生原因作出面面俱到的解释，并且以无因管理之债的思路也确实无法回答其责任主体与责任发生之间的复杂关系。

环境侵权债权如果进入到破产程序中，明确其具体的债权种类和债权清偿顺位是解决本报告提出的问题的必要途径。现有研究关于环境侵权债权性质的说法有破产费用、共益债务、破产普通债权、劣后债权，抑或某种新设定的债权。以债权发生时间为标准进行划分，环境侵权债权可以划分为破产申请受理前发生与受理后发生两类。[①] 对于破产申请受理前发生的环境侵权债权，依据我国《中华人民共和国企业破产法》的规定，并没有被归类为特殊破产债权，而根据相当多学者的看法，应当将其认定为破产普通债权；并且实务中一般情况下部分法院倾向于将环境侵权债权视为普通债权并按顺序进行清偿。

但是在破产案件审判实践中，也有法院将破产程序中为实现破产前环境债务而产生的种种费用列为破产费用，将破产后环境侵权债权视为共益债务。在此情况下根据《中华人民共和国企业破产法》第四十三条规定，[②] 破产费用优先于共益债务清偿，即破产前环境债务优先于破产后环境债务清偿。以贵阳市中级人民法院的两个破产案件处理结果为例，一起是将破产程序中发生的生态环境治理费用列为破产费用，另一起是将环境侵权债权随债务人财产转移至投资人或受让人。[③] 本报告认为，依据破产受理前后这一标准进行区分环境侵权债权是否属于破产费用、共益债务等是不太科学的，贵阳中院的案例实际上是利用破产费用和共益债务的优先地位来追求环境侵权债权的技巧性实现，实际上在破产程序中涉及的环境侵权债务的鉴定、评估费用等程序性费用可以认定为破产费用，一旦脱离概念核心认定为破产费用或者共益债务，都是不合理的。环境侵权债权进入破产程序中并不能够成为了为了全体债权人的共同利益而支出的旨在保障破产程序顺利进行所必需的程序上的费用，也并不能成为破产程

---

① 就环境侵权债权而言，破产前债权包括行政罚款、民事赔偿金、刑事罚金、惩罚性赔偿等，破产后债权土壤污染治理费、设备拆除治理费、危废处置费、生态环境损害赔偿金等。

② 该条规定了破产费用与共益债务的法定性清偿规则，破产费用优先于共益债务，财产不足以清偿其中某类债务时按照内部比例清偿。

③ 《贵阳法院发布两起破产审理中妥善处理环境问题的典型案例》，https://baijiahao.baidu.com/s? id=1748568629962420608，最后访问时间：2024 年 10 月 1 日。

序中为全体债权人共同利益而管理、变价、分配财产而负担的债务。因此，环境侵权债权不能被认定为破产费用和共益债务。普通债权是指在受理破产申请前成立的不享有优先权的债权。因此，于破产受理后被加速到期的债权中的环境侵权债权没有全部实现，也应当暂时将其认定为普通债权。

本报告认为，首先，现行法律规定还未针对环境侵权债权的破产清偿顺位作出明确规定，因此给实务操作带来了一定的难题；其次，各地法院面临的问题不一样，各自裁判观点不一样，因此也未形成统一有效的裁判实践。根据已有文献中已讨论的方案和实务中的做法可以发现，将环境之债按性质进行拆分融入破产债权申报和清偿，是在不会大幅改动现行规定体系下的稳中求进的折中做法，并且已经获得学界和实务界的广泛认同。本报告将在环境侵权债权的清偿方案部分进一步作出说明。

四　环境侵权债权的清偿方案

（一）环境侵权债权各式清偿方案及其批判

破产时环境侵权债权超级优先清偿方案是指将处于破产程序中的环境侵权债权的清偿顺序列于有担保债权的前面，使之处于超级优先地位。同担保顺位方案是指将破产环境侵权债权与有担保债权的清偿顺位保持一致。部分优先清偿方案分为调整优先权和固定比例优先权两种形式，前者将可以调整的部分有担保债权进行降格处理为普通债权，后者源于德国学者提出的一定比例的债权必须转化为普通债权。中间顺位清偿方案是将环境侵权债权劣后于有担保债权，但是优先于劳动债权、税后债权等，其他方案设计依次将其顺序向后调整一级。[①]

本报告认为超级优先清偿方案是一种对物权优先于债权理念的反叛，没有将该方案的合理性进行解释，没有为债权优先的例外情形提供具有说服力的解释，设计比较粗糙，而且也过于忽视了破产程序中其他债权人的优先权益。同担保顺位方案看似维护了物权的权威，但是同样削减了有担保债权人的别除权

---

① 秦俊斌：《环境债权破产保护问题研究》，硕士学位论文，上海财经大学，2020。

的实现效果，并且同担保顺位清偿所获得的效力并不能就物权间关系以及市场交易稳定作出自洽的解释。部分优先清偿方案的缺点是确定调整范围或者调整的比例需要经过综合考虑，不能挤压有担保债权人的份额。而中间顺位清偿方案始终无法提供其优先于劳动债权等的正当性依据。

因此，调整环境侵权债权的顺位，始终需要聚焦利益衡量这一根本问题，形成合理的解释后方能设计具体方案。在寻找破产程序中环境侵权债权相对优先于其他债权人的债权的答案的过程中，也会逐步梳理出最终方案的思路。

（二）环境侵权债权优先清偿方案的选择及其法益正当性

如果在破产程序中将环境侵权债权的清偿顺位调整至优先于其他债权人的债权，则应当为其调整后的清偿顺位的正当性进行全面解释。环境侵权债权纳入破产债权申报后进入到破产分配阶段将要面临环境私益保护优先还是环境公益保护优先的理念之争。如果将其纳入破产债权中，就会面临是否需要放弃或者克制对私益保护的程度，从而缩小破产企业现有责任财产的有限空间。因此需要为环境侵权债权的破产清偿顺序的调整寻找正当性依据。

已有部分学者利用利益衡量的方法讨论了该问题，只不过对该问题的回答同样较为宏观。[①] 本报告决定借鉴利益衡量的论述方式，在遵循利益权衡原则的基础上，如确保实现整体利益的最大化或损害的最小化、弱者利益倾斜、社会公共利益优先、以社会一般性价值观念评价标准衡量当事人所主张的利益是否具有正当性，[②] 将环境侵权债权具体顺位分析如下。

环境侵权债权是一种特殊的破产债权，应该具有优先受偿的权利，但由于我国的具体国情，对所有环境债权都进行优先受偿是不合理的。确定环境侵权债权的受偿顺序需要保持谨慎的态度，是因为倘若把环境侵权债权的地位抬得过高，如规定环境侵权债权优于抵押债权，那么公司在资金不足时获得抵押贷

[①] 李志、张明：《破产程序中环境侵权债权实现之司法进路——以利益衡量为视角》，新时代环境资源法新发展——自然保护地法律问题研究：中国法学会环境资源法学研究会 2019 年年会会议资料。

[②] 李良军：《论利益衡量在司法实践中的运用》，中国法院网，2008 年 1 月 23 日，https：//www. chinacourt. org/article/detail/2008/01/id/285258. shtml，最后访问时间 2024 年 9 月 1 日。

款的难度将大幅提升。鉴于此，我国在确立公司环境侵权债权的清偿顺序时，也不宜笼统地规定环境侵权债权的受偿顺序优先于其他债权。

《全国法院破产审判工作会议纪要》①认为应当优先偿还环境侵权债权中的人身损害赔偿债权，部分学者也认可该观点，这样可以帮助人身损害的债权人获得及时救济，帮助环境侵权债权人维护自身的利益。具体而言就是将环境私益债权区分为人身损害赔偿债权和除此之外的普通环境债权，因环境侵权而造成的人身损害赔偿债权在受偿顺序上优于社保和税收债权及其后位其他普通债权。这样既考虑了公司环境侵权债权的特殊性，又兼顾了"以人为本"的法律理念。

对于环保公益诉讼的债权，其本意仍为全体人类保护环境、恢复生态所用，与劳动债权、税务债权一样，均具有社会性、公益性等特殊性质，同时环境债权所涉及的环境治理意义也很重要。因此可以考虑赋予其与国家税款、社保债权等一致的清偿顺序。不过，环境公益债权的清偿始终会挤压劣后其位的普通债权，可以考虑限制环境公益债权优先于破产普通债权清偿的数额，具体方法可以通过立法明确规定让渡一定比例的税收债权的额度，让环境公益债权共享税收债权这一部分额度。

五 环境侵权债权责任主体的保留与拓展

确定环境侵权债权责任主体需遵循"谁污染谁担责"的原则。②换言之，环境侵权债权的责任确定原则为"污染者负担"，该原则的内涵为不能要求政府环保部门和社会公益组织对企业的环境侵权行为承担赔偿责任，只能由企业对自己损害环境的行为承担责任。这一原则的存在避免了架空侵权责任归责原

---

① 《全国法院破产审判工作会议纪要》第 28 条：破产债权的清偿原则和顺序。对于法律没有明确规定清偿顺序的债权，人民法院可以按照人身损害赔偿债权优先于财产性债权、私法债权优先于公法债权、补偿性债权优先于惩罚性债权的原则合理确定清偿顺序。因债务人侵权行为造成的人身损害赔偿，可以参照企业破产法第一百一十三条第一款第一项规定的顺序清偿，但其中涉及的惩罚性赔偿除外。破产财产依照企业破产法第一百一十三条规定的顺序清偿后仍有剩余的，可依次用于清偿破产受理前产生的民事惩罚性赔偿金、行政罚款、刑事罚金等惩罚性债权。

② 李慧芳：《破产清算中环境债权的优先受偿问题研究》，硕士学位论文，南昌大学，2018；吴一冉：《损害担责原则在土壤污染中的司法适用——以常外"毒地"案为分析样本》，《甘肃政法学院学报》2020 年第 2 期。

则，为避免企业逃避履行环境责任提供了强有力的依据，同时有利于厘清环保案件中政府环保债权责任与企业环保侵权责任的主次关系。

在破产案件中，企业财产的有限性、环境侵权债权的确立滞后性以及清偿现实之间具有不可调和的矛盾。当企业进入破产申请被法院受理的极端情境时，为了确保环境侵权债权的实现期待避免落空，应当思考是坚持破产企业有限财产制度，还是另辟蹊径寻找责任主体的实质突破和扩张。是选择以企业董事信义义务、股东不得滥用其权利的义务、破产管理人义务、破产财产受让人的责任为根据，寻求将该破产企业及上述有关主体的责任进行连结，还是选择以企业现存的财产为限坚持环境侵权企业为承担者的固有看法。以下是学界和实务界对此问题的看法。

关于董事说。这一理论认为无论是基于信托基金理论还是基于风险分担理论分析董事的信义义务，在企业进入事实破产或者濒临破产边缘时，董事违反信义义务所产生的相应债务需要指向包括环境侵权债权人在内的所有债权人，保障他们的债权在企业剩余资产中得到有效分配。[①]

关于股东说。该理论实质上是对公司股东有限责任的排除，对股东滥用公司独立人格行为进行事后规制。《中华人民共和国公司法》明确规定了股东的有限责任，也在第二十条确立了公司法人人格否认制度。因此在股东滥用公司独立人格及股东有限责任导致环境受到污染的情况下，可以要求股东对公司的环境侵权承担连带责任。

关于破产管理人说。根据《中华人民共和国企业破产法》第一百三十条，[②] 破产管理人对谨慎、忠实、信用、注意等基本义务的违反，是其承担民事责任的前提和依据。若在破产程序中，管理人被认定为未全面履行涉环境污染事项处置职责，进而被认定存在不忠实执行职务之嫌，那么其应当承担相应的赔偿责任。[③]

---

① 孔梁成：《企业破产清算中环境侵权债权之保护——以董事责任为视角》，《政治与法律》2020 年第 9 期。

② 《中华人民共和国企业破产法》第一百三十条：管理人应当勤勉尽责，忠实履行职务；管理人未勤勉尽责，忠实执行职务，给债权人、债务人或者第三人造成损失的，应当依法承担赔偿责任。

③ 孙才华、邹鲲、姚甸：《企业破产程序中环境债务之解决方案》，中伦视界微信公众号，最后访问时间：2023 年 4 月 27 日。

企业破产中环境侵权债权保护思路的澄清与整合

关于破产企业财产受让人说。这种观点来源于破产司法实务做法。环境债务一般由环境污染行为引起，环境污染行为往往又与受污染土地、设备等资产相关联，因此，如果在破产程序中，将环境债务涉及的破产资产转移至买受人，同时将破产企业的环境治理责任向买受人传导，则可以拓宽破产企业破产注销后环境责任无承担主体问题的解决途径。

破产企业主体有限延长说认为公司终止后，如果其负有环境侵权责任，作为责任主体可以继续存在一定时间，以有利于追究其责任，更有利于督促公司认真履行社会责任。

本报告认为，股东说可能无法解释清楚和完美协调法人独立人格与环境侵权债权人利益之间的冲突，如果为了坚持我国公司法的体系和理念初心，不能一味强调股东的环境侵权责任。破产企业财产受让人说突破了社会公众对市场交易关系的一般看法，对交易安全和稳定性带来巨大挑战，因此破产财产受让人不能成为该环境侵权债权的债务人。破产企业主体有限延长的局限性在于破产企业主体的延长可能导致资源浪费和经济效率低下，以及使得债权人的权益无法得到及时保护和回收，进而影响整个债权人群体的利益，而且可能会给市场带来不确定性。破产企业主体的延长也并不能解决企业内部管理和经营问题。虽然学界认为破产企业主体有限延长说在环境侵权债权的承担方式创新上具有一定的合理性和可行性，但也应该认识到其局限性，并在实践中加以权衡和规范。

因此，本报告认为董事、股东、破产管理人或者其他第三人在不履行既定义务时，应当对企业的环境侵权债务承担相应的赔偿责任。将环境侵权债权责任扩大至董事、股东和破产管理人，使其面临更大的环境风险，并且不会与其义务相冲突。董事等可能对环境风险更加谨慎，可能会缺少动力和积极性，且减损企业的创新发展能力。但是本报告仍然认为在对待环境保护问题时，将环境侵权责任扩大至董事、股东和破产管理人，可以增强企业管理的责任群体和股东的责任意识和责任担当。这使得企业管理层在决策时更加关注环境保护，减少环境侵权的行为。并且也能减轻破产企业在环境侵权事件中所承担的全部责任，有助于平衡利益，避免环境损害导致破产企业无法承担全部赔偿责任的情况发生。

六 环境侵权债权的破产申报主体

企业破产管理人强制申报。2006 年美国的《清理保证和污染者责任法案》首次提到这一方案。依据该法案，当一个公司申请破产时必须由其向环保部门提交对其既有行为侵害环境的评估报告及完整组织框架报告。①

环境侵权债权代表人申报。代表人参与破产债权申报是指法院选定一名代表人参与破产程序，该代表人集合了所有环境侵权债权人的利益，由其申报预估债权，确保未参与破产程序的未来环境侵权债权人亦可得到同样的清偿份额，代表人良好完成任务的基础是信义义务。② 基于此可以参考《中华人民共和国企业破产法》第八条第三款的规定，③ 在企业申请破产时，强制要求破产企业向法院提交其环境污染及处理情况概览，并拟定未来环境问题的处置预案，在破产申请被法院受理之后，由破产管理人负责预案的修订和具体实施，及时向法院报告，并受债权人委员会监督。

政府或环保部门申报。首先，政府或环保部门作为破产企业的债权人，能够在破产程序中维护环境正义，确保环境问题得到妥善处理。其次，政府或环保部门作为破产企业的债权人，具有法律和专业的背景知识并且具备对环境问题进行评估和处理的专业知识，能够提供科学依据和指导，确保环境修复工作得以有效进行。最后，由政府或环保部门等职能部门作为环境保护的债权申报主体则提供了必要的兜底作用。

本报告认为，可以考虑吸收并采纳上述方案，形成综合性的方案。例如，为了防止环境侵权债权的出现过于滞后，可以让破产管理人与政府或环保部门协作，将该破产企业的环境风险进行评估并提出环保风险治理方案，提交债权人会议进行讨论和表决。

---

① See Daniel Belzil, Why Congress Should Clean up the Bankruptcy Code to Render Environmental Cleanup Orders into Claims, 14 Vt. J. Envtl. L. 101, 123 (2012-2013).

② See Kathryn R. Heidt, Product Liability, Mass Torts and Environmental Obligations in Bankruptcy: Suggestions for Reform, 3 Am. Bankr. Inst. L. Rev. 117, 144 (1995).

③ 《中华人民共和国企业破产法》第八条第三款：债务人提出申请的，还应当向人民法院提交财产状况说明、债务清册、债权清册、有关财务会计报告、职工安置预案以及职工工资的支付和社会保险费用的缴纳情况。

七　促使环境侵权债权有效实现的其他关键方案

本报告认为，应当利用多元化的思维构建企业防治环境污染的体系。为了环境侵权债权的风险缺口得以全部覆盖和化解，应当考虑破产程序中环境侵权债权清偿方式的创新。由于上文已经讨论了环境侵权债权清偿顺位调整之外的责任主体保留或扩张的思路，这一部分主要分析债务人财产的环保债权专项隔离与清偿制度，以及建立并加强"事前预防"理念指导下的环境保护和污染防治的配套措施。

（一）破产企业董事等人的环保懈怠责任之债权与债务人财产专项隔离和清偿

通常情况下只有破产企业被追究环境侵权责任。然而，近年来人们对环境保护的意识提高，对企业的环境责任要求也逐渐增强。因此，一些学者和法律实践者提出了让董事、股东和破产管理人承担一部分环境侵权责任的观点，这一点上文已经进行了论述。通过让董事、股东和破产管理人承担一部分责任，可以更好地提高企业的环境保护意识，促进环境保护相关法律法规的有效执行，实现可持续发展和生态文明建设的目标。然而，要实现董事、股东和破产管理人承担一部分环境侵权责任并不容易，需要解决例如民事诉讼程序与破产非讼程序的适配问题。同时在实践中也需要充分考虑利益平衡和公正性，避免给企业经营和发展带来不必要的负担。

本报告认为，为了避免挤压其他债权人为数不多的破产企业剩余财产可分配份额，可以将追究破产企业董事等环保懈怠责任所得金额存入破产企业的剩余财产中并设置环保账户进行隔离或区分，并在资金到位后专门用于清偿该破产企业环境侵权债务的方案。需要承担环保责任的董事等主体视为该破产企业的债务人，所应当赔偿的金额即为该企业的财产。该方案具体包括环保专项财产设立与管理、环境侵权债权专项财产的隔离与保护、规范环境侵权债务履行的专款专用。此方案的显著优点是从实质上明确了环境侵权债务享有较高的清偿优先级，以避免大幅改变现有破产清偿顺位，并确保不会挤压其他债权人的权益。该方案的具体实施还需要深入研究和讨论，以兼顾各方利益并确保制度的公平性和可行性。

在破产程序中董事等人的环境侵权责任确定存在一些矛盾或冲突。如破产程序的集中管理与环境责任追究的程序存在冲突。首先，破产程序旨在以整体化的方式处理企业的债务问题，重点是保护债权人的利益，属于非讼程序。然而董事等人的环境责任通常需要通过诉讼程序来解决，这可能导致破产程序和诉讼程序之间的冲突，因为破产程序旨在处理整体债务问题，而董事等人的环境侵权责任确定则需要以个案形式解决。其次，破产程序中的决策可能因为民事责任纠纷的卷入而变得更加复杂，进而引发破产程序和民事诉讼程序之间的冲突或重叠。对于破产程序中追究董事等人的责任的民事诉讼程序与企业破产程序之间的矛盾可以通过一定的协调来保持平衡，例如加强破产程序和民事诉讼程序参与方的协作和信息共享，在破产程序中吸收民事诉讼的规定，破产管理人或法院也可以就相关问题提出建议，以促进结果的一致性。最后根据具体情况进行调整和适应，对于实现两者的协调非常重要，这也将有助于实现有效的纠纷解决和维护相关各方的合法权益。

（二）环保责任落实的事前预防手段

实务界和学界提出通过环境责任保险、环境保护基金和环境风险保证金，分散公司经营风险，可以使环境债权人得到充分有效的清偿。本部分将分析该方式的可行性和可靠性。

企业缴纳环境风险保证金。环境风险保证金制度是指排污企业必须向环保部门缴纳一定数额的保证金，用于保障公众的环境权益，确保排污企业在发生意外时，能够承担相应的经济责任，环境风险保证金实质上是对排污企业经营行为的财产担保。[1]

建立公司环境责任保险制度。环境责任保险是以企业环境侵权行为对第三者造成损害依法应承担的赔偿责任为标的的保险。[2] 环境责任保险的出发点是社会整体利益，所追求的是实质正义。但是这种制度可能会受我国经济发展水平、保险公司实力以及公司环保意识等综合因素的影响，加上环境责任保险立

---

① 朱晓燕：《构建我国破产企业环境法律责任制度研究》，中国法制出版社，2012，第183页。
② 陈冬梅、李峰：《环境责任保险可行性研究》，《保险研究专题》2004年第8期。

法滞后，在我国大范围展开存在较多阻力。

建立公司环境保护基金制度。该制度的主要支持者有王美玉[①]和李敏[②]等学者。为顺利清偿企业在破产清算程序中的环境债务，可以在企业正常生产经营过程中让企业预缴资金，将企业合乎标准生产排污所交纳的排污税以及企业因违法排污所受到的行政罚款中的一部分转出列为环境修复资金，并成立相应的企业环境保护基金组织，专门监督基金的使用情况，一旦发生环境污染就启用该资金用于环境治理和修复。

本报告认为，建立公司环境责任保险制度、企业缴纳环境风险保证金，以及建立公司环境保护基金制度等措施在环保责任落实的事前预防方面具有重大意义。首先，这些措施可以帮助企业在实施环境管理和开展商业活动之前，更加全面地评估和控制环境风险，提前思考并防范潜在的环境风险。其次，上述机制可以提供资金保障，确保在发生环境问题时能够及时解决，简而言之可以促进企业自觉履责，可以实现企业对环境风险的共同承担和分摊，确保环境责任的公平性。

八　结论

保护债权人的合法利益是《中华人民共和国企业破产法》最重要的立法宗旨；保护和改善环境，推进生态文明建设，促进可持续发展是《中华人民共和国环境保护法》最重要的立法宗旨。现行《中华人民共和国企业破产法》对环境侵权债权的忽视所引发的环境债权担责主体、债权范围、清偿顺位等方面的问题，可通过完善立法或者由最高人民法院适当释法并利用各种规范的相互衔接提出企业破产中环境侵权债权保护的最优解决之道。

本报告的创新之处在于提出了破产制度的绿色规则建构和完善的思路，以加强企业破产中环境侵权债权的保护。本报告关于绿色规则的创新引入、环境侵权债权优先顺位、企业环境责任制度与破产法的衔接、监督与透明度、跨界合作等方面的建议，对于当前环境保护和破产制度的融合尝试提供了一种新的

[①] 王美玉：《企业破产视角下环境债权之保护路径》，《江西理工大学学报》2022年第1期。
[②] 李敏：《企业破产清算阶段生态环境损害之债受偿顺序之辩》，《柳州职业技术学院学报》2020年第4期。

视角和方法。例如对环境侵权债权责任主体的保留与拓展、环境侵权债权的破产申报主体、环境侵权债权的清偿方案、促使环境侵权债权有效实现的其他关键方案等进行了全面的讨论，并整合了完整的思路。然而本报告也存在一些不足之处，例如缺乏实证研究进一步提供更具体和可行的解决方案，并且没有进行实验从而验证提出的方案是否能够有效保护环境侵权债权，对于方案之间的衔接分析不够具体，在具体的操作细节方面还较为模糊。还可以针对上述各个方面展开更详细的探讨和阐述。期待后来研究者能够对本报告所讨论的问题进行更加细致的研究，并提出更为具体的建议，使社会公平正义不断得到维护和保障，使环境侵权债权在破产程序中得以稳定实现。

G 11

论破产管理人对待履行合同
选择权行使的合理限制[*]

王化宏　戴兴栋　杨启孟　张雪[**]

摘　要： 待履行合同的处理关系到债务人未履行合同的继承与否认。为了妥善作出是否继续履行待履行合同的选择，管理人需要进行复杂的测算，并评估合同履行情况下破产财产的成本和收益。此外，还涉及对相关方的利益以及保护公共利益的选择权分配问题。然而，目前我国立法只就管理人对待履行合同选择权问题作了简略的规定，实践中和学理上也缺乏系统性的研究。待履行合同义务的权利受到限制就是一个很好的例子。《中华人民共和国企业破产法》第十八条赋予破产管理人一个可供选择的机会，但是却没有对其行使权利加以限制。基于此，可以从司法审查和行权程序两个方面分析制约可供其选择的途径，持续推进有关机制的完善。

关键词： 破产管理人　司法审查　待履行合同　选择权

在破产程序中，破产管理人履行合同选择权时要遵循相应的义务。然而，

---

　* 本报告是 2024 年北京企业法律风险防控研究会青年项目"破产案件检察监督制度研究"（项目号 2024B03）的成果。

** 王化宏，贵州省毕节市威宁彝族回族苗族自治县人民检察院党组书记、检察长；戴兴栋，贵州省毕节市威宁彝族回族苗族自治县人民检察院综合业务部干警；杨启孟，贵州省毕节市威宁彝族回族苗族自治县人民检察院第四检察部副主任；张雪，贵州省毕节市威宁彝族回族苗族自治县人民检察院综合业务部负责人。

在履行义务的条件下，履行义务的权利存在一些限制。债权的处置涉及债务人的财产和合同相对方的利益，因此，法院需要对债权进行实质性审查。确定待履行合同选择权的审查标准时应考虑制度功能和价值，并评估待履行合同对债务人财产的价值以及对债务人重整的意义，不能单纯特殊保护合同相对方的利益。我国在审查待履行合同方面存在一定局限性，因此不适宜将其纳入此类审查范围。对于破产和重整程序，我国可以设定不同的权利行使期限，并在特殊情况下允许适当延长期限。此外，可以考虑取消未及时行使权利的默认法律效果，并对合同相对方的催告权进行限制。在某些特定情况下，根据《中华人民共和国民法典》关于"不可抗力"的规定，可以允许对方在特定期限内继续履行合同。

一 待履行合同选择权行使限制规则的现实需求

根据我国《中华人民共和国企业破产法》第十八条的规定，对于已建立但尚未完成的合同，在破产案件受理后，破产管理人有权决定是否终止或继续履行，并需及时告知合同相对方。[①] 若管理人在接受破产申请后两个月内未通知对方，或在接到对方催告后三十天内未回复，则视债务人为违约。然而，由于未履行合同的性质较为复杂，该条款并不能完全解决实际问题。

（一）限制规则缺位下的司法实践困境

因为《中华人民共和国企业破产法》对待履行合同选择权的行使没有明确和详细的规定，所以待履行合同选择权的处理方式和后果变得不确定。这也影响了待履行合同选择权的作用和功能，并增加了相关问题的复杂性。此外，由于我国现行法律体系不完善，对当事人选择履行权的行使缺乏程序上的规范，给当事人的权利保护带来了重大困难。主要涉及两方面的问题。

我国目前没有对待履行合同选择权行使期限进行明确规定。就合理性而言，需要进一步讨论是否可以根据诉讼类型确定行使期限，并明确法定期限内不能行使的法律后果以及合同对方的催告规则等。此外，我国现行法律对待履

---

① 王斐民：《金融机构破产综合立法的体系研究》，《中国政法大学学报》2021年第4期。

行合同的审查标准也存在问题，这给待履行合同的适用带来了新的挑战。理论上，法院应该在两个层面对待履行合同选择权进行审查：一是对管理人行使选择权的直接审查，二是对相关衍生诉讼的审查。然而，缺乏统一清晰的判断和衡量标准是最直接的问题。更大的问题是，在与履约有关的诉讼中，缺乏一种审查标准。在实际生活中，有相当一部分待履行合同选择权纠纷都涉及管理人行使选择权是否规范的问题。其中，最典型的情况是在管理人决定继续履行或终止合同之后，合同相对方或债权人认为管理人在行使选择权时未遵守相应的权利行使标准，导致其合法权益受损，并向法院提起撤销管理人决定的诉讼请求。[①]

但是，通过法律案例的检索，在合同违约的法律纠纷中，通常是对方作为原告，以《中华人民共和国企业破产法》第十八条中"债务人和对方当事人均未履行完毕的合同"为理由提起诉讼。因此，并非管理人未正确行使该权利，而是管理人无权行使此类合同的权利。由于缺乏审查标准，执行人员在履行职责时缺乏明确指导。这种情况导致法官在司法审查中难以确定一致的标准，当事人也无法根据该标准提起诉讼。实际上，这一规定严重阻碍了当事人对待履行合同的有效救济，[②] 特别是管理人滥用权利的情况。

（二）待履行合同选择权限制的现行法基础

为了实现《中华人民共和国企业破产法》的立法宗旨，对履行合同义务的选择应当明确定义，并以其合法依据和权利价值为依据。对于这一权利，必须进行适当的限制与约束，并接受法律和法院的监督。这种限制不仅涉及程序设计，还包括司法审查，以确保交易的公平性，并防止滥用权利，从而促进交易目标和价值的实现。

《中华人民共和国企业破产法》第六十九条明确规定了管理人对待履行合同应及时报告债权人委员会。涉及处置债务人重大财产时，根据《最高人民法院关于适用〈中华人民共和国企业破产法〉若干问题的规定（三）》第十五条，管理人处分企业破产法第六十九条规定的债务人重大财产时，应当事先

---

① 武诗敏：《破产管理人待履行合同选择权行使的限制》，《法商研究》2023 年第 40 期。
② 李天生、伍方凌：《布鲁塞尔体系下仲裁独立性的回归及其对"一带一路"仲裁合作的启示》，《江苏大学学报》（社会科学版）2023 年第 25 期。

149

制作财产管理或者变价方案并提交债权人会议进行表决，债权人会议表决未通过的，管理人不得处分。根据《中华人民共和国企业破产法》第六十一条和第六十五条，如债权人财产的管理方案和破产财产的变价方案经债权人会议表决未通过的，由人民法院裁定。对于未涉及大量财产的债务，没有明确规定。司法实务通常是管理人将所有待履行的合同和处置方法呈送法院审查，审查程度取决于提交材料的详尽程度。预审违约行为之必要性在于其处理会给债务人财产带来巨大损失，同时也给合同相对方带来利益。法庭应对执行情况进行实质复审。从效率角度看，破产程序中的待履行合同多为简单运作合同，与债务人财产相关的复合合同较少见。

为了减轻法院的负担，在对待履行合同进行实质审查时，应将重点放在评估合同的重要性上。此外，需要明确的是，法院对合同的实质审查不会与债权人会议和债权人委员会的职权发生冲突。根据现行规定，在涉及债务人重要财产的待履行合同方面，仍可以通过债权人会议进行表决或向债权人委员会报告。①

二　实体方面对待履行合同选择权行使的合理限制

在建立相对完善的待履行合同处理制度过程中，有必要明确法院对待履行合同的审查标准。在确定这些标准时，应综合考虑公平与正义原则、当事人利益的保护以及合同的法律效力。

应构建待履行合同制度司法审查标准。破产制度的设计必须紧密围绕其基本功能和立法宗旨，以正确定位其作用，并对完善破产制度具有重要现实意义。确定选择待履行合同的司法审查标准本质上反映了该制度的内在逻辑和价值取向。

1. 待履行合同制度的内在逻辑与现实价值

根据《中华人民共和国企业破产法》规定的公平清偿原则，破产程序中的债务人应与其他普通债权人享有平等待遇，并按照比例清偿债权债务。然

---

① 李昱娇：《论破产程序中待履行不动产租赁合同的处理》，硕士学位论文，中南财经政法大学，2022。

而，某些观点认为债权优先受偿的做法可能与公平原则不相符合。这是因为在特定情况下，某些合同的继续履行可能会导致特定债权得到单独的清偿效果，与整体的公平分配原则发生冲突。理由在于，契约相对人和债务人的契约是在破产程序启动前签订的，双方的债权债务关系与其他普通债权人形成时机相同。[①] 然而，如果债务人选择继续履行合同，契约相对人可以根据契约条款继续获得预期利益，[②] 而其他普通债权人的利益将按比例抵消。因此，契约相对人在破产程序中的继续履行义务几乎不受影响，从而避免了危机。破产法允许管理人有权选择继续履行合同，其基本原则在于债务人是合同的当事人，[③] 某些待履行合同可能会增加债务人财产价值或减少财产损失。相较于解除合同，继续履行合同可以使契约相对人获得更好的待遇，同时不会损害其他普通债权人的利益，反而能够增进整体利益。因此，债务人的继续清偿符合契约相对人和债权人的利益，实现了双赢的局面。

2. 对合同相对人利益的考量

处理待履行合同涉及多方利益相关者，需要综合考虑合同相对人、债务人以及其他债权人的利益，这是一个典型的利益平衡问题。最佳法应当是最符合社会利益的法律，即对整体利益最有利的法律。在破产法方面，应从更广泛的角度考虑契约相对人利益和契约保障。当债务人未破产时，合同相对人与债务人之间的法律关系和变更通常只会影响双方当事人。但是，当债务人进入破产程序后，债务人及相关方的利益结构发生根本变化，所有债权人的利益，包括合同相对人，都在破产程序中相互连接。[④] 特别是普通债权人和合同相对人基于同一责任财产进行偿还，因此双方的利益必然存在竞争的关系。因此，在分析债务人破产过程中的权益时，应注意债务人权益与债权人权益之间的内在关联，并考虑这种关联对债务人的影响。

对于待履行的合同来说，似乎不需要特别保护合同相对人。在破产程序

---

① 张善斌、翟宇翔：《论我国个人破产庭外程序的体系构建》，《山东大学学报》（哲学社会科学版）2023 年第 3 期。

② 葛伟军：《刺破公司面纱规则的变迁与展望》，《法治研究》2022 年第 5 期。

③ 张静：《所有权保留实现路径的体系协调》，《法学家》2023 年第 3 期。

④ 荣学磊：《〈民法典〉代位权效力规则的司法适用——基于不同纠纷处理场景的类型化分析》，《法律适用》2023 年第 2 期。

中，应当确保合同相对人和其他普通债权人具有平等待遇，特殊保护合同相对人的做法可能会损害其他债权人的利益。[①] 在待履行合同继续期间，要特别关注合同相对人履行义务所面临的风险，并采取必要措施保护其利益。然而，在这一前提下，应当将合同相对人和其他债权人一视同仁。尽管"契约严守"是《中华人民共和国民法典》的基本原则，在当事人之间的法律关系中，需要适度运用该原则以发挥其应有的作用。首先，在实践中，诚信原则并非始终处于首位的考虑因素，因为其实施可能对社会公共利益以外的利益相关方造成不利影响。其次，无论管理人作出何种选择，都应能够预见不会给合同相对人造成损害。市场交易存在商业风险，因此，在签订合同时，合同相对人应当预见到债务人可能面临破产的情况。在破产过程中，待履行合同走向和后果可以被视为可预见的破产风险之一。普通债权人承担该风险的观点是合理的，而由合同相对人承担该风险的观点缺乏足够的法律依据。再次，最大限度地实现破产财产价值追求是破产法的核心宗旨。[②] 为达到此目标，在法律条文、机制和制度设计等方面，应尽力确保债务人的财产得到最大限度的发挥和变现。使用负担标准来限制管理人的选取将不利于实现该目标。最后，作为合同相对人，随着债务人财产增值，其自身也将获得利益。

契约价值的判断实质上是一种商业判断，尤其是在涉及主观因素较多的契约中更为明显。具体而言，当存在更优选择时，不能排除管理人通过回避负担标准、从其他角度证明该合同的缺陷，以使其不再履行，进而推动债务人财产实现增值。这类问题通常是开放性的，没有统一标准答案，可以从正反两个角度进行探讨。

3. 待履行合同选择权司法审查标准的建构

根据《中华人民共和国企业破产法》，待履行合同选择权制度确实对权利的限制和约束进行了规定。只有那些对债务人财产价值以及债务人重整有利的待履行合同，才能被视为具备正当性和合理性，并得到《中华人民共和国企业破产法》的认可和允许。[③] 因此，在对债权债务关系进行选择时，主要关注

---

① 李潇洋：《债权平等与查封的优先效力》，《清华法学》2023 年第 17 期。
② 沈嘉仪：《基于利益相关者保护的破产重整案例研究》，浙江工商大学，硕士学位论文，2021。
③ 朱慧琦：《论我国破产重整债务人自行管理法律制度的完善》，硕士学位论文，西南政法大学，2021。

论破产管理人对待履行合同选择权行使的合理限制

的是该关系对债务人财产的影响，并以债权债务关系的价值为决策依据。执行者的工作以及最高人民法院的审查都应着眼于被履行合同对维护和提升债务人财产价值所起的作用，即所谓"两害择其轻、两利择其重"的原则。

就待履行合同而言，采用"商业判断"的分析方式看似合理，但实际上存在着与"待还契约"所体现的价值作用和选择目的之间的矛盾。在确定董事责任时，商业判断标准被视为对董事的一种保护性推定。根据这个标准，董事在做商业决策时，应该有充分的信息了解，并真诚地认为自己的行为符合公司的最佳利益。当且仅当董事没有滥用权力时，仲裁法庭才会给予其商业判断以重视和尊重。商业判断标准的核心是"人"，在市场和商业活动中存在无法避免的风险，[①] 因此，如果决策者是善意的，即使他们的行为给公司带来了一定程度的损失，也不会受到法律制裁。因此，将公司的评价标准视为一种事后评价的目的是解决公司的债务问题，而不是考虑公司自身的决策行为。对于待履行合同，审查标准既具有指导管理人行为的作用，也适用于司法实践。

根据司法适用原则，在对优先购买权进行审查时，其重点应放在管理人的行为上，而非优先购买权本身。选择权审查标准应基于基金经理行为的合理性和适当性，以最大限度地保护债务人财产权益。然而，商业判断标准作为一种善意标准，在确定是否承担赔偿责任方面可能是足够的，但对于判决本身的合理性仍存在缺陷。处理待偿合同时，商业判断标准与复审标准之间存在差距。此外，待偿合约通常涉及较为简单的单一合约，而非复杂的企业业务决策。因此，评估债务人财产是一种可行的方法。例如，美国司法机关已意识到商业判断标准在实施过程中存在重大缺陷，不再仅限于形式审查，而更注重实施成果的实质性考量。这并不意味着重新定位企业价值判断，而是认识到企业价值判断已具有明确、系统的概念和内涵，逐步放弃对企业进行评判的过程。

在实际操作层面上，核心基础已经发生变化，使用"商业评判"这个词没有实际意义，并可能导致误解。此外，需要强调的是，待履行合同选择权的审查标准，在管理人员职责履行中起着指导作用，同时也应在司法实践中发挥重要作用。这包括人民法院对待履行合同的实质审查以及利害关系人的救济环

---

① 王世杰：《有限责任公司强制股利分配制度研究》，硕士学位论文，中南财经政法大学，2022。

节。其中，利害关系人的救济环节尤为重要。在理论上，存在关于"有无"两种观点的争议。因此，引发争议的焦点应集中在两个问题上：一是管理人是否具有待履行合同选择权，二是管理人对该权利的行使是否适当。

但根据目前的司法实践情况，存在以下问题。一是"待偿期"派生诉讼多由合同相对方提起，争议焦点是管理人是否具有选择权，即涉及待履行合同的争议。这些制度缺陷对利益相关方的救济产生不利影响。因此，建议将"待履行合同"作为判断标准，并应用于司法实践。二是法院应遵循实质审理原则进行再审。然而，法官在商业领域可能缺乏专业知识和经验，因此对该类案件的审理仍依赖管理人提供的资料。管理人需要解释拟定的处置方法，并提供证据证明案件应继续履行或终止。三是在管理人行使权利的合法性方面，应允许相对人或债权人提起诉讼。对于财产保全权的行使是否适当，应分别考虑管理人是否享有该权利及其行使条件，不能混淆两个方面。

三 待履行合同选择权行使的程序限制

在限制待履行合同选择权行使方面，建立一个合理有效的程序规则是另一种重要途径。这样的规则可以确保权利得到准确、恰当地行使，并且充分保护涉及利害关系人的合法权益。

（一）待履行合同选择权行使的时限

国际上许多国家在破产法中规定，破产管理人必须在特定的时间内对每笔未偿债务是否具有合同性质作出判断。期限问题虽表面上看似简单，实际上却牵涉复杂的利益和风险权衡。在解决期限问题时，债务人和合同相对方之间存在明显利益差异：合同相对方通常期望破产管理人尽早作出决策，[1] 以便能够进行替代性业务安排；而破产管理人则更偏向于推迟决策，以获得更大的灵活度。因此，立法规定的期限不能过长，以免给合同相对方造成过度的不确定性，但也不能过短，否则管理人将无法在该时限内作出决策。

---

[1] 白雅丽：《民法典背景下技术合同解除问题初探》，《法律适用》2022 年第 12 期。

论破产管理人对待履行合同选择权行使的合理限制

1. 选择权行使时限的分化

待履行合同的行使期间一般包括以下三个方面。第一，待偿权的行使期间。第二，合同相对人具有催告权，在接到通知后其选择权利的行使时限。第三，行政机关未能在规定的时限内对行政行为进行判断，从而导致无法对行政机关的行为进行判断的结果，在这种情况下的期限有如下规定，《中华人民共和国企业破产法》第十八条第一款规定，破产管理人自破产申请受理之日起二个月内未通知对方当事人，或者在收到对方当事人催告之日起三十日内未予以回复，即视为解除合同。然而，与域外法律相比，该规定显得过于简单且不够灵活。根据不同国家的法律规定，期限一般在 25~70 天。因此，在我国破产实践中，需要进一步评估当前《中华人民共和国企业破产法》所规定期限的适宜性，这也是该法修订时需要考虑的问题之一。

除了期限的长短，还存在一个更为重要的问题，即是否应当针对破产程序和重整程序分别设定时间期限。客观上说，破产清盘的目的是尽快清理债务人的财产，并将其分配给债权人。破产清盘后，管理人仅对债务人的企业进行临时管理，以最大程度地利用债务人的资产。然而，在重整过程中，债权人能否获得公正的清偿与债务人是否能够成功重整同样重要。因此，重整管理人不仅需要考虑债务人在重整过程中的运营情况，还需要考虑在重整结束后的持续经营。所以，与破产清算相比，破产重整过程中的债权债务问题就显得更加谨慎和复杂了。因此，在重整过程中，应当给予管理人较多的时间，以确定其是否继续执行待偿协议。在破产清算与重整过程中，对管理人作出不同决定的时间限制，既能增加立法的弹性，又能使债务人顺利完成重整，还能避免使契约相对人的利益受到过大的损害，这一点应该得到充分的重视。

2. 行权时限能否延长

《中华人民共和国企业破产法》第十八条对破产程序作出了具体规定，明确禁止延期清偿的可能性。该条款在一定程度上维护了合同相对方的可预见性和不可抗力原则的适用，但同时也存在一定的刚性因素。《中华人民共和国企业破产法》第七十九条明确规定，有正当理由的，人民法院可以裁定延期三个月。在此情况下，等待期作为管理人决策的重要依据，也应相应予以适当延长。例如，美国的破产法规定，法院有权根据双方利益对破产程序进行相应修改或调整。法院会要求提供证据证明所要求的时效变更是合理的，并根据情况决定延长或缩短诉讼时效。要确保破产程序的稳定性并提高合同相对方的确定性，管理人在只能一次性延长履行合同选择期限时，必须遵守法律规定的限制。

3.合同相对人的催告权

《中华人民共和国企业破产法》对债权债务关系的解除进行了具体规定，但若不限制相对人的催告权力，实质上将会绕过法律规定的两个月期限。因此，需从两个方面加以限制。第一，应考虑是否需要通过债权人会议或债权人委员会对待清算债权进行表决。例如，德国破产法强调管理人应在第一次债权人会议后作出决策，这是因为第一次债权人会议明确规定了处理破产财产的程序。若允许管理人基于合同相对人通知作出决策，将侵犯债权人会议的权威。在我国的破产实践中，特定待履行合同可能涉及对债务人经营或重要资产的管理和处置，这些问题都应由债权人会议处理。第二，是否允许合同相对人行使催告权应根据该权利的法律性质来确定。若合同相对人可以对所有未履行合同行使催告权，将给经营者带来巨大压力。合同相对人行使催告权应受适度限制，只有在以下情况下，才可向管理人发出催告：当管理人未能及时作出决策，从而给合同相对人造成重大损失。例如，对于长期合同，应赋予管理人及时作出裁决的权利，以避免当事人遭受不必要的损失。

（二）对不安抗辩权的适度突破

一些学者认为，在破产过程中，管理人只有一次选择的权利，即对待履行的债权采取继续履行还是解除合同的决定。他们认为，给予债务人更多选择可能会对契约相对人造成极大伤害，并违背诚实信用原则。然而，在许多合同中，持续履行是判断继续实施的先决条件，一旦暂停履行，就无法再次恢复。因此，根据严格遵守待履行合同对所有方当事人都没有执行效力的规定，在破产程序中，管理人通常会选择继续履行合同，以避免将来无法选择继续履行的情况。然而，在现实生活中，许多合同存在无法履行的情况，这引发了许多法律争议。另外，在管理人已经选择继续履行合同的情况下，尽管可以根据《中华人民共和国民法典》再次解除合同，但再次解除合同可能导致要承担恢复原状的义务和赔偿损失的请求，这与破产程序中的情形相近。如果在继续履行后撤销合同，则债务人的财产必然会贬值。鉴于上述情况，为了合理适用不安抗辩权，需要允许管理人根据特定条件要求合同相对方在一定时间间隔内履行合同义务。在相关规则的设计上，应考虑利益平衡，既要保护待履行契约的价值和作用，也不能过于忽视契约相对方的利益保护。

在一种情形中，只有管理者有权要求员工在指定的最后期限内完成他们的工作。这些合同主要涉及租赁权、知识产权以及债务人经营活动所需的原材料等与其经营活动密切相关的事项。为了防止滥用权力，必须在法律上对管理者进行约束。此外，对于在此期间持续履行合同并获得担保的相对方来说，适当的担保可包括债务人遵守合同义务或以共同偿还债务的方式进行担保。在这段时间里，合同相对人只从债务人的财产和债权人的整体利益考虑，即使在债务人破产后合同是否能够继续履行的问题上，合同相对人仍然有责任继续履行自己的义务，这使合同相对人承担了较大的风险。因此，必须对合同相对人提供足够的保障。

在此基础上，本报告提出了适用于合同相对人损害赔偿的方法。另外，如果合同相对人无法履行相应的合同义务，将被视为合同相对人自动放弃合同义务。由于上述原因，如果合同相对人无法在此期间继续履行合同义务，甚至难以提供有效的担保，那么债务人今后是否能够继续按约履行合同将是未知数，而继续履行合同将给合同相对人带来更大的风险。在一段时间内，当合同相对人继续履行合同时，其承担的风险已经很大，但债务人并不应仅仅为了保持收益而避免所有风险。

四　结语

待履行合同作为破产程序中与债权人利益密切相关的关键法律制度，具有重要作用，能够有效维护债权人整体利益并促进债务人重整工作的顺利进行。在此基础上，对违约行为进行适当的约束是不可或缺的违约责任体系要素，值得予以关注。无论是实体约束还是程序上所施加的约束条件，其根本目标都是防止管理人和债务人滥用权利，充分发挥待履行合同选择权制度的功能。在设计具体规则时，需要综合考虑破产程序中的特殊利益结构，包括债务人与合同相对方之间的利益关系以及合同相对方与其他一般债权人之间的利益关系。然而，也需要足够合理的依据给予合同相对方特殊保护。因此，应建立完善明确的权力制约机制，以最大限度发挥合同的作用，并确保其具备最大价值、公平性和有效性。

G 12
破产前端服务与破产审判衔接之相关问题研究

李 枚　陈美姣[*]

摘　要： 完善破产审判体制机制，优化法治化营商环境，是各级法院司法体制综合配套改革的一项重要内容。2022年7月，珠海设立首家企业破产前端服务中心，为破产审判领域深化诉源治理、探索建立破产多元解纷机制提供了实操样本。多地法院与破产管理人协会等立足破产审判实践，探索打造本地破产前端服务品牌，为困境主体提供"绝处逢生"的破产司法服务，有效压缩破产成本，助力提升破产审判质效。为更好发挥非正式破产程序的独特价值，本报告深入探讨破产前端服务的实践现状和问题，并提出相应的优化服务措施，以期为完善我国破产审判工作提供理论参考和实践指导。

关键词： 破产前端服务　破产审判　破产多元解纷机制

一　引言

近年来，受多重因素影响，企业破产与个人破产事件频繁发生。在此背景下，拓展破产窗口功能，前置司法服务，及时为困境企业和个人做好预防和"体检"，引导企业及相关利害关系人寻求解决纠纷的最佳途径，对于优化资源配置、完善市场主体救治机制和退出机制具有重要意义，也有利于推进破产

---

* 李枚，贵阳市白云区人民法院党组成员、副院长；陈美姣，贵阳市白云区人民法院员额法官。

案件和破产衍生诉讼案件治理工作，推动破产纠纷有序化解。

破产前端服务作为破产程序的起始阶段，在引导困境企业、个人通过法律机制脱困新生方面发挥着重要作用。现阶段，国内学者和法律从业者对破产前端服务和破产审判相关问题进行了广泛研究，破产前端服务的概念逐渐受到重视，研究者对其定义、范围和功能等进行了深入探讨。相关研究也关注到前端服务与破产审判的衔接问题，并提出了有益的观点支撑。而贵州基于地缘和经济发展等劣势，破产审判相对边缘化，专业化、规范化程度不高。充分的前端服务可以提高破产审判效率和质量，促进当事人的合法权益得到保障，故本报告拟从二者关系维度出发，深入探讨破产前端服务的实践现状和问题，以期为破产前端服务与审判的有序衔接提供新的思路和方法，推动破产程序更加规范化和现代化，助力贵州破产专业化、集约化审判实现从无到有、从弱到强。

二　破产前端服务与破产审判关系解析

（一）破产前端服务概述

破产前端服务即为困境企业、个人及其相关利害关系人提供破产相关咨询、破产程序指引、企业重整价值识别、预重整和庭外重组、破产衍生诉讼多元解纷、府院联动以及社会稳定风险评估等一系列综合性服务。破产前端服务的应运而生，既是破产主体对公共服务专业化、集约化、便捷化的现实需求，也是破产审判机制不断深化创新推进的结果。

破产前端服务的概念可以从多个角度界定。首先，从业务角度来看，破产前端服务是指在企业或个人面临破产时，为债务人提供早期法律咨询、金融指导和心理支持等服务。这些服务旨在帮助债务人尽早处理破产风险，规避潜在的法律纠纷，最大限度地保护债权人利益，促进破产案件的顺利进行。其次，在法律层面上，破产前端服务可以被定义为一种法律服务，包括对破产程序的合规性审查、债务重组方案的制定与执行、破产风险的评估与管理等内容，在法治框架内推动破产案件有序进行。最后，从社会责任的角度来看，破产前端服务也承担着社会公益使命。破产工作不仅关乎企业或个人的生存与发展，更涉及整个社会经济秩序的稳定和健康。通过提供专业化、多元化的前端服务，可以有效减少破产带来的负面影响，促进经济的可持续发展。故破产前端服务作为一项综合性的服务体系，涉及商业、法律和社会等多个领域。在当前经济环境下，破产前端服务的重要性日益凸显，其作用和意义也逐渐得到广泛认可与重视。

破产前端服务流程是破产前端服务的核心环节，主要包括信息收集、资产评估、债权核查、债务协商和债权人会议等多个环节。在信息收集阶段，服务主体需要收集债务人的财务状况、资产情况、债权情况等信息，为后续的工作提供基础数据。在资产评估环节，服务主体将对债务人的资产进行评估，确定其价值和可变现性，为债务清偿提供参考依据。债权核查是确保债权人权益的重要步骤，服务主体需要核实债务人的债权情况，包括债权人身份、债权金额、债权优先顺位等信息，以保障债权人的合法权益。债务协商是在全面了解债务人情况的基础上，与债权人协商，达成债务重组、债务减免或债务清偿协议，以实现债务人的债务重整和债务清偿。债权人会议是前端服务流程中的重要环节，服务主体需要组织债权人会议，就债务人的破产重整方案或清偿方案等与债权人进行沟通和协商，最终达成一致意见。前端服务流程的有序展开，可以有效促进债务人与债权人的沟通与协商，平衡保护各方权益，提高破产案件的处理效率和质量。

（二）破产审判工作分析

通过研判各地的破产审判工作报告，当前破产审判工作有以下特点。第一，按程序适用类型分析，破产清算案件占绝大多数，破产重整案件呈增长态势，破产和解案件数量较少，强制清算案件以僵尸企业出清为主。主要原因在于公众对破产程序拯救功能普遍认识不够充分，企业发生债务危机和经营困难后怠于启动破产重整、和解程序进行拯救，逐渐丧失拯救价值，最终只能出清。而随着公司法制度的周正严谨以及破产程序的创新完善，公众在增强法律风险防范意识的同时，逐渐认识到破产重整程序的拯救功能，借助预重整机制，庭外重组衔接庭内重整，极大提高了重整成功率。而和解涉及多方权利主体的利益平衡，故破产和解案件数量不多。因进入强制清算程序的企业多是逾期不成立清算组或无法成立清算组进行清算的僵尸企业，故强制清算成为僵尸企业退出市场的主要路径选择。第二，按企业性质类型分析，破产企业以民营小微企业为主，"三无"企业数量多，清偿率低且不均衡；国有企业破产和强制清算案件数量增多；大中型关联企业破产案件数量提升，地方金融风险压力增大。相较于大型企业，民营小微企业在融资、管理、抗风险等能力上有天然弱势，加之经济大环境的整体压力，通常无法通过自身力量化解经营危机。而在"执破融合"机制下，"三无"企业借助破产程序实现快速出清。在深化国企改革的政策背景下，国有企业借助破产机制优化国有资源配置。受房地产市场低迷等因素的连锁影响，近年来大中型关联企业出现越来越多资金链断裂、资不抵债的情形，此类关联企业特别是房地产企业多为地方重要支柱企业，债务风险可能引发区域社会稳定和金融风险。第三，从衍生诉讼案件情况分析，以破产债权确认纠纷、涉股东出资类纠纷为主。在破产程序中，债权人与债务人之间、债权人与债权人之间处于利益对抗状态，债权确认关系各方权益博弈。而在注册资本认缴制下，股东未缴现象比较突出，交织瑕疵减资、瑕疵转让股权、抽逃出资等行为认定，该类案件审理难度较大。第四，从审判质效方面分析，案件受理渠道日益畅通，立审执破衔接互促更加规范；破产案件繁简分流建章立制，审理效率稳步提升；破产配套机制更加丰富，预重整制度实践效能突出；信息化辅助功能凸显，破产程序成本有序降低；个人债务集中清理改革工作持续深入，打击破产"逃废债"工作实效显著提升。

当前破产审判工作成效显著，但仍存在以下审判"堵点"。案件数量逐年上升，审理周期较长；市场主体申请破产保护主动性与法院受理破产案件的积极性均有待加强；受地方金融、维稳等风险影响，大中型企业破产受理仍存在障碍；信息壁垒、数据孤岛瓶颈依然存在，多方联动机制有待深层次落地见效；破产衍生诉讼法律关系复杂，裁判规则尚未统一，案件推进难度系数较大；清偿率指标数据低下，破产财产处置效果有待提升。

（三）前端服务与审判对接互促的逻辑阐述

常态化破产审判工作中暴露出"周期长""成本高""收益低""协调难"等制约破产审判发展的问题和困难，是当前提升破产审判工作审判质效的突破口。从"机构、队伍、机制"三大维度入手，完善和创新构建与市场主体需求、审判工作要求相匹配的专业化破产前端服务，是践行诉源治理价值理念和多元化解决纠纷的路径选择。

破产前端服务作为破产审判流程的前置环节，是破产工作中不可或缺的一环，它承担着为破产案件提供必要信息支持、协助审判过程的重要职责。有效的前端服务将案件登记、资产调查、债权核查、法律咨询、程序指引、风险评估、协助协商等工作提前完成，可以帮助债务人等相关主体更好地理解破产流程，提高其参与度，从而促进案件的顺利进行。破产审判工作催生了破产前端服务，而前端服务的规范化、信息披露的透明度等因素关系到前端服务的质量，进而直接影响破产审判结果的公正性、效率性和合理性。加强前端服务的质量管理、提高前端服务的效率等举措可以有效改善前端服务与审判的衔接情况，从而提升整个破产制度的效率和公正度。

三　破产前端服务与破产审判衔接现状分析

破产前端服务与破产审判工作是共生关系，前端服务的最终落脚点是为破产审判工作赋能。当前破产前端服务虽在审查企业资产负债情况、债权真实性、重整方案的合理性和可行性，严防和打击恶意利用破产逃废债的行为，切实维护各类经济主体合法债权过程中发挥了积极作用，但不可否认的是破产前端服务也存在服务模式差异、服务内容繁杂、服务质量参差、服务效果欠佳等一些问题，在与破产审判工作的衔接上也存在程序重复、衔接不畅等问题，严重影响了破产程序整体高效、有序推进。

（一）破产前端服务现状

关于破产前端服务的开展模式，各地区法院结合自身优势及破产工作开展情况而有所差异。珠海市中级人民法院与市破产管理人协会共同成立公益性质的企业破产前端服务中心，通过整合法院和破产管理人协会资源，从辖区破产管理人机构推荐名单中选聘若干专业指导人员，为市场主体"量身"提供破产法律服务，实现服务前置引导分流、深化诉源治理、指导企业自救等价值功能。广州市中级人民法院依托智慧法院建设，与市破产管理人协会通力协作，打造"1+3"破产前综合服务机制，通过搭建困境企业"智援"平台、设立公益管理人工作室、拓宽破产专业人才库，在破产程序启动前为市场主体提供危机早期预警信号和专业咨询机会，通过多边协作援助，深度挖掘危困主体价值，通过"输血""造血"，提升困境主体救治效能。南京市中级人民法院联合市司法局、政务办、发改委、工商联、破产管理人协会等多个单位共同成立企业破产公共服务中心，统筹整合行政、司法、市场和管理人四方力量，为困境主体提供一站式、集约化的公共政务服务和公共法律服务，推进破产公共服务的现代化，打通了企业全生命周期服务的"最后一公里"。在贵州省，遵义市成立企业破产事务法律保护服务中心，为危困企业提供全方位解决破产问题和法律保护需求的指导和支持。现有前端服务载体或由法院主导，或依托于法官工作站，或以管理人协会为核心组织架构，或协同行政主管部门联合布局；其目的或为化解破产企业涉税办理难题，或为防范和化解重大金融风险，或为清除市场主体退出障碍，单一目标服务模式在庞杂的破产实务面前功能稍显薄弱，故正逐渐演化到多元化解纷服务模式。当前实践中破产审判的客观情况是多数地区尚未形成和建立破产前端服务的概念和机制。

关于破产前端服务的内容，理想的破产前端服务像一张全域网，一方面汲取多元社会力量，吸收在产业布局、金融证券、传统行业与新兴产业等领域的专业人士，为破产审判过程中的商业专门性问题判断提供咨询意见；另一方面依托建立"法院是破产程序的主导者，政府是破产事件的协调者和风险处置者"的企业破产审判联动机制，发挥成员单位职能优势，实现信息共享，统筹协调解决与破产审判工作相关的民生保障、社会稳定、财产接管、税收申报、资产处置、金融协调、信用修复、打击逃废债、变更注销、中介管理、费用保障等社会衍生问题。[①] 全面的前端服务既涵盖程序引导又包括实体解纷，同时兼顾"生"的挽救和"死"的出清。但整合前端服务本身是一项全局性、系统性的工程，仅区域性的工作就可能需要统筹联动各级政府职能部门，构建全层级府院联动机制，优化破产审判生态既责任重大又势在必行。

关于破产前端服务质效，作为破产程序的第一道服务环节，破产前端服务效果直接关系整个破产案件的顺利进行和有效管理。当前，破产前端服务缺乏

---

① 《昆明市优化营商环境办法》，《昆明市人民政府公报》2022 年第 12 期，https://www.km.gov.cn/c/2022-11-25/4593436.shtml，最后访问时间：2024 年 8 月 9 日。

国家层面的统一立法保障，相关理念和机制散见于各级人民法院、破产管理人协会等发布的相关指导意见或工作指引中，导致各地对前端服务认识尚不统一、责任分工、目标任务不明，多元解纷力量整合困难，工作格局缺乏系统性；受部门主义影响，前端服务主体之间工作合力凝聚不够，联动解纷职能难以实现；司法在前端服务中的角色定位不清，依赖前端服务机制，但又在前端服务过程中参与度不高，缺少对前端服务工作的指导和监督，导致前端服务程序空转；在前端引导与诉讼断后过程中尚未建立双向交流机制和固定沟通媒介，导致服务成果与审判需求之间未能形成高度有效统一。总体上看，现有的服务机制在服务覆盖率、服务效率、服务质量、市场主体满意度、成本效益等方面的作用仍稍显不足。

（二）前端服务与审判衔接

破产前端服务是破产程序的入口，前端服务的良好运作有助于提高审判工作的效率和公正性。首先，前端服务的信息采集和整理应与审判需求高度契合。审判机构需要借助前端服务平台提供的数据，进行案件调查和信息追踪，前端服务机构应准确了解审判机构对案件信息的需求，及时收集和整理相关材料，确保审判过程中信息的完整性和准确性。其次，前端服务应为审判工作提供专业化、法治化的支持与协助。在服务过程中，前端服务机构应具备足够的专业知识和技能，通过在前端服务过程中了解到的全面信息及时为审判机构提供相关法律意见和建议，以促进破产审判流程的顺利进行。最后，前端服务与审判环节应信息共享和协同工作。除为困境主体做好风险处置、业务协调、债权协商等工作外，前端服务机构还需完善信息共享机制，如构建困境主体信息披露平台、建立重整融资信息平台等，及时反馈服务进展和需求变化，通过信息共享、资源整合，实现前端服务与审判工作的有机结合，确保案件审理工作的高效推进。

在当前的破产实践中，前端服务机构与法院因职能和角色定位不同，对信息需求侧重不同，前期信息采集有时不够全面和及时，且前端服务中的信息录入和整理工作存在一定程度的重复劳动，缺乏高效的信息管理系统，导致审判环节缺乏必要的信息支持，影响了审判的准确性和效率。另外破产前端服务与审判工作的衔接缺乏定向的桥梁，前期服务与审判流程对接不畅，相关部门衔接不力，通过前端服务不能化解的案件，在进入审判流程后又重复工作。同时立法层面缺失使前端服务成果不能拿来即用，这导致前端服务的成果在转化为审判工作实用价值的过程中缺乏即时性和法定性。另外，前端服务平台的实际运行与原设计构想有较大差距，基于人、财、物等方面的制约以及司法兜底保障，前端服务机构更多是形式在建，而非实质化运转，或运转效率不能达到预期，而司法力量在前端服务中的规范、评价、教育、引领等功能不足，导致全链条破产流程缺乏科学统筹和协同性。

四　优化破产前端服务，提升破产审判质效

低效的破产前端服务将掣肘破产审判工作综合质效的提升，探索新形势下破产审判辐射相关问题解决的新途径既是业务导向，也是趋势所需。

（一）建立制度框架，保障前端服务与审判工作良性衔接与有效运转

破产涉及的法律和政策问题十分复杂，需要完善顶层设计，系统解决。当前破产前端服务机制相关规则及要求多见于各地的指引、倡导类文件中，基层担心"试错"故自下而上进行探索的积极性不高，且实践中前端服务与破产审判在程序衔接与成果转化等方面也存在一些障碍，加强前端服务的标准化建设离不开国家层面前端服务机制的综合性立法。对于当下贵州破产实践，建议构建省级层面积极推动、市级层面主动探索、县级层面先试先行的前端服务机制。

（二）构建以法院为主导、政务服务与司法服务并存的前端服务平台

破产前端服务主要涵盖公共政务服务和公共法律服务，其中公共政务服务主要落实降低获取数据信息和事项办理的时间成本与经济成本，公共法律服务主要落实破产公益咨询与矛盾前端化解。法院立足破产审判，通过建立联络员定期会商机制，打破府院"因案协调"固有模式，以实现破产审判相关政府公共服务"依法行政"，同时撬动社会资源将多元解纷力量前移至破产案件受

理前，积极引导当事人化解矛盾纠纷，赋能诉源治理，从而形成法院主导、政务服务与司法服务并存的前端服务平台，构建破产审判新格局。

（三）打造以专业破产管理人为核心、专家智库为辅助的前端服务人才队伍

破产程序的复杂性和专业性决定了前端服务主体的复合性，无论是以债务和解、庭外重组为导向的前端服务还是以人民法院受理破产申请为导向的前端服务，在册管理人或管理人协会都具有天然的执业优势。在破产案件办理中，管理人是推进破产程序的关键角色，破产案件推进是否顺利，很大程度上取决于管理人的业务能力和执业操守。当前破产主体多元、原因复杂、类型多样，涉及行业、产业不一，借助行业专家等智库资源对破产工作大有裨益。故打造以专业破产管理人为核心、专家智库为辅助的企业破产前端服务人才队伍在兼顾前期破产事务指导与后期破产审判实务办理方面更为集约高效。

（四）正确定位司法职能边界，加强履职监督指导

破产审判法官和破产管理人是破产审判工作的"两翼"，如果不能同频共振，则破产工作必然难以推进。法院在破产工作中的角色不仅是一个裁决者，更是一个监督者、引导者和公正者。法院的积极参与和有效监督，可以推动破产前端服务的规范化和公正性，保障服务成果的准司法化，促进各方利益的平衡和保护，既能实现前端服务机制的良性循环和可持续发展，又能避免破产程序的不必要延误和复杂化。当前，因服务的前置性和司法的后置性，以及司法资源紧缺、破产事务处置能力不足的现实困境，法院在案前介入破产服务作用不够，在后续破产审判中"躺平式司法"情形多有存在，这导致实践中程序拖沓或被管理人左右，严重影响审判公正和司法效率。因此，应通过类案指导、专案对接等方式，推动形成"双向互通机制"，如法院提前介入对重点事项中管理人工作加强审查、指导和监督；管理人定期向法院汇报案件进程和存在的问题，切实发挥条线监督指导作用，杜绝"二传手"现象；确保清产核资全面，债权认定有据，资产分配公正，重整、和解方案可行且表决程序合法合规。

（五）加强信息化建设，数字赋能推进破产审判诉源治理

破产数字化改革是推动破产审判制度性重塑的重要途径。① 当前审判、执行、破产案件办理存在系统平台障碍，相关案件信息无法关联和共享，数据壁垒仍制约着破产审判工作的高效推进。江苏镇江、中山中院、广州中院等在"破产智审"方面借助"破产事务查询"专栏、"破产管理智慧系统"、"智慧破产一体化信息系统"实现破产事务集约化办理和信息共享共建互联互通，助力破产审判提质增效。各地法院可借鉴这类方法进行探索改革，打造本地"数字"品牌，推动在省级层面依托府院联动机制解决有关破产数据共享等相关问题，打通前端服务与审判工作信息壁垒，为破产审判诉源治理和高效办理插上"数字翅膀"。

五　结语

市场主体是经济的力量载体，当前企业破产工作还不能完全满足市场需要。破产前端服务机制是提升破产审判质效、深入推进诉源治理的有益探索。当前各地从加强破产业务复合型人才的培养、提高破产信息的透明度和可获取性、厚植支持破产审判沃土、提升前端服务的标准化建设等角度探索当下司法体系下破产前端服务的最佳实践，贵州也在起步和追赶，但如何实现前端服务与审判工作的有效衔接，达到破产前端服务的目标和效果，还需要更多的研究和实践经验的积累。

---

① 《浙江高院发布 2022 年浙江法院企业破产审判工作报告暨十大典型案例》，https：//www.zjsfgkw.gov.cn/art/2023/4/12/art_56_27965.html，最后访问时间：2024 年 10 月 25 日。

G 13

预重整对执行措施的中止效力研究报告

——以 50 份地方法院的预重整工作指引为视角

马贵强　吴玉梅*

摘　要：近年来，我国各地法院正加快探索推行庭外重组与庭内重整制度的衔接，相继发布了关于预重整案件办理的操作指引类文件。对于进入预重整程序后是否中止执行的问题，存在不同认识和做法。本报告通过对 50 份地方法院相关规定观察，发现在预重整期间中止对债务人财产的执行措施，有利于最大限度维护债务人财产的完整性，从而有利于最大限度拯救陷入经营困境的市场主体，为下一步破产重整程序的顺利推进打下坚实的基础。同时，在预重整期间中止对债务人财产的执行措施具有相应的法律依据，符合破产程序公平受偿的立法精神。

关键词：预重整　工作指引　执行措施　中止执行

《中华人民共和国企业破产法》并未规定预重整制度，但全国各地破产审判实践中普遍实施预重整程序，其目的在于有效识别重整原因，降低重整成本、提高重整成功率。2018 年《全国法院破产审判工作会议纪要》及 2019 年《全国法院民商事审判工作会议纪要》均明确要求进一步探索和完善庭外重组与庭内重整制度的有效衔接，降低制度性成本，提高破产制度效

---

* 马贵强，贵州省遵义市红花岗区人民法院员额法官；吴玉梅，贵州省遵义市红花岗区人民法院法官助理。

率。预重整程序的实施，正是完善庭外重组与庭内重整有效衔接的重要抓手，[①] 同时也是进一步完善破产重整程序的有力武器，具有显著的制度优势。近年来，各地人民法院结合本地实际情况纷纷出台各类工作指引，以期进一步规范预重整制度。

一　预重整概述

（一）概念

预重整制度源自美国，不同于以往的自上而下拯救困境企业的方式，它是美国一项在长期破产实践中催生的新重整模式。[②] 预重整制度没有统一的概念，在国家层面，该术语首次出现在 2017 年 8 月 7 日最高人民法院发布的《最高人民法院关于为改善营商环境提供司法保障的若干意见》第十六条中。国家发展和改革委员会等 13 个部门于 2019 年 6 月 22 日联合发布的《加快完善市场主体退出制度改革方案》提出，研究建立预重整制度，实现庭外重组制度、预重整制度与破产重整制度的有效衔接，强化庭外重组的公信力和约束力，明确预重整的法律地位和制度内容。[③] 但这两份文件均未阐明预重整制度的内涵。在本报告收集的 50 份地方法院工作指引中，有 42 家法院对预重整程序进行了明确定义，有 8 家法院未对此进行定义。综合各地法院的工作指引，本报告认为，所谓预重整，是指重整申请受理前，债务人在人民法院及临时管理人的主导下，与债权人及意向投资人等利害关系人围绕重整计划草案进行庭外商业谈判的过程。

（二）性质

预重整是衔接庭外重组和庭内重整的一个特别程序，其本质是将庭外的债务重组向后延伸至司法程序，同时也将传统重整程序中的债务人信息披露、召开

---

① 张婷：《预重整的司法实践及制度构建》，《盛京法律评论》2021 年 5 月 31 日。
② 徐娜：《我国破产预重整的实践困境与完善》，硕士学位论文，福建农林大学，2023。
③ 徐阳光：《困境企业预重整的法律规制研究》，《法商研究》2021 年 5 月 15 日。

已知债权人会议及重整计划制定、表决等核心步骤移至正式的司法程序开始之前。[1] 预重整制度离开了重整程序只能称为庭外重组，预重整制度价值的实现离不开重整程序的法律保障。

（三）特征

1. 目的性

预重整具有明确的目的，即通过重整方式拯救陷入经营困境但具有拯救价值和可行性的市场主体，最大限度保障债权人、债务人及其他利害关系人的合法权益。预重整虽然不是破产重整必经的前置程序，预重整也不一定都必然转入重整程序，但根据"预重整制度与破产重整制度的有效衔接"的规定，预重整的预期目标是转入重整程序，预重整能否成功对正式重整起到至关重要的作用。而预重整成功的关键在于各方利益主体在充分协商后拟定符合《中华人民共和国企业破产法》第八十一条规定的预重整方案，并取得一定比例利害关系人的同意。因此，预重整应当紧紧围绕破产重整的基本要求进行，预先完成债权审核、资产清理等工作，厘清债务人负债情况、资产情况，在此基础上通过商业谈判拟定经营方案、债权受偿方案等，并通过债权人会议等方式征集利益相关方意见后形成预重整方案，在重整申请受理后提请人民法院审查确认，以实现预重整的目的。[2]

2. 承继性

预重整与重整程序在效力上存在承继性。预重整程序中已经完成的债权申报与审核等工作在重整程序中继续有效，债权人在预重整期间所做的表态和表决，在进入破产程序后对其具有约束力，预重整期间债权人表决通过的重整计划草案经正式债权人会议确认后具有约束全体债权人的效力。[3]

3. 司法性

预重整虽然是债务人、债权人及意向投资人等利害关系人进行商业谈判的

---

[1]　季奎明：《论困境企业的预先重整》，《上海财经大学学报》2013 年第 4 期。
[2]　郑小雄：《房地产开发企业破产若干法律问题分析》，人民法院出版社，2020。
[3]　浙江省杭州市余杭区人民法院课题组：《房地产企业预重整的实务探索及建议》，《人民司法》2016 年 3 月 5 日。

过程，① 具有较强的自主性和自愿性，但其有别于完全意思自治的庭外重组。预重整是在人民法院主导下，通过具有破产管理人资格的社会中介机构介入，作为独立的第三方进行债权审核、资产清理，组织各利害关系人协商谈判，拟定重整方案，并召集债权人会议进行表决，以实现与破产重整有效衔接的程序。② 预重整程序有赖于人民法院的指导和司法保障，具有明显的司法性特征。

三　预重整程序中执行措施的实践现状

从本报告收集的 50 份地方法院的预重整工作指引来看，对是否中止执行进行明确规定的有 27 份，没有规定的有 23 份。27 份预重整工作指引的具体规定又各有不同。从处理方式来看，17 份指引有中止执行的规定，9 份指引为暂缓执行，1 份指引为暂停执行。17 份指引中又主要分为三类。一是应当中止，即人民法院在工作指引中明确规定应当中止执行。持此种态度的法院分别为成都市中级人民法院③、乌兰察布市中级人民法院④、郑州市中级人民法院⑤、眉山市中级人民法院⑥、宿迁市中级人民法院⑦、沈阳市中级人民法院⑧。二是混合中止，即是否中止执行的申请主体主要为债务人或临时管理

---

① 　任越：《论我国预重整的制度定位及其衔接规则构建》，硕士学位论文，北京化工大学，2022。
② 　陈唤忠：《预重整制度的实践与思考》，《人民司法》2019 年 22 期。
③ 　《成都市中级人民法院破产案件预重整操作指引（试行）》第五条：【执行与保全中止】作出预重整决定的，本市辖区内法院应中止对债务人为被执行人的相关执行、保全措施。
④ 　《乌兰察布市中级人民法院破产案件预重整操作指引（试行）》第十条：在预重整期间，人民法院应当及时通知执行法院中止对债务人财产的执行，已经采取保全措施的执行法院应当中止对债务人财产的执行。
⑤ 　《郑州市中级人民法院审理预重整案件工作规程（试行）》第八条：【执行与保全中止】作出预重整决定的，全市法院应中止对债务人为被执行人的相关执行、保全措施。
⑥ 　《眉山市中级人民法院破产案件预重整操作指引（试行）》第六条：【执行与保全中止】作出预重整决定的，本市辖区内法院应中止对债务人为被执行人的相关执行、保全措施。
⑦ 　《宿迁市中级人民法院关于审理预重整案件的规定（试行）》第六条：在预重整期间，人民法院应当及时通知执行部门中止对债务人财产的执行，已经采取保全措施的执行部门应当中止对债务人财产的执行。
⑧ 　《沈阳市中级人民法院破产案件预重整操作指引（试行）》第九条：【预重整期间的保全与执行】进入预重整后，本市辖区内执行法院（部门）应中止对债务人为被执行人的相关执行、保全措施。进入预重整后，加强与本市以外执行法院（部门）的沟通与协调，请求执行法院（部门）及申请执行人协助和支持债务人预重整工作，暂停对债务人财产的执行。

人，有权决定是否中止的主体是申请执行人、担保权人或人民法院。此类法院分别为东安县人民法院①、四川省遂宁市中级人民法院②、阳新县人民法院③。此外，江西省高级人民法院④、井冈山市人民法院⑤、新干县人民法院⑥针对辖区内和辖区外进行了不同的规定，辖区外的处理方式主要强调由临时管理人或受理法院与相关单位商榷处理，或者由临时管理人协调债权人，向执行法院申请中止执行。三是协商中止，即强调由债务人与债权人"协商"或"商榷"处理，是否中止执行完全取决于申请执行人的意见。此类法院分别为内江市中

---

① 《东安县人民法院关于审理破产预重整案件的工作指引（试行）》第十条：预重整期间，债务人、临时管理人认为需要对债务人中止执行或对财产解除保全措施的，应当提出书面申请。经申请执行人或担保债权人同意，或法院认为确有必要采取中止执行或解除保全措施的，应当中止以债务人为被执行人的相关执行措施或解除相应的保全措施。

② 《四川省遂宁市中级人民法院破产案件预重整审理指引（试行）》第十五条：【预重整程序中的执行与保全】预重整期间，债务人、临时管理人认为需要对债务人中止执行或对财产解除保全措施的，应当提出书面申请。经申请执行人或担保权人同意，或本院认为确有必要采取中止执行或解除保全措施的，本市辖区内法院应中止以债务人为被执行人的相关执行措施或解除相应的保全措施。

③ 《阳新县人民法院破产案件预重整审理指引（试行）》第十五条：【预重整程序中的执行与保全】预重整期间，债务人、临时管理人认为需要对债务人中止执行或对财产解除保全措施的，应当提出书面申请。经申请执行人或担保权人同意，或本院认为确有必要采取中止执行或解除保全措施的，法院应中止以债务人为被执行人的相关执行措施或解除相应的保全措施。

④ 《江西省高级人民法院关于审理企业破产预重整案件工作指引》第十九条：【债务人的财产保护】预重整期间，对本省辖区范围内涉债务人的执行案件，临时管理人可向相关法院提出中止执行申请，人民法院根据书面申请和预重整决定书审查决定中止执行。本省辖区外法院、有关单位对债务人财产采取强制措施的，由临时管理人或受理法院与相关单位商榷处理，也可以由临时管理人协调债权人，向执行法院申请中止执行。

⑤ 《井冈山市人民法院审理企业破产预重整案件工作指引》第十九条：【债务人的财产保护】预重整期间，对本省辖区范围内涉债务人的执行案件，临时管理人可向相关法院提出中止执行申请，人民法院根据书面申请和预重整决定书审查决定中止执行。本省辖区外法院、有关单位对债务人财产采取强制措施的，由临时管理人或受理法院与相关单位商榷处理，也可以由临时管理人协调债权人，向执行法院申请中止执行。

⑥ 《新干县人民法院审理企业破产预重整案件工作指引》第十九条：【债务人的财产保护】预重整期间，对本省辖区范围内涉债务人的执行案件，临时管理人可向相关法院提出中止执行申请，人民法院根据书面申请和预重整决定书审查决定中止执行。本省辖区外法院、有关单位对债务人财产采取强制措施的，由临时管理人或受理法院与相关单位商榷处理，也可以由临时管理人协调债权人，向执行法院申请中止执行。

级人民法院①，四川省自贡市中级人民法院②，四川天府新区成都片区人民法院、四川自由贸易试验区人民法院③，株洲市中级人民法院④。除前述三个类别之外，《福建省泉州市中级人民法院预重整案件工作指引（试行）》对此有不一样的规定，该指引第九条【执行与保全中止】规定，预重整期间，可通知本辖区内法院中止有关债务人的财产及股权的执行、保全行为。⑤

从前述统计情况来看，司法实践中对是否中止执行的态度不尽相同，未对此进行明确规定的法院不在少数，而对此作出明确规定的法院所持态度和采取的方式也存在差异，上述三种处理方式各有利弊。首先，针对应当中止情形，此种处理方式能有效维护债务人财产的完整性，有利于临时管理人统一管理，实现资产价值最大化，并且将所有债权统一纳入破产程序清偿，符合企业破产法公平清理债权的立法目的。但此种处理方式因欠缺明确的法律规定，理论争议大，而且实践中持此种态度的法院并不多，适用范围有限，在面临跨区域的执行案件时，可能会引发法院之间的分歧和矛盾。其次，针对混合中止情形，此种情形既尊重债务人、临时管理人的意愿，也考虑申请执行人或担保债权人的意见，并赋予人民法院最终决定权，在一定程度上可防止各主体间利益严重失衡，但因依赖于申请执行人、担保权人或人民法院的意见，实践中难以形成统一标准，而且多数法

---

① 《内江市中级人民法院审理企业破产案件预重整的工作指引（试行）》第七条：为促进债权人一致行动，预重整期间，预重整辅助机构可通过债务人执行案件执行部门函告申请执行人商榷中止对债务人财产的执行，促进已经采取保全措施的执行部门视情中止或暂缓对债务人财产的执行。

② 《四川省自贡市中级人民法院关于审理预重整案件的工作指引（修订版）》第九条：【保全与执行】预重整期间，临时管理人可通过债务人执行案件所在的执行部门函告申请执行人商榷中止对债务人财产的执行，促进已经采取保全措施的执行部门视情中止或暂缓对债务人财产的执行。

③ 《四川天府新区成都片区人民法院、四川自由贸易试验区人民法院〈预重整案件审理指引（试行）〉》第八条：【预重整期间的保全与执行】为促进债权人一致行动，预重整期间，临时管理人可通过债务人执行案件执行部门函告申请执行人商榷中止对债务人财产的执行，促进已经采取保全措施的执行部门视情中止或暂缓对债务人财产的执行。

④ 《株洲市中级人民法院破产案件预重整工作指引（试行）》第十四条：【暂停执行与保全】进入预重整后，本市两级法院暂缓受理以债务人为被告的诉讼，经申请执行人同意后，中止对债务人的执行。

⑤ 《福建省泉州市中级人民法院预重整案件工作指引（试行）》，2021年10月20日。

院针对辖区内和辖区外案件进行了不同的规定，可能导致辖区内中止执行、辖区外不中止执行的情况。这对辖区内的债权人明显不公平，而且此种规定极易造成辖区外的法院恶意抢先执行债务人的财产，从而损害辖区内债权人合法权益的后果。① 最后，针对协商中止情形，此种方式充分尊重申请执行人的意见，但弊端在于，在债务人涉诉案件多、负债严重的情况下，申请执行人对执行到位的意愿会更加迫切和强烈，与其协商中止执行的难度非常大，且如果其不同意中止执行反而快速通过以物抵债等方式实现其债权，将可能导致债务人的大量财产流失，而剩余资产不具有重整价值，重整方案不具有可行性，继而无法重整成功。

四 能否赋予预重整对执行措施的中止效力

上文所归纳的三种类型中，笔者倾向于第一种，即预重整程序中应当对执行措施中止执行。根据《中华人民共和国企业破产法》第十九条"人民法院受理破产申请后，有关债务人财产的保全措施应当解除，执行程序应当中止"之规定，重整申请受理后，有关债务人财产的执行程序应当中止。② 预重整设定于重整申请受理前，法律并未对预重整期间有关债务人财产的执行程序应否中止作出明确规定。这个问题不难理解，因为现行《中华人民共和国企业破产法》未规定预重整制度，自然亦未规定与预重整有关的内容。而正如前文所述，预重整虽然不是正式重整，但从预重整的性质和特征来看，预重整与重整密不可分，预重整能否成功对正式重整具有至关重要的影响。而公平清理债权债务是《中华人民共和国企业破产法》所确立的一项基本原则，如果对预重整不赋予中止执行的效力，势必会严重破坏这一基本原则，损害其他债权人及债务人的合法权益，进而直接导致预重整失败。因此，应当赋予预重整对执行措施的中止效力。

---

① 黄钱婷：《预重整制度研究》，硕士学位论文，天津师范大学，2022。
② 侯丽君：《我国预重整制度探索中的法律困境及解决路径》，硕士学位论文，华东政法大学，2021。

五 赋予预重整中止执行效力的原因分析

（一）内在需要

预重整期间债务人及临时管理人主要开展接受债权申报、对申报的债权进行初步审核、清理债务人财产、进行必要的审计评估、引进意向投资人、与各方协商沟通、拟定预重整方案等重整准备工作。在此期间，如果不中止对债务人财产所采取的执行措施，将会导致大量债权人纷纷申请对债务人财产进行强制执行。一方面，债权人配合预重整的力度将会严重削弱；另一方面，债务人的优质资产将会被执行殆尽。这样一来，临时管理人在审核债权和清理资产时将会受到严重阻碍，而对于那些尚未取得执行依据的债权人明显不公平。因此，完全有必要在预重整期间中止对债务人财产所采取的执行措施。

（二）本质要求

根据《中华人民共和国民事诉讼法》第二百六十七条第二款"中止的情形消失后，恢复执行"及《最高人民法院关于适用〈中华人民共和国企业破产法〉若干问题的规定（二）》第八条第一款"人民法院受理破产申请后至破产宣告前裁定驳回破产申请，或者依据企业破产法第一百零八条的规定裁定终结破产程序的，应当及时通知原已采取保全措施并已依法解除保全措施的单位按照原保全顺位恢复相关保全措施"之规定，中止执行不代表不执行。破产程序本质上就是对债务人所负债务的一个概括执行程序。预重整结束后，对于在预重整期间裁定中止执行的案件主要有如下处理方式。第一，预重整成功，人民法院裁定受理重整申请的，所涉中止执行案件的申请人在重整程序中按照重整计划规定实现债权，相关案件不再继续执行。第二，预重整成功，人民法院裁定受理重整申请后，由于各种原因又转入清算程序的，所涉中止执行案件的申请人在清算程序中依法受偿，相关案件不再继续执行。第三，预重整成功，人民法院裁定受理重整申请后，又裁定驳回破产申请或者依据《中华人民共和国企业破产法》第一百零八条的规定裁定终结破产程序的，所涉中止执行案件依法恢复执行。第四，预重整不成功，人民法院裁定不予受理重整申请的，待裁定生效后，所涉中止执行案件依法恢复执行。总之，无论预重整成功与否，预重整期间对债务人财产中止执行程序符合破产法所追求的公平受偿精神。

（三）法律依据

根据《中华人民共和国民事诉讼法》第二百六十七条第一款"有下列情形之一的，人民法院应当裁定中止执行：……（五）人民法院认为应当中止执行的其他情形"之规定，人民法院可以在预重整期间裁定对债务人财产中止执行，亦可以通知其他单位对债务人财产中止执行。[①] 至于如何理解"人民法院认为应当中止执行的其他情形"，从预重整制度设立的目的和债权人公平受偿的价值取向不难得出答案。因此，在预重整期间对债务人财产中止执行具有法律依据。

（四）实践基础

赋予预重整对执行措施中止的效力具有一定实践基础。在本报告收集的50份指引类文件中，虽然只有6份明确规定应当中止执行，但这只是司法实践中的一种做法，而且在前文所述第二种类别中，从本质上看该部分法院也肯定预重整具有中止执行的效力。同时，经在中国裁判文书网检索，发现河南省新野县人民法院（2023）豫1329执1844号[②]、宁夏回族自治区贺兰县人民法院（2022）宁0122执2080号[③]、江苏省南通市海门区人民法院（2021）苏0684执536号[④]执行案件均以预重整应当中止执行为由裁定中止执行。此外，江苏省扬州市广陵区人民法院[⑤]、广东省茂名市电白区人民法院[⑥]、广东省深圳市中级人

[①] 金鹏、傅伟芬：《财产保全解除与执行程序中止在预重整中的解释论研究》，《上海法学研究》集刊，2021年第9卷，2021年9月1日。

[②] 河南省新野县人民法院（2023）豫1329执1844号执行裁定书，2024年2月23日。

[③] 宁夏回族自治区贺兰县人民法院（2022）宁0122执2080号之一执行裁定书，2022年8月16日。

[④] 江苏省南通市海门区人民法院（2021）苏0684执536号之二执行裁定书，2022年5月12日。

[⑤] 江苏省扬州市广陵区人民法院（2022）苏1002执1320号执行裁定书，2022年4月26日。

[⑥] 广东省茂名市电白区人民法院（2022）粤0904执2146号之一执行裁定书，2022年12月28日。

民法院①的执行裁定均认可预重整具有中止执行的效力。

因此，赋予预重整对执行措施的中止效力，既符合预重整的内在需要和本质要求，也具有法律依据，同时具有实践基础，应当对此持肯定态度。

六　对预重整中止执行的建议

从前文可知，虽然在司法实践中部分法院肯定预重整对执行措施具有中止执行的效力，但在操作过程中存在一定弊端，因此，为完善这一措施，健全预重整制度，维护预重整程序中各方利益主体的合法权益，本报告提出以下几点建议。

（一）完善立法

预重整制度已在司法实践中得到广泛运用，经过各地法院的不断探索，虽已日渐成熟和完善，但因现行《中华人民共和国企业破产法》未规定预重整程序，其定位不明确，价值不明晰，理论争议颇多，司法实践较为混乱，容易引发不同地区法院之间的矛盾。因此，有必要将预重整制度纳入《中华人民共和国企业破产法》的规定中，并明确赋予预重整对执行措施的中止效力，以此统一司法实践，让预重整程序中的中止执行有法可依，从根本上解决因中止执行缺乏明确法律规定而引发的分歧和矛盾。

（二）健全司法

立法具有严格的程序性，即便立法者能考虑将预重整制度规制于《中华人民共和国企业破产法》中，但法律修订也是一个复杂而漫长的过程，而司法实践不能因此止步，实践中遇到的问题需要及时解决，因此，司法机关应进行大胆探索和创新，及时制定指导性文件。特别是最高人民法院作为国家最高审判机关，负有统一法律适用的职责，应及时出台相关规定，明确预重整的职能定位和制度价值，特别是对实践中争议较大的问题进行明确规定，以指导司法实践，统一裁判尺度，维护宪法权威。若最高人民法院暂不能出台相关规定，建议地方人民法院及时制定或完善预重整工作

---

① 广东省深圳市中级人民法院（2019）粤03执1944号之二执行裁定书，2020年12月27日。

指引类文件，明确规定预重整期间应当中止执行，先行统一本辖区内的法律适用问题。

（三）区域协作

目前不同地区的法院对此问题的态度和规定不一致，导致预重整程序中出现有的执行案件被中止执行、有的执行案件继续执行的情况，申请执行人的权益得不到公平对待。为避免此类情况的发生，实现《中华人民共和国企业破产法》公平清理债权债务的立法目的，在无明确法律规定或指导性文件的情况下，建议不同区域法院之间加强沟通交流，特别是省级的法院需加强沟通，相互配合和支持，争取在此问题上形成统一意见，减少实践中的阻碍和分歧，保障预重整程序顺利进行。

（四）府院联动

预重整程序中涉及多方利益主体，矛盾错综复杂，法院裁定中止执行势必会激化申请执行人的对抗情绪，极易引发阻工、信访、闹访等群体性事件的发生。为此，需要强化府院联动机制，依靠党委政府的力量，依法打击预重整程序中的不法行为，打消中止执行的顾虑，扫清中止执行的障碍，合力挽救市场主体，切实优化法治化营商环境。

七　结语

预重整对破产程序具有至关重要的影响，而破产重整程序的设立目的在于拯救陷入经营困境但有拯救价值和可行性的市场主体，通过实施拯救行为最大限度保障债权人、债务人及其他利害关系人的合法权益。在预重整期间中止对债务人财产的执行措施，有利于最大限度维护债务人财产的完整性，从而有利于最大限度拯救陷入经营困境的市场主体，为下一步破产重整程序的顺利推进打下坚实的基础。同时，在预重整期间中止对债务人财产的执行措施具有相应的法律依据，符合破产程序公平受偿的立法精神。在破产审判实践中，应当赋予预重整对执行措施的中止效力，充分发挥职能作用，为进一步优化市场化法治化的营商环境作出应有的贡献。

G 14
世行营商环境新体系下"执破融合"机制改革的贵阳实践

居丽卿　龙婷婷[*]

　　摘　要： "执破融合"是执行程序与破产程序的融合，是依法解决"执行不能"案件的有效途径。为充分激活破产程序的潜能，并进一步确保执行程序与破产程序之间的有效衔接与顺畅运作，有必要明确执行部门与破产审判部门各自的职责。通过加强双方的协作并提升工作质量与效率，统筹执行与破产程序的衔接，促进制度的融合，从而优化法治化营商环境。通过总结全国各地法院在推广"执转破"机制过程中遇到的问题，并结合贵阳法院在"执转破"程序适用方面的创新实践，探索建立"执破融合"机制。该机制旨在实现破产程序与执行程序的协调对接，推动法院内部立案、审理、执行、破产等程序的有机整合。

　　关键词： 执转破　执破融合　衔接机制

---

[*] 居丽卿，贵州省贵阳市中级人民法院清算与破产庭员额法官；龙婷婷，贵州警察学院讲师。

一 问题审视:"执转破"机制运转不畅的困境分析

2015 年实施的《最高人民法院关于适用〈中华人民共和国民事诉讼法〉的解释》（以下简称《民事诉讼法司法解释》）确立了"执转破"程序；2017 年最高人民法院出台《关于执行案件移送破产审查若干问题的指导意见》（以下简称《指导意见》）对"执转破"程序如何实施作出指引；2018 年印发的《全国法院破产审判工作会议纪要》第七部分"执行程序与破产程序的衔接"细化了"执转破"程序移送和衔接的具体规则。在最高人民法院的指导下，随着各地法院根据自身特点纷纷制定相应的实施细则，"执转破"在司法实践中渐具规模，在一定程度上助力解决"执行难"尤其是"破产难"的问题。但囿于启动方式、衔接机制、资源共享等方面仍存在问题，"执转破"程序利用率较低，大量案件仍然堆积在民事执行程序当中，大量本应进入破产程序的案件，仍然滞留在执行程序中，形成了"堰塞湖效应"。从司法实践效果来看，"执转破"程序运转并不通畅，"执行难"问题并未得到根本解决。如何正确理解和实施"执转破"程序，特别是推进该程序继续向纵深发展，仍需进一步探索实践。

（一）贵阳法院"执转破案件库"实施情况

2023 年 3 月，贵阳中院结合自身审判、执行工作特点，建立"执转破案件库"机制，在全市两级法院适用。执行部门从被执行人为企业法人的长期终本案件中进行摸排、筛选，将符合条件的执行案件纳入"执转破案件库"。入库的"执行不能"案件批量转入破产程序，运用集约化模式进行集中审理。由执行部门定期对历年累积的以企业法人作为被执行人的终本案件信息要素进行分析和抓取，识别无财产可供执行的企业并登记建档，进行动态管理，供全市两级法院检索使用。执行部门将无财产可供执行的企业涉执行案件提供给破产审判部门，破产审判部门依据相关法律法规、司法政策初步对名册中的被执行企业是否具备破产原因作出预审查意见，并反馈执行部门，将符合移送条件的案件纳入"执转破案件库"。针对入库案件，执行部门依据法律法规准备移送材料，移送至立案部门登记立案。破产审判部门按照法律规定及时召开听证

181

会进行实质审查，对符合破产原因的案件及时受理，并按照企业的行业类型、主管单位、债权数额等进行分类，将同一类型的案件一并打包指定管理人，便于管理人对同类型案件集中开展清理工作，有效缩短审理周期，节约办理成本。同时，为规范入库案件的前期查询识别、移送、登记立案等各环节工作，贵阳中院统一编制了《前期查询清单》《移送清单》《移送审查决定书》《破产申请书》的文书模板，实现文书制作模板化、标准化。

"执转破案件库"旨在探索形成"优化资源配置，内外协同联动，规范衔接流程，推进简案速破"的工作模式，打通优化法治化营商环境的重要通路。经过一年实践，贵阳市两级法院共移送审查"执转破"案件84件，裁定受理79件，裁定受理数同比上升97.44%，清理执行案件2000余件，化解债务总额13079240.21元，简单破产案件审理天数为70天以内。在执行程序中长期"空转"的终本案件得以步入破产程序的"快车道"，加快"僵尸企业"高效出清。该机制亦被贵州省高级人民法院评选为2022~2023年度优化营商环境破产审判创新事例。

（二）"执转破"程序运转中问题及困难

实践中，"执转破案件库"机制在取得一定成效的同时，在程序运行中也暴露了不少或为共性，或为个性的问题与短板。

1. 执行程序存在制度壁垒

首先，执行程序中，最为突出的制度壁垒就是我国的参与分配制度。根据最高人民法院2021年修订的《最高人民法院关于人民法院执行工作若干问题的规定（试行）》（以下简称《执行规定》）第十一章规定，如果债务人的财产能清偿全部债务，采用"优先主义原则"，由首先采取执行强制措施的债权人优先受偿；如果债务人的财产不能清偿全部债务，债务人是企业法人的，通过"执转破"程序交破产处理；债务人为自然人、合伙组织等非企业法人的，取得执行名义的所有债权人可申请参与分配，采用"平等主义原则"，各债权人按比例受偿。目前我国执行财产分配制度采取的是"混合主义原则"，但对个人财产的参与分配制度，采用"平等主义原则"，对各债权人实行平等清偿。实际上代行了个人破产职能，模糊了强制执行程序和破产程序的功能界限。使大量本应通过个人破产程序解决的案件，滞留在执行程序当中，等待通过参与分配制度予以解决。此种做法尽管饱受诟病,但在我国实务界和理论界,却也存在不少支持者。他们认为,执行程序作为"小破产"程序,代行部分破产职能,是中国特色法治的理性选择。由于我国尚无余债豁免制度,即使通过参与分配制度,执行了债务人的全部财产,债务人的执行义务也并未免除。针对债务人的执行案件也无法终结。当然,在我国个人破产制度尚付阙如的情景下,这也是当前我国立法的一种无奈的选择,但绝对不能将其视为一种制度优势或制度特色加以保留。

2.破产程序制度供给不足

我国市场经济建立相对较晚,制定《中华人民共和国企业破产法》的初衷是解决部分经济效率低下的国有企业市场退出问题,后来才逐步扩展到所有的企业法人,但对于自然人并不适用,所以,有学者认为,我国当前的《中华人民共和国企业破产法》,只是"半部破产法",存在功能不全、制度供给不足的问题。破产制度壁垒导致濒临破产案件在破产程序中出现"容不下"现象。

首先,由于我国当前的"半部破产法",只适用于企业法人破产,没有个人破产、余债豁免以及其他的债务纾困制度,破产制度不健全,对于"执转破"案件存在"容不下"的问题。同时,由于重大制度缺失,我国破产程序也无法形成有效的制度红利,吸引债务人主动选择破产程序,通过破产程序化解债务问题。

其次,现有的一些具体破产制度设计不合理,没有与执行程序衔接并形成制度联动。如我国现行执行程序,在财产分配方面,采用"混合主义原则",即在很大程度上,承认了优先主义原则。但我国在破产撤销权制度设计方面,却将司法强制执行作为破产撤销权的例外情形,不予撤销。通过司法强制执行程序获得的个别清偿,在进入破产程序后,不会被撤销否认,反而会得到保护。此种规定有两个弊端:一是容易引发寻租腐败,即我国司法实践中常出现"三个抢先""三个拖延"等现象,由"执行难"问题引发出"执行乱"问题;二是有害破产程序的概括清偿功能,有违公平理念。

所以,在我国要解决"执行难"的问题,讨论完善破产制度要比单纯讨论强制执行制度更有意义。

3. 执转破配套机制不健全

首先，在"执转破"程序方面，我国现行制度缺乏有效的措施将执行案件导入破产程序当中去。当前《民事诉讼法司法解释》第五百一十三条至第五百一十六条与《中华人民共和国企业破产法》相呼应，对破产程序的启动采用"自愿申请主义"。尽管理念先进，代表国际潮流，但由于当前我国破产立法尚不完善，制度吸引力不足，此种制度并不适合我国当下国情。由于破产程序无法给各方主体带来足够的制度红利，从理性人的角度思考，采用"自愿申请主义"必然导致"自愿不申请"的结果。另外，人民法院等公权力机构，在明知债务人存在破产原因时，未经当事人同意，亦无权启动破产程序。我国破产程序的开启存在制度障碍。

其次，《中华人民共和国公司法》虽然规定了在清算程序中，清算组发现公司资不抵债的，应当及时申请公司破产清算。清算组有强制申请破产的义务。但没有规定公司在无力偿债时，有强制清算或申请破产的义务，没有对债务人形成启动破产程序的制度压力，无法促使债务人主动进入破产程序。

最后，我国刑事立法对债务人"逃废债"行为打击力度不够，没有对恶意转移财产的债务人给予足够的刑事惩罚，引导他们通过诚信的方式以破产程序化解自身的债务。

二 实证考察：以贵阳法院"执破融合"机制为例

"执转破"程序设置的目的并非将债务人的财产执行殆尽才转入破产，而应在执行部门接手案件、采取财产调查措施后，就要考虑是否可以进行"执转破"程序。否则就无法实现破产法的立法目的，既不能保障对全体债权人的公平清偿，也不能实现对有挽救价值与希望的债务人企业的困境拯救。不能仅从解决"执行难"角度偏狭地理解和适用"执转破"程序，更需要看到相当一部分"执行难"案件背后是"破产难"。在执行程序中被个别清偿的债务人财产越少，转入破产程序的时间越早，后续债务清偿和衍生社会问题的解决就可能越顺利。① 因此，认为"执转破"程序仅针对无产可供执行只能转入破

---

① 王欣新：《从"执转破"的角度看破产启动程序的完善》，《人民法院报》2023 年 7 月 20 日。

世行营商环境新体系下"执破融合"机制改革的贵阳实践

产清算程序的观点是一种普遍存在的误解。

2024年1月15日，最高人民法院党组书记、院长张军同志在全国高级法院院长会议上强调，加强联动共治，深化执源治理。畅通完善法院内部"执源治理"机制，正确区分"执行难"与"执行不能"，保持攻克"执行难"力度不松，通过"终本清仓""执破融合"等方式依法解决确实存在的"执行不能"案件，促进市场有序出清、盘活资源。① "执破融合"是继"执转破"之后，最高人民法院全面实施的新机制。它脱胎于"执转破"程序，却比"执转破"更具优势。它力求执行程序与破产程序融合衔接，以现有的较为完善的破产分配程序弥合执行分配中法律规定的不完善、不清晰问题，推动法院内部立审执破程序有机整合。它既是新时代人民法院完善内部"执源治理"工作的有力抓手，又是优化法治化营商环境的重要举措。因此，"执破融合"具有现实的迫切需求。

2024年初，贵阳市两级法院致力于切实解决"执行难""破产难"问题，着眼于以往审理"执转破"案件中并未充分发挥破产程序对市场主体高效"出清"和及时"挽救"的功能，及时梳理总结全市法院实践经验，在已有的"执转破案件库"基础上，制定《贵阳市中级人民法院"执破融合"工作机制》（以下简称《机制》）。此项机制旨在将进行个别清偿的执行程序与概括清偿的破产程序有机融合，变单向衔接的传统"执转破"为双向互通的"执破融合"，更好地释放破产程序对市场主体高效"出清"和及时"挽救"的效能。

（一）工作理念的融合

贵阳市两级法院以立案、审判、执行、破产各程序融通为导向，兼顾效率与公平，各部门各司其职、各负其责，破除法院工作内部壁垒，形成立审执破融合兼顾的工作格局。采取当事人申请主义的职权辅助模式，② 运用执行程序具备的强制性、高效性，结合破产程序的公平性、共益性，改变各业务部门原

---

① 《以审判工作现代化支撑和服务中国式现代化》，最高人民法院微信公众号，最后访问日期：2024年9月15日。

② 浙江省温州市瓯海区人民法院课题组：《从"执转破"到"破涉执"——执破双向互通联动机制之司法探索》，《法律适用》2019年第3期。

有固化的工作思路和模式，深入推进破产程序和执行程序融合，发挥"执破融合"资源整合、优势叠加效果。在执行部门移送审查前设置预审查程序，由破产审判部门依据《中华人民共和国企业破产法》及其司法解释等相关规定，对执行部门拟移送案件中的被执行人是否具备破产原因进行审查，提前识别该执行案件是否具备移送条件，确保移送工作精准、高效。该做法破除了过去移送审查环节仅是执行部门的职责的误区，由破产审判部门提前介入，从而更好地对是否具备移送条件进行把控。同时，也避免执行部门因不熟悉相关法律法规及标准，不愿移送或者随意移送。此外，贵阳中院在原有的"执转破案件库"的基础上，通过对案件移送条件、预审查内容及程序衔接等规定的扩充、细化与完善，将原有的"执转破案件库"升级扩容为"执破融合案件库"。入库案件的种类及范围扩大，适用重整、和解程序的案件数量增加。执行部门定期对在执与终本案件进行梳理分析，由专人负责对符合相应条件的案件登记造册，及时筛选入库，并进行动态管理，定期发布，供全市两级法院检索使用。2024 年 1~8 月，贵阳市两级法院已裁定受理"执破融合"案件 183 件，受理数同比上升 56.83%，清理执行案件 283 件，化解债务 1.79 亿元，适用重整、和解程序挽救企业 10 家。

（二）办案力量的融合

首先，强化组织领导。贵阳中院设立了"执破融合"工作领导小组统筹推进全市"执破融合"工作。领导小组下设办公室，该办公室设置在执行部门，负责牵头组织、协调、调度、监督、指导涉及"执破融合"的相关具体工作。其次，夯实审判力量。执行部门派专人负责执行案件情况梳理、汇总、前期财产查询并制作移送文件材料、集中移送等工作。破产审判部门设立"执破融合"案件集约化审理小组，由 1 名员额法官以及 4 名书记员负责完成贵阳中院管辖的全部"执破融合"案件的预审查及主办责任工作。该审理小组从预审查阶段就介入，与执行部门共同完成案件的筛选工作。在执行案件移送立案后，将审理流程按照推进节点拆分为 12 个模块，每个模块的工作指定专人负责完成，有效提升了案件审理效率。2024 年 1~8 月，适用该机制审结的"执转破"案件平均审理周期为 58 天，最短的案件审理周期仅为 32 天，债权申报期结束，债权人即与债务人自行和解，并全额清偿完毕。

（三）化解方法的融合

充分发挥"执破融合"资源整合、叠加的优势，强化执行与破产程序的双向融通。第一，在破产审判中融入执行手段，提升破产审判效能。在执行程序中作出的评估、鉴定或者审计报告可直接用于破产程序，降本增效。在贵州某物资公司"执转破"案件中，贵阳中院认可并延续使用在执行程序中作出的资产评估报告，一是减少了重复的同质化工作，避免程序拖延；二是节约了破产费用，增加了破产财产，为该案最终破产清算转自行和解打下坚实基础。第二，在移送破产审查前，尚在执行程序中，融入破产程序中的处理方法化解难题。在移送前设置预审查程序，对拟移送案件中的被执行人是否具备破产原因进行审查，提前识别该执行案件是否具备移送条件。针对拟采取集约化方式办理的案件可以在预审查阶段指定管理人，提前介入辅助相关工作。第三，贵阳中院与贵阳市破产管理人协会共建贵阳市企业破产前端服务中心，该中心为困境企业及相关利害关系人提供法律咨询、困境企业识别、庭外重组、调解等与破产业务相关的服务，为当事人主动申请"执转破"打下基础。

（四）内外协同的融合

法院内部与外部形成更为紧密的府院联动机制，聚焦工作合力。贵州某煤焦化制气股份公司破产重整一案就是贵阳市两级法院运用"执破融合"机制让企业"涅槃重生"的一次成功实践。该公司是煤气生产企业，具备政府特许经营资质，且专事该领域多年。因未能适应市场变化，于2015年5月全面停产，负债达24.73亿元，其主要资产被辖区内多家法院查封殆尽并产生大量执行终本案件。辖区内基层法院与贵阳中院经预审查均认为该公司具备破产原因，并由该基层法院执行部门主动向申请执行人释明、征询。获同意后，该基层法院向贵阳中院移送。审理中，贵阳中院发现该公司毗邻饮用水源保护区，其生产期间产生的2600余吨脱硫废液违规存放于露天水池和生锈罐体，面临废液泄漏污染土壤、水源的生态环境损害风险，遂指导管理人同步开展环境污染防治和资产清理。通过债务人申报、管理人核查及时识别生态环境损害风险，在生态环境主管部门指导下拟定《预防生态环境损害的处置方案》，公开选聘专业人员实施危废物处置，并积极争取债权人、债权人委员会、债权人会议支持，在现金资产不足情况下由大股东垫付破产费用，优先支付 1045 万元处置费用，处置 2600 吨有环境损害风险的危废物品，有效平衡了债权公平清偿与生态保护优先之间的关系。在危废物品被妥善处理后，该公司迎来了"重生"的曙光，环境污染防治提升了企业重整价值。最终，以竞争方式引入的投资人清偿了全部债务，为 1459 名职工保留了就业岗位。

（五）自然人"执破"的融合

贵阳中院也将"执破融合"机制延伸适用于个人债务集中清偿。首先，通过预审查程序建立"个债+执行"跨部门合议庭，对"执转破"案件进行预审查，严格甄别债务人，确保适用主体符合"诚实而不幸"的受理标准。其次，发挥集中清偿的优势，对债务人所有债权债务进行集中梳理，确保债权人公平受偿。最后，强化执源治理，将未进入执行程序但有执行依据的债权纳入集中清偿范围，既节约了债权人的诉讼成本，也节省了司法资源。在陈某某个人债务集中清偿一案中，辖区内某基层法院将"执破融合"机制与个人债务集中清偿相结合，进行大胆的探索和实践。债务人陈某某因其父生前经营行为，被七份生效裁判文书缺席判决在继承遗产范围内承担还款责任。在执行过程中，该法院发现陈某某已将部分遗产处置，剩余款项不足以清偿继承遗产范围内所负债务，陈某某被纳入失信被执行人名单并限制高消费，后其向该法院申请适用"执破融合"机制进行个人债务集中清偿。案件受理后，共有 7 户债权人申报债权，债权金额为 631656.45 元，均为普通债权，是陈某某在继承其父遗产范围内所负债务。因陈某某与债权人之间关于陈某某与其父共同共有房屋中继承遗产份额的争议让案件陷入僵局。该法院遂组织债务人、全体债权人进行析产听证，确定继承份额，并释明相应的救济路径，最终认定陈某某继承遗产范围。在征得债权人和债务人同意的前提下，管理人根据拍卖房产所得价款拟订个人债务集中清偿计划，使债权人本金全额清偿，最终债权清偿率达 93%，债务人与全部债权人达成和解协议，并于一周内履行完毕。

三 机制构想:"执破融合"机制构建

构建"执破融合"机制,需要从现有实际出发,遵循实事求是的基本要求。从审判实践来看,需要破除部门"本位主义",统筹发挥两个程序的功能,最大限度发挥现有执行部门和破产审判部门的软、硬件设施等资源的作用,既强力推动"终本清仓"工作,又深入推进市场化、法治化和常态化企业破产审判。① 贵阳市两级法院在司法实践中,通过"执转破"程序,实现了执行与破产程序的双向融通、衔接,对于化解"执行难",实现"终本清仓"具有良好的司法效果与示范效应。基于此,本报告将根据《中华人民共和国企业破产法》《中华人民共和国民事诉讼法》及其司法解释的相关规定,在总结司法经验的基础上,为"执破融合"机制的进一步完善提供一些探索思路。

(一)革新"执转破"的工作理念

引入依职权辅助主义,促进立案、审判、执行、破产各部门协同配合。《民事诉讼法司法解释》第五百一十三条明确规定,在执行转破产程序中,必须严格遵循当事人申请主义原则,而法院的角色仅限于提供辅助和补充。然而,当事人基于自身利益的考量,往往倾向于选择强制执行程序而非申请破产,这无疑对执行转破产制度的顺利实施构成了障碍。正如经济的有序稳定发展既依赖于市场调节这只"看不见的手",也需要宏观调控这只"看得见的手"。在司法领域,国家司法权作为"看得见的手"在当事人自治失灵时,也应适时发挥其应有的作用。私法与公法并非完全独立,一个高效运作的法律体系既需要当事人自治,也需要国家公权力的适当介入。② 因此,在坚持当事人申请主义原则的基础上,法院应发挥其依职权启动执行破产程序的辅助与补充作用。通过权衡各方利益、执行案件的具体情况、破产审判的能力以及技术上的可行性,将某些类型的案件交由法院依职权启动破产程序。执行程序与破产程序在促进企业债务清算方面具有协同作用,两者的内容也极为相似。在执行

---

① 章恒筑、王雄飞:《论完善执行程序与破产程序衔接协调机制的若干问题——基于浙江法院的实践展开》,《法律适用》2017 年第 11 期。

② 韩蓉、徐阳光:《〈"执破衔接"之问题与对策研究〉》,《法制与经济》2016 年第 7 期。

程序已采取所有必要措施对企业的资产和经营状况实施了严格控制之后，启动和推进破产程序就显得自然而顺畅。因此，必须引导各方理解，对于那些符合破产条件的企业案件，推动执行程序向破产程序的转换、整合不同程序的资源优势能够同时兼顾公平与效率的价值；有助于实现企业债务的有效集中清理，以及对出资纠纷等衍生诉讼的妥善处理，减少"程序空转"。这不仅有利于解决潜在的纠纷，缓解执行程序中案件积压的问题，而且可以在实现"僵尸企业"有序退出的同时，防止那些有再生潜力的企业因过度执行而陷入绝望，从而有助于优化营商环境，并带来显著的社会经济效益。

（二）建立执破"双向融通"机制

在深化司法体制综合配套改革的背景下，建立执行程序与破产程序的"双向融通"机制显得尤为重要。这一机制旨在打破传统司法实践中执行与破产程序之间的壁垒，实现两者的无缝对接与高效协同，从而更加有效地解决企业债务危机，优化资源配置，促进市场健康发展。《机制》规定了在诉讼各阶段的协调环节，若发现债务人企业可能具备破产原因，相关案件审理部门应及时向市中院"执破融合"工作领导小组办公室报备。破产审判部门根据市中院"执破融合"工作领导小组办公室通知，向执行部门协商发起对债务人企业的财产调查及涉执案件查询。如债务人企业在该法院没有执行案件，而在本市其他法院有在执案件，则由领导小组办公室统筹，由其中涉及执行案件最多或者被申请人主要财产所在地的法院配合完成相关移送审查工作。

本报告认为，在上述做法的基础上，还要深化数智赋能，促进信息融合。一是建立内部执破信息共享网络平台。尽管全国企业破产重整案件信息网已与"总对总"系统对接，但执行办案系统与破产办案系统尚未完全整合，且"总对总""点对点"网络查控系统对破产法官的开放还需时间。因此，法院可以通过与信息部门的紧密合作，充分利用现代科技手段，搭建统一、高效、便捷的内部执破信息共享平台，打破部门壁垒，实现信息的无缝对接与共享。该平台的建设应遵循"先易后难、逐步推进"的原则。初期，可以实现"执向破"或"破向执"的单向开放，即执行部门或破产审判部门可以单方面地获取对方部门的信息。例如，破产审判部门在处理破产案件时，往往需要了解债务人的财产状况及执行情况。通过信息共享平台，破产审判部门可以直接访问执行部门的数据库，查询债务人的执行案件信息、拍卖成果等，从而更加全面地掌握案件背景，为破产程序的顺利进行提供有力支持。随着平台的逐步完善，应逐步实现双向开放。这意味着执行部门与破产审判部门可以相互访问对方的信息系统，实现信息的实时交流与共享。例如，在破产程序中若需要进行财产拍卖，破产审判部门可以依托执行部门的拍卖经验与专业团队，整合执行部门的拍卖信息，将新的拍卖信息通过平台推送至阿里拍卖等主流拍卖平台。这样做不仅可以提高拍卖的透明度和公信力，还可以吸引更多的潜在买家参与竞拍，从而最大限度地实现债务人财产的价值。此外，为了进一步提升信息共享的效率和效果，法院还可以在内网开设破产审判专栏。该专栏不仅可以用于发布破产案件的审理进展、裁判文书等基本信息，还可以共享破产案件审查和审查流程信息。这样，执行部门就可以根据破产程序流程节点，及时对执行案件进行中止或终结处理。这种动态的信息共享机制有助于避免重复劳动和资源浪费，提高司法效率。二是完善大数据分析系统的建设。在识别破产原因时，除了应用"被执行人履行能力大数据分析系统"，在"执破融合"过程中，大数据分析系统亦可发挥重要作用。例如，执行部门可借助统计类大数据分析系统，结合"总对总""点对点"网络查控系统的优点，对被执行人的资产负债情况进行归纳统计，并绘制可视化数据分析图表，为执行法官和当事人提供参考。此外，基于以往执破案件的数据，根据被执行人的具体情况，通过算法预测"执转破"的必要性及破产程序的可能走向，同样为执行法官和当事人提供参考依据。然而，必须明确的是，大数据分析的计算结果仅供参考，法官在利用系统提供的便利时，仍需依赖"执破融合"工作团队的审核与指导。

（三）规范"预审查"程序

预审查是一种法院在未经当事人明确同意的情况下，自主采取的制度。其主要目的是及时发现企业可能面临的破产风险，尽早采取措施拯救那些处于困境中的企业，并通过这种方式实现市场的有效出清，从而维护整个经济秩序的稳定。预审查程序的存在，能够在很大程度上为后续的正式破产审查节约宝贵的司法资源，提高司法效率。然而，预审查并不是破产审查程序的同义词，两者不能混为一谈，以避免制度上的僭越和混淆。根据现行的《民事诉讼法司法解释》和《指导意见》，预审查程序可以在"执行不能"的要件发生之前随时启动。在这一过程中，法官可以根据自己掌握的资料，随时开始预审查。在预审查过程中收集的资料和得出的结论，都可以在后续的正式破产审查中使用。尽管如此，预审查并不是审判案件的必经程序，是否适用预审查，取决于法官在立案、审理和执行程序中是否形成了对企业存在破产原因的较大可能性的心证。特别是在企业法人无财产可供执行的执行终本案件中，由于"执转破"程序的切实贯彻，对其破产原因的审查将会逐步成为实践中的必经程序。因此，即便不经过预审查程序，也有相应的制度作为保障，确保破产审查能够顺利进行。这样的制度安排，既保证了司法资源的合理利用，又确保了破产审查的及时性和有效性，从而在维护经济秩序的同时，也保护了各方当事人的合法权益。

预审查程序既突破了"执转破"衔接程序所规定的在程序启动移送后才可进行的破产审查，同时又兼顾了不破坏衔接程序本身。《机制》在此方面的具体做法是，对于同一法院内部的"执转破"案件，执行法官在移送破产审查前，可以联合破产审判法官组成"执转破"审查决定团队，由执行部门派专人负责执行案件情况梳理、汇总、前期财产查询并负责制作移送文书材料、进行集中移送等工作；破产审判部门派专人负责与执行部门对接，对案件进行预审查，经审查后直接作出移送决定或受理裁定，以此大幅提高"执转破"案件移送与受理工作效率。在进行破产预审时，应重点审查以下几方面的情况：①企业的财产现状；②企业的债权债务（包括未到期债务）、经营状况；③企业所涉诉讼及执行情况（包括执行已分配的情况）；④破产程序启动后可能涉及的职工安置的处置预案；⑤对同一被执行人名下案件、关联企业案件进行分类，对于同类清算案件，可以统一集中裁定受理、选定管理人、选定审计机构、公告。对可能影响社会稳定、申请执行人众多等重大案件，在预审查阶段可组织召开听证会，听取申请执行人和被执行人的意见，被执行人的股东等利害关系人也可申请参加听证。对于跨地域案件，因是不同法院之间的执行案件移送破产审查，由"执破融合"工作领导小组负责统筹协调。对于执行案件是否具有破产原因、是否符合破产条件，执行法院仍然可先征求破产法院的审查意见，以此提升执行法院甄别"执行不能"需要转破产审理案件的能力。在强调审慎作出移送决定的前提下，还应明确受移送法院对执行法院依法决定移送的案件不得拒绝接收，一旦移送错误，可按移送管辖的相关程序处理。

（四）探索"执破融合"案件繁简分流机制

要繁简分流实现案件快进快出，加速出清"僵尸企业"，需要为这些企业提供"执转破"快车道，推行简易程序。应实现案件难易与程序繁简匹配，防止出现程序供给相对不足或程序成本过高的现象。① 对此，可从细化适用案件类型和精简程序入手。

一方面，确定适用与不适用简易程序的案件类型。国务院 2014 年出台的《关于促进市场公平竞争，维护市场正常秩序的若干意见》第二条第（八）项指出，要探索对资产数额不大、经营地域不广或者特定小微企业实行简易破产程序。2016 年最高人民法院印发的《关于进一步推进案件繁简分流优化司法资源配置的若干意见》对民事案件快速审判程序提出了要求，此后，各地区法院在关于简化破产案件审理程序展开了实践。整合案件情形，利用大数据归类，结合区域经济情况，确定适用和不适用快速审理方式的案件类型。在确定适用的类型中，又可划分优先适用与可以适用两种类型，根据案件轻重缓急和其他因素，将其有序转入简易程序。就"执转破"案件适用简易程序而言，一是被执行人债权债务关系应明确，财产状况应清晰，并符合特定情形。特定情形包括但不限于经查无可供执行财产，合议庭审查且院长批准后，裁定终本的；以及被执行人主要财产和文件等灭失或被执行人下落不明，且未发现其他财产的。这些情形显然能优先适用简易程序，而未出现这些情形但财产较少的被执行人，划分到"可以适用简易程序"类型。财产较少的判断标准可根据各地区经济水平确定定值，例如财产总额在 30 万元以下；或采取与《中华人民共和国民事诉讼法》小额诉讼标的额判断标准类似的标准，以地区的上年度某市场经济平均值为基准，取一定比例为临界值。二是社会维稳压力小，适用简易程序不损害债权人或职工合法利益的。三是该案无衍生诉讼需处理，办理难度不大的。破产衍生诉讼根植于破产程序的特殊性，应注重与破产程序的

---

① 韩蓉、徐阳光：《"执破衔接"之问题与对策研究》，《法制与经济》2016 年第 7 期。

协调性，综合考量破产衍生诉讼的难易程度加以程序配置。四是规定约定适用简易程序。案件移送破产程序后，参与主体如当事人一致约定，或移送破产程序前，被执行人与全体债权人就债权债务的处理自行达成协议的，由破产法院自由裁量是否同意适用简易程序。关于不适用简易程序的案件类型，可以列举方式确定，包括但不限于职工安置问题或拖欠社保费用和薪酬问题明显；可能引发社会群体性事件，例如大量职工上访、涉及关联企业合并破产、涉及刑民交叉。

另一方面，程序精简化主要是适度简化审理主体和破产程序。关于审理主体，尝试逐步实现破产法官独任制，扩大独任制适用范围，突破传统审判组织安排模式，从而实现司法资源的优化配置、精准匹配，有条件的地区可相应地指定个人担任破产管理人。① 关于破产程序，在破产案件快速审理程序的具体环节上作出简化，减少不必要的程序，缩短破产程序审理时间以降低成本。一是要在现有法律规定基础上，缩短案件移送审查、受理通知、案件审结等流程的时间。二是简化流程。考虑保留对案件受理和破产宣告等环节的公告，免去对非必要环节的公告。同时借助信息化手段，例如直接在全国企业破产重整案件信息网上公示，或发送至当事人能接收的电子邮箱。最后，简易程序与普通程序间应有转换空间，允许独任制与普通程序相结合。若法院发现案件案情复杂，需转为普通程序的，应在审理时限届满前依职权将案件审理转为普通程序。

（五）优化完善"执转破"案件考评机制

《机制》明确提出了目标导向原则，并确立了"执破融合"工作考核激励体系的框架，将此工作纳入全市两级法院执行部门与破产部门的绩效考核体系中。然而，具体的考核指标尚未具体化。首先，应推动建立"执转破"移送案件的激励机制。这要求执行法官对于那些存在破产原因且符合破产条件的案件，应迅速进行移送并提出破产审查的申请，同时提交详尽的企业资产等相关资料。可以考虑实施一种激励措施，即每成功移送一件执行案件，可抵消一定

---

① 周易、张依如：《优化营商视域下新时代"枫桥经验"融入破产审判的路径探索》，施伟东主编《〈法治文化〉集刊2023年第2卷——第二十届长三角法学论坛研究文集》，2023，第171页。

数量的普通执行案件考核指标，从而充分认可执行法官在"执转破"移送工作中的努力，并激发其积极性。其次，对于破产审判法官而言，应将他们处理的破产案件折算为一定数量的普通案件，考虑到破产案件的复杂性，建议将"执转破"案件的折算设定为 15~20 件普通案件。同时，适当降低破产审判法官在其他案件上的考核指标，以增强他们处理破产案件的积极性，集中精力解决疑难复杂的破产案件，从而提高破产案件的审判质量和效率。执行程序和破产程序虽各有分工，但它们之间存在互动和共生的关系。构建"执破融合"机制，有助于推进和完善市场主体的退出机制，有效解决"执行不能"的案件，公平维护债权人和债务人的合法权益。此外，应尽快修订《中华人民共和国企业破产法》，并加速"强制执行法"的出台，以建立一个既符合市场经济基本规则又符合司法运作规律的"执破融合"机制，确保"执转破"程序无缝对接，充分发挥其功能和价值。

重塑"执破关系":执转破困境与出路[*]

—— 以 Q 州地区法院执转破案件为视角

姚 斌 张 忙 肖埔乐曦[**]

摘 要：执转破案件数量少已经成为执行移送破产审查制度的"拦路虎"，对化解执行积案，推进"僵尸企业"清理，淘汰落后产能，释放市场活力，优化营商环境等造成严重阻碍，有必要对执行移送破产审查制度进行研究，切实将制约执转破制度良性运行的不良因素予以解决，充分发挥执转破制度作用。本报告共分为五个部分：第一部分是执行移送破产审查制度的相关背景介绍，指出研究的必要性；第二部分是对 Q 州中级人民法院 2021～2023 年执行移送破产审查案件的基本情况进行分析；第三部分是从法院视角探究影响执转破制度实施的原因；第四部分是解决执转破实施中的问题的对策建议；第五部分是结语，提出对执转破制度实施的未来和展望。

关键词："执破关系" 执转破 "僵尸企业"

一 背景介绍

执行案件移送破产审查制度是人民法院司法工作机制的创新，是对当事人直接申请破产方式的补充，有利于解决破产案件的申请障碍问题，打通执行程

---

* 如无特殊说明，本报告数据来源于贵州省黔南布依族苗族自治州中级人民法院。

** 姚斌，贵州省黔南布依族苗族自治州中级人民法院副院长；张忙，贵州省黔南布依族苗族自治州中级人民法院清算与破产审判庭副庭长；肖埔乐曦，贵州省平塘县人民法院执行局法官助理。

序与破产程序之间的壁垒，实现执行程序向破产程序转换。2015年2月4日实施的《中华人民共和国民事诉讼法》第五百一十三条至第五百一十六条规定了作为被执行人的企业法人具有破产原因的，应当将执行案件移送破产审查，从制度上打通了执行不能案件通过法院移送进入破产程序的通道。2017年1月20日，《关于执行案件移送破产审查若干问题的指导意见》规定了执转破工作原则、条件与管辖、执行法院的征询、决定程序等六个方面的内容，细化执转破规定和要求，规范执转破程序。2018年3月4日，《全国法院破产审判工作会议纪要》第四十条至第四十四条对执行程序与破产程序的衔接进行了规范。执转破制度的目的在于，通过执行程序发现具有破产原因的企业法人，进而将其引导进入破产程序，既解决执行积案较多的现实困境，又解决破产案件数量少的问题。同时，发生破产原因的企业转入的破产程序也不限于破产清算程序，同样也可以适用企业挽救程序，通过破产重整、和解程序使债务人得到挽救。

选择Q州中级人民法院执行移送破产审查案件作为研究样本的原因，首先是因为Q州中级人民法院下辖12个县（市、区）基层人民法院，执行案件数量多，研究样本容量大，样本数据具有广泛性和典型性。其次是Q州中级人民法院集中管辖全州法院辖区破产案件，近三年办理大量破产案件，实质运行执转破相关制度。再次是上级法院将Q州中级人民法院作为执转破工作试点，其工作成效得到上级法院肯定。最后是笔者在Q州中级人民法院任职，对Q州内的执转破案件情况具有一定的了解，能为本次研究提供充足条件。对于执转破制度的研究，目前国内研究主要集中在执转破程序启动、执转破衔接等方面，但是单独以法院为视角进行研究分析较少。为了研究方便，本报告以Q州中级人民法院2021～2023年的执转破案件为研究样本，通过数据筛选的方式，选择在2021～2023年执行移送破产审查案件进行实证分析，并从法院视角研究执转破制度实施的困境及原因，最后提出对策建议。

二　剖析：执转破实施的考察与审视
——以Q州法院为样本

通过对执转破受理案件、申请执行案件以及终结破产程序案件的数据进行梳理分析，分析结果显示执转破案件数量少，占执行终本案件数量比例较小，破产案件受理数（含执转破案件）以及审结破产案件数常年维持同一水平。

（一）执转破案件总体数量少

2021~2023 年，Q 州法院裁定受理执转破案件 26 件（2021 年 4 件，2022 年 8 件，2023 年 14 件）。同期，当事人直接申请破产受理案件共计 35 件（2021 年 17 件，2022 年 9 件，2023 年 9 件）。裁定受理执转破案件比当事人直接申请破产受理案件少 9 件，执转破案件占受理破产案件总数的 42.6%。

（二）近三年破产案件受理数基本保持同一水平

2021~2023 年，总计受理破产案件 61 件（2021 年 21 件，2022 年 17 件，2023 年 23 件），年均受理案件基本维持同一水平。

（三）执转破案件受理数量占终本执行案件数量比例较低

2021~2023 年，Q 州辖区法院终本执行案件数量基本维持在每年 11000 件的水平，其中近 1/3 的案件当事人为企业法人，但是，2021~2023 年执转破案件受理数量占终本执行案件数量的比重仅为 0.07%。

三 溯源：影响执转破实施的原因探究

（一）制度层面

《最高人民法院关于执行案件移送破产审查若干问题的指导意见》（以下简称《指导意见》）对执转破移送程序、移送材料、案件管辖等进行了细化规定。其中，移送材料方面，与当事人直接申请破产模式不同，特别是与债权人申请破产相比较，执转破移送的材料较多。移送程序方面，对征询程序、决定程序等进行规定，加重执行部门的负担。

1.移送材料多

《指导意见》第二条规定，执行案件移送破产审查需要同时具备三个条件：一是被执行人属于企业法人；二是申请执行人或者被执行人书面同意移送；三是被执行人具备不能清偿到期债务且资不抵债或者明显缺乏清偿能力的破产原因。该规定与《中华人民共和国企业破产法》第二条的规定一致。《中华人民共和国企业破产法》中将当事人申请破产分为债务人申请和债权人申请两类，其中，针对债权人申请破产，提供的材料仅限于提交破产申请书、债权人主体资格证明、债权发生的事实及债权性质以及债务人不能清偿到期债务的证据。《指导意见》针对执转破规定了 6 项材料，除了被执行人财产状况之外，还涉及执行法院已分配财产清单及债务清单等。Q 州法院制定的执行案件移送破产审查工作指引中亦规定执行法官应移送 6 个方面十余项材料，包括决定书、申请书、财产查询表、财产查封扣押冻结清单、财产处分情况以及执行依据等内容。

2. 移送程序烦琐

《指导意见》规定，首先，执转破需要执行法院完成征询，即执行法院需要征求申请执行人、被执行人是否同意将案件移送破产审查的意见。其次，执行法院应当作出决定，即在申请执行人或者被执行人同意移送的条件下，执行部门须履行内部决定程序，须经合议庭评议同意移送破产审查后，由执行法院院长签署移送决定。最后，执行法院需要完成送达程序，即作出移送决定后，执行法院还需要将移送决定送达申请执行人和被执行人。如果需要移送异地法院的，基层法院还需报请所在地中级人民法院执行部门审核同意。

（二）操作层面

1. 执行部门角度

（1）移送前需完成大量的准备工作。相较普通执行案件，执转破程序对执行部门的要求更高。《指导意见》规定，执行部门在移送前需要对被执行人财产状况及相关情况进行调查，完成财产查询表、财产查封扣押冻结清单、财产处分情况、已分配情况、被执行人债务清单、合议庭评议情况以及移送决定书等内容。将本应当在破产申请审查阶段或者破产财产清查阶段完成的工作提前安排，客观上增加了执行部门的工作量。

（2）移送审查和破产审查强度不一致。《中华人民共和国企业破产法》第二条对是否受理破产申请进行了规定，即企业法人不能清偿到期债务且资不抵债或者明显缺乏清偿能力，对其破产申请应当受理。执行部门在移送破产审查和破产审判部门在破产申请审查时适用同样的法律规定，但是并非所有移送破产审查的案件都能得到受理。2021~2023 年，执转破案件移送数量逐年增加，裁定不予受理的执转破案件数量亦逐年增加，近三年执转破移送未被裁定受理破产案件共计 16 件，占移送案件总数的 38%。执行部门和破产审判部门虽然适用同样的法律条款，但是囿于我国破产原因立法较为严格，审查破产原因需要具备较强的专业能力，破产法官审查时尚且有难度，何况执行法官进行审查。因此，执行移送破产案件受理率常年维持较低水平，出现执行部门"吃力不一定讨好"的尴尬局面。《中华人民共和国企业破产法》将"企业法人不能清偿到期债务，并且明显缺乏清偿能力"作为破产原因，实质是将企业破产原因中的"资产不足以清偿全部债务"进行了降格处理，鼓励人民法院积极受理破产案件。该项标准代表了该法起草的指导思想，即鼓励适用破产程序，特别是再建型的破产程序（重整、和解），以积极清理债务，避免社会中大量的债务积淀和资产闲置，并减少企业长期困境下的道德风险以及由此造成的经济损失。[①]

2. 破产审判部门角度

执行部门和破产审判部门作为执转破工作中衔接最紧密、工作任务最繁重的两个部门。从执转破工作程序来看，执行部门属于"前端"，负责将案件收进来，破产审判部门属于"后端"，负责将破产案件处理完结。因此，破产审判部门力量强弱、能力大小直接影响执转破的实施效果。

破产审判力量薄弱。Q 州辖区范围实行中级人民法院集中管辖破产案件。目前，Q 州中级人民法院从事破产审判的人员共计 6 名（含 2 名抽调干部），人力资源配置严重不足。从 2021~2023 年破产案件审结数据也可以看出，年均审结破产案件基本维持在 20 件的水平。换句话说，即使执转破案件能够大量进入破产程序，破产审判部门也无力进行审理。

考量程序外因素。执行部门在审查是否符合执转破移送条件时，更多采取法律规则主义，即从法律要件上看，只要具有破产原因的企业法人就可以进行移送。而破产审判部门在决定是否受理时，需要考量信访维稳、府院联动、职工安置等因素。一个企业的破产不仅会产生债权债务清偿、财产资源分配等法

---

① 王卫国：《破产法精义》（第三版），法律出版社，2023，第 8 页。

律问题，还会产生诸如职工就业安置、社会救济、非经营性资产处置、工商与税务调整、信用修复等一系列需要政府履行职责解决的社会衍生问题。[①] 当存在信访维稳压力较大、府院联动不畅、风险矛盾隐患较大等问题时，破产审判部门则可能产生畏难情绪，裁定不予受理。

考核不配套。破产审判工作与法院的其他审判工作相比，具有一定的特殊性，例如"开庭开会、审判谈判、办案办事"相结合、案件处理难度相对较大、对法官素质要求更高等。但是，在工作量化考核中，特别是当前全国法院开展的审判指标质效考核中，从案件数量上来看，办理破产案件数量较少，考核时处于劣势，导致部分破产审判部门人员"躺平"。从质效上来看，影响破产案件审理的不可控因素较多，破产案件审限普遍较长，当前的审判指标质效考核机制并未将破产审判工作纳入考核，导致破产审判游离于审判质效考核之外。形成"干与不干一个样、干多干少一个样"的现状，缺乏有效的督促激励机制。

3. 法院整体角度

（1）对破产审判重视程度不够

结合 Q 州中级人民法院 2021~2023 年审结的各类诉讼案件来看，基本维持在每年约 11000 件的水平，案件审判部门工作压力较大，审判工作重心以及各类资源均向一线审判部门倾斜。针对破产审判工作，破产案件数量和质量与审判质效考核关联度不高，导致上层领导对破产审判关注和重视不够。

（2）破产案件整体数量较少

从全国范围来看，2007~2020 年，全国法院共受理破产案件 59604 件，审结破产案件 48045 件。根据《2023 年全国法院司法统计公报》统计的情况来看，全国法院 2023 年破产收案 26662 件，结案 28554 件。从 Q 州中级人民法院来看，2021~2023 年，破产案件收结案数量均为两位数。无论从全国法院来看，还是从 Q 州中级人民法院来看，破产案件数量在审判执行案件数量中占比极小。2021~2023 年，Q 州辖区法院终本执行案件数量约为 33000 件，超过 1/3 的案件当事人为企业法人，按照《最高人民法院关于适用〈中华人民共和国企业破产法〉若干问题的规定（一）》第四条规定，经人民法院强制执行无法清偿债务的应当认定为明显缺乏清偿能力。2021~2023 年 Q 州辖区 1 万余

---

① 王欣新：《破产法》（第四版），中国人民大学出版社，2019，第 16 页。

件执行案件符合移送破产程序，但在实践中，2021~2023 年裁定受理执转破案件仅为 26 件。

（3）中级人民法院集中管辖缺乏实践操作性

《指导意见》规定执转破案件原则上由中级人民法院管辖，其目的是实现破产审判专业化，但是在当前"案多人少"的大背景下，一方面增加了中级人民法院办案压力，另一方面增加了基层法院的移送负担。法院在落实中级人民法院集中管辖为主的规定时存在一定难度，《指导意见》在考虑破产审判专业化的时候，忽视了实际操作的问题。此外，从执转破程序设置的实质来看，其目的在于补充破产案件申请方式，不涉及破产审理的问题。

四　进路：执行移送破产审查案件数量少的对策建议

（一）移送关"广开门路"，提高移送质效

1. 加强释明引导

执转破案件受理少的直接原因在于当事人申请少，当事人申请少又源于当事人对于破产法律制度和破产程序的了解不够，如何让符合破产条件的执行案件移送破产程序审查，则需要加强对当事人的释明引导工作。首先，释明引导应当由具备专业破产知识的人员进行，执行部门人员可能对于破产程序的功能和优势了解不多、理解不深，对于执行程序与破产程序的区别以及各程序优势和劣势亦不足够清楚。如果破产申请的释明引导仍由执行部门人员来做，则可能出现"以其昏昏使人昭昭"的情形。建立执转破释明引导机制，安排破产审判部门人员对当事人释明引导，将破产程序的功能和优势、债权清偿率低等情况对当事人进行释明，让当事人充分了解破产程序的优势和风险后自主作出申请。其次，为了保证释明引导效果，可以采用格式化模板的释明方式。不同的法官在释明引导当事人时，能力不尽相同，释明效果也不一致。为了确保不同的法官在释明引导当事人时，能够得到较好的效果，可以预先制定格式化模板进行释明，通过将释明的必要内容以及程序等进行预先设定，保证释明效果。释明内容需要包括以下内容：破产程序与执行程序的区别，破产程序中清算、重整、和解的含义，不同意执行移送破产可能产生受偿顺位、无法公平清

偿的后果，被执行人财产状况内容等，让申请执行人或者被执行人对破产程序有较为直观、全面的理解和认识，支持申请执行人或者被执行人基于被执行人基本情况申请移送审查。最后，为了让申请人有更多的感性认识，应当积极主动向当事人提供破产审判典型案例、破产审判白皮书或者破产法律制度宣传册等相关材料，帮助申请人认识了解破产制度，用身边的破产典型案例引导当事人作出破产移送申请。

2. 移送程序做"减法"

执转破案件移送程序烦琐、工作量大直接导致执行部门移送内生动力不足。在移送材料准备上，不涉及移送辖区外法院的，可以在移送材料准备上尽量简便，对于移送破产审查决定书规定的必需事项，执行部门在完成财产调查后，发现符合移送破产条件的，执行人或者被执行人提出申请，将财产情况以及法院掌握的未执行情况进行说明，经过合议庭评议后即可进行移送。涉及执行部门掌握的材料，可以通过法院内网公开或者授权破产审判部门人员查询权限，不必由执行部门进行移送。涉及异地法院移送的，考虑不同法院之间的沟通协调问题，建议按照《指导意见》规定进行移送，当然，涉及异地法院移送的执转破案件数量相对较少，参照目前的规定执行，亦无太大影响。

3. "破融执"混合审查

执行部门承办人员发现可能符合移送破产条件的执行案件，应当及时与破产审判部门联系，破产审判部门人员派人员与执行部门组成合议庭对案件进行审查，对于符合移送破产审查条件的，由破产审判部门人员对当事人进行释明引导，当事人同意移送破产审查后，及时进行合议移送破产审查。执行程序与破产程序的价值分野致使执行法官和破产法官理念可能相悖，而两种程序的共生价值完全可以促使执行法官与破产法官合作，建立混合预审查机制，这一机制可以有效应对此种专业性强、复杂程度较高的案件审查工作，不仅为程序的转换增添催化，也为后续破产程序的顺利进行打下基础，凸显程序"友好化"的功能。[①] 破产审判部门人员融入执行部门参与移送前工作，一方面有利于释明引导申请人，另一方面有利于提高执转破案件受理率。

---

① 徐寅晨：《论执行转破产程序司法适用之完善》，硕士学位论文，西南政法大学，2022，第25页。

（二）审理关"做大做强"，壮大办理破产力量

1. 壮大破产审判力量

执转破的成效取决于破产审判力量的大小，执转破案件数量少的关键因素在于破产审判力量弱小，不能承担大量破产案件的审理工作。破产法不仅包括民法、商事法、民事诉讼法、强制执行法，亦包括刑事法规及行政法规。换言之，破产法为上述诸法之混合法，错综而研究之，其难自不待言。[①] 而且办理破产案件不仅需要掌握扎实的破产法律专业知识，还需要涉及管理、经济和财务方面的专业知识，因为在法官办理破产案件的过程中，不仅涉及法律判断，还需要作出大量的商业判断。破产审判不仅需要法律专业知识人才，更需要掌握经济管理专业知识的人才。因此，从数量上来说，应当为破产审判部门配备足够的人员。从质量上来说，应当将沟通协调能力强、民商事审判经验丰富以及具有执行部门工作经验的法官调整到破产审判部门。此外，相较于其他审判程序，破产审判法官培养需要更多的精力和更长的时间，应当就破产审判力量专业化和常态化建立制度机制，实现破产审判人力资源配置充分、科学、合理。

2. "执融破"混合审理

在破产案件受理后，管理人在办理破产案件时，大量的工作主要围绕资产清理、债权债务核查等，执行部门融入破产审判部门可以充分利用执行资源，帮助管理人查询银行账户、不动产登记等，极大地助力破产审判工作。同时，对于执行阶段评估、鉴定等工作可以与破产审判进行有效衔接，降低破产费用。

3. 强化管理人队伍培养

大量的执转破案件需要破产管理人办理，管理人是破产程序的主要推动者和破产事务的具体执行者。管理人的执业能力和职业素养直接影响破产审判工作质量，管理人的执业能力和职业素养的提升具有"强基固本"的重要作用。因此，必须下大力气提升管理人的执业能力和职业素养。首先，利用已经成熟的公平选任机制，促进管理人公平竞争，形成良好的市场环境。其次，人民法

---

① 吴传颐：《比较破产法》，商务印书馆，2013，第86页。

院充分发挥协调功能，提升管理人履职保障能力和水平，解决管理人在案件推进中的问题以及报酬等"后顾之忧"。最后，利用能力考核这一指挥棒，实现优胜劣汰，实现管理人队伍专业化、职业化。

（三）支持关"重点发力"，促进破产案件审理

1. 府院联动实质化

破产审判工作要走向市场化、法治化，府院联动必不可少。府院联动涉及破产程序的方方面面，从破产企业接管到破产财产处置等各环节，均需要政府职能部门支持，破产工作中的民生保障、社会稳定、财产接管、税收申报、资产处置、信用修复、变更注销等均需要政府职能部门积极主动履职。建立以"党委领导、政府支持、法院主导、部门联动"为基本原则的府院联动机制，并实质化运行，完成破产程序中千头万绪的工作。人民法院应当积极争取党委政府支持，建立主要联席会议机制等，促进破产办理中的重大事项、重要问题协调处置。人民法院还应当与政府相关职能部门建立涉部门的专项联动机制，实现破产案件办理中具体事项的办理。此外，还可以参照厦门破产公共事务中心、审判破产事务管理署等的经验，建立实体化的办理破产公共事务处理机构。通过建立党委政府总抓（1）+政府职能具体抓（N）+破产公共事务处理机构（1）的"1+N+1"府院联动机制，推动办理破产府院联动分级分类实质化运行，实现府院联动全方位、多角度的支持格局。

2. 信息互联互通促进案件办理

从法院部门间来看，执行部门与破产审判部门的数据还未实现互联互通，在办理案件过程中，不能实现数据共享，虽然可以通过执行部门与破产审判部门人员融合实现相互数据分享，但也只是当前制度下的权宜之计，并非长久之计。多年来，随着智慧法院的建设迈向纵深，我国逐步建立了网络执行查控系统，在一定程度上缓解了债务人财产线索中断的局面，为破产程序的开启提供了现实基础。[①] 通过两部门数据共享，能够实现执转破案件移送受理更加直接便捷，破产案件审理更加高效。在法院与政府部门之间，数据鸿沟、数据壁垒

---

① 谢佳兴：《执行程序与破产程序双向衔接机制研究》，硕士学位论文，华东政法大学，2020，第38页。

导致信息孤岛现象，相互之间的信息共享成为难题。破产管理人在履职过程中，需要到不同部门调取不同数据，致使办理破产时间和成本大大增加。目前，国务院正在改革破产信息核查事宜，期待能够将部门数据进行整合，与法院联通，实现破产案件资产、信息全联通，提高破产案件办理质效。破产案件办理中，全国破产案件信息重整网能够帮助外部债权人和债务人查询了解信息，但是，该网站功能仅限于信息发布，债权人债务人无法通过该网站直接与法院相连，实现数据信息网上交换，无法实现债权人会议线上召开以及线上资料传递等。因此，要加强全国企业破产重整案件信息网、全国信用信息共享平台、国家企业信息公示系统和金融信用信息基础数据库等的信息共享，加强相关部门、金融机构与人民法院、管理人的信息沟通，推动破产程序中的数据实现共享，提高各相关利益主体信息质效便利度，便利管理人依法履职。

（四）配套关"科学合理"，助推制度执行顺畅

1.建立健全科学的考评体系

法官办案同样需要激励机制，法院必须综合运用经济、目标、发展、荣誉、榜样等多种激励手段，才能产生良好的激励效果。[1] 人力资源投入多少与工作质效有正相关关系，但也仅局限于粗放型增长方式。还需要充分激发干部的工作热情和激情，实现人力资源投入效果指数级增长。激发干部热情和激情就需要建立科学的考评体系。不仅充分反映相关法官破产案件办理的效率与质量，还应当反映其所付出艰辛劳动与承担的各种压力，并以此作为破产法官年终考核、评先评优以及晋级晋职的客观依据。[2] 执转破考评体系应当着重于执转破案件移送、受理、审理的各环节，还应当关注办理时间、办理成本以及引发的破产衍生诉讼案件数量、信访案件数量等内容。切实将破产案件的特殊性与其他诉讼案件进行区分，并在质效考核中充分体现出来，让负责执转破的执行部门、破产审判部门有荣誉感和成就感。

---

① 陈灵海：《成效比、激励和法官专业化》，《华东政法大学学报》2007年第3期。
② 赵树文、王嘉伟：《僵尸企业治理法治化保障研究——以破产法及其实施机制的完善为研究路径》，《河北法学》2017年第2期。

2.建立科学的繁简分流机制

建立科学的繁简分流机制的目的在于根据破产案件的复杂难易程度进行区分，将其划分为简单、复杂案件，有利于合理分配中层、基层人民法院审判任务，便于确定案件的级别管辖。执转破案件原则上由中级人民法院管辖，在不区分案件复杂程度的情况下，人为将案件全部交由中级人民法院管辖不具有实践操作性，且在当前人民法院人案矛盾突出的情况下，对破产案件进行繁简分流势在必行，将简单案件交由基层人民法院办理，中级人民法院集中力量办理复杂疑难破产案件，实现"简案快审、繁案精审"。《全国法院破产审判会议纪要》规定，要根据破产案件数量、案件难易程度、审判力量等情况，合理分配各级法院的审判任务。对于债权债务关系复杂、审理难度大的破产案件，高级人民法院可以探索实行以中级人民法院集中管辖为原则、基层人民法院管辖为例外的管辖制度；对于债权债务关系简单、审理难度不大的破产案件，可以主要由基层人民法院管辖，通过快速审理程序高效审结。建立科学的简单、复杂破产案件划分机制，避免人为将本应当由中级人民法院办理的破产案件交由基层人民法院办理，实现执转破案件专业化审理的初衷。可以将执行终本案件、债务人等主要人员下落不明、债务人办公场所无法找到以及未发现债务人财产等案件划为简单案件，交由基层人民法院审理。同时，为了确保基层人民法院的审判力量能够适应破产案件审理，确保基层人民法院办理破产案件的质效，应当建立简单案件格式化审理机制。对简单案件，在听证、通知、债权人会议、债权审查认定、财产清查、财产变价等环节可以进行标准化、格式化处理，力求快速审结。① 通过建立简单案件格式化快速审理机制，保障基层人民法院公平公正高效审理执转破简单案件。

五　结语

执转破案件数量少，并不是一个地区的个别现象，而是一个全国性的普遍现象。执转破案件数量少，也并非单独某个原因造成的，而是多个原因互相影

---

① 刘贵祥：《关于当前民商事审判工作的几点思考》，《中国应用法学》2023 年第 6 期，第9 页。

响的结果。因此，提高执转破案件移送数量、受理数量、审结数量，需要从移送关、审理关、支持关、配套关共同发力。相信通过府院联动实质化、法院执行部门与破产审判部门的良性互动，执转破将会成为破产案件受理的主要来源，执转破制度必将大放光芒。

G 16

论执行移送破产审查程序的机制构建

——以贵州省黔南州中级人民法院运用"执转破"处置"僵尸企业"的实践为视角

何炎霖[*]

摘　要： 我国部分企业产能过剩，这些产能过剩的企业在市场中生存困难，且占用公共资源，长此以往不利于市场经济的健康发展。在当前市场环境中，"僵尸企业"的处置是化解社会矛盾的关键，执行移送破产审查则是积极稳妥处置"僵尸企业"的重要途径。回顾近年来贵州省黔南布依族苗族自治州中级人民法院运用执行移送破产审查程序处置"僵尸企业"的工作经验，分析当下执行移送破产审查程序中存在的问题和困境，就执行移送破产审查程序的机制构建进行深入调研，提出健全工作机制、加强"执转破"案件审判专业化等建议。

关键词： 执行移送破产审查　破产原因　执转破衔接　僵尸企业

党的十八大以来，我国经济发展进入新常态。供给侧结构性失衡是经济发展面临的最大矛盾，实施供给侧结构性改革是当前我国经济工作的主线。在深入推进供给侧结构性改革的形势下，必将淘汰产能过剩企业，加快"僵尸企业"出清和拯救"僵尸企业"重新进入市场，为良好的营商环境建设夯实基础，"执转破"程序则是积极稳妥处置"僵尸企业"和去产

---

* 何炎霖，贵州省黔南布依族苗族自治州独山县人民法院法官助理。

能企业债务的重要途径，而如何保障"执转破"程序高效运行是关键。2015 年 1 月 30 日发布的《最高人民法院关于适用〈中华人民共和国民事诉讼法〉的解释》首次提出了"执转破"程序，其中第五百一十三条至第五百一十六条规定了在执行程序中，作为被执行人的企业法人具备破产原因时，可将执行案件相关材料移送被执行人住所地人民法院进行破产审查。但仅仅 4 条难以解决"执转破"程序在司法实践中遇到的种种困难。2017 年 1 月 20 日，最高人民法院发布《关于执行案件移送破产审查若干问题的指导意见》，针对"执转破"程序在司法实践中的运用首次进行了系统性规定，该指导意见共计 21 条实施细则，明确了"执转破"程序的启动要件及管辖等问题。2018 年 3 月 4 日，最高人民法院印发《全国法院破产审判工作会议纪要》，要求完善执行与破产工作的有序衔接，明确提出破产审判部门与执行部门之间要信息共享，并强化"执转破"工作的考核和管理。

一　贵州省黔南布依族苗族自治州中级人民法院运用"执转破"程序处置"僵尸企业"的司法实践

（一）贵州省黔南布依族苗族自治州中级人民法院司法实践总体情况

贵州省黔南布依族苗族自治州中级人民法院清算与破产审判庭近三年开展破产审判工作情况如下。2021 年执转破移送审查 4 件，受理 4 件，申请人申请破产审查 26 件，受理 17 件；2022 年执转破移送审查 12 件，受理 8 件，申请人申请破产审查 30 件，受理 9 件；2023 年执转破移送审查 26 件，受理 14 件，申请人申请破产审查 15 件，受理 9 件。其中，破产终结程序化解执行案件 2035 件，15 件尚在办理中，中止破产程序、执行破产重整计划 2 件，预重整 2 件，预和解 1 件。已受理进入破产程序及进行预重整案件中，累计涉及执行案件 161 件，涉及债务 3.6 亿元。

上述数据反映了"执转破"程序在贵州省黔南布依族苗族自治州的实施逐步向常态化的趋势发展，"执转破"程序可切实解决企业法人在执行程序中"执行不能"的问题。在执行案件中，如发现企业法人具备破产原因，可通过"执转破"程序标本兼治破解执行难的问题。

（二）瓮安县鱼河某旅游开发有限公司破产重整案件

瓮安县鱼河某旅游开发有限公司设立登记于 2010 年 8 月，主要经营室内外温泉浴、住宿、餐饮、超市服务等业务，公司经营管理不善以及牵扯民间借贷纠纷，公司资金链断裂，导致公司停止经营。该公司主要资产为其经营地的温泉酒店大楼及其周边构附着物、设施设备、林木、苗木。因该公司的土地是向贵州省黔南布依族苗族自治州瓮安县银盏鱼河社区居民委员会流转的集体土地，未办理国有建设用地使用权证，故该公司不享有其经营地的温泉酒店大楼及其周边土地的使用权，温泉酒店大楼难以处置，其他有形资产多为大楼附属设施，变现价值较低。

瓮安县人民法院在执行过程中发现被执行人已停止经营，不能清偿到期债务，因该公司现有实物资产无法处置，故瓮安县人民法院于 2020 年 10 月 9 日对该公司整体股权进行司法拍卖的公开处置，最终变卖流拍价（议价方式确定）为 18576000.00 元。而后，瓮安县人民法院向申请人和被执行人进行征询是否同意移送破产审查，经 9 名申请人同意，瓮安县人民法院决定将该案移送贵州省黔南布依族苗族自治州中级人民法院破产审查。贵州省黔南布依族苗族自治州中级人民法院于 2022 年 6 月 2 日裁定受理申请人田某等 9 人申请该公司破产重整，并指定了破产管理人。

破产管理人在接受指定后，依法开展工作，对该公司的财产进行接管，对债权人申报的债权进行审查，编制债权表。经破产管理人审查认定 22 户债权人对该公司享有债权金额共计 26462403.99 元，而该公司的采矿权和土地使用权均存在重大瑕疵，资产变现难度较大。破产管理人考虑若该公司直接进入破产清算程序，债权人的债权清偿率将比现有投资人提出的清偿方案低，故为了切实维护债权人的利益，通过破产重整使普通债权人获得高于破产清算情况下的清偿比例。破产管理人公开招募该公司投资人，后部分债权人为自救参与投资，成为某公司投资人，投资人承诺在重整计划草案通过之日起分期投资 760 万元，该投资款将全部用于清偿破产费用、共益债务和相关债权，破产管理人根据投资人给出的投资方案制作了重整计划草案，该重整计划草案对普通债权的清偿比例作了较大幅度的提高，最终经债权人会议表决通过，并经贵州省黔南布依族苗族自治州中级人民法院裁定生效。

本报告认为，该公司的无形资产采矿权依赖于该公司具备市场主体资格而存在，若该公司破产清算后退出市场，其无形资产采矿权将被相关部门收回，导致无法处置，价值归零，其有形资产将因地理位置和权属瑕疵问题而难以变现。执行法院在执行过程中已然发现该公司不能清偿到期债务，并且明显缺乏清偿能力，继续执行亦不能达到债权清偿的效果，为保障债权人的合法权益，引导债权人选择"执转破"程序清偿债权，是当下解决债权清偿的"最优解"。该公司进入破产重整程序后，破产管理人向债权人会议汇报该公司实际情况，提出"清算式重整"的思路，有效利用某公司现有资源条件，实现利益最大化。该公司部分债权人作为投资人分期注入760万元重整资金，以10元对价受让债务人100%股权，取得债务人有形及无形资产，债务人以760万元重整资金为限清偿债务。该公司的重整使得全体债权人受偿比例最大化，职工权益、工作岗位得到保障，有利于地方社会稳定和经济发展。

二 关于"执转破"程序机制构建的分析

（一）"执转破"程序的启动主体分析

根据《中华人民共和国企业破产法》的规定，破产程序的启动实行当事人申请主义，即企业法人进入破产程序需经债权人或债务人申请。目前，我国现行有效的法律法规中关于"执转破"程序的规定依旧是遵循当事人申请主义，另明确了执行法院的审查告知、释明义务，要求执行法院在执行程序中若发现被执行人的企业法人具备破产原因时，应当主动及时询问当事人是否同意将案件移送破产审查并释明法律后果。

破产程序的启动实行当事人申请主义，是因为破产程序属于民事诉讼程序的一种，民事诉讼原则为"不告不理"，故破产程序的启动也遵从了"不告不理"原则，破产程序虽与执行程序同样是清理债务人资产和清偿债权，但不同于执行程序中的个别清偿，破产程序强调全体公平清偿，且破产程序不仅仅解决债权清偿的问题，还将企业法人其他的法律问题一并解决，或将企业法人清理注销后退出市场，或将企业法人盘活后重新进入市场。破产程序具有的公法特质使得当事人基于各种因素不会选择启动"执转破"程序，这导致了破产程序启动难的现象。

本报告认为，关于"执转破"程序的启动可考虑转为以当事人申请主义为主，职权主义为辅的启动模式。职权主义为辅不仅仅在于法院有义务向当事人告知和释明移送破产审查事宜，法院亦可依职权直接将案件移送破产审查。具体来说，当事人申请表现为在执行移送破产审查时应当询问当事人意见，但当被执行人下落不明或被执行人的债务中存在公益债权（例如税款债权、土地出让金债权等）时，执行法院可直接依职权决定是否移送破产审查。一是在被执行人法定代表人、公司股东及高管下落不明时，若公司已停止经营，现有财产无法清偿到期债权，且资不抵债时，继续通过执行程序执行被执行人财产可能损害其他债权人和债务人的合法权益，无法公平清理债权债务，造成社会矛盾，不利于维护社会主义市场经济秩序；二是若被执行人的债务中存在公益债权，例如税款、刑事追赃等债权，这些债权的债权人主体为国家机关，在征询意见过程中，国家机关需根据内部工作制度规定，逐级汇报并讨论研究决定，时间过长且其很难做出明确的表态，不利于"执转破"程序的高效运行；三是只有在破产程序中进行公平清理债权债务才能在防止国有资产流失的同时，保障其他债权人的合法利益。

（二）"执转破"程序中受移送法院的确定

根据《最高人民法院关于执行案件移送破产审查若干问题的指导意见》第三条"执行案件移送破产审查，由被执行人住所地人民法院管辖。在级别管辖上，为适应破产审判专业化建设的要求，合理分配审判任务，实行以中级人民法院管辖为原则、基层人民法院管辖为例外的管辖制度。中级人民法院经高级人民法院批准，也可以将案件交由具备审理条件的基层人民法院审理"的规定，在地域管辖上，由被执行人住所地人民法院管辖，即企业法人的主要办事机构所在地人民法院管辖，若企业法人主要办事机构不能确定时，以其注册登记地视为其住所地。但在司法实践中，部分企业为了发展，在多地经营办公，企业法人具备破产原因后，在不能确定企业法人主要办事机构时，以其注册登记地人民法院管辖。在级别管辖上，实行以中级人民法院管辖为原则、基层人民法院管辖为例外的管辖制度。该制度的设计优势在于，审判人员的专业化程度更高，对于该地区的执行移送破产审查的案件审查标准统一，有利于提高该地区的司法公信力；劣势在于，大量的执行移送破产审查案件涌入中级人民法院会导致审判力量不足，同时破产企业因其全部资产不能清偿全部债务，必然导致部分债权人不满，即使有债权申报程序保障债权人的合法权益，也无法满足所有债权人的期望，故部分债权人会因此提起诉讼。即可能导致大量的破产衍生诉讼（一审案件）进入中级人民法院立案受理，这使得原属于基层人民法院受理的一审民事案件在中级人民法院受理，相应的二审案件进入高级人民法院审理，中、高级人民法院大量案件涌入，不利于审判工作推进。

"执转破"程序作为目前清退"僵尸企业"的重要途径，执行移送破产审查案件数量会在一段时期内保持增长的趋势，为保障"执转破"程序高效运行，针对"执转破"管辖权制度设计可考虑以下几方面内容。第一，在地域管辖方面，由被执行人住所地人民法院管辖，即企业法人的主要办事机构所在地人民法院管辖，当企业法人主要办事机构不能确定时，应由企业法人主要财产所在地人民法院管辖；若企业法人无财产或财产下落不明时，由企业注册登记地人民法院管辖。第二，在级别管辖方面，根据案件难易程度将执行移送破产审查案件分为简易案件和普通案件，原则上由基层人民法院管辖简易案件，普通案件则移送中级人民法院。第三，破产衍生诉讼案件的管辖，考虑将破产衍生诉讼案件的一审案件管辖权以基层人民法院管辖为原则，统一由被执行人住所地基层人民法院管辖。这样的设计主要考虑避免大量破产衍生一审民事案件进入中级人民法院管辖，造成中级人民法院分配过多审判力量审理一审民事诉讼案件，中级人民法院应充分发挥其审查法律适用的统一性的上诉法院职能，统一破产衍生诉讼的法律适用问题。

（三）"执转破"程序中执行法院与受移送法院之间的衔接

现有"执转破"程序中，对于执行移送破产审查的衔接并未有相关明确规定。这导致了大量符合"执转破"条件的案件无法移送。执行法院与受移送法院之间的衔接包括了决定程序、移送程序、审理程序，而现有制度未对每个程序中的具体职责和要求进行明确，使得司法实践中"执转破"衔接不畅。

执行法院在受理被执行人为企业法人的执行案件时，应积极主动告知当事人关于"执转破"的有关规定。在审理过程中，如发现被执行人具有不能清偿到期债务的情形，执行法官应根据执行环节收集的证据材料综合审查认定被执行人是否存在资产不足以清偿全部债务或者明显缺乏清偿能力的情形，即对被执行人是否具备破产原因进行实质性审查。如经审查认为被执行人具备破产原因，应当及时向已知的申请执行人和被执行人询问是否同意将案件移送破产审查，并向其释明相应的法律后果，从而引导其作出理性选择。

根据最高人民法院《关于执行案件移送破产审查若干问题的指导意见》第十三条的规定，受移送法院的破产审判部门应自收到移送材料之日起三十日内作出是否受理的裁定。而该条在司法实践中的规范性不强，该条文明确要求破产审判部门在立案审查后三十日内审结，且因执转破案件的移送受理率涉及营商环境办理破产指标考核，故可能导致执行移送破产审查案件移而不立的情形发生。

针对执行移送破产审查的案件可采取预审查制度，具体来说，执行法院认为被执行人具备破产原因时，应在作出移送破产审查决定书之前制作书面报告，将案件情况向受移送法院破产审判部门汇报。受移送法院破产审判部门在收到书面报告的五个工作日内应予以答复预审查结果。如初步认定被申请人不具备破产原因，则将移送材料及时退回；如移送材料不完备或内容错误，可要求执行法院于十日内补齐、修正；如初步认定被申请人具备破产原因，应要求执行法院于五日内补齐材料，在执行法院补齐材料后的三日内移送立案部门以"破申"字号登记立案。因采取预审查制度后，形式上来看可能增加了案件审查期限，实际是确保移送破产审查案件更加规范，因为有了立案前的预审查，对案件已有一定的了解，从而可以省去部分立案后的审查过程，缩短审理时限。同时，执行法院应根据受移送法院反馈的预审查结果，决定将执行案件移送破产审查，及时开展下一步工作。

三　如何完善"执转破"程序机制构建的反思

（一）完善关于"执转破"程序的立法

"执转破"程序作为破产程序中当事人申请主义的有益补充，需要完善"执转破"制度的立法，才能保障各个环节实现高效运转。只有总结过往司法实践中运用"执转破"程序发现的问题，科学合理地构建"执转破"程序机制，破解"执转破"程序的运行不畅问题。围绕提升"执转破"程序高效运行，明确执行法院和受移送法院的职责要求，规范各个衔接程序、移送标准、处理时限等微观事项，处理好执行程序与破产程序的衔接问题，形成常态化的"执转破"工作机制。

（二）加强"执转破"案件的审判专业化

破产程序与普通的民事诉讼程序存在明显差别，普通的民事诉讼案件主要针对一种民事法律关系产生的纠纷进行审理，而一件破产案件中可能存在多种民事行为、行政行为，甚至违法行为。执行与破产程序既具有同源性，也具有异质性。执行程序侧重效率，而破产程序追求公平，两者的衔接，兼顾公平与效率，保证所有的债权人最大程度公平有序地受偿，同时，它还可能使债务人获得重生。[①] 正是因为"执转破"程序的特殊性，应加强对"执转破"程序中的执行和破产审判人员的专业化培训，通过基层锻炼、专业轮训、跟班学习等一系列举措，全面培养锻炼审判人员，不断提高"执转破"审判队伍综合素质能力，打造一支专业素质过硬的"执转破"审判队伍，为切实推进"执转破"程序高效运行，化解社会矛盾纠纷，营商环境建设保驾护航。

（三）搭建"执转破一体化"信息化平台

在破产程序中，破产管理人需要对债务人负债情况以及资产状况进行实时管理，同时，破产审判人员也需要根据债务人情况实时推进破产进程，监督和指导破产管理人开展工作。但司法实践中，破产审判人员对破产案件的审判管理大部分基于线下向有关部门函询及破产管理人的日常工作汇报。在信息化高速发展的今天，人民法院现有的破产办案系统无法满足"执转破"程序中对债务人实际情况的实时查询以及查封、冻结债务人资产等需求。搭建"执转破一体化"信息共享平台，可以解决执行查控系统转破产查控系统的对接问

---

① 马伟坚、胡名态：《"执转破一体化"的实证图景与理性进路——以 242 分裁判文书为分析视角》，《法制与社会》2019 年第 2 期。

题，减免沟通不畅导致的"执转破"程序空转，节约司法成本，有效防止各部门职责不清、推诿扯皮现象发生，提高"执转破"工作效率。

四　结语

良好的破产制度既是对全部债权的强制执行，又是对债务人的一种强力威慑机制，能够发挥分流执行案件、缓解执行难题的重要功能。[①] 现阶段"执转破"程序在司法实践中并未得到有效的推进，究其原因还是未形成完善的"执转破"程序机制，使得执行程序与破产程序的衔接不顺畅。为实现市场经济法治化建设，我国迫切需要促进执行程序与破产程序的协同发展，发挥"执转破"程序化解执行难的作用。

---

① 江必新：《标本兼治破解执行难 逐步实现执行体系和执行能力现代化》，《人民司法·应用》2016年第10期。

G 17
优化法治化营商环境视角下的人民法院"执转破"工作

—— 以贵州省黔南州中基层法院的实践为例

杨杰 彭娟 张杰[*]

摘 要：随着法治建设的不断深入，我国营商环境持续优化。作为重要法治建设者的法院，"执转破"工作是法院推进法治化营商环境的主要工具，它有助于优化资源配置，有利于"僵尸企业"有序退出市场，推动市场资源再配置和产业结构升级，进一步优化法治化营商环境。鉴于此，实现优化营商环境和"执转破"工作的有机结合已然成为法院当下最迫切需要解决的实际问题，如何运用好"执转破"这一制度，建设好法治化营商环境成为黔南法院积极探索的方向。虽然近些年黔南法院在探索过程中取得了一定成效，但仍有需要改进的短板和不足，本报告从黔南地区中基层法院"执转破"工作出发，总结经验、挖掘问题、提出对策，探究人民法院利用"执转破"在服务优化营商环境中的可行路径。

关键词：法治化营商环境 "执转破" 黔南地区 中基层法院

---

* 杨杰，贵州省黔南布依族苗族自治州福泉市人民法院执行局工作人员；彭娟，贵州省黔南布依族苗族自治州福泉市人民法院副院长；张杰，贵州省黔南布依族苗族自治州福泉市人民法院执行局负责人。

一 黔南州构建和优化法治化营商环境总体情况

（一）总体情况

近些年，黔南州高度重视优化营商环境工作，持续发力、大胆创新，落实好营商环境"最后一公里"，提升服务保障民营经济发展水平，促进民营企业行得更稳、走得更远，在法治营商环境建设中提供更多可复制、可推广的黔南经验。

（二）黔南法院优化法治化营商环境工作情况概述[①]

优化营商环境作为一个系统工作，在评估中涉及11个指标，其中人民法院主要涉及"执行合同"（Enforcing Contracts）和"办理破产"（Resolving lnsolvency）两个指标。

1. 执行合同指标

"执行合同"指标下设4项二级指标，分别为解决商业纠纷的耗时、解决商业纠纷的便利度、审判质效、企业满意度。其分值越高、位次越靠前，则越体现辖区法治化营商环境水平的高低和工作开展状况。因该指标为区县级指标，仅能从黔南州辖区基层法院评估成绩来整体评估，根据贵州省2020年、2021年、2022年、2023年营商环境考核评价结果的通报数据来看，在88个区县和贵安新区中，2020年黔南州执行合同指标进入全省前十位的仅有荔波县，排名第十；2021年采取方阵排名，将9个市（州）划分为3个方阵，黔南州在全省9个市（州）中排名第六，位居第三方阵；2022年在全省排名第七；2023年在全省排名第四。从黔南州近4年"执行合同"指标数据来看，其指标分数逐年上升，排位名次也逐年提升。

2. 办理破产指标

营商环境评估指标中的"办理破产"指标主要衡量的是国内企业破产程序的时间、成本、结果以及债权人回收率，同时也包括适用清算和重组程序法律框架的质量。这一指标反映了企业在面临破产时，整个法律体系对于处理破

---

① 贵州省产业大招商暨优化营商环境工作领导小组办公室关于2020年、2021年、2022年、2023年产业大招商综合成效测评和营商环境考核评价结果的通报。

产事务的效率和效果，包括破产程序启动的难易程度、所需时间、成本负担以及最终债权人能够回收债务的比例等。此外，该指标还涉及破产法律框架的完善程度，即法律是否为企业的清算和重组提供有效的支持和保障等。2020 年，黔南州"办理破产"指标得分为 74.75 分，排名全省第二；2021 年得分为 73.80 分，排名全省第六；2022 年得分为 84.69 分，排名全省第七；2023 年得分为 97.39 分，排名全省第三。其中，2023 年政府端得分为 87.92 分，排名全省第三；企业端得分为 99.76 分，排名全省第四。

二　黔南州"执转破"工作实践状况

（一）执行工作概述

随着商品经济不断发展和经济交往不断增多，利益交往人因经济活动、缔约行为权益纠纷进入诉讼的案件大量增加，有些当事人法治观念薄弱、契约意识低，导致申请执行案件数量逐年上升。根据 2019～2023 年黔南州 GDP，2019 年为 1518.04 亿元，2020 年为 1595.40 亿元，2021 为 1747.41 亿元，2022 年为 1772.18 亿元，2023 年为 1800.95 亿元。① 黔南州近几年经济稳步发展，但市场商事纠纷增多，对法治化营商环境工作提出了更高的要求。从司法工作来看，更为直观地表现为涉企执行案件数量激增，经调查，2021 年黔南州两级法院涉企的首次执行和恢复执行案件数量为 13750 件；2022 年为 14688 件，较上年上升 6.8%；2023 年为 15284 件，较上年增长 4.05%。② 逐年递增的案件量，使得司法资源本就紧张的黔南法院推进执行工作越发艰难，尤其是涉企执行案件中商事合同、农民工工资类案件占比越来越大，市场和群众对权益实现期望高，法治化营商环境营造越发重要。

（二）"执转破"工作概述

在司法实践中，执行工作是实现司法公正公平最重要一道防线，是一种促

---

① 黔南州统计局：《黔南州 2023 年国民经济和社会发展统计公报》，https://www.qiannan.gov.cn/zwgk/zfsj/tjxx/tjgb/202405/t20240506_ 84470934. html，最后访问时间：2024 年 8 月 1 日。

② 黔南州中级人民法院。

进司法公正公平的手段，而非目的，但是在执行过程中，部分企业因债务缠身，部分案件无法通过执行来达到维护债权人权益的目的，产生了新的"执行难"问题，这时候"执转破"这一手段便能在一定程度上破解涉破产企业"执行难"问题。将"执行不能"的企业纳入破产程序，通过破产途径合法有序退出市场，将符合条件的"执行不能"案件及时转入破产程序。这不仅有助于化解"执行难"问题，保护债权人利益，同时也为企业提供了合法有序退出的途径，有助于优化营商环境。2023 年黔南州 13 家两级法院共移送"执转破"案件 38 件，涉及涉案企业 38 家，共涉及执行案件 1036 件，最终消化执行案件 598 件，涉及金额达 3.3 亿元。

三 黔南法院建设法治化营商环境中"执转破"的运用及探索

为推进执破程序融合，打破执行僵局，充分发挥破产制度在优化市场资源配置、规范僵尸企业市场退出机制、解决执行难问题等方面的作用，建立公平公正、透明、稳定、可预期的优化营商环境，黔南法院积极推进"执转破"工作助力法治化营商环境建设，积极为法治化营商环境建设提供司法服务和保障。

（一）助推立审执一体化，简化流程，打破执行破产程序壁垒

执行程序和破产程序在功能和目的上存在差异，执行程序主要用于强制执行法院等机构产出的具有法律效力文书的法定义务，以实现对债权人权益保护的目的，而破产程序则是在债务人资不抵债时，通过法定程序对其财产进行清算，以解决债务问题。尽管如此，"执破融合"工作有助于通过执行程序与破产程序的有效衔接，来推动破产审判工作的深入开展，这不仅有助于解决单个债权人的问题，也有助于维护市场经济秩序和公平正义，[①] 实现司法力量对营商环境的优化。黔南两级法院为推进执破融合工作，加强和上级法院"执转破"工作对接，在中级人民法院设立破产庭，在基层人民法院执行局建立"执转破"专人岗位，负责对执行案件进行摸底排查，对进入执行程序的破产企业进行梳

---

① 《最高院：关于审理破产重整案件的 50 条最新意见》，https://www.thepaper.cn/newsDetail_ forward_ 4659897，最后访问时间：2024 年 8 月 1 日。

理，走访企业、建立台账，实现对管辖区域破产企业从拟进入到退出的全流程监管。为推进执破衔接，简化流程实现快进快出，2023 年，黔南中院建立"执转破""立审执"衔接推进机制。印发了《"立审执"一体化协调运行的实施办法（试行）》，各基层法院对照中院和自身实际情况建立"立审执"一体化运行机制，对于在"僵尸企业"清理中发现资不抵债的案件，以及无财产可供执行的终本案件，及时启动"执转破"程序。充分发挥"执转破"工作机制作用，提前介入，提前审查，提前指导，督促指导"执转破"工作有序开展。制定《关于简化破产案件审理程序的工作指引（试行）》和《关于依法办理中小微企业破产案件的工作指引》，推进破产案件实现繁简分流，提升案件办理质效。同时，为推进区域"执转破"工作，黔南法院每年都设定执行移送破产指标，要求两级法院认真排查案件，将符合破产的企业认真审查后报送中级人民法院，加大对"执转破"案件考核，提高各基层人民法院"执转破"工作积极性，做到应破尽破。通过"以破促执""以执助破"，有效疏通涉"僵尸企业"案件执行难的"堰塞湖"。通过引导债权人申请破产进入破产程序，清理"僵尸企业"，有序消化终本案件存量，通过受理一起破产案件，消化若干衍生案件。

（二）搭建破产审判团队，组队设庭，推进破产案件集中管辖

近几年，贵州各级法院高度重视破产工作规范化、高效化开展，纷纷建立优质审判团队，提升破产审判专业水平。2019 年，为推进黔南州破产案件集中审判工作，黔南中院制定《破产案件集中审判工作方案（试行）》，由中院抽调 3 名法官，12 家基层法院各抽调 1 名审判业务骨干，共计 15 人成立破产审判团队，该团队由 3 名员额法官和 12 名辅助人员组成，实现了审判团队的高标准配备，后续在该团队的基础上成立清算与破产审判庭。作为黔南州法院破产审判工作的核心力量，该团队通过抽调基层法院业务能力强的骨干，搭建专家团队，充分发挥带头作用，同时，全州法院不定期开展培训工作，邀请专业知识和履职能力经验丰富的教授、专家、资深法官等，围绕破产审理中的实务问题现场授课和研讨交流，① 提升

---

① 《盘活 24.68 亿！黔南中院"破"解困局，"产"出新机》，https：//mp. weixin. qq. com/s？__ biz＝MjM5OTc5NzY4Nw＝＝&mid＝2650831339&idx＝1&sn＝3e3ec 3e4e079423b9738601118839e83&chksm＝bcc12f338bb6a6252cfc9efa25f484142171245c014f916ba 1709a0e5f7d3d7d67a400687818&scene＝27，最后访问时间：2024 年 7 月 9 日。

团队业务能力，增强化解社会矛盾、协调各方利益能力，打造优秀案例，进而全面提升黔南州破产审判能力，为优化法治化营商环境奠定了良好的人才基础。

（三）聚焦府院协调联动，常态联动，助力破产案件难题破解

在司法实务中实现"执转破"案件政治效果、社会效果、法律效果的有机统一，是核验"执转破"案件办理合格的标准。由于"执转破"案件多为"执行不能"案件，稍微处置不当就可能激化社会矛盾。因此，优化法治化营商环境、破解企业破产"退出难"问题不能靠法院的单一力量，必须建立府院联动机制，形成多方合力，解决府院"信息孤岛"问题，减少沟通成本，充分发挥破产制度的作用，提升破产处置质量和效率，进而推进执行转破产工作的开展，以达到提高执行效率、增强执行效果、保障当事人权益、树立司法权威的目的。为此，黔南中院积极构建"党委领导、政府支持、法院主导、部门联动"的工作格局。联动黔南州政府办出台《关于建立企业破产处置府院联动机制进一步优化营商环境的通知》，推动企业破产处置府院联动机制建设。围绕破产企业登记、注销，资产查封、解封、过户、容缺登记等环节，出台《府院联动推进企业破产便利化工作意见（试行）》。为了解决企业破产程序中的涉税问题，与黔南州税务局出台《破产程序司法税务协作联动机制》。针对企业"逃废债"问题，与黔南州检察院、州公安局联合出台《关于加强司法协作在审理企业破产案件中防范和打击逃废债行为的实施意见》。同时，为推动执行程序与破产程序相互融合，黔南中院还联动黔南州破产管理人协会，制定印发《黔南州中级人民法院、黔南州破产管理人协会破产案件管理人工作指引（试行）》，将符合破产条件的"僵尸企业"依法纳入破产程序，营造良好的营商环境。①

（四）搭建助破平台，平台服务推进"执转破"工作规范化

经过多年发展，我国执行工作越发规范、高效，但在执行程序中也出现了

---

① 《黔南州 163 家州直部门（单位）锚定 779 个"小切口"调研选题 解决真问题 真解决问题》，https：//mp.weixin.qq.com/s?＿＿biz＝MzA4MTcONDMyMw＝＝&mid＝2650400313&idx＝1&sn＝713bde6aed44f2678cadde4067599d08&chksm＝879d1e95b0ea978355357799d76b87f3f28bacc63c40ad20bcd13b533af2676251ba79960fe&scene＝27，最后访问时间：2024 年 7 月 9 日。

以企业作为被执行人的案件，有些案件因为种种原因执行不能，出现大批"僵尸案件"，然而目前由于执行程序和破产程序的衔接还不够有效，这些"僵尸案件"往往成为终本案件滞留在执行程序中，不仅在一定程度上对司法公信力产生影响，更不利于营商环境的优化。但是不管是从清除信用垃圾、净化市场出发，还是为化解积案，仅靠法院显得独木难支，需要法院、政府、案件当事人、破产管理人等多方力量共同参与。为此，黔南两级法院积极搭建助破平台，加快推进"执转破"工作规范高效化。2023 年，由黔南州中级人民法院牵头，黔南州发展和改革局、黔南州人民政府政务服务中心、黔南州司法局、国家金融监督管理总局黔南监管分局、黔南州工商业联合会共同发起成立贵州省首家企业破产公共事务中心。该中心是"一站式"集约破产公共法律服务和公共事务办理平台，搭建合作平台以联促破，对符合破产条件的企业采取"应破尽破"。2023 年 8 月至 2024 年 2 月，该中心已经为 20 余家企业提供破产咨询、立案引导等服务，涉及企业资金 50 亿元，除此之外，黔南地区基层人民法院也积极探索助破平台建设，福泉市人民法院在执行局设立执行事务中心，并在其基础上成立法治化营商环境促进中心，将法治化营商环境贯穿执行程序，强化执破衔接融合，开设营商环境绿色通道，建立企业信用修复、破产申请直通窗口，实现面对面服务，用高质量的司法服务法治化营商环境。

四 当前黔南法院"执转破"工作在法治化营商环境建设中的困难

（一）执行转破推进过程中人案矛盾突出

根据最高人民法院发布的数据，2023 年，全国收案 4557.37 万件，增长 15.62%，其中执行案件收案 999.45 万件，同比增长 11.32%；全国法院法官人均结案 356.51 件，同比增长 13.42%，整体办案压力较大，反映了"案多人少"的矛盾日益突出。[①] 以都匀市人民法院为例，该院 2023 年执行案件为

[①] 《"数"点看法！2023 年审判执行工作怎么看？》，https://www.court.gov.cn/zixun/xiangqing/427552.html，最后访问时间：2024 年 7 月 9 日。

11575 件，执行局办案人员为 42 人（含员额法官、法官助理、书记员、聘用人员），人均办案量近 280 件。在 2023 年全州"执转破"移送的 38 家企业中，都匀市人民法院移送了 8 家，虽然移送破产程序后都匀市人民法院不需要做太多工作，但前期的启动沟通、材料准备仍占据办案法官大量的时间。虽然省高院就交叉执行、终本出清工作作出加强执行局办案人员配备的相关文件，但在基层人民法院人力资源固定的现实下，各个庭室办案人员均较紧张，难以抽出更多的人手援助执行工作，"执转破"工作推进更为缓慢。

（二）当事人对"执转破"意愿不强造成程序启动难

自"执转破"制度实施以来，由于当事人申请合意难以达成，本应发生井喷的"执转破"案件并没有质的增长。一是效率问题导致当事人意愿低。对当事人而言，案件进入执行程序能够快速处置资产，效率高，能最快得到处理结果，而破产程序时间成本较高，让当事人意愿不强。二是破产知识普及度不够导致当事人不愿主动提起破产申请。依照最高人民法院出台的《关于执行案件移送破产审查若干问题的指导意见》（以下简称《指导意见》）第二条规定，"执转破"应经过被执行人或至少一个申请执行人书面明确表示同意。但是在实践中，经笔者对来咨询执行案件的当事人的调研，大部分当事人认为企业破产后就无处追索债权，且预期企业有一天会营利向好，同时不了解企业破产后的债权公平清偿和重整机制。就目前"执转破"相关知识的普及程度来看，申请人、被执行人企业均对"执转破"工作存在一定误区，很少有意愿主动申请执行案件移送破产审查。这一点说明了在实践中，即使法律提供了转换机制，但由于当事人的不配合或不同意，这一机制也难以有效运作。三是债权完全实现可能性降低导致当事人意愿不强。相较于执行程序对个别债权人清偿，破产程序是公平地对所有债权人清偿，在这种债权完全实现可能性较低的情况下当事人的意愿不强。

（三）办理法官对"执转破"存在"不愿转""不会转""不想转"

"执转破"制度，是我国司法发展的创新，就目的而言，有利于清理积案，助推"僵尸企业"退出市场，优化营商环境，是司法制度中供给侧结构性改革的重要手段。作为推进"执转破"工作主要推进部门的执行局，目前存在执行人员对"执转破"工作"不愿转"和"不会转"的难题，在一定程度上形成了"死循环"。一是执行人员"不愿转"在一定程度上影响了"执转破"工作的高效推进。一方面，"执转破"工作会耗费大量时间、精力，使得部分执行工作人员存在抵触、畏难情绪。在"执转破"制度未施行以前，在办理执行案件时，遇到执行不能或无财产可供执行的案件，只要符合终本条件，大部分都以终本方式结案，相较于"执转破"在程序上更加简单，如果案件转入破产程序，执行人员既要做当事人申请意愿工作，还必须完成意见征询、法律释明、文书制作、报告撰写、材料准备、各种汇报等诸多工作，很难成为执行法官的积极选项。① 另一方面，目前尚未建立完善的"执转破"考核激励机制，虽然近些年各级人民法院为推进"执转破"工作建立了不同的考核机制，但是仅仅停留在对法院"执转破"的工作方面，尚未建立对承办法官在"执转破"工作方面的考核激励机制，未将"执转破"移送工作体现在执行法官的办案质效或工作业绩中。二是目前基层法院存在执行人员对"执转破"工作"不会转"。就贵州省而言，目前都是中级人民法院办理破产案件，基层法院既无破产部门，也无专业的破产人才。对于基层人民法院执行人员而言，能力不均，部分人员在职业生涯中也没有接触过破产案件，对破产的相关经验欠缺，上级法院对执行人员"执转破"相关培训较少，导致基层人民法院执行人员面对适合"执转破"的案件时"不会转"。同时，中级人民法院在面对整个地区的破产案件时人案矛盾突出，特别是执行案件转破产后，案件量激增，如果将部分"执转破"案件分流给基层人民法院，既能将案件压力分流又能增加基层人民法院办理经验，但考虑到基层人民法院能力不足可能导致案件办理质量不高，又不敢进行分流尝试，基层人民法院执行人员在实践时，"不会转"问题又进一步加深了，因"不会转"所以"不愿转"，又因"不愿转"进一步加深"不会转"，形成了"死循环"。三是考核指标不合理导致办理法官"不想转"。营商环境评估指标中的"办理破产"指标在考核法院时，需衡量企业破产程

① 李建波、王长河：《"执转破"工作中的问题及对策》，《吴江审判》2020 年第 5 期。

序的时间、成本、结果以及债权人回收率，部分有产可破案件较为复杂、时间长、指标要求严格，该类破产案件对指标结果影响较大，导致部分破产法官"不想转"。

（四）"执转破"府院联动工作格局有待完善

虽然近几年贵州法院在推进"执转破"府院联动工作中有许多有益探索，但是仍存在一些现实问题。一是疑难复杂案件对府院联动程度提出更高要求。经过笔者调查，贵州省大部分"执转破"案件中的破产企业类型集中在房开企业、煤矿企业、化工企业，涉及的债务主要有工程款、劳务工资、合同债务，这些破产案件案情复杂，遗留问题涉及部门多、社会风险性高，涉案群体信访风险高，但这三类企业同时具有相当高的破产重整价值。目前贵州省破产工作的部署缺乏对共性类型案件的梳理及难点工作的攻破，这些案件在类型上缺乏相关的机制建设、政策扶持、行业部门监管支持及专业团队支持。以房开企业和煤矿企业为例，房开企业涉及万千群众的住房基本需求，不能将该类企业进行简单的破产清算，政府和法院应当考虑企业破产背后的社会风险，推进该类企业重整的社会效果比清算好。煤矿企业的发展关系着贵州省"富矿精开"战略的实施，加强政府和法院对该类企业的支持联动，因案施策，积极推进企业重整，有助于如黔南这类富矿地区"富矿精开"战略的实施。二是府院联动机制不够顺畅，普遍存在"联而不动"现象。首先，不涉及群体的案件或不涉及政府维稳工作的案件难以引起政府重视；其次，办案过程中历史遗留问题太多；最后，地方法院履职尽责需提升，例如异地解封难等问题，相关职能部门很少能提供针对破产企业办理事项的相对规范的办事流程，管理人花费大量时间和精力在沟通上，部分政府部门不能完全配合工作，工作流程固化且复杂。三是"执转破"费用联动保障机制亟待完善。就目前而言，政府对"执转破"的支持大都停留在制度政策方面，在专项资金方面的投入较少，对于无产可破的案件，因破产经费无法保证，破产启动困难，经调研，目前仅有黔南州成立了"破产管理人资金池"，通过政府拨款和案件拨款2%~5%的方式建立资金池，从而保障破产案件的启动，其他地方暂未有类似的资金支持政策。

五　推进"执转破"工作优化法治化营商环境的建议

（一）强化队伍机制建设，化解执破人案矛盾

司法改革在深化人员结构调整和优化资源配置方面对一线办案人员有所倾斜，在一定程度上缓解了人案矛盾，但鉴于人财物资源整体的有限性，面对"执转破"工作，破解案牍之劳，较为现实的路径是对现有资源进行深度挖掘和有效利用，提高单位产出效能。一是深入推进繁简分流机制，人案矛盾实质上是源于当前司法案件的高速增长，实行繁简分流有助于在现有司法资源条件下实现案件的快速消化，有助于执行案件的规范化和质效提升。将案件进行繁简分流实现简案快执、普案精执、繁案优执，可以根据案由、标的、是否涉财物处置等标准进行分类，让各组承办法官专注于某一类案件，熟能生巧，提升办案质效。同时就集中送达、集中"查人找物"、集约监管已结案件、集约外勤事务、集约接待等方面进行事务分流，建立专门的执行事务中心，让承办法官专注于办案。二是探索队伍创新建设，"执转破"作为现今乃至未来长期需要坚持的一项工作，基层法院要以建设队伍为中心，挖掘现有人力资源潜力，如黔南州在 2024 年组建的全州机动审判队伍，在全州 12 家基层人民法院抽调24 名骨干组建机动审判队伍，流动性作战，哪家法院审判执行质效差就奔向哪家法院，用精干队伍化解积案矛盾。三是强化现有执行队伍素质，将组织培训和自学结合起来，邀请上级法院法官、知名高校学者、知名律所为法院执行工作者开展专题培训，就"执转破"工作推进所需的知识、技巧开展讲座培训，提升执行干警的专业素养，同时组织执行干警开展自学，及时关注最新的"执转破"工作指引，丰富执行干警的知识储备，做到常新常学，常学善用，让每一个执行干警拿得出、站得住。四是引入外部力量缓解"执转破"人案矛盾。一方面加强破产管理人建设，让优质律所成为破产管理人，建立破产管理人库，加大对破产管理人业务培训，提高其专业性；另一方面加强与上级法院、政府协商，力争解决法官助理的编制和待遇问题，保障员额法官队伍的持续稳定。

（二）加强普法推进探索，内外协同推进"执转破"

将申请执行人或者被执行人同意移送破产作为启动"执转破"程序的必要条件之一，体现了当事人主义的"执转破"理念。[①] 如果拟破产企业迟迟得不到破产推进，"执转破"程序无法开展，既不能保障对全体债权人的公平清偿，也不能实现对有挽救价值与希望的债务人企业的困境拯救。作为推进"执转破"工作主体的法院，当当事人破产意愿不强时，一是要加强对申请关于破产的相关知识进行普及，让其明白申请破产对自身债权实现的意义，但是并非所有的普及法律知识要在需要时才进行，普法惠民久久为功，基层法院应在平时通过线下渠道和抖音、微信公众号等线上渠道加强宣传，给群众普及关于破产的正确认识。同时，法院也需要对拟破产企业做好普法工作，让其明白破产对企业的挽救意义。二是加强案例普法工作，各级法院办理"执转破"案件时，应筛选具有典型性、普适性的案件进行以案说法、普法宣传，推进"执转破"在社会的知晓度，通过具体的案例，让当事人了解"执转破"程序的作用、效果及意义，提高全体公民的破产法治观念。三是推进我国破产法治建设，目前我国"执转破"采取的当事人申请主义，是我国贯彻意识自治原则的表现，为缓解这一难题，有人提出可以立法规定法院在执行程序中发现债务人符合破产条件的，可以依职权将案件转入破产程序。理由是采取职权主义，可以在债务人丧失清偿能力而又无人提出破产申请时，防止其债务继续恶性膨胀，损害债权人利益，充分体现企业破产法对债权人公平清偿和对债务人的积极挽救机制。但是破产程序的启动属于司法调整范围，通过职权主义以公权力启动，会侵害当事人的民事处分权利。在目前法律的修改过程中，对是否采纳上述观点存在较大的争议。如何更好地解决执行难和破产难的问题，如何在企业破产法的修改中建立更为完善的"执转破"制度，仍需要进行不断的研究和探索。[②] 所以目前人民法院在推进"执转破"的过程中，探索有益的"执转破"程序启动举措是势在必行的。

[①] 宋超：《优化启动模式 破解程序困境——关于江苏常州武进区法院"执转破"程序启动情况的调研报告》，《人民法院报》2024 年 4 月 17 日，第 7 版。

[②] 王欣新：《从"执转破"的角度看破产启动程序的完善》，《人民法院报》2023 年 7 月 20 日，第 8 版。

（三）完善考核激励机制，增强干警"执转破"积极性

一是加强执行干警的大局观念引导。"执转破"工作的顺利开展，不仅能够在一定程度上化解积案，达到一定的司法效果，还能最公平地保护当事人权益、推进市场出清、优化市场营商环境，具有很好的社会效果，各级法院应组织执行局干警进行"执转破"业务培训，在提高干警业务素质的同时，有利于干警充分认识"执转破"工作对消化积案、推进终本案件出清、减少涉破产企业执行案件工作量、实现债权人权益、打击规避执行的优势，增强"执转破"工作开展的必要性认识。同时还应加强破产部门和执行部门的联动，畅通沟通机制，将单独作战转为集团作战，对"执转破"程序开展中的问题进行探讨，相互分享经验，减少执行人员的畏难情绪。二是建立统一的移送案件文本标准，经调研，目前尚有大部分执行法官在文书制作、报告撰写、材料准备等方面不知道如何下手，在遇到"执转破"案件时在这些方面就会耗费大量时间成本，为此，要推进"执转破"工作，则需要法院对执行人员就"执转破"前期工作进行培训，建立具有参考性的规范性文书，如苏州市吴江区人民法院在推进工作中编印"执转破"实务操作手册，制作文书样式，提示各节点需要注意的要点，在提高执行法官工作效率的同时保障"执转破"工作的规范性，实现操作流程的标准化。三是建立"执转破"移送案件激励机制，在考核办法中应关注承办法官个体的绩效考核，明确"执转破"案件移送的考核办法，让执行法官能够直观地看到自己在办理移送"执转破"案件的成绩，进而充分调动执行法官对移送"执转破"的积极性。四是推进管辖法院"执转破"分流尝试。针对人案矛盾突出的地区可尝试"执转破"案件办理分流，将部分简易、操作性强的案件分流到基层法院办理，管辖法院派驻骨干指导开展，提升基层干警办案经验，将"不会转""不愿转""不想转"的死循环破解，形成"愿转""能转""可转"的良性循环。

（四）着力优化联动格局，提升"执转破"便利度

在当前推进新质生产力高质量发展的背景下，市场对优质的法治化营商环境需求更为迫切，"执转破"工作能够充分发挥破产重整的经济价值，在推进市场"僵尸企业"出清的同时还能挽救具有重生价值的企业，但是仅仅依靠法院推进法治化营商环境建设显得捉襟见肘，"执转破"的便利度有待提高，

为此建立一个高效有序的联动格局显得格外重要。一是建立联席会议。各级人民法院应提高对"执转破"工作的重视程度,就本院"执转破"情况及时向地区党委汇报,争取党委支持,构建"党委领导、政府支持、法院主导、部门联动"的联动大格局,组建联席会议,定期检视地区府院联动机制运行的实效,对联动不力、推诿工作的单位进行通报,对府院联动中的旧存老大难问题、新问题、新情况及时关注并组织会议研究对策调度,让联动常连常新。二是设立"执转破"工作专班,由政府相关部门、破产管理人协会、律所等组建,就"执转破"中遇到的信访、舆论问题进行防控,确保"执转破"工作的社会效果。三是将"执转破"执行联动工作纳入政府考核体系,就联动中的分工、责任等进行划分,科学制定考核细则,通过压实部门责任,确保"执转破"联动机制得到真正落实,杜绝联而不动。四是搭建面对全社会的助破平台,涉"执转破"案件大都关系民生,作为司法机关绝不能"关上门"办案,要加强公开,提高工作办理透明度,建立面对群众的助破平台,有助于提高群众对"执转破"工作的认知、提升涉案当事人的申请破产积极性。如黔南州的企业破产公共事务中心,该中心由黔南州中级人民法院等6个单位共同组建,主要为自然人和法人提供企业破产立案前的法律咨询、案件识别、立案引导、预重整和预和解推进等服务,破产程序中协助送达,协调债务人、债权人矛盾以及保障和监督破产管理人履职等,破产程序终结后帮助企业信用修复等。该中心的建立,融合了诉讼服务、府院联动、诉源治理等多种功能,是"一站式"集约破产公共法律服务和公共事务办理平台。

六　结语

营商环境是地方经济发展和招商引资的基石和底气,打造优质的法治化营商环境,能够让企业"盼进来、愿留下、期未来",让企业的"心"安下来。"执转破"工作具有得天独厚的司法功能和社会功能,应将"执转破"这一工具运用好,建立公平、公正、有序的市场环境,让"僵尸企业"涤出市场,让优质的企业获得更好的发展,让具有发展前景的企业获得重生。只有让市场的"池塘"清澈,才能让作为"鱼儿"的市场主体活跃起来,才能真正建立市场化、法治化、国际化的一流营商环境。

破产重整与困境企业拯救

G 18

房地产企业破产重整中担保物权的保护与限制

——兼议破产企业涤除抵押权登记的可行与优化

罗依婷　龙　斐[*]

摘　要：《中华人民共和国民法典》《中华人民共和国企业破产法》均对抵押权的行使作了相应规定。因理念和价值追求的差异，抵押权在破产程序中出现了"异变"。在破产重整制度重要性日益凸显的今天，如何在破产重整中实现抵押权的保护和限制，最大限度实现重整制度在挽救房地产企业、稳定社会秩序上的价值，为破产实务带来了困惑和挑战。人民法院能否在重整中强制涤除抵押权登记，目前尚无定论。该问题在涉房地产企业破产重整中确实亟须明确解决方法。通过涤除抵押权登记，防止个别清偿，以维系债务人核心资产，保护全体债权人公平清偿利益，符合《中华人民共和国企业破产法》的立法原则和意图。

---

 * 罗依婷，贵州省铜仁市中级人民法院审判委员会办公室副主任；龙斐，贵州省铜仁市中级人民法院法官助理。

房地产企业破产重整中担保物权的保护与限制

关键词：房地产企业　破产重整　抵押权　解除抵押权登记

在全面贯彻新发展理念，加快构建新发展格局，着力推动高质量发展的大环境下，以去产能、去库存为核心的市场退出机制势必加速市场主体优胜劣汰、推陈出新。众多经济主体资金链断裂、负债重重，陷入了危困境地。房地产企业属于资金密集型企业，整个项目开发到销售都需要大量的资金支持。众多房地产开发企业因资金链断裂、担保到期等陷入困境，衍生出众多"问题楼盘"，企业不得不启用破产程序来化解危机，实现重生或妥善清理债务。人民法院公告网显示，2022 年 1 月至 2024 年 6 月，有 744 家房地产企业宣布破产，其中 2022 年 344 家，2023 年 295 家，2024 年 105 家。[①] 房地产企业的发展关乎众多利益主体，如购房人、拆迁户、施工单位、抵押权人等。在房地产企业面临债务危机时尽可能地启用重整程序，将"问题楼盘"续建后交付。以 T 市某区为例，列入政府专班稳控的"问题楼盘"12 个，仅 2024 年就有 2 个项目的房地产开发企业启动重整程序。现实中，房地产开发项目所需资金较多，多数是通过银行贷款获得的，并将其名下土地、房屋、在建工程等不动产设置抵押为获取银行贷款提供担保。房地产企业破产程序中，尤其需要处理好不动产之上不同权利人之间的权利冲突问题，确保各方利益得到公平公正的保护。[②] 抵押权是物权，具有法定的优先受偿权和破产程序中的涤除权。该特殊性也就导致抵押权在重整程序中往往成为各种权利冲突的核心。诸多"问题楼盘"都需要对在建工程续建、完善，办证出售后回款，用回款清偿债务。抵押权人不配合或者对抵押权的行使不采取限制，重整将无法进行。可以说，抵押权人是否愿意解除抵押登记释放资产价值，成为诸多房地产企业重整的核心和关键。《中华人民共和国企业破产法》规定，在重整期间，对债务人的特定财产享有的担保权暂停行使。[③] 但如何暂停行使，暂停行使的内容是什么，如何平衡抵押权人

---

① 作者根据人民法院公告网数据整理。

② 刘贵祥：《当前民商事审判几个方面的法律适用问题》，《判解研究》2022 年第 2 辑，人民法院出版社，2023，第 49 页。

③ 《中华人民共和国企业破产法》第七十五条第一款："在重整期间，对债务人的特定财产享有的担保权暂停行使。但是，担保物有损坏或者价值明显减少的可能，足以危害担保人权利的，担保权人可以向人民法院请求恢复行使担保权。"

与其他债权人利益以及能否直接注销抵押登记，均无明确规定。但前述问题是重整实践中涉及抵押权的关键性问题，亟待明确和解决。

一 问题的提出：从一则案例出发

A 公司是一家房地产企业，因资金链断裂而无力支付工程款、归还借款等，导致开发的房地产项目停工并成为该地区最大的"半拉子"工程。已预售房屋不能如期交房、办证，引发大量农民工和购房人通过信访、堵路等激烈方式维权。该公司涉及多起工程价款、民间借贷、金融借款等的强制执行，资产、账户均被查封、冻结，陷入经营困难。A 公司债务规模庞大，各方利益冲突严重。经申请，人民法院受理了 A 公司的重整申请，并指定了管理人。经债权人会议核查及法院裁定，担保债权人申报的优先债权获得确认。因多方招募投资人未果，在充分论证和征求意见的基础上，确定"边续建边出售回款，部分回款用于续建，部分用于清偿债务"的重整思路，据此制订了重整计划。因土地和在建工程被抵押，在重整草案中明确担保债权已得到清偿或保障、存在优先权利的，应在重整计划生效后 2 个月内协助解除对债务人财产的限制。未主动协助解除的，管理人可申请人民法院出具法律文书协助执行。A 公司的重整计划未获优先债权组通过，人民法院强制批准。在执行重整计划期间，部分楼栋已完成续建，欲办理初始登记进行销售时，因土地的抵押权人不同意出具协助注销抵押权登记的材料，亦不主动解除抵押权登记，导致初始登记及后续的不动产权证书无法办理。管理人两次发函要求抵押权人协助涤除抵押权登记未果，遂向人民法院申请出具法律文书协助涤除抵押权登记。人民法院经审查后同意出具协助涤除抵押权登记的法律文书。

抵押权作为担保物权，功能是担保债权得以实现，未实现时可就抵押物价值获得优先清偿，强调的是权利实现的优先性。公平和效率是《中华人民共和国企业破产法》的重要价值。① 《中华人民共和国企业破产法》强调的公平清偿以及所承担的社会利益，与抵押权强调的个别清偿优先性天然存在价值冲

---

① 张晨颖：《破产制度价值研究》，《北京大学学报》（哲学社会科学版）2003 年第 6 期，第 73 页。

突，体现在破产领域对抵押权的限制使用。能否直接解除抵押权登记，涉及担保债权的保护和其他债权人甚至社会利益的平衡。需要在对抵押权进行分析的基础上，对该权利在重整中存在的权利冲突找到平衡点，从而为可否涤除抵押权登记以及进一步完善抵押权在重整中的行使提供思路。

二　重整程序中抵押权的概述

（一）概念分析

分析破产重整中的抵押权，主要涉及《中华人民共和国民法典》物权编第四编及《中华人民共和国企业破产法》第七十五条、第一百零九条的规定。平衡各方利益是法律的基本功能，不同领域法律的规定往往基于不同的价值追求而互相冲突和限制。《中华人民共和国民法典》第三百九十四条第一款规定，为担保债务的履行，债务人或者第三人不转移财产的占有，将该财产抵押给债权人的，债务人不履行到期债务或者发生当事人约定的实现抵押权的情形，债权人有权就该财产优先受偿。抵押权是以物的交换价值为基础构建的增信措施，权利人关注未来以抵押物的交换价值来优先实现债权。传统的担保物权理论认为，担保物权的意义在于债务人不履行到期债务时债权人拥有优先受偿权。抵押权本身体现了两种权利，一是变现权，二是优先受偿权。

《中华人民共和国企业破产法》第七十五条第一款规定，在重整期间，对债务人的特定财产享有的担保权暂停行使。但是，担保物有损坏或者价值有明显减少的可能，足以危害担保人权利的，担保权人可以向人民法院请求恢复行使担保权。第一百零九条规定，对破产人的特定财产享有担保权的权利人，对该特定财产享有优先受偿的权利。可见，在破产程序中也认可抵押权的优先受偿权，在清算程序中《中华人民共和国企业破产法》与《中华人民共和国民法典》的规定与行使方式并无二致。但在重整程序中，抵押权受到暂停行使的限制。两部法律对抵押权行使创设了不同的行使路径，甚至存在一定的冲突，原因在于破产法理念和担保物权理念存在冲突。破产法着眼于平衡各方利益，实现公平清偿，保护众多不同层次债权人的利益和稳定市场经济秩序，强调实质正义，具有一定的社会公益性。担保物权规则调整的是相对双方的债权债务关系，在发生无法清偿债务的情况时，债权人可以快速有保障地通过抵押物变现得到清偿，制度本身维护的是交易安全和信赖利益。公平清偿、平等保护的破产法价值追究与个别优先清偿的担保物权理念之间存在一定的冲突，使得抵押权在重整中不可避免地受到限制。

（二）抵押权的受限行使

《中华人民共和国企业破产法》第七十五条第一款规定即为我国破产制度对重整抵押权受限行使的规定，在重整中尤其涉及房地产企业时具有较高的制度价值。抵押权重整受限行使，旨在限制抵押权的过度保护，维护债务人利益，为企业重生创设更好的外部环境，防止抵押权制度破坏破产制度的公平受偿价值。在重整中抵押权暂停行使，理论界一般称为担保权暂停行使或担保权暂时中止。其他国家也有关于抵押权受限行使的规定。

美国破产程序的抵押权自动中止。《美国破产法》第三百六十二条规定，破产申请一经提出，暂时中止任何影响破产财产的行为，也称为自动中止。在中止的类型方面，包括法律行为、事实行为，还包括行政行为、司法行为。① 如果有人违反自动中止，行为无效；造成实际损失的，还需要承担赔偿责任。如果担保人申请解除中止的，需要通过严格的"动议"程序来解除。德国破产程序中抵押物变现权的暂时中止根据德国的《强制拍卖和强制管理法》规定，有证据证明暂时中止强制执行程序对防止债务人财产恶化是必要的，管理人申请法院暂时中止抵押物变现的，法院应当同意。德国对抵押物变现的中止，在清算程序中同样适用。

越来越多国家的破产法承认，允许担保债权人随意执行其对抵押资产的权利，可能不利于实现重整程序的基本目标，尤其是企业经营所必备的机器设备、设施等设定担保的情况。破产重整是对可能或已经具备破产原因，但又有维持价值和再生希望的企业进行业务重组和债务调整，以帮助其摆脱财务困境恢复营业能力。在破产重整期间，如果允许债权人行使担保物权，如将房地产开发企业用于抵押的在建房地产工程、在建商品房等财产进行拍卖、变卖，房

---

① 付翠英：《破产保全制度比较：以美国破产自动停止为中心》，《比较法研究》2008 年第 3 期。

开企业重整就无法进行。因此，为了企业的复兴和债权人的一般利益，令持有担保物权的个别债权人在权利行使方面暂停并作出暂时的忍让，应该说是公平的。① 但是，担保物有损坏或者价值明显减少的可能，足以危害担保权人权利的，担保权人可以向人民法院请求恢复行使担保权。② 这里的"暂停"是临时限制债权人行使担保物权，并不剥夺债权人的抵押权，也不减弱抵押权的效力。

这一讨论抵押权表现为变现权和优先受偿权。对于我国限制使用的是抵押权的变现权还是优先受偿权，还是兼而有之？有学者认为，暂停行使应当仅限于变现权，法律只是对权利行使的时间进行了限制，对其优先受偿的实体性权利不影响。变现款具有特殊性，抵押权人有权对变现价款优先受偿。③ 也就是说，在重整程序中，抵押权人无权要求管理人提前或者随时变卖抵押权来清偿其债务，符合法定情形的除外，只能在抵押物实际变现后主张对价款优先受偿。目前，抵押权在破产程序中无实质差别。重整程序中并未消灭抵押权的权能，仅是对变现权进行暂停行使。

三 重整程序中抵押债权暂停行使的困惑

《中华人民共和国企业破产法》明确规定了重整中抵押权暂停行使。办理破产实践中，对"抵押债权是优先债权，就抵押物变价款享有优先受偿权，抵押权在破产重整需要暂停行使，待实际变价后才能清偿"已经达成共识，争议不大，但尚存在模糊地带。一是抵押权暂停行使的期限不明确，如重整时间过长，是否需要给予补偿未有明确规定。部分企业，特别是房地产企业重整时间耗时长，债务体量大，如果仅要求抵押权人暂停行使抵押权而不给予任何补偿，有违公平原则。二是抵押权如何暂停行使未进行明确，为重整需要能否未经抵押权人允许或同意径行注销抵押权登记未进行明确。三是实践中法院对企业重整价值的甄别不精准，草案的强制批准审查不严谨，对担保债权人利益

---

① 覃有土：《商法学》（第三版），中国政法大学出版社，2007。
② 罗定芳：《抵押权在破产程序中的实现》，《铁路采购与物流》2012 年第 6 期，第 65～66 页。
③ 王新欣：《论重整中担保权的暂停行使》，《人民法院报》，2015 年 7 月 1 日，第 7 版。

的保护不够。在房地产重整中第二个问题表现比较突出。特别是抵押权人为银行或者国有资本控股时，一般都不会放弃抵押登记或者配合注销抵押登记。即便其明知债权有足够保障，注销后推进破产重整对其有利，但因各种因素其不会同意配合解除抵押权登记。

在抵押权人不愿意配合注销抵押权登记，而不注销抵押权登记就无法继续重整，导致重整僵局时，实践中因项目进度、是否有投资人、抵押债权的体量等方面存在差异，处理方式不一。在前期，直接强制解除抵押权登记比较慎重。近年来因大型房地产企业破产数量增加较快，越来越多的人关注抵押权在重整中的注销问题，在部分案件中为打破重整僵局，采取了径行注销抵押权登记的操作模式。从公开网络信息了解到，在北海东鑫房地产开发有限公司、重庆大丰房地产开发有限公司、开平富琳裕邦房地产开发有限公司等重整案件中，重整计划都有直接规定，自重整计划批准之日应当注销抵押权登记或直接规定抵押权自法院批准重整计划之日起消灭。该重整计划的规定是否合法，直接解除抵押权登记对抵押权人是否造成实质损害，尚未形成统一意见。

四　解除抵押权登记的必要性与合法性分析

（一）必要性分析

在破产重整启动前，债务人企业的主要资产通常设置了多个担保，而这部分资产往往又是企业最具价值的资产，同时也是企业继续生产运营的基础，限制担保物权的行使以保全担保财产，对于重整程序顺利推进显得尤为重要。[①]对房地产企业来说，核心资产主要为土地和建设项目，前述资产也是重整程序所必需的资产。如果剥离前述资产，重整就无从谈起。房地产企业的这些关键资产往往都设定了抵押。房地产企业重整依赖于在建项目的续建销售，基本的重整途径也是引入资金完善续建，续建后将不动产对外销售后获得回款，以销售回款作为清偿债务的主要来源。不管是续建还是销售都是重整成

[①] 乔博娟：《论破产重整中担保权暂停与恢复行使的适用规则》，《法律适用》2020 年第 20 期。

功的关键和保证，两个环节缺一不可。对续建已完成的工程办理不动产权登记，是执行重整计划的必要条件，而涤除原抵押权登记又是办理不动产权证的前提。如不能顺利涤除抵押权登记，办理不动产权登记，将导致重整计划执行失败，转入清算程序，不仅对抵押权人的债权有极大损害，同样也损害全体债权人的合法利益。在此种情形下，抵押权人如不同意涤除抵押权登记，径行涤除十分必要。

（二）合法性分析

第一，《中华人民共和国企业破产法》第十九条规定：人民法院受理破产申请后，有关债务人财产的保全措施应当解除，执行程序应当中止。抵押是自主实施的保全措施，公权力保障的强制执行措施在破产程序中都需要中止、解除，根据举重以明轻原则，抵押作为私权利的保全措施亦应当中止、解除。同时该法第七十五条第一款明确规定了重整抵押权受限行使，在重整程序中注销抵押权登记也是抵押权受限行使的表现方式。

第二，抵押权指向的是抵押物交换价值的优先受偿权，而非抵押物本身。《中华人民共和国企业破产法》第五十八条第二款规定，债务人、债权人对债权表记载的债权无异议的，由人民法院裁定确认。抵押权人的债权经人民法院裁定确认后，其对抵押物的优先受偿权为人民法院生效裁定所保障，其可按照重整方案获得既定的优先受偿权，无须再以抵押权登记来确认和保障。

第三，抵押权不因抵押权登记信息被注销而消灭。首先，根据《中华人民共和国民法典》第三百九十三条规定，担保物权消灭因主债权消灭、担保物权实现、债权人放弃担保物权以及法律规定担保物权消灭的其他情形而消灭。重整程序中，抵押权人的债权未获得清偿且其未放弃抵押权，也不存在法律规定的抵押权消灭的其他情形。在为推进破产重整程序而注销抵押权登记的，债权人对抵押权登记信息被注销不存在过错，故抵押权并不因抵押权登记信息被注销而消灭。其次，抵押人和债权人原就抵押物办理了抵押权登记手续，抵押权登记信息被注销是因重整中抵押权暂停行使而作出的，并非否认抵押权人的抵押权和优先受偿权，不应以抵押权登记已经注销作为认定债权人不享有抵押权的依据。

第四，重整中注销抵押权后对抵押物进行销售回款，将回款按法定清偿顺位清偿抵押权人,既最大限度体现了企业重整价值,亦保障了抵押权人的债权实现,更加体现了《中华人民共和国企业破产法》的立法本意,维护了全体债权人的利益。

回到前文 A 公司的案例中,土地抵押权人的抵押债权已作为优先债权被人民法院无异议债权裁定所确认,抵押权所指向的优先受偿权已经得到保障。项目续建完成后,确因土地的抵押权人不同意注销抵押权登记而无法办理房屋产权手续,无法出售回款,破产重整陷入僵局,面临转入清算的危险境地。人民法院批准的重整草案已经规定了抵押权人在一定时限内注销抵押权,土地的抵押权人拒不按重整计划要求进行注销,经管理人两次发函提醒仍不主动注销及配合注销的,土地抵押权人的行为不具有动产抵押制度框架下的正当性。笔者认为可以直接解除抵押权登记,以最大限度地体现企业的重整价值,实现债权人的权益保护,维护社会稳定。

五 完善破产重整程序中抵押债权中止行使制度的路径

(一)进一步完善破产立法

一是现行《中华人民共和国企业破产法》第十九条仅涉及债务人特定财产的保全措施应予解除,但未明确抵押权等担保物权是否属于应予解除的范围。建议通过立法将针对债务人特定财产的担保物权列入破产程序应予解除的范围。二是《中华人民共和国企业破产法》对抵押权的中止行使仅在第七十五条中有规定,中止的期限及方式均不明确。建议明确重整抵押权限制行使的起止时间和抵押权范围,同时明确对抵押权暂停行使期间予以适当补偿。

(二)细化法院对重整草案强制批准权的规则

一是细致甄别企业是否具有重整价值,对确实具有重整价值的企业通过批准重整草案限制抵押权,这样才有正当性、合法性和现实意义,否则是对抵押权人利益的损害。二是重整草案应特别列明对抵押权人优先权的保障方案,及暂停行使的补偿措施。

（三）保证抵押权的优先债权并赋予强制解除抵押权登记的权利

一是审查及确认债权时依法将抵押债权确定为优先债权，并列明优先受偿的范围，保障抵押权人的优先受偿权。二是仔细分辨抵押物是否为重整所必需的。如抵押物非重整所必需的，抵押权人申请就抵押权先行变现并优先受偿时，应予以支持。如抵押物是重整所必需的，且抵押债权确有保障的情形下，允许管理人通过适当方式注销抵押权登记，然后出售处置抵押物，所得价款依法定顺位清偿给抵押权人；或者重新引入投资者，将抵押物化为债务人的干净资产推动破产程序进行。

六　结语

《中华人民共和国企业破产法》的价值目标越来越以社会为本位，追求社会利益的最大化。我国现行破产法对抵押权在破产程序中行使的规范略显粗糙。在破产重整程序中对抵押权行使进行限制，是理论界和实务界的共识，也是平衡重整程序中各方利益的必然要求。我们必须看到，现行破产制度下，抵押权的保护和限制还存在诸多现实困境，一定程度上制约了破产重整制度挽救功能的发挥。本报告从抵押权的分析入手，兼论了重整中抵押权的注销问题，以期为构建更加完善的破产抵押权制度提供一些思路。

G 19

民营企业破产重整涉税问题：
法律冲突及其解决

张玉福[*]

摘　要： 2020 年以来，随着我国经济体制改革不断深入，市场竞争和优胜劣汰机制作用不断显现，民营企业破产越来越多，破产涉税问题不断凸显。《中华人民共和国企业破产法》与《中华人民共和国税收征收管理法》之间理念和规则的冲突和分歧，加上我国税收法律规范对破产民营企业关注较少，使得民营企业破产重整实践中一系列涉税问题规定多有空白、模糊和冲突。破产涉税问题不但关系国家税收权益保护，更关系破产企业是否能够实现重整成功。本报告从税收实践出发，通过对民营企业破产重整涉税问题法律背景成因分析，梳理当前破产民营企业重整过程中涉税突出问题，最后提出民营企业破产重整涉税问题的一系列解决途径。

关键词： 民营企业　破产重整涉税问题　法律冲突　资产处置　债权清偿

一　企业破产涉税问题的背景及成因

（一）法律规范缺位

从税收立法现状来看，我国现行《中华人民共和国税收征收管理法》（以

---

* 张玉福，国家税务总局安顺市西秀区税务局蔡官分局副局长。

下简称《税收征管法》）及相关税收规范主要侧重于正常经营状态的纳税人，对濒临破产或者破产状态的纳税人缺少法律制度安排和关注。以现行《税收征管法》为例，全文没有一条关于"企业破产"的内容。

从税收规范性文件来看，我国现行关于破产的税收优惠规范性文件，主要侧重于国有企事业单位的改制和重组，虽已逐步过渡到适用于包括民营企业在内的所有破产企业，但针对民营企业的税收优惠政策还比较零星和分散。造成这一现状的主要背景及原因，除了国有企业改制重组和民营企业破产时间进程各有不同以外，我国没有完全建立破产民营企业税收优惠制度，也是当前处理民营企业破产重整涉税问题较为复杂的原因之一。

（二）破产税收法律冲突

从比较法角度来看，民营企业破产重整涉税问题的根源，是以《中华人民共和国企业破产法》（以下简称《企业破产法》）与《税收征管法》为代表的两个不同法律规范之间的理念和规则的冲突和分歧，这导致了在企业破产重整中适用不同法律规范的问题和矛盾，主要表现为以下三个方面。

1. 立法宗旨冲突

《税收征管法》以加强税收征收管理，规范税收征收和缴纳行为，保障国家税收收入，保护纳税人的合法权益，促进经济和社会发展为宗旨，侧重于国家税收权益保护。《企业破产法》以规范企业破产程序，公平清理债权债务，保护债权人和债务人权益，维护社会主义市场经济秩序为宗旨，侧重于债权人权益保护。二者之间存在宗旨上的冲突。

2. 聚焦中心冲突

正如上文所述，现行的《税收征管法》及其法律规范主要聚焦于正常经营的纳税主体，对濒临破产或者破产状态的纳税主体缺乏关注。对于《企业破产法》及其司法解释，其关注的主要是破产企业的破产程序性事项，对于破产企业的涉税问题基本没考虑。因此，针对破产企业适用正常企业的税收征收管理政策及措施显然是不行的，因为破产程序中大量破产事项均涉税，破产法不考虑税收问题，可以说，税收问题是决定企业重整能否成功的关键。

3. 法律适用冲突

从法律效力位阶来看，《企业破产法》与《税收征管法》均属于全国人民代表大会常务委员会制定的法律，法律效力位阶相同。从法律施行时间来看，《企业破产法》于 2007 年起施行，相对《税收征管法》而言属于旧法，《税收征管法》于 2015 年起施行，相对《企业破产法》而言属于新法。对于破产企业的涉税问题，按照《中华人民共和国立法法》新法优于旧法效力原则，《税收征管法》优于《企业破产法》；按照特殊法优于普通法法律效力原则，《企业破产法》优于《税收征管法》。因此，立法有冲突且至今未调和。

综上，我国现有的税收法律制度缺少关于破产企业的涉税制度安排，与破产法律制度也没有形成统一的机制和口径，破产法律制度也未充分考虑企业破产税收债权的特殊性，从而未对民营企业破产主体的涉税事项设置一定的制度及政策安排。

二　涉税问题分析

民营企业破产重整涉税问题，既涉及破产前的涉税问题，又涉及破产重整中的涉税问题。按破产企业一般涉税事项可以分为债权申报、登记、确认、涉税咨询、发票领用、资产处置涉税处理、新增应税申报及缴纳、税收优惠、税收债权清偿及税款入库、税务注销等问题。本报告选取以下四个典型问题加以分析。

（一）社会保险费及非税收入债权申报问题

实践中，社会保险费要不要申报债权，债权申报主体是职工或是管理人，还是社会保险费登记管理机构或者征缴机构，在理论和实践中存在不同的看法和操作。第一种观点认为，根据《社会保险费征缴暂行条例》（国务院令第 259 号发布）规定，社会保险经办机构作为社会保险费的登记、管理和使用部门，对社会保险费负有行政管理职责，是社会保险费实际管理主体。因此，应由社会保险经办机构作为债权申报主体较为合适。第二种观点认为，根据中共中央办公厅、国务院办公厅印发的《国税地税征管体制改革方案》，2019 年 1 月 1 日起实行社会保险费由税务部门统一征收的规定，税务机关作为社会保险费的征缴机构，应作为债权申报主体。第三种观点认为，根据《企业破产法》第四十八条第二款规定，债务人所欠职工的工资和医疗、伤残补助、抚恤费用，所欠的应当划入职工个人账户的基本养老保险、基本医疗保险费用，以及法律、行政法规规定应当支付给职工的补偿金，不必申报，由管理人调查后列出清单并予以公示。社会保险费由管理人调查后公示即可，不必申报社会保险费债权。本文赞成第三个观点，一是《企业破产法》明文规定，社会保险费是管理人的尽职调查范围；二是从债权的性质来看，社会保险费是欠缴企业欠职工的债权。因职工个体属于弱势群体，由《企业破产法》特别保护，不需要申报债权。

同理，根据《财政部关于土地闲置费、城镇垃圾处理费划转税务部门征收的通知》（财税〔2021〕8号）和《关于将国有土地使用权出让收入、矿产资源专项收入、海域使用金、无居民海岛使用金四项政府非税收入划转税务部门征收有关问题的通知》（财综〔2021〕19号）等规定，划转税务机关征收的非税收入，税务机关仅有征收职责，并无登记和管理职责。目前，也没有一个规范性文件赋予税务机关有非税收入债权申报的主体资格。因此，非税收入债权申报的主体也并非税务机关。

综上，实践中要求税务机关自行将社会保险费、税务机关征收的非税收入与企业所欠税款一并进行债权申报的行为，是缺乏法律依据的。

（二）资产处置涉税问题

在破产重整中，破产企业因继续经营或者清偿债权需要拍卖或者变卖资产或者"以物清偿债权"等资产处置行为，按照我国税法规定，均属于应税行为，应当计提税费并依法申报缴纳。破产重整中资产处置涉及的税费计提、申报缴纳、税费承担等涉税问题，如果在破产重整决定初期和制订重整计划草案时不加以考虑和统筹，将会对企业破产重整程序执行造成不可逆转的阻碍。

1. 关于资产处置税费计提问题

资产处置过程中，因处置资产不同可能会涉及增值税及附加税费、企业所得税、土地增值税、房产税、城镇土地使用税、契税、印花税7个税种。所有的资产处置行为均涉及增值税及附加税费、企业所得税；转让国有土地使用权、地上的建筑物及其附着物并取得收入时涉及土地增值税；处置城市、县城、建制镇和工矿区的土地和房屋涉及城镇土地使用税、房产税；资产处置转让时，发生购销等合同性质凭证以及办理产权转移书据等涉及印花税；转移土地、房屋权属涉及契税。重整中如发生资产处置行为，破产企业及管理人应根据处置资产的不同，及时计提相关税费并申报缴纳，以免形成新增欠税，阻碍破产重整顺利进行。

2. 关于资产处置税费申报缴纳问题

破产资产处置涉及的税费申报及缴纳，实践中有不同观点。一种观点认为，破产重整期间处置资产所产生的税费，应作为破产清算期间发生的破产费用，按照税法规定计征相关税费并及时申报缴纳。另一种观点认为，企业已进入破产程序，就已宣告企业等待"死亡"状态，破产重整期间产生的税费，应由税务机关作为税收债权申报，并按照《企业破产法》的分配顺序予以受偿。本报告赞同第一种观点。一是《企业破产法》第四十一条规定，"人民法院受理破产案件后发生的下列费用，为破产费用：……（二）管理、变价和分配债务人资产的费用"。破产重整期间企业资产处置行为，正属于"变价债务人资产的费用"，理应属于破产费用。二是依据《国家税务总局关于税收征管若干事项的公告》第四条第（二）项规定，"在人民法院裁定受理破产申请之日至企业注销之日期间，企业应当接受税务机关的税务管理，履行税法规定的相关义务。破产程序中如发生应税情形，应按规定申报纳税"。因此，破产重整期间发生处置资产行为的，应及时依法申报纳税缴纳相应税款。

3. 关于破产企业资产处置税费承担问题

实践中，破产企业资产处置时，会在拍卖或变卖公告中明确规定资产处置涉及的一切税款（含债务人承担税费）由买受方承担的问题。对此，理论界和实践界均有不同观点。本报告认为，就目前破产实践来看，破产企业处置的资产大多是破产企业的未售资产。未售资产价值本身就包含了成本、税费和利润。因此，拍卖或变卖破产未售资产的，将其价值所应包含的税费等列入拍卖价款是合情合理的。以 2020 年被某省法院拍卖的 A 房地产公司 200 多套未销售房屋为例，拍卖公告中规定"税费由双方各自承担"，成交后最终导致 A 房地产公司因房产被拍卖而欠下了大笔税款而无力缴纳的尴尬局面。从表象来看，法院拍卖公告明确"税费各自承担"似乎并无问题，但从该资产未售状态来看，其实是有问题的。正如上文所述，未售房产资产的价值本身就包含了税费成本，这实质上变相剥离了该资产中的税费成本，A 房地产公司却莫名增加了另外的税费负担，显然有悖于法律的公平性，同时也损害了国家税权的进一步实现。因此，本报告认为，法院拍卖或者变卖破产企业未售资产的，拍卖或变卖公告中明确处置资产所涉税费包含在拍卖价款中是切实可行的。

（三）"以物抵税"问题

破产重整实践中，税收债权清偿面临这样一个棘手问题：企业没有其他货币性资产，能不能以破产企业的已建房产等非货币化资产清偿税收债权？

以某市 B 房地产公司破产重整案件为例，在税收债权清偿时，该公司及其管理人向税务机关申请，以其剩下的且经两次拍卖而流拍的一块土地使用权、地上一层商铺和地下无产权车位抵偿上述税收债权。试问：税务机关是否可以接受"以物抵税"？根据我国《税收征管法》规定和税款征收实践，目前我国税款征收均是以货币形式缴纳入国库的，没有以实物缴纳税款的规定和先例。《企业破产法》第一百一十四条也规定，破产财产的分配应当以货币分配方式进行。这就产生了实务与法律规定之间的矛盾，因我国目前没有"以物抵税"的法律依据，要实现税收债权是较为困难的。而这仅是一个缩影，类似的情形还有很多，都因无法律依据而停摆。因此，在当前破产程序中，明确"以物抵税"的法律依据和程序已经十分紧迫和必要。

（四）税收优惠问题

正如前文所述，我国现行有效的破产税收优惠政策最初形成于国有企事业单位的改制重组中，主要针对特定的国有企事业单位改制重组，虽已逐渐普遍适用于民营企业，但多散见于财政部、国家税务总局联合或分别制定的有关"重组""改制""破产"的税收规范性文件中。

1. 有关"破产"税收规范性文件数量和内容较少

根据作者统计，2001~2023 年国家及地方公开发布涉及"破产"关键词的现行有效税收规范约有 13 件。其中，明确规定涉及"破产"的税收减免优惠政策有 3 处，主要涉及印花税、契税、城镇土地使用税、房产税等地方税种。一是印花税减征或者免征。依据是《中华人民共和国印花税法》（中华人民共和国主席令第八十九号）第十二条。二是城镇土地使用税、房产税困难减免。依据是国家税务总局贵州省税务局《城镇土地使用税 房产税困难减免管理办法》（2022 年第 5 号公告）第六条。三是契税减半、免征。依据是《财

政部 税务总局关于继续实施企业、事业单位改制重组有关契税政策的公告》（财政部 税务总局公告 2023 年第 49 号）第五条。

2. 有关"改制、重组"的税收规范多但受惠面窄

2003～2023 年，国家公开发布涉及"改制、重组"现行有效税收规范约有 5 件。税收优惠主要涉及契税、土地增值税、增值税、企业所得税等税种。一是企业、事业单位改制重组免征契税。依据是《财政部 税务总局关于继续实施企业、事业单位改制重组有关契税政策的公告》（财政部 税务总局公告 2023 年第 49 号）。二是企业改制重组暂不征收土地增值税。依据是《财政部 税务总局关于继续实施企业改制重组有关土地增值税政策的公告》（财政部 税务总局公告 2023 年第 51 号）。三是自然人与其个人独资企业、一人有限责任公司之间土地、房屋权属无偿划转免征契税。依据是《财政部 国家税务总局关于自然人与其个人独资企业或一人有限责任公司之间土地房屋权属划转有关契税问题的通知》（财税〔2008〕142 号）。四是中国邮政储蓄银行改制上市税收减免。依据是《财政部 国家税务总局关于中国邮政储蓄银行改制上市有关税收政策的通知》（财税〔2013〕53 号）。五是中国铁道建筑总公司股份制改革税收减免。依据是《国家税务总局关于中国铁道建筑总公司股份制改革过程中有关税收问题的通知》（国税函〔2008〕679 号）。六是资产重组不征收增值税。依据是《财政部、国家税务总局关于全面推开营业税改征增值税试点的通知》（财税〔2016〕36 号）附件二和《国家税务总局关于纳税人资产重组有关增值税问题的公告》（国家税务总局公告 2011 年第 13 号）。七是企业重组有关企业所得税处理。依据是《国家税务总局关于企业重组业务所得税征收管理若干问题的公告》（国家税务总局公告 2015 年第 48 号）等。

综上所述，从优惠税种来看，破产企业税收优惠主要是契税、印花税、土地增值税、城镇土地使用税、房产税、企业所得税等税种。从税收优惠范围来看，税法对破产企业的税收优惠范围不宽。对于企业所得税、增值税等共享大税种优惠较少。从涉及"改制重组"针对的对象来看，税收优惠的对象主要集中在中国联通、中国电信、中国人寿保险、中国农业银行、中国邮政集团、国有控股公司等国有企业、事业单位领域，针对民营企业的税收优惠政策不多。从适用主体来看，"改制重组"涉税优惠文件要求的条件较多，对于已申请破产的民营企业而言，要达到企业"改制重组"涉税优惠文件的要求较为困难。

三 企业破产涉税问题解决路径

（一）建立民营企业破产重整涉税法律制度

与时俱进，完善《企业破产法》与《税收征管法》关于民营企业破产重整涉税法律制度。一是修订和完善二者关于民营企业破产重整涉税法律规定，解决二者之间的冲突和分歧，填补涉税法律空白，统一法律口径。二是修订和完善《企业破产法》及其相关司法解释。由全国人大及其常委会修订和完善《企业破产法》，明确税收和社会保险费及非税收入的债权申报主体，明确破产重整中新发生的税费的性质及缴纳时间，明确破产企业非货币方式清偿税收债权方式等未明确或者模糊、冲突等重大问题。国家司法部门适时出台破产程序中具体涉税司法解释。三是修订和完善《税收征管法》及其规范性文件。由全国人大及其常委会修订和完善《税收征管法》，填补破产实践中涉税空白事项，解决破产涉税法律冲突；明确破产实践中特殊涉税事项具体办法。四是创新观念，建立国家民营企业破产涉税法律制度，消除法律冲突，填补法律空白，解决实务难题。

（二）明确资产处置涉税处理法律制度

破产重整中企业因继续经营或者清偿债权发生资产处置的，一是增加《企业破产法》关于企业破产重整中资产处置税款申报缴纳的内容，明确资产处置涉税事项作为企业是否重整、和解和清算的前置事项。二是根据税收公平负担原则，破产及税收法律均应明确规定，破产程序中拍卖变卖破产企业未售资产的，拍卖价款包含应缴纳的相关税费，由拍卖人或者变卖人从拍卖款中代扣代缴相应税费。

（三）建立破产企业"以物抵税"法律制度

一是修订《税收征管法》。明确税务机关以货币形式缴纳税款为主，以实物等非货币形式缴纳税款为辅的综合征收方式。同时，明确以实物等非货币形式缴纳税款的法律程序，如企业抵税资产价值的评估办法、企业抵税资产的接收单位和接收程序、税收债权核销程序等。二是修订《企业破产法》。明确人民法院在办理企业破产案件中"以物抵税"的职权和办案流程，填补《税收征管法》和《企业破产法》关于"以物抵税"的法律空白。

（四）建立破产企业税收优惠制度

建立破产企业税收优惠法律制度，明确破产企业与正常企业一样具有享受国家税收优惠和扶持的主体资格。扩大现有破产企业税收优惠政策面，改变破产民营企业受惠程度较低，针对性、时效性不强，税收优惠措施较为单一的现状，并针对特殊行业建立破产企业特殊税收优惠政策和制度。

四　结语

本报告通过对民营企业破产重整实践中税收债权申报及清偿中突出问题及成因的分析，对民营企业破产重整涉税问题在税收和破产法律制度上的不足和完善进行探索，并提出破产重整涉税问题的解决路径，以期对民营企业破产重整涉税问题在立法完善和制度修订方面提出可行性建议。

G 20

房开企业破产重整若干关键问题

——以 QN 地区破产审判实务为视角

李家荣[*]

摘　要： 房地产开发企业破产涉及许多利害关系人，与社会稳定及百姓生活关系密切，应合理地引导具有重生可能的房开企业进入重整程序，给困境房开企业以重生机会，更好维护各方利害关系人权益。对房开企业进行破产重整有利于引入投资人对在建项目进行继续开发建设，采取有力措施复工复产，保障购房群众、被拆迁人的生存权和居住权。实践中，存在房地产开发企业破产重整受理难、实现府院联动难、对购房者权益保障难、多方权利冲突平衡难、复建复工融资难等问题。应当规范预重整程序，破解司法重整程序启动难题；强化府院协同，有序破解资产流失难题；切实保障购房者的优先权；通过充分沟通破解各方沟通互信难题；通过用好共益债资金，破解复工续建资金难题。

关键词： 房开企业　预重整　重整制度

破产重整制度是世界公认的挽救企业、预防清算的最有力的法律制度之一。不可否认，房地产业在近二十年来一直作为我国国民经济的支柱产业之一，为社会经济的快速发展作出了巨大的贡献，带动了上下游 500 多个产业，

---

* 李家荣，贵州省黔南州中级人民法院清算与破产审判庭庭长。

关联了 2000 多个专业，[①] 但我国房地产企业具有高杠杆、高负债的特点，部分房地产企过度融资、盲目扩张，伴随房地产融资政策的改变，企业资金链断裂、开发商违约、楼盘烂尾等事件频出。这对经济和社会产生较大的影响，因此挽救房开企业具有现实价值。从法律制度设计上看，破产重整能够最大限度地挽救企业，最大化地寻求保护和增加资产价值，保护员工的就业机会与债权人的合法权益，减少对经济系统与社会稳定的冲击，是平稳化解房地产企业风险的最佳制度选择。2023 年 7 月 24 日中央政治局会议指出，为适应我国房地产市场供求关系发生重大变化的新形势，适时调整优化房地产政策。为此，人民法院在审判破产案件时应当因势而动，积极探索和推动新机制。

近年来 QN 地区法院受理房开企业破产重整案 7 件，涉案债权金额 25 亿元，这些案例反映了房开企业困境不仅受市场大环境影响，更多的是企业自身的经营管理水平和经营理念造成的局面。笔者作为审判实务工作者，结合办理房开企业破产案件中的法律适用与现实困惑，意图从一般概念、价值的论述出发，对照分析样本的现状和存在的问题，提出若干建议。

一 房地产企业破产重整制度概述

（一）制度引入

在 2007 年《中华人民共和国企业破产法》引入破产重整制度时，只是将其表述直接使用，并没有明确法律概念。因此，很多学者在其文章著作中，从理论层面给出了不同的概念。例如，有学者认为，破产重整是指通过司法权力的引导和干预，对濒临破产但有复苏希望的企业，积极拯救，促使债务人企业与利害关系人协商合作，避免企业破产清算的法律制度。[②] 又如，有学者认为，重整程序是指通过司法干预和引导措施拯救具备破产原因的困境企业而实

---

① 中国银行《企业破产法》研究课题一组：《困境房企破产重整的实现路径与建议》，《国际金融》2023 年第 12 期。
② 霍敏主编《破产案件审理精要》，法律出版社，2010，第 171 页。

现资源整合及企业重生，重整与清算的差异在于重整注重挽救。[①] 虽然很多学者对破产重整都有各自的见解和不同的表述，但共同点都是认为破产重整是通过司法干预的方式挽救处于困境中的企业使其重获经营能力的一种特殊法律程序。

从目前我国破产法律制度来看，破产程序存在三个法律关系，即破产重整、和解及破产清算，这三者既相互关联，也相互独立。但在破产实务中，和解程序更关注小型企业的解困，依靠大多数债权人做出妥协而实现，因此在房地产企业破产案件中一般不适用和解程序。而清算程序则不同，其是要将企业连根斩断，彻底将企业消灭掉，但这样的法律后果是社会难以承受的"企业死亡之痛"。重整更多的是一个商业判断和市场考量，是如何让房开企业"死而复生"，如果通过重整适当削减房开企业的债务负担，或通过公开招募的形式，使外来资金投入后房开企业可以恢复持续经营能力和营利能力，则房地产企业具有重整价值。反之，则无重整价值。重整的另一个价值判断则是与破产清算清偿率比对，重整与清算清偿率的差异明显，会直接导致法律效果和社会效果不同。因此，与和解和清算程序相比，重整有独特的制度优势，更符合法律对各利益主体之间的平衡调整，更注重对社会整体利益的考量，因此重整成为利益各方首选的破产法律程序。不仅如此，为更好地理顺破产重整程序，在破产实务中还引入了预重整制度。

（二）预重整与重整的主要区别

预重整制度是近几年法院在审理破产重整案件中引入的一项新制度，虽然这项制度在法律法规层面至今仍未具体明确，但在最高人民法院印发的《全国法院破产审判工作会议纪要》第二十二条以及最高人民法院《九民会议纪要》第一百一十六条作了倡导和简要规定，探索推行庭外重组与庭内重整制度的衔接。因此，全国各地法院近年来对此有不同程度的探索适用。

从上述规定可以看出，预重整是审判实践中法院庭外重组的演进。对于如何界定预重整，本报告认为预重整就是对破产企业债务的过滤、债权人与债务

---

① 李永军、王欣新、邹海林、徐阳光：《破产法》（第二版），中国政法大学出版社，2017，第216页。

人的协商谈判、对企业前景的识别，其目的是降低重整成本、提高重整成功率，通俗地说就是先摸清楚债权人和债务人的动向，然后经债务人同意，法院可以决定对债务人是否进行预重整。而破产重整是法院庭内的重组，具有不可逆转性，重整不能则转入破产清算。从审判实务来看，企业经营价值判断能力对于法院与管理人来说是比较难的，因此要对破产企业的经营价值作出精确评估，显然需要在模拟法治化市场背景下进行各方博弈的制度安排——预重整程序，即债权人、债务人及出资人对困境企业进行合理的市场化商业估值、清理企业面临的各项债务并作出理性合理的清偿方案，对企业的权益、财产、商誉等起到良好的保护作用，因此预重整可以将司法重整程序中的相关工作提前到法院受理重整前，更好地识别企业重整价值、提高重整效率和重整成功概率，一定程度上缩短了进入庭内重组的时间，还可以将预重整的成本转到重整中，减少司法重整的各项费用，提前引导各方在模拟重整情况下对企业价值进行识别并作出市场化的合理判断，减少进入重整程序和各方利益冲突导致破产清算的风险，降低破产程序对企业商誉的影响，维护企业的经营价值。

（三）重整制度目的价值

重整制度设置的目的除了是合法清理、公平清偿债务外，更多的是挽救企业的经济与社会价值。[①] 结合我国法律制度及房地产业在我国的支柱地位，一家房地产开发企业濒临破产，则面临着购房人、承建商、投资人、被拆迁人、农民工、银行等金融机构、民间借贷等债权人诸多主体的利益博弈。伴随着实践中在破产重整案件中的各方利益博弈，破产重整的价值取向也发生了变化，经历了从债权人本位到债权人和债务人利益平衡本位，再到社会利益本位的过程。[②] 诸多主体利益的平衡成为当今破产重整制度的主流价值取向，企业也摆脱了以前相对被动的处境，其价值取向倾向于维护整体利益以维护社会稳定。因此，重整制度的直接目的也不同于和解、破产清算这两种方式。重整制度在经济组织联系日益紧密的今天，体现的正是现代经济发展的社会价值观，也突出了在公平保护债权人利益的大前提下，积极

---

① 王欣新：《破产法司法实务问题研究》，《法律适用》2009 年第 3 期。
② 王欣新：《破产法》（第三版），中国人民大学出版社，2011，第 245 页。

房开企业破产重整若干关键问题

拯救困境企业，通过合理的偿债方案及经营提升企业价值，反过来促进债权人利益的最大化。从审判实务方面来看，尤其是在房地产市场下行、房屋销售困难情况下，房地产企业经营困难、现金流不足时，项目常常停工停产，"烂尾"现象突出，采用清算程序拍卖在建项目往往导致大量的购房人权益得不到有效保障，房开企业破产重整有利于引入投资人对在建项目进行继续开发建设，采取有力措施复工复产，保障购房群众、被拆迁人的生存权和居住权。

1. 有利于妥善安置职工

在重整程序中能否妥善安置职工，也是重整是否具有可行性的重要考量因素之一，法院在受理时也肯定会考虑该问题。重整工作将保护职工权益、维护职工稳定放在首位，职工债权将严格依法予以优先清偿。同时，重整期间将严格遵守相关法律规定，凡涉及职工重大切身利益的事项，事先向全体职工公示，并按照法规政策的要求，召开职工大会或职工代表大会对相关事项进行表决，充分做到公开、公平、公正。

2. 有利于保障债权人利益

实务中，在对房开企业直接进行破产清算时，普通债权人的清偿率非常低，甚至清偿率为零。在破产清算程序中，由于在建工程项目不具有物权的完整属性，在处置时价值也会大打折扣。如对烂尾楼盘进行续建，在当下房地产市场下行的环境下，很难找到愿意接盘的开发商，这会造成破产的死局。这时重整就可以发挥优势，其最大优势就在于尽可能地提高债权清偿率。通过破产重整，争取投资人的注资，包括但不限于提供共益债借款、股权收购、资产买断、合作经营、垫资续建等投资方式，顺利完成续建能提振市场信心，推动剩余存货销售变现。此外，选择破产重整方式，将已经停工多年的在建工程进行续建，有利于维护工程质量，保障建筑安全，维护社会稳定，续建完成后将具备合格条件的房屋交付给购房人，将剩余未售房屋及时推向市场进行销售后及时清偿债权人，在市场疲软时采取以物抵债的方式将未售房屋用于清偿债权，这样可以在很大程度上提高清偿率。同时，从实现法律效果和社会效果的角度出发，利用前期启动的府院联动机制，争取为破产企业在建项目提供税收、容缺验收、资产处置、招商引资等方面的政策支持，在更大程度上保障债权人的权益。

3. 有利于社会维稳

当前,社会不稳定因素在一定程度上来源于房地产开发领域,而房开企业开发资金大部分来源于金融机构贷款或民间融资,企业破产将导致金融机构不良贷款大幅攀升,房开企业在开发过程中,涉及建筑工程施工方等上下游企业、企业职工、购房者、被拆迁人、农民工等众多社会群体的权利,如购房者倾其毕生积蓄买房多年没有得房、农民工参与了工程建设但拿不到报酬、民间投资者本息难以收回等因素均会引发严重的社会问题。[①] 而对烂尾项目,如果无法续建,房开企业自身将蒙受巨大的损失,造成资源浪费并且影响整个地区的规划发展,不仅如此,事实上,烂尾工程在破产清算处置中,其价值也会大打折扣,甚至沦落至无人问津的境地。将问题房开企业引入重整程序,通过市场化、法治化手段盘活问题楼盘,完成在建工程的续建,能有效地解决购房群体的住房问题,在很大程度上消除社会的不安定因素。

二 房地产企业破产重整的现状及问题

(一)现状概述

1. 立法现状

从现有法律制度来看,主要有《中华人民共和国企业破产法》、最高人民法院关于适用企业破产法若干问题的规定(一)(二)(三)、最高人民法院破产工作会议纪要、最高人民法院《九民会议纪要》全文、最高人民法院对地方法院的答复,以及散见于《中华人民共和国民法典》《中华人民共和国公司法》等中的相关法律规定,由此可见,自 2007 年 6 月 1 日正式颁布实行《中华人民共和国企业破产法》以来,我国对破产法律制度的建设逐渐重视,但随着我国社会经济的高速发展,显然现有的破产法律制度已不能满足市场化社会对破产法律的需求。

《中华人民共和国企业破产法》第二条规定,企业具备破产的情形为债务人不能清偿到期债务,且资产不足以偿还全部债务的,或者明显丧失清偿能

---

① 丁海湖:《房地产企业破产重整若干司法实务问题探讨》,《法律适用》2016 年第 3 期。

力。债务人、债权人或者符合法定条件的出资人可以向法院申请依照《中华人民共和国企业破产法》的规定对债务人进行重整。第一，破产申请制度不够科学。根据《中华人民共和国企业破产法》第二条规定，企业法人只要满足法律规定的重整要件，则可以申请破产重整。由此可知，破产重整在法律规范上规定得不具体，导致在司法适用中出现利用该程序逃避债务的情形。此外，根据《中华人民共和国企业破产法》第七十条规定，确定了出资债权人作为申请主体的资格，但出资债权人对符合重整条件的房地产企业，不能直接启动重整程序，只是一项被动的权利。第二，管理人选任机制不合理。《中华人民共和国企业破产法》第二十二条规定，破产管理人的选任一般由法院指定，行政化色彩浓厚，不符合如今市场化的重整趋势。此外，根据最高人民法院的相关规定，各省（区、市）高级人民法院可以视本地情况编制管理人名册，此举规范了管理人的选任，但实际操作中，管理人的能力水平参差不齐，实践中甚至出现无法胜任的情况，导致债权人和债务人意见非常大，严重阻碍了破产的推进。因此，如何选择适合的管理人，对于破产案件的妥善有序处理影响甚大。

2. 适用现状

第一，重整程序启动难。《中华人民共和国企业破产法》第二条对于重整受理的规定，并未直接明确债务人应具有挽救希望。但第七十八条规定在终止重整程序的原因上，表达了批准重整计划应具有挽救希望。重整程序复杂又艰巨，成本较高，在实施过程中需要对一些权利作出限制。第二，企业信用恢复困难，滥用"强裁"现象突出。在现代社会中，商业信用成为一个企业的生存命脉，信用的缺失使得需要资金的房地产企业陷入无法融资的处境，导致一些原本经营能力很强、市场上很有份额的房地产企业也不可避免地进入重整程序中，而我国缺乏相关的企业信用修复配套制度，以至于外部环境恶化，企业经营能力下降，无法实现重整的价值目的，甚至某一个环节不能完善和顺畅都会导致企业失去一次重生的希望。

（二）房地产企业破产重整中存在的问题

1. 房地产企业破产重整受理难

破产重整制度虽具有保护和拯救的法律功能，但社会评价对于一个企业来说同样重要，在老百姓的眼中，冠以"破产"之名的企业，其社会信用事实上已经坍塌，因此，房开企业作为债务人很少主动采取破产重整路径解决企业危机，忌讳进入司法程序影响商誉。民营企业家往往在成长过程中存在许多不规范操作、资本无序运作等情况，债务人或实际控制人担心进入破产程序后丧失对企业的控制权，过往对企业的不规范运作导致其个人承担职务侵占、财产混同等民事责任或刑事责任。因此企业家对于申请破产重整往往持消极态度，但推迟进入破产重整会使企业错过重生的良好时机，相关债务产生的利息或违约金日积月累，反而在无形中扩大了损失，增加了企业债务。

2.房地产企业破产重整中实现府院联动难

在房地产企业重整中，大多工作围绕复工建设、竣工交付、民生维稳等问题开展，难以兼顾金融债权人的偿债诉求。究其原因，社会大众对相关法律概念的区分不明，了解不够，容易将"破产重整"与"破产清算"混为一谈，缺乏对这两种情形所产生法律后果的清晰认识。此外，"破产"一词容易引发购房人、施工单位的恐慌，如破产重整不顺利，项目最终转为清算，无法按期竣工交付，后续工作还将面临较大阻力。目前，在审判实务中，法院与当地党委、政府具有针对个案成立工作专班的权力，法院在裁定受理房开企业破产重整前仍倾向于取得政府的支持，如没有当地政府的有力支持，法院一般会对大体量的房开企业持谨慎态度。但出于各种顾虑，政府部门对房企破产保持谨慎的态度，目前尚未形成统一的指导意见和长期具有可操作性的府院联动机制，债权人申请房企破产困难重重。

3.房地产企业破产重整中对购房者权益保障难

我国政策允许预售房屋，即对于获得预售许可证的房地产企业，允许其依法销售正在建设的商品房。如房屋能够正常修建完成，双方签订的合同可在标的物交付后履行完毕，这是一种理想状态。在实践中，房地产企业常常为修建房屋向银行贷款或在民间高息融资，一旦房屋销售市场不好就会面临资金链断裂的风险，房企会因为各种各样的原因到期无法清偿债务，最终项目停工，房屋不能按期交付，购房人权益难以保障。此时，预售的房屋将面临无法竣工验收的风险，后续房企无法按照约定时间交付标的物，若房企满足破产重整条件，将向法院申请破产重整来拯救企业。此时，购房者如何救济自己的权利？是继续要房还是要求退款？购房者在未付清购房款时法院已受理了房企破产申请，购房者将以何种身份参与破产重整？

4.房企破产程序中多方权利冲突平衡难

房企进入重整时，银行账户可用资金往往不足，其余资产基本处于冻结受限状态，用于维持职工工资尚显不足，偿债资源十分有限。同时，金融机构、供应商、采购方、施工单位等相关债权人的诉求不一，不满情绪强烈，不同利益群体之间的利益诉求呈现差异化乃至冲突化的特征，引发维稳压力较大、民生安全保障难等问题。并对偿债方式、期限等提出多种要求，债权人诉求众口难调。一方面，房企缺乏通过重整、和解和破产清算程序实现挽救企业以及债权债务清理的意识，导致其逐步陷入债务泥潭；另一方面，购房者、债权人等众多群体认为破产就会导致利益受损，"不愿破"现象普遍，各方不能及时采取有效措施，往往丧失企业救治的最佳时机。

5.房地产企业破产重整中复建复工融资难

房企在申请破产重整过程中，会涉及已建工程后续处理、在建工程复工、烂尾工程后续处理等问题，要解决上述问题的关键在于外来资金的注入，因此巨额融资也是房地产企业重整过程中的难点。众所周知，在当前房地产市场下行的背景下，房地产调控政策持续收紧，房地产后续投资人对楼盘建成后市场销售的情绪消极，社会资本、国家资本对房地产的投入均持谨慎态度，且"问题楼盘"房地产企业金融信用丧失，导致融资困难，招募投资人进程缓慢。很多"问题楼盘"进入程序后迟迟招募不到投资人，甚至出现"无人报名"的情况。缺乏真正的投资人和有效的资金来源，已成为推进化解疑难复杂问题楼盘的重大障碍。

三　房地产企业破产重整的完善建议

（一）规范预重整程序，破解司法重整程序启动难题

实务中直接申请房企破产存在障碍，债权人、债务人可充分利用预重整这种破产前置程序，制订"两步走"重整计划，降低各方顾虑，达到更好效果。预重整程序，通常可理解为将庭外重组和庭内重整两种制度进行融合后所产生的一种企业挽救模式。通过这两种制度的有机融合，充分发挥重整程序优势并

规避其劣势，从而使困境房企获得更好的被挽救的机会。在困境房企"纾困"中运用预重整程序，具有以下优势。首先，时间安排更加灵活。基于房企债务的复杂性，重整所需时间可能较长，而现行《中华人民共和国企业破产法》所规定的提交重整计划草案的时间最长不超过 9 个月，如未能按期提出重整计划草案，法院将宣告债务人破产。对于预重整而言，目前在法律和司法解释层面尚未规定明确的期限，相当于在正式进入重整前有充分的时间进行准备，不会因为仓促进入重整程序而无法按期提交重整计划草案。显然，预重整在时间期限上的灵活性更适合债务情况复杂、重组需时较长的房企。其次，前置程序可争取各方支持配合。对房地产企业进行债务梳理时往往需要多个政府部门的配合、支持，预重整的破产前置程序或重整程序的府院联动机制则可以较好地解决这些问题。

1. 预重整程序定位

前文对预重整制度进行了引述，从我国立法看，预重整制度来源于《全国法院破产审判工作会议纪要》，该纪要虽然未将其明确为"预重整"，但其法律意义与联合国《破产法立法指南》相关规定高度契合，即预重整为"在进入重整程序前，利害关系人通过庭外商业谈判拟定重组方案，进入重整程序后可依据重组方案制定重整计划草案并提交人民法院依法审查批准的一种新型困境企业拯救方式"。

预重整制度应是尊重当事人的意思自治，以债务人、债权人、投资人之间的谈判磋商为主，强调当事人的自救。[1] 它不是一种正式的程序，而是停留在破产审查程序中的，与正式重整程序相区分的程序，即在当前危困的房地产企业正式进入破产程序前进行预重整是一个优选项。预重整更多强调商业行为，而非正式司法程序。作为一个过渡程序，既摸清了企业的底，降低了企业正式进入破产程序的风险，又缓解了相关当事人对企业进入破产重整的抵触。

2. 预重整程序的事项安排

如何指导临时管理人有序开展预重整工作，一直以来是对破产法官综合素质的考验，对于如何安排预重整程序，本报告有以下看法。首先，只有权

---

① 王欣新：《建立市场化法治化的预重整制度》，《政法论丛》2021 年第 6 期，第 84 页。

益可能受损的债权人才有权参与预重整。① 因此，确定哪些债权人权益可能受损是预重整期间商业谈判开展的前提。普通债权人的权益一般在破产程序中难以得到全部实现，因此需要了解清楚普通债权人的诉求才能更好地开展重整工作，有利于重整计划草案的表决。其次，对于房企重整过程中的建设工程价款优先债权、购房债权等如何切实保障其优先权的实现，以及清偿债权的方式（现金清偿或以物抵债、债转股等）、清偿时间等也是需要研判的重点。最后，对于破产程序将产生的各项破产费用、共益债务以及小额债权（如职工工资、小额欠款）是否能满足现金清偿条件，需要进行详细的规划及测算。可以看出，预重整是重整程序的必要准备工作，将正式重整程序涉及的相关资产调查、债务清理、商业谈判、模拟清偿、投资人引入等工作提前到预重整程序，有利于转入重整程序后及时拟定重整计划，节约司法成本，提高重整效率及重整成功率。

（二）强化府院协同，有序破解资产流失难题

争取政府支持办理各项手续是重整成功的关键。困境房企的拯救普遍涉及土地流转交易、规划调整、复工复建、房屋预售、网签办证、消费者权益等诸多方面的问题，牵涉住建、自然资源、不动产登记、税务等多个政府相关职能部门，破产预重整过程中，法院只能从法律文书层面解决合法性问题，对于较为复杂、重大的破产重整项目，政府部门协助支持的重要性甚至在某种程度上超过了法院。如果房企重整案件未建立府院联动机制，未能获得政府部门在行政审批许可事项以及维稳层面的支持，则该房企的重整就丧失了平稳落地的基础，也就很难吸引具有实力的投资人出资。在仅有原则性规定的情况下，府院之间协调沟通的渠道不够畅通，问题解决的效率有待提升，问题解决的效果有待加强。因此，急需通过法律法规的形式明确府院联动机制，并建议对大型房企破产重整项目中的府院联动明确如下具体运行机制。一是建立府院协同机制，明确参会成员、成员职能、会议召开频率等，助力解决以往破产重整过程中时常遇到的规划调整、产权过户、跨区域协调、民生维稳等问题，切实将解决问题放在首位，使

① 王欣新：《建立市场化法治化的预重整制度》，《政法论丛》2021 年第 6 期。

府院联动落在实处；二是建议明确政府相关部门联席参加债权人会议，以提供技术支持和政策指导，使相关问题能更快更高效解决，有效保障债权人合法权益，提升资产处置效率。

（三）切实保障购房者的优先权

日常生活中，老百姓可能把一生的积蓄都用在购房上，如何保障购房者的相关权益，最高人民法院相关司法解释对购房者权益保障作了明确规定，破产实务中正是基于相关法律法规，将购房者的债权作为优先顺位债权来确定，优先于建工债权和抵押担保权，且在房开企业破产中，最大的不稳定因素也来源于逾期交房矛盾。另外，《中华人民共和国企业破产法》第三十八条规定，权利人在破产程序中可以行使取回权。因此，本部分对于购房者的优先权保障分别论述。

1. 房地产企业破产重整中付清购房款的购房者权益保障

根据《中华人民共和国企业破产法》第十八条的规定，破产管理人可以解除的合同仅限于双方均未履行完毕的合同。但是，在破产重整程序中，购房者通过直接付清购房价款或者以银行按揭的形式付清购房价款，购房者已经履行支付购房价款的义务，则该购房合同不属于当事人双方均未履行完毕的合同，管理人依法不能行使合同解除权，但是，也不因此认为合同可以继续履行。具体而言，如购房者申报债权请求继续要房的，如在建工程成功完成续建，则房开企业应当交付房屋给购房者。购房者行使权利的基础在破产法上表现为取回权，在相关司法解释上表现为消费性购房优先权。如简单适用司法解释规定的消费性购房优先的条件进行债权审查，则往往受限于购房者名下是否仅购买一套房的限制，不利于相关矛盾的化解。

2. 房地产企业破产重整中未付清购房款的购房者权益保障

当购房者未交清购房款，而人民法院已受理了房企的破产申请时，购房者与房开企业之间的合同属于当事人双方均未履行完毕的合同。此时，破产管理人可以决定购房合同是否继续履行。在实践中，经常存在购房者未付清全部的购房款而房企申请破产重整的情况。未付清购房款的购房者在房开企业进入破产程序后，往往会成为社会不安定因素，因此，破产管理人在实务中，通常需要综合考虑两个重要因素，一是购房者已支付购房价款占总价款的比例，二是是否有利于重整计划执行，破产管理人根据这两个因素来决定是否继续履行购房合同。如果管理人决定继续履行购房合同，则应当按照购房合同的约定，向购房者交付房屋，同时，购房者履行支付剩余购房款的义务。购房者基于破产取回权的规定取得房屋所有权，当然，如房屋尚未竣工、验收，则需要待"烂尾楼"续建完工后取得房屋。此时，可能因为逾期交付房屋，购房者向破产管理人申报逾期交房损失债权，则该部分债权可以作为普通债权进行清偿。

（四）通过充分沟通破解各方沟通互信难题

1. 建立对破产重整程序的共同认识

房企能否通过破产重整程序实现复工续建、盘活项目，第一要务是统一各利益主体的认识。在进入破产程序之前，购房人群体、有财产担保债权人、税款债权人、职工债权人、施工方等核心群体应进行沟通，宣讲有关破产重整的法律规定、权利保护、程序推进、所面临的风险等内容，建立各主体对破产重整程序的高度认可。针对债务人、购房人、金融机构等对破产重整存在疑虑的情况，推行全流程协商式预重整，建立申请前综合协商、申请后辅助机构选定协商和预重整期间关键事项协商三项机制，充分发挥府院联动机制作用，法院和政府工作专班组织召开听证会、座谈会和研讨会，充分征求各方意见，有效增强各方互信，凝聚各方共识，显著降低破产重整的时间成本和沟通成本。

2. 公平调整各主体的利益

不同于清算程序，重整程序不仅是债权人与债务人的博弈，还要兼顾出资人即股东的利益，《中华人民共和国企业破产法》第七十条规定，出资人也可申请重整。[①] 因此，利益调整是重整计划草案的必备内容之一。但如何公平调整利益，在实务中却非常具有考验性。充分协商、适时让渡，其手段主要是调整债权人、股东、其他利害关系人、重整企业的利益关系，尤其是限制抵押担保权人对担保物权的行使，这样才能平衡各方利益，得到各方或大多数债权人的认可。例如，购房人免除逾期交房违约金，金融机构免除罚息、滞纳金，施

---

① 池伟宏：《房地产企业破产重整案件疑难问题解决办法》，中国人民大学破产法研究中心与杭州市余杭区人民法院主办《中国破产法论坛房地产企业破产专题研讨会论文集》，第55页。

工方免除损失赔偿等，都不失为一种权利让渡。实务中，往往在重整计划草案中设计各权利主体之间的利益捆绑，相互牵扯，以达到平衡的状态。

（五）通过用好共益债资金，破解复工续建资金难题

可采用政府应急性直接垫资复工复建、政府根据实际需求收购破产企业资产、政府给予优惠政策吸引投资、政府协调金融机构融资等方式进行资金支持。针对项目因资金链断裂导致烂尾，但资产比较优质、销售价值较高的特点，对续建资金适用"后进先出"的投融资模式，充分保障续建主体的投资成本快速收回。在重整阶段，由项目专班根据前期清产核资、续建成本测算结果，指导管理人招募适合的施工方提前垫资建设，使问题楼盘在破产重整受理前实现债权债务明晰，成本前后分离，全面复工续建。建立府院联动机制，在法治的轨道上解决房地产企业破产重整中的资金问题、规划问题、验收问题、资产处置盘活问题等。

四　结语

在社会经济持续下行的背景下，判断房地产企业是否具备持续经营的价值，需要从多方面综合考虑，对房开企业而言，需要更加重视破产重整对困境房企的救助作用。通过预重整程序降低重整的成本，提高重整成功率，通过商业考量谈判识别企业重整价值，维护企业的运营价值。在重整程序中，需要注重各类债权人的利益平衡，建立"府院联动"机制解决房地产重整过程中的开发经营等一系列问题，将"市场化"与"法治化"有机结合，将法院专业指导与政府行政协调手段有机结合，最大化保障购房人及其他债权人的权益，也为社会持续稳定提供信心，彰显《中华人民共和国企业破产法》的拯救价值。

G 21

新形势下房地产企业破产相关主体权利的
冲突与协调

朱俊蓉　杨存梅　王曼茜[*]

摘　要：房地产企业破产程序涉及多种权利主体的保护问题，在权利清偿上常引发各类优先保护的顺位冲突。现行《中华人民共和国企业破产法》及相关法律，对于破产费用及共益债务、职工债权及税收债权、担保债权得以优先清偿予以了明确规定，但对于普通债权的优先保护问题仅作出概括性规定，无法解决实践困境。优先权理论基于物权期待、生存利益保障、公平清偿等理论基础，为债权的优先保护提供了理论支撑，也给破产实践提供了操作指引，在破产债权清偿顺位体系构建下，消费性购房人及被拆迁人、建设工程施工方、担保权人均有享有优先保护的可能。

关键词：房地产企业　破产程序　优先权　债权清偿顺位

一　问题的提出

在"房住不炒"语境下和"去产能、去库存、去杠杆"的政策背景下，大量房地产企业受当前市场环境的影响，经营出现问题。最典型的表现为房地产企业因资金链断裂陷入经营困境，出现大量未修建完工的"烂尾楼"。因欠

＊　朱俊蓉，贵州省安顺市中级人民法院清算与破产审判庭副庭长；杨存梅，贵州省安顺市中级人民法院法官助理；王曼茜，贵州省安顺市中级人民法院法官助理。

付工程款或未按时交房、办证而支付违约金的诉讼案件亦急剧增多，房屋、土地、银行账户被法院查封、冻结，出现不能清偿到期债务等问题，债权人为了维护自身权益，债务人为了化解债务危机，进一步处置开发项目，债权人和债务人均会向人民法院提出重整、和解或者破产清算申请，房地产企业进入破产程序的数量就呈递增趋势。

房地产企业进入破产程序后，拆迁人、消费性购房人、建设工程承包人、抵押权人等众多权利主体均在破产程序中纷纷提出各自诉求，权利冲突也会随之出现，利益就难以平衡。而房地产企业进入破产程序的始发点和归宿点都是确保涉及权利主体债权的清偿。然而房地产企业破产债权的优先受偿债权是多元的，在多个优先受偿权同时存在的情况下，关于各权利主体的受偿顺位的法律规定并不明确。因此，正确理解和适用《中华人民共和国企业破产法》及相关司法解释的法律规定，明确权利主体的优先权受偿顺位，合理妥善平衡不同利益主体的诉求，不仅能够为构建具有说服力和可接受性的法律裁判依据提供支撑，亦能够成为优化法治化营商环境、稳定社会市场经济秩序、促进经济社会发展的一大利器，具有现实意义。本报告通过总结梳理房地产企业破产程序中涉及的权利主体及面临的困境，探索厘清优先受偿权顺位，提出权利主体优先顺位的体系化构建建议，使各权利主体得到公平受偿，促进房地产企业市场稳定发展，进一步助推社会主义市场经济的稳定发展。

二 房地产企业破产程序中权利主体保护现状

（一）权利类型

房地产企业进入破产程序后，大多数情况存在在建工程未完工的情形，无论是重整式清算或清算式重整，在当前背景下，为最大限度保障购房户的民生权利，一般会在破产程序中通过招募投资人、招募新施工方或对外借款等方式完成续建。此种情况下，必定存在多种权利主体。破产房地产企业资产不足以清偿其全部债务是主要的特征之一，本报告主要针对同一物上同时存在多个权利主体时如何受偿进行讨论。

新形势下房地产企业破产相关主体权利的冲突与协调

1. 共益债务

《中华人民共和国企业破产法》第四十二条规定，共益债务是人民法院受理破产申请后，在破产程序中为了提升全体债权人的利益，使得破产财产价值最大化，由债务人财产负担的债务。对于存在"烂尾楼"情况的破产房地产企业，无现金流且与前施工方因欠付工程款发生重大矛盾冲突，仅依靠房地产企业自身已无能力继续出资完成续建。在进入破产程序后，无论是通过借款方式获得续建资金还是新引进投资人或施工方垫资继续修建产生工程款均是为了使未完工的无效资产竣工验收后形成有效资产，使得破产财产的价值最大化，是为了全体债权人利益而产生的债务，应属于共益债务。

2. 被拆迁人、消费性购房人债权

房地产企业与购房者签订商品房买卖合同后通常采用商品房预售模式，作为出卖人的房地产开发商与作为买受人的购房者在商品房买卖合同内对房屋交付、房款支付、商品房所有权转移登记等进行约定并如约履行，这是商品房交易理想化状态下购房者对房屋所有权拥有的心理期待。房地产企业资金链断裂，无法完成工程施工，必然导致无法向购房人交付房屋、办理权利证书等。在破产程序中，购房人会向管理人主张购房款返还或要求交付房屋、办理不动产权利证书等。

3. 建设工程价款优先受偿权

建设工程优先权设置的主要原因，在于承包人雇佣的大量农民工以提供劳务为生存基础，建设工程价款涉及劳务价值的保护和劳动者的生存权益。[①]《中华人民共和国民法典》第八百零七条规定发包人未支付工程价款的责任与第四百一十条抵押权实现规定表述基本一致，建设工程价款优先受偿权除了设立时无须进行登记外，其法律效果与抵押权一致，也有学者称建设工程价款优先受偿权在性质上类似于法定抵押权。[②]

---

① 成吉宁：《房地产企业破产中的购房者优先权》，《湖北经济学院学报》（人文社会科学版）2020 年第 4 期。

② 李后龙、潘军锋：《建设工程价款优先受偿权审判疑难问题研究》，《法律适用》2016 年第 10 期。

4.不动产抵押权

根据《中华人民共和国企业破产法》第一百零九条①的规定，就房地产企业而言，其为获得融资通常将在建工程抵押给金融机构等，担保债权人有权根据上述法律规定主张就抵押物享受优先债权。故在破产程序中的抵押权的范围仍然要以特定财产为限，不能随意突破特定财产延伸至破产企业的其他财产范围主张优先受偿，在特定财产不足以覆盖所担保的债权时，未清偿的部分应转为普通债权。

（二）权利主体保护现状

1.破产清偿顺位存在立法缺位

现代破产法特别强调在解决债权清偿秩序方面的价值。现实问题是，在房地产企业的破产程序中，《中华人民共和国企业破产法》仅对职工债权、税收债权、普通债权的清偿问题作出概括性规定。因目前我国破产程序涉及优先权处分的相关规则存在立法缺位及系统体系不周延等问题，破产程序中对普通债权的清偿顺位于法无据，即便通过政策引导、社会利益衡量等加以阐述赋予某一类债权人以优先权，也会在无形中侵害其他债权人的合法权益。

破产案件中优先权之间的冲突在立法时未能予以明确，如承包人的工程价款享有优先受偿权，银行等金融机构也因其债权设定了抵押权等担保物权具有一定的优先性。对于购房人而言，虽然《最高人民法院关于商品房消费者权利保护问题的批复》提出了消费性购房人的优先权，但仅从司法解释层面予以确定。当各类债权均具备优先权的实现条件时，如何对各类债权的清偿在优先权之上"再优先"排序，则面临较大的操作困境。

2.破产清偿顺位保护存在利益冲突

目前，房地产企业进入破产程序，最主要的原因是商品房预售模式引发的连环危机，特别是在商品房预售目标未能实现的情况下，在破产清偿顺位的处理问题上涉及房地产企业、购房人、建筑商、贷款银行等多方主体的利益。一

---

① 《中华人民共和国企业破产法》第一百零九条：对破产人的特定财产享有担保权的权利人，对该特定财产享有优先受偿的权利。

是无法交房与预付款的利益冲突。在商品房预售合同中，购房人的义务为支付定金或购房款，而房地产企业的义务为按期交房。但在"烂尾楼"频发的背景下，购房人可能会遭受首付款、后期月供的损失，甚至在承担这些损失后也无法得到预购房屋。二是建设工程价款针对在建工程的权利行使冲突。在建工程无论是否处于完工状态，建设工程施工承包人按照现行法律规定可以对该工程行使优先受偿权，但当购房人支付房款达到一定比例且满足基本生存居住需求时，购房人对于房地产破产企业的财产亦可主张优先权，当房地产企业仅剩余在建工程可供清偿时，此时究竟以何种权利为优先，存在不可避免的争议。三是不同抵押权的实现冲突。房地产企业为回笼资金，除了购房人将预购房屋向贷款银行办理抵押外，房地产企业也可能将在建工程进行抵押，这就导致同一物上设置两个抵押权的情形，在"烂尾楼"出现的情况下，必然也会引起实现抵押权的冲突。

三 房地产企业破产中优先权行使的体系化构建

《中华人民共和国企业破产法》规定破产财产在优先清偿破产费用和共益债务后，按照职工债权、税收债权、普通债权的顺序进行清偿。但在破产程序中，与不动产权利处分相关的权利还有被拆迁人权利、消费性购房者权利、建设工程施工承包人权利、担保债权人权利等。在同一破产财产上不涉及同时负担多个权利主体的情况时，可按《中华人民共和国企业破产法》规定的顺序进行清偿。本报告着重讨论的是同一财产上同时存在共益债务，各主体就同一财产应如何受偿的问题。

（一）受理房地产企业破产后，续建方的权利行使

关于续建方的认定。一般情况下，项目续建是投资人不可回避且首要处理的问题。根据个案情况，对于符合续建条件，管理人决定继续履行建设工程施工合同的项目，续建工程部分承包人的工程款应认为属于共益债务，可随时清偿，依法保障续建工程承包人的利益。在此，应对受理破产前后房地产企业未完工工程进行"新老分割"，债务人在破产程序开始前所欠的工程款不属于共益债务，承包人只能根据《中华人民共和国企业破产法》及相关司法解释的

规定作为债权申报后受偿;[①] 进入破产程序后,基于当前政策将公共政策目标和破产目标置于优先地位,为最大限度保障顺利向购房户、被拆迁人交付房屋,管理人应决定继续履行合同。决定继续履行合同能够实现债务人财产价值最大化,兼顾社会公共利益原则,使得债权人最大比例地获得清偿。对于管理人决定继续履行建设工程施工合同,所欠续建工程承包人的工程款所产生的债务的性质,应认定属于共益债务,可随时清偿,这有利于保障续建承包人的利益。故对于受理后,续建方新产生的工程款属于共益债务,具有绝对的优先性,应随时清偿。

(二)被拆迁人及消费性购房人的权利行使

对被拆迁人及消费性购房人的权利保护均涉及最基本的生存权,当存在权利冲突时,被拆迁人及消费性购房人受偿权在清偿完毕因续建产生的共益债后,应作为第一顺位予以清偿。

现行商品房预售模式将无法按期交房、银行违规放贷、项目停工烂尾等风险过多地分配给购房人。[②] 从保障生存利益的角度出发可以给予购房人权利排位于其他各类破产债权之前。在《中华人民共和国民法典》施行后,购房人优先权并无法律依据可循,如何在破产程序中以正当理由给予购房人优先保障更加迫切。另外,被拆迁人对破产企业享有的债权,不仅是因拆迁补偿协议而产生的合同之债,也包含了国家社会管理的职责。被拆迁人的安置房是通过置换取得的,如果该安置房是其唯一的住所却不能赋予其优先清偿的权利,这将违背法律保护弱者的精神。在优先权的行使要件上,可以参照购房人的基本要素进行考虑。

1. 购房人的消费者属性

购房者对房地产破产企业享有的债权,存在的究竟是民商事权利,还是消

---

① 张婷:《房产公司破产实务问题初探》,《长春工程学院学报》(社会科学版)2012年第1期。

② 董鹏斌:《保交楼背景下我国商品房预售制度的现实挑战与续造路径》,《西南金融》2023年第11期。

费者权利，或者是物权期待权等其他权利存在争议。① 在房地产交易中，购房者生存利益主要体现为取得房屋所有权，要求房地产破产企业交付房屋、办理不动产权证书等。如房地产破产企业无法实现目的，此时生存居住权转而体现为已支付购房款全额清偿的金钱债权。

《最高人民法院关于建设工程价款优先受偿权问题的批复》中关于消费性购房人与建设工程价款优先权②的相关规定虽已失效，但 2023 年 4 月 20 日施行的《最高人民法院关于商品房消费者权利保护问题的批复》总体继受了其规定。《最高人民法院关于商品房消费者权利保护问题的批复》第二条第一款③限定了购房人优先权的适用主体须严格限制为消费者。对于消费者的范围，一是可以参照《中华人民共和国消费者权益保护法》的界定内涵，因该部法律是基于对消费者这一弱势群体提供保护而出台的，当中确定的消费者仅指自然人，作为购房人的消费者，可以类推解释为自然人。其他民事主体如法人或非法人组织主要基于经济利益的考虑，没有生存利益的维护需求。二是可以考虑自然人购房是否适用于实现居住权。购房者购买房屋应当是为了自身或其家人的生活居住，如果是进行房产投资期待获得利润回报，"居住"的概念也应当依据其初始目的被解释为符合基本生活需求的普通住宅。此外，还应考虑购房者的家庭成员数量对房屋需求的实际影响，房屋的数量、性质、购买方式等形式要件可作为个案认定的参考因素。

对于破产程序中通常不予认定为"消费性购房人"的情况，如以房抵债但基础债权不确定且未实际入住、一次性大量购买房屋等，管理人仍需穿透各方主体法律关系的认定，即便相关房屋办理了预告登记或备案登记，仍应在审查清楚基础债权真实性、合法性、确定性及使用房屋状况的情况下，综合认定。

---

① 樊沛鑫：《房地产企业破产中不动产权利特殊保护的立法构建》，《中国不动产法研究》2022 年第 1 辑。

② 《最高人民法院关于建设工程价款优先受偿权问题的批复》第二条：消费者交付购买商品房的全部或者大部分款项后，承包人就该商品房享有的工程价款优先受偿权不得对抗买受人。

③ 《最高人民法院关于商品房消费者权利保护问题的批复》第二条第一款：商品房消费者以居住为目的购买房屋并已支付全部价款，主张其房屋交付请求权优先于建设工程价款优先受偿权、抵押权以及其他债权的，人民法院应当予以支持。

2.购房款的支付比例

根据《最高人民法院关于审理企业破产案件若干问题的规定》第七十一条第五项的规定，特定物买卖中，尚未转移占有但相对人已完全支付对价的特定物不属于破产财产。在购房人已支付全部购房款的情况下购房人应为该商品房的所有权人，购房人可向管理人行使取回权。但若购房人未支付完毕全部购房款，双方的商品房买卖合同属于双方均未履行完毕的合同，如管理人基于《中华人民共和国企业破产法》第十八条①选择解除，该房屋属于债务人财产，此时无法行使取回权。如管理人依据上述法律规定，向购房人主张继续履行双方签订的商品房买卖合同，购房人亦在破产程序中支付完毕全部购房款的，参照《最高人民法院关于商品房消费者权利保护问题的批复》第二条第二款②的规定，也可以认定购房人对该套商品房享有物权期待权，可以优先主张。

同时，根据《最高人民法院关于商品房消费者权利保护问题的批复》第三条的规定③，针对在破产程序中无法对未完工工程进行续建，购房人所购房屋确无交付可能的情况，消费性购房人债权的优先性应包括购房款返还请求权。但如房地产企业在破产程序中将对未完工工程进行续建，房屋处于可以交付的情况，管理人已选择继续履行原商品房买卖合同，此时购房人主张解除合同并要求确认其支付的购房款作为金钱债权优先清偿的，不应再具有优先受偿地位。最高人民法院（2021）最高法民申5141号民事裁定书亦持类似观点。

3.被拆迁人与消费性购房人的权利冲突

关于被拆迁人与消费性购房人之间针对同一房屋谁更优先的问题，现在施行的法律法规及最高人民法院的司法解释和司法实践尚无明确定论。但本报告认为应当赋予被拆迁人最优的清偿顺位予以保护。首先，被拆迁的房屋作为被拆迁人及其家庭的唯一住房时，征拆后被拆迁人必定仅能选择另行租房，等待

---

① 《中华人民共和国企业破产法》第十八条：人民法院受理破产申请后，管理人对破产申请受理前成立而债务人和对方当事人均未履行完毕的合同有权决定解除或者继续履行，并通知对方当事人。

② 《最高人民法院关于商品房消费者权利保护问题的批复》第二条第二款：只支付了部分价款的商品房消费者，在一审法庭辩论终结前已实际支付剩余价款的，可以适用前款规定。

③ 《最高人民法院关于商品房消费者权利保护问题的批复》第三条：在房屋不能交付且无实际交付可能的情况下，商品房消费者主张价款返还请求权优先于建设工程价款优先受偿权、抵押权以及其他债权的，人民法院应当予以支持。

安置房屋建设完成，安置房屋对于被拆迁人而言意义重大。其次，随着社会经济的发展，被拆迁人亦是为了公共利益需要，让渡自己的一部分利益，从而促进城镇化建设水平提升。最后，从权利产生的顺序看，只有在被拆迁人签订拆迁安置合同后，房地产企业才能获得相应土地使用权，并以此作为抵押物从金融机构获得融资进行后续开发。辽宁省高级人民法院《关于审理房地产开发企业破产案件有关问题的若干意见（试行）》第十三条将"被拆迁人和被征收安置人的债权请求权"作为优先债权清偿的第一顺位，优先于消费性购房人所享有的优先受偿权。故在房地产企业进入破产程序后，被拆迁人要求将安置房屋所有权变更至其名下，应予以支持，且该权利优于一般的消费性购房人。该两种权利存在冲突时，消费性购房人则可选择解除合同，相关购房款应作为优先债权认定，或在其他无权利瑕疵的破产财产中选取价值相当的财产享有优先权。

（三）建设工程价款优先权的行使

建设工程价款优先权属于法定优先权，在保障被拆迁人、消费性购房人等民生权利后，应作为第二顺位受偿。

《中华人民共和国民法典》第八百零七条①所指的优先受偿权，是指在发包人欠付工程款时，直接赋予承包人就在建工程折价、拍卖价款之后对欠付工程款优先受偿的权利。根据《最高人民法院关于审理建设工程施工合同纠纷案件适用法律问题的解释（一）》[以下简称《建工司法解释（一）》]第三十六条②的规定，承包人享有的建设工程价款优先受偿权优于抵押权和其他债权。但在房地产企业破产程序中，承包人的范围除了与发包人订立建设工程施工合同的主体外，是否还包含承包人转包、违法分包、借用施工资质挂靠的施工人、农民工等主体，各方行使优先受偿权是否应有所区分，存在较大分歧。

---

① 《中华人民共和国民法典》第八百零七条：发包人未按照约定支付价款的，承包人可以催告发包人在合理期限内支付价款。发包人逾期不支付的，除根据建设工程的性质不宜折价、拍卖外，承包人可以与发包人协议将该工程折价，也可以请求人民法院将该工程依法拍卖。建设工程的价款就该工程折价或者拍卖的价款优先受偿。

② 《最高人民法院关于审理建设工程施工合同纠纷案件适用法律问题的解释（一）》第三十六条：承包人根据民法典第八百零七条规定享有的建设工程价款优先受偿权优于抵押权和其他债权。

1. 主体范围的认定

关于承包人的范围。《建工司法解释（一）》第三十五条①对于承包人的范围并未作出明确规定。但建筑行业中建设工程施工合同法律关系复杂，层层转包、违法分包等违法乱象常见，且承包人通常与群体性利益密切关联，如农民工权益、材料商权益等。结合《中华人民共和国民法典》第七百九十一条的规定来看，发包人可以分别就不同施工项目与不同的承包人签订协议，总包可就非主体结构建设与项目分包方签订分包协议，同时还存在设计、勘察、监理等合同主体，除此以外还有突破承包关系的实际施工人。首先，尽管工程的勘察人、设计人、施工人皆为建设工程的承包人，但对于是否所有承包人都是工程价款优先受偿权人，从原《中华人民共和国合同法》第二百八十六条的立法初衷来看，该法是为了解决长期存在的拖欠工程价款问题，进而保障建筑工人的劳动报酬得以实现。尽管勘察费用、设计费用也有可能被拖欠，但客观上勘察人员、设计人员的境遇大大优于建筑工人的境遇。且在发包方需要勘察单位、设计单位提供相关工程资料的情况下，相较于建筑工人其也处于更有利的地位，《中华人民共和国民法典》第八百零七条规定的建设工程合同，应仅指建设工程施工合同，不应包括勘察、设计等合同类型。而根据《中华人民共和国民法典》第七百九十六条的规定，监理人是受托人，发包人是委托人，监理合同属于委托合同。故勘察、设计、监理人不享有工程价款优先权。

关于实际施工人是否享有优先受偿权的问题，司法实务上确有支持实际施工人或挂靠人享有优先受偿权的观点。认定实际施工人享有优先受偿权，可以扩大权益保障的范围，实际施工人作为建设工程项目相对弱势方，赋予其优先权可以避免发包方拒绝支付对价；同时，实际施工人涉及群体较广，其有权主张优先受偿权也与《保障农民工工资支付条例》等相关政策相一致。《建工司法解释（一）》第三十五条认为"实际施工人不应享有工程价款优先受偿权"，个案中如实际施工人主张的款项确实由实际施工人投入人力、物力、财

---

① 《最高人民法院关于审理建设工程施工合同纠纷案件适用法律问题的解释（一）》第三十五条：与发包人订立建设工程施工合同的承包人，依据民法典第八百零七条的规定请求其承建工程的价款就工程折价或者拍卖的价款优先受偿的，人民法院应予支持。

力，综合考虑背后关乎的大量农民工生计问题，可在认定承包人建设工程价款优先权后，由承包人出具相关文书，同意由管理人直接向相关实际施工人进行分配，以此保障实际施工人的权利。

2. 客体范围的认定

根据《中华人民共和国民法典》第八百零七条的规定，对于未取得建设工程规划许可证或者未按照规划许可证要求建设的违法建筑，考虑到建筑工程优先受偿权和抵押权的类似特点，《中华人民共和国民法典》第三百九十九条第三款规定的禁止抵押财产亦不宜折价、拍卖。

此外，从《中华人民共和国民法典》第八百零七条的文义解释来看，建设工程价款优先受偿权的范围限于建设工程本身，并不包含建设工程占用范围内的土地使用权价值。因在建工程与所附着土地的不可分割性，按照"一体处置、分别受偿"的原则，管理人对在建工程变价处置时应当分别就在建工程与土地使用权价值进行评估，一并处置后，以在建工程价值范围确定优先权。

（四）抵押权人的权利行使

房地产企业的开发款项金额巨大，大多以在建工程为抵押物向金融机构借款以满足融资需求。一般来说，企业在进入破产程序后，抵押权人在清偿时就抵押物享有优先顺位，根据前述法律规定及分析，同一破产财产在被拆迁人、消费性购房人、建设工程价款优先受偿后，抵押权人应优先于职工债权、税收债权、普通债权人优先受偿。

1. 抵押权的"别除权"性质

《中华人民共和国企业破产法》第一百零九条①规定，抵押权具有"别除"性质，即属于债务人的特定财产，是不依破产程序而优先受偿的权利。《中华人民共和国企业破产法》第一百一十三条虽规定职工债权、税收债权较于普通债权在先予以清偿，但上述两类债权仅相对于普通债权存在优先性，且针对上述两类债权清偿所对应的财产范围并未作出特别规定，从对应财产范围

---

① 《中华人民共和国企业破产法》第一百零九条：对破产人的特定财产享有担保权的权利人，对该特定财产享有优先受偿的权利。

的角度分析，抵押权的清偿顺序应优于职工债权、税收债权。

2.抵押权行使范围

房地产企业采用在建工程抵押进行融资并非个例，依据《中华人民共和国民法典》第二百二十一条的规定，抵押权人未经房屋预告登记权利人的同意设定抵押权，对已办理了房屋预告登记手续的购房者应不发生物权效力。此外，部分房地产企业在取得建设用地使用权抵押登记后，金融机构为了方便房地产企业快速回款允许房地产企业将已经办理抵押登记的不动产进行销售，此时购房者还办理预告登记。在金融机构同意房地产企业出售房屋的情况下，可以认定为其明知对涉案土地享有抵押权，但实际已经放弃了该部分土地优先受偿的权利。

同时，根据《中华人民共和国民法典》第三百九十七条单独以建筑物设立抵押，则建筑物所涉范围内的建设用地使用权一并抵押，仅以建设用地使用权抵押的，地上建筑物也视为一并抵押的规定，及《中华人民共和国民法典》第四百一十七条①关于建设用地使用权抵押后，新增建筑物不属于抵押财产，应就新增建筑物与建设用地使用权一并处分，抵押权人就新增建筑物处置所得价款无权优先受偿的规定，应以前述的"一体处置、分别受偿"为原则，无论抵押登记的内容是否包含建筑物或土地使用权，管理人进行处置时均应一并处置，但抵押权人仅就登记部分的财产享有优先受偿权。

四 结语

房地产企业破产涉及权利类型最广泛、利益纠纷最严重、矛盾最集中，这些利益中有消费性购房人、被拆迁人生存权益的居住权，有农民工报酬的建设工程价款，有与金融机构金融风险有关的抵押权。正因如此，权利顺位问题即

---

① 《中华人民共和国民法典》第三百九十七条：以建筑物抵押的，该建筑物占用范围内的建设用地使用权一并抵押。以建设用地使用权抵押的，该土地上的建筑物一并抵押。抵押人未依据前款规定一并抵押的，未抵押的财产视为一并抵押。第四百一十七条：建设用地使用权抵押后，该土地上新增的建筑物不属于抵押财产。该建设用地使用权实现抵押权时，应当将该土地上新增的建筑物与建设用地使用权一并处分。但是，新增建筑物所得的价款，抵押权人无权优先受偿。

清偿顺位问题对公平清偿债务、维护社会稳定意义重大。如前文分析，当破产程序中存在在建工程，且同一物上同时负担多种权利主体时，应认定续建方的共益债优于被拆迁人，被拆迁人优于消费性购房人，消费性购房人优于建设工程价款优先受偿权，建设工程价款优先受偿权又优于抵押权。

G 22

个人债务集中清偿制度：时代命题
与本土构造

贾梦嫣*

摘　要：当前，我国已进入信用风险一并快速扩张的时代，亟须建立和完善个人破产制度或以个人债务集中清理清偿为主要模式的类个人破产制度。个人债务集中清偿制度具有多元价值目标，在这一目标体系中，债权人保护价值具有基础性地位，债务人救济价值具有独立性和重要性地位，增加社会福利价值具有终局性地位，对三者的评断和取舍，决定了我国个人债务集中清理制度的未来走向。企业破产制度与个人债务集中清理制度在制度模型、制度目标、制度设计方面存在诸多差异，需要借鉴企业破产制度发展成果，强化二者融合衔接。针对制度适用范围、破产欺诈防范、豁免财产认定、新得收入取舍等问题，应立足当前经济社会发展等因素，进行精细化设计和本土化构建。

关键词：个人债务集中清偿　多元价值目标　破产欺诈　豁免财产　新得收入

---

* 贾梦嫣，贵州省社会科学院法律研究所研究员。

当前，我国已进入信用和风险一并快速扩张的时代，亟须建立和完善个人破产制度或以个人债务集中清理清偿为主要模式的类个人破产制度，以有效应对当前制度体系中可能发生的损失和风险。2019 年 2 月，《人民法院第五个五年改革纲要（2019—2023）》提出"研究推动建立个人破产制度"。同年 6 月，国家发展和改革委员会、最高人民法院、工业和信息化部等 13 部委联合印发《加快完善市场主体退出制度改革方案》，提出分步推进建立自然人破产制度，"逐步建立起与现代化经济体系相适应，覆盖企业等营利法人、非营利法人、非法人组织、农业专业合作社、个体工商户、自然人等各类市场主体的便利、高效、有序的退出机制"。同时期，浙江、江苏、山东等地法院以个人债务集中清理或集中清偿为主要模式，推动类个人破产制度探索试点。2020 年 8 月，《深圳经济特区个人破产条例》出台，开创了个人破产地方立法的先河。2021 年 8 月，全国人大常委会执法检查组在《关于检查〈中华人民共和国企业破产法〉实施情况的报告》中提出，"对于自然人破产、金融机构破产、上市公司破产等问题，在修法中做好研究论证，积极回应实践需要"。[①]

随着各地试点工作的深入推进，个人破产制度似乎已在更广泛的层面上呼之欲出。根据贵州省高级人民法院的安排部署，2023 年起，贵阳市、安顺市两地法院开展个人债务集中清偿试点工作。个人破产或类个人破产制度与经济社会、政治文化中的各种问题交织，立足我国法文化和当前制度环境，个人债务集中清偿如何充分回应实践需要，需要持续思考和探索。

一 个人债务集中清偿制度价值目标体系：
评断、冲突与平衡

法的现象蕴含着特定的价值取向，法的现象的价值评价及其选择，体现了国家与法律发展进程中个人与国家、个人与社会之间的相互关系，反映了社会主体的价值判断。对个人债务集中清偿制度价值目标的评断和选择，不仅被经

[①] 全国人民代表大会常务委员会执法检查组《关于检查〈中华人民共和国企业破产法〉实施情况的报告》，http://www.npc.gov.cn/npc/kgfb/202108/0cf4f41b72fe4ddeb3 d536dfe310 3eb3.shtml，最后访问日期：2023 年 6 月 25 日。

济社会、文化传统和其他法律制度等周边领域所影响，也会影响这些周边系统的结构及其运行。

（一）个人债务集中清偿制度的多元价值目标

1. 债权人保护

从发展历程来看，初期的破产或债务清偿制度多是债权人保护本位的，其主要目标是实现债务清偿，在此基础上还产生了破产有罪、破产惩戒等一系列破产制度原则。为平衡多个债权人之间的利益，在清偿债务的基础上，进一步发展出了债务集中清偿的原则和机制。债权集中清偿是较之于破产免责更为悠久、更为根本的价值追求，也是其区别于执行制度的根本所在。[①] 首先，在信息不对称的情况下，单个债权人必须自行实施财产调查、诉讼执行、财产处置等追偿行为并为此支付费用，并且个体的追偿处置行为可能造成债务人财产整体价值的减损。个人债务集中清偿制度需要并可有效克服单个债权人无效的价值寻找和权利主张的问题，避免个体盲目行动，实现债务人财产价值的最大化，从而帮助债权人最大程度地实现债权。其次，个人债务集中清偿制度需要并可有效解决偏颇清偿的问题，通过综合考虑所有债权人的利益，确保债务人财产在所有的债权人之间实现公平分配。最后，通过中立的管理人的帮助，债权人得以对债务人施以更持续、更有效的监督，了解债务人的财产价值和清偿能力等情况，有助于打消债权人"不切实际"的收债希望，阻止"适得其反"的收债行为，促成债权人与债务人达成更合理的妥协协议。

2. 债务人救济

近年来，破产有罪、破产惩戒等破产制度原则逐渐被相对立的原则取代，对债务人及其家庭成员基本生存权、发展权的保障，日益成为破产或债务清偿制度所追求的一个独立的价值目标。研究表明，过度负债对债务人的身心健康造成严重影响，冲击婚姻稳定性，降低家庭幸福感；[②] 在过度负债的情况下，

[①] 徐阳光、韩玥：《个人破产的三重控制机制：基于个人债务集中清理实践的分析》，《法律适用》2022年第6期。

[②] 张栋浩、王栋：《家庭债务问题研究：影响因素、经济社会效应、风险评估及防范》，《金融评论》2022年第6期。

有的家庭会通过牺牲家庭的基本生活支出和健康支出以避免违约或拖欠。① 并且，当作为债务人的家长因长期压力而退出生产性经济活动时，其子女的社交能力、财务责任感等不可避免地受到负面影响。② 因此，个人债务集中清偿制度需要并可通过豁免财产和免责等机制为“诚实但不幸”的债务人提供救济，缓解债务人及其家庭成员因过度负债产生的痛苦，帮助其回归相对正常的社会经济生活，实现经济重生，保障其正常生存及生活的权利。③

3. 增加社会福利

解决执行难问题、建立市场退出机制、优化营商环境是当前我国着力构建个人债务集中清偿制度的三个重要动因，④ 但个人债务集中清偿制度在经济社会发展中产生的涟漪效应显然不仅于此。从某种程度上看，个人债务集中清偿制度与企业破产制度相比，其社会意义可能更为重要、广泛和深远。⑤ 首先是避免社会资源的浪费。除了当事人所支付的各种费用外，社会还需要为债权人的追偿行为付出高昂的运行成本。维护社会成员的合法权益无疑是必要的，但毫无结果的收债和破坏性的争夺，会造成社会资源的极大浪费。停止追偿，或为实现追偿至少达成合理妥协，对解决不良债权对债权人、债务人和社会造成的核心实务问题，几乎是一个即时解决方案。⑥ 利用债务集中清偿制度的杠杆，打破发生在债权人之间、债权人与债务人之间的不健康的僵局，对于避免不必要的资源浪费具有价值。其次是避免过度负债导致的系统性金融风险⑦和社会总需求抑制等问题，消减过度负债对中长期内的宏观经济增

---

① 吴锟、王琎、赵越超：《居民家庭的过度负债：度量与特征——来自中国家庭微观调查数据的分析》，《北京工商大学学报》（社会科学版）2020 年第 4 期。

② 自然人破产处理工作小组起草：《世界银行自然人破产问题处理报告》，殷慧芬、张达译，中国政法大学出版社，2016，第 33 页。

③ 〔日〕藤本利一：《如何做到个人破产免责和防止滥用的平衡》，李英译，http://www.sohu.com/a/238316105_159412，转引自殷慧芬：《个人破产立法的现实基础和基本理念》，《法律适用》2019 年第 11 期。

④ 贺丹：《个人破产免责的中国模式探究——一个国际比较的视角》，《中国法律评论》2021 年第 6 期。

⑤ 王欣新：《迎接个人破产时代的制度绸缪》，《人民司法》2022 年第 22 期。

⑥ 自然人破产处理工作小组起草：《世界银行自然人破产问题处理报告》，殷慧芬、张达译，中国政法大学出版社，2016，第 15 页。

⑦ 陈夏红主编《中国破产法的现代化：从〈大清破产律〉到〈企业破产法〉（1906 - 2006）》，中国大百科全书出版社，2018。

长和社会稳定的不利影响。研究显示，2008~2020 年，我国住户部门杠杆率由
18.2%上升至 72.6%；2021 年，个人经营贷款增速由 2019 年的 12.5%上升到
19%；① 2020 年，中国家庭部分债务收入比增速与 2008 年国际金融危机前美
国家庭的债务收入比增速大致相同，高于 OECD 国家长期以来的家庭债务收入
比增速。② 妥善处理经营性和消费性的个人负债对我国金融稳定和金融业健康
发展至关重要。最后是有助于维持经济的整体繁荣，营造宽容失败的创业环
境，根据最高人民法院公布的数据，截至 2023 年 6 月 27 日，全国公布的失信
被执行人数为 8265420 人，这意味着有巨大数量的债务人处于生产经营失能状
态或者从正常的经济社会生活中隐去。③ 对符合条件的债务人免责，可以激励
债务人为债权人和社会创造价值，帮助其重新成为富有创造力的社会成员。④
同时，"破产的阴影"也足以鞭策市场经济中的自然人审慎参与交易、珍惜个
人信用，促使个人信用和征信系统进一步成熟。⑤

（二）个人债务集中清偿制度价值目标的冲突及其平衡

不论是在不同性质的法律之间，还是在同一性质或同一部法律内部，它们
或因法律体系、法律制度和法律规范的迥异，或因不同价值主体之间的价值诉
求不同，或因不同价值之间各自所扩展的领域和空间相叠合、交错，必然会存
在着一定程度的矛盾，有时，这种矛盾冲突还表现得相当激烈。⑥ 价值目标的
冲突与选择，是任何一项法律制度在立法、执法和司法实践中，都不得不面对
的问题。解决这种冲突，需要充分考虑不同价值目标之间的对抗、牵引、互促

---

① 中国人民银行金融稳定分析小组：《中国金融稳定报告 2022》，http://www.pbc.gov.cn/
jinrongwendingju/146766/146772/4889122/20230519174713124624.pdf，最后访问时间：2023
年 7 月 2 日。
② 张栋浩、王栋：《家庭债务问题研究：影响因素、经济社会效应、风险评估及防范》，《金
融评论》2022 年第 6 期。
③ 公布的失信主体包括法人、非法人组织和个体工商户、自然人等。数据来源于中国执行信
息公开网，http://zxgk.court.gov.cn/，最后访问日期：2023 年 6 月 27 日。
④ 〔美〕查尔斯·泰伯：《美国破产法新论》，韩长印、何欢、王之洲译，中国政法大学出版
社，2017，第 1044 页。
⑤ 丁海湖：《个人破产逃废债的防范》，《人民司法》2022 年第 22 期。
⑥ 周灵方：《法的价值冲突与选择——兼论法的正义价值与优先性》，《伦理学研究》2011 年
第 6 期。

等复杂关系，以及体制运行必然需要与之协调的法律、文化、政策和实践环境。[1]

债权人保护、债务人救济和增加社会福利等价值，及其衍生的众多更为微观的目标，构成了个人债务集中清偿制度多元、多维、多层的价值目标体系。一些价值目标之间，天然地存在冲突和对抗，需要坚持系统观念，审慎判断取舍。既不宜采取绝对的债权人保护本位的立法原则，也应避免绝对的债务人保护本位的立法倾向，而应走一条相融相合、持平折中的平衡发展的道路。[2]

1. 债权人保护在价值目标体系中的基础性地位

习近平总书记深刻指出，公正是法治的生命线。法治不仅要求完备的法律体系、完善的执法机制、普遍的法律遵守，更要求公平正义得到维护和实现。[3]《中华人民共和国民法典》第七条规定，"民事主体从事民事活动，应当遵循诚信原则，秉持诚实，恪守承诺"。就民事活动而言，"有约必守、有诺必践、有债必偿"不仅是诚实守信原则的必然要求，也符合人民群众对于公平正义的朴素认识，更是法治国家、法治政府、法治社会一体建设的题中应有之义。因此，保障合法债权依法实现，是"公平正义"原则在民事领域最直观、最具体的体现。

当前，我国信用体系、法治文化正在逐步建立和形成。特别是在"切实解决执行难"语境下，被执行人规避执行、逃避执行仍是执行工作中的主要矛盾和突出问题，及时保障胜诉当事人实现合法权益，依然是执行工作的重心和主线。[4] 在当前制度条件下，作为一种概括的执行程序，个人债务集中清偿制度必须充分回应和应对当前执行工作的主要矛盾和突出问题，旗帜鲜明地认识到债权人保护在价值目标体系中的基础性地位。特别是在制度的初创阶段，应当从严把握进入债务集中清偿程序的案件，严格审查债务人的财产情况，严

---

① 自然人破产处理工作小组起草：《世界银行自然人破产问题处理报告》，殷慧芬、张达译，中国政法大学出版社，2016，第154页。

② 汤维建：《我国个人破产立法的制度框架构想》，《上海政法学院学报》（法治论丛）2023年第1期。

③ 中共中央宣传部、中央全面依法治国委员会办公室：《习近平法治思想学习纲要》，人民出版社、学习出版社2021，第31页。

④ 最高人民法院：《关于在执行工作中进一步强化善意文明执行理念的意见》（法发〔2019〕35号）。

格把握豁免财产或自由财产的审查标准和认定范围，坚决预防和打击"逃废债"和破产欺诈行为。

2. 债务人救济在价值目标体系中的独立性、关键性地位

承认债权人保护的基础性地位，绝不意味着放弃对债务人基本生存权与发展权的保障（并借此对其扶养的家庭成员加以救济）。恰恰相反，我们越发认识到，在个人债务集中清偿制度的多元价值目标体系中，对债务人的救济本身就具有独立的价值。在依法保障债权人合法权益的同时，严格依法贯彻善意文明理念，最大限度地减少对债务人基本权益的影响，是实现政治效果、社会效果、法律效果有机统一，维护社会公平正义，促进社会和谐稳定的必然要求，是完善市场化法治化国际化营商环境的必要举措，是推进国家治理体系和治理能力现代化的题中应有之义。

3. 增加社会福利在价值目标体系中的终局性地位

从政府的角度观察，如果说破产制度诞生之时是多数债权人的偶然竞合而全体在当时看来较小的成本环境中达成的一种分配协议的话，那么当今的破产立法完全可以看作是一种有意识的政府管制和转变个别执行制度的政策手段。[①] 个人债务集中清偿制度的建立并非基于特定债权人或债务人的个体的收益，而是基于更加广泛的社会福利，这是现代破产制度产生和发展的一个重要的逻辑起点，承认增加社会福利在价值目标体系中的终局性地位，有助于从更加广阔的视角，系统地审视个人债务集中清偿的各项程序设计及其中存在的各种问题。

二　企业破产制度与个人债务集中清偿制度：差异、衔接与融合

现有的个人债务集中清偿制度多以《中华人民共和国企业破产法》为蓝本设计。企业破产和个人破产或类个人破产具有诸多相似之处，但这些内容上的一致性仅仅是抽象层面或者表面上的一致性，一旦深入其基本理念或者进入具体内涵的设定，这些表面上的一致性将顿时消失，其实质上的非一致性便露

---

① 韩长印：《企业破产立法目标的争论及其评价》，《中国法》2004 年第 5 期。

出水面。① 个人债务集中清偿制度，需要在充分认识与企业破产制度差异的基础上，借鉴企业破产制度的发展成果，加强与企业破产制度的融合衔接。

（一）企业破产制度与个人债务集中清偿制度的差异

1.制度模型

《中华人民共和国企业破产法》建立在理性经济人模型之上。一般而言，作为商事主体的企业，具有更高的评估、谈判和规避风险的能力，其资产更易被量化评估，所执行的会计准则更为明朗，财务账簿相对清晰。而在涉及个人债务的场域，债权人和债务人的行为动因往往不是经济性的，受文化、情感等因素的影响，并在谈判能力、判断能力上可能具有一定缺陷，因而很难用经济理性人的模式来评断预测。截至 2022 年 2 月 28 日，在深圳中院收到的 1031 件个人破产申请中，因生活消费产生负债的案件占 33%，因投机、侵权、诈骗、赌博行为而产生负债的案件占 17.1%。② 特别是在当前消费信贷泛滥的时代背景下，"花呗""借呗""还呗"等互联网信贷平台层出不穷，年轻消费者正在重复发达国家消费者的非理性信贷行为。③ 这意味着，个人债务集中清偿机制更需要观照债务人非理性的负债和消费行为，更需充分考量消费文化、信贷市场等的发展。

2.制度目标

除了一些破产重整、和解案件外，企业破产程序的最终结果主要是企业主体的消灭；而恰恰相反，个人债务集中清偿以促成债务人的"经济康复"和"生产回归"作为重要目标。换言之，企业破产制度几乎完全只受到或者主要受到经济考量的影响，而个人债务集中清偿机制则包括了人道主义同情的某些元素，以此帮助自然人债务人拥有长期生存和发展的可能性。④

① 汤维建：《我国个人破产立法的制度框架构想》，《上海政法学院学报》（法治论丛）2023 年第 1 期。

② 曹启选、晶晓晶、叶浪花：《个人破产制度先行先试中的实践示范与体系构建》，《人民司法》2022 年第 22 期。

③ 丁燕：《现代个人破产法的基础、价值与选择》，《上海政法学院学报》（法治论丛）2021 年第 4 期。

④ 殷慧芬：《个人破产立法的现实基础和基本理念》，《法律适用》2019 年第 11 期。

3. 制度设计

企业破产制度中的破产原因、破产财产认定、债务人持续监管、债权人的知情权和异议权等权利保障不能简单适用于个人债务集中清偿。例如，破产财产认定方面，依《中华人民共和国企业破产法》，破产申请受理前属于债务人的全部财产以及破产受理后至破产终结前债务人取得的财产，为债务人财产。[①] 特别是在个人破产财产认定方面，有固定主义还是膨胀主义的立法原则选择问题。[②] 此外，在破产信息公开和个人信息保护之间平衡，以及在与继承、婚姻等法律制度的沟通等方面，个人债务集中清偿机制面临更多的挑战。

（二）企业破产制度与个人债务集中清偿制度的衔接

从深圳中院的数据来看，相当比例的个人负债是为企业经营承担连带担保责任所致。[③] 依据《中华人民共和国企业破产法》第一百二十四条之规定，即使企业已被宣告破产，如果作为企业经营者的个人债务无法与企业债务进行同步清理，仍难以打破债权人、债务人和保证人等主体之间形成的"不健康的僵局"。可见，唯有促成企业破产制度与个人债务集中清偿制度的相辅相成、融合促进，才能全面实现破产制度增进社会福利、调整社会关系的目标。

在部分地区，法院通过指定同一管理人的方式来实现企业债务与个人债务同步清理、清偿。例如，浙江省高级人民法院、杭州市中级人民法院、镇江市京口区人民法院发布的个人债务集中清理（类个人破产）指引指南中，均有"企业破产案件中，将实际控制人、股东等的个人债务集中清理工作一并纳入的，由破产案件管理人担任个人债务集中清理工作的管理人"的类似规定。通过程序性关联，将企业债务及其关联人的债务清偿相对统一起来，确保其清偿方式、标准和案件进程相对同步，在当前制度环境下不失为一个现实选择。

---

① 贾梦嫣：《构建"形神兼备"的让与担保规则——基于〈民法典〉担保解释的法律构造与精细化规则探究》，《贵州社会科学》2023 年第 4 期。

② 汤维建：《我国个人破产立法的制度框架构想》，《上海政法学院学报》（法治论丛）2023 年第 1 期。

③ 曹启选、晶晓晶、叶浪花：《个人破产制度先行先试中的实践示范与体系构建》，《人民司法》2022 年第 22 期。

三 个人债务集中清偿制度的本土构造：几个关键问题

（一）自然人与消费者的识别与适用

就个人破产或个人债务集中清偿制度的适用范围而言，素有一般破产主义和商人破产主义之别，在一般破产主义下，包括普通消费者在内的所有组织和个人均有破产能力和资格；而在商人破产主义下，只有从事商业活动的个人和组织有破产能力和资格。[①] 在我国，是将消费者及自然人、消费行为及商业行为不加区分地进行规范创制还是作出分别规定，存在一定的争议。[②] 本报告认为，在当前语境下，将消费者及自然人、消费行为及商业行为一并纳入制度范围更为妥当。

首先，我国法律历来采取民商合一的立法体制，民事主体与商事主体之间、民事行为与商事行为之间实难分别。过度负债往往是生产经营和生活消费等多因导致的，要在具体案件中对当事人是民事主体还是商事主体、债务发生原因是商业投资还是消费等问题进行准确甄别，不仅极为困难，而且没有必要。其次，将消费者排除在个人债务集中清偿制度的保护之外，既缺乏法律依据，也不利于有效解决当前我国家庭债务的问题。研究表明，由于中国居民部门杠杆率明显高于大多数新兴经济体、增长速度过快，居民收入占 GDP 比重偏低，债务存在大规模民间借贷等原因，中国居民部门的债务风险已然不低。[③] 当前，我国不具有将消费者破产做滞后处置、分阶段立法或者将消费者破产另起炉灶，使消费者破产和商人破产分别立法的立法体例选择价值。[④] 考虑到新一代消费者信贷习惯的发展趋势等现实因素，需要构建起以解决企业家连带债务和解决消费者债务清理并重的制度框架。

[①] 汤维建：《我国个人破产立法的制度框架构想》，《上海政法学院学报》（法治论丛）2023 年第 1 期。

[②] 根据《中华人民共和国民法典》，个体工商户和农村经营承包户属于自然人范畴，是我国法律上自然人的特殊形态。

[③] 张栋浩、王栋：《家庭债务问题研究：影响因素、经济社会效应、风险评估及防范》，《金融评论》2022 年第 6 期。

[④] 丁燕：《现代个人破产法的基础、价值与选择》，《上海政法学院学报》（法治论丛）2021 年第 4 期。

（二）"诚实"标准与破产欺诈的判别与防范

"免责"既是对债务人人权的保障，也是对其参与破产程序或债务清偿程序的激励。然而获得这种激励并非无条件的，债务人需证明其已诚实地就偿还债务作出努力，例如已尽己所能地进行清偿、毫不隐瞒地报告财产等。对此处的"诚实"，可从两个层面进行理解。

第一，"诚实"的最低要求是禁止破产欺诈，同时也应注意避免道德风险。破产欺诈是个人债务集中清偿制度中挥之不去的"阴影"。与企业财产相比，个人财产品类纷繁复杂、价值难以评估，没有固定的会计准则，更缺乏公示机制，因此不诚信的债务人可能通过隐匿财产、虚构债务等方式逃避合法债务。虽然在任何制度中，完全地排除破产欺诈的风险几乎是不可能完成的任务，但破产欺诈发生的比例在不同的制度环境中会有所不同。① 除了极端的破产欺诈，也可能发生债务人的道德风险问题。例如，在信息不对称的条件下，债务人对关联方进行的"密集确权"、偏颇清偿或对其财产、债务的不负责任的管理和处置等。在当前信用体系尚在建立过程中的情况下，需要通过建立具有完整体系和内在逻辑且有针对性的破产欺诈惩戒等一系列机制，增强债务人主动清偿的动力，保障制度的有效实施。

第二，对"诚实"的要求贯穿债务发生和破产程序的全过程。首先，债务的发生是基于诚信的。因赌博、挥霍消费或故意行为导致的损害赔偿等发生的债务，不应免责；而因过失导致的侵权责任，或因失业、疾病、伤残、衰老等导致的过度负债，都应当纳入可免责范围。其次，进入债务清偿程序时，债务人未实施不诚信的行为。例如，在提出申请前的审判和执行程序中，存在以伪造证据、暴力、威胁等方法妨碍案件审理、抗拒执行的，以虚假诉讼、虚假仲裁或者以隐匿、转移财产等方法妨害诉讼、规避执行的，违反限制消费令的，拒不履行财产报告令等不诚信行为的情况。因其过往存在较严重的不诚信行为，故对其进入破产程序或债务清偿程序予以严格限制甚至排除。当然，对这类行为的判断应视其情节轻重设置相应的影响期，并由法院在具体案件中综

---

① 实证研究证明，真正的破产欺诈发生的可能性微乎其微，占到所有案例的 1%～3%。参见殷慧芬：《个人破产立法的现实基础和基本理念》，《法律适用》2019 年第 11 期。

合把握。最后，债务清偿程序启动之后，发现债务人有不诚信行为的，应当及时裁定恢复对原债务的清偿或者原裁判文书的执行。例如，江苏省吴江区人民法院制定的《关于个人债务清理的若干规定》规定，信用恢复前或信用恢复后两年内，发现债务人存在规定的例外情形或其他"逃废债"行为等，人民法院可以依职权，或依管理人、债权人的申请恢复按照原债务额进行清偿。其主要法理是，个人债务集中清偿以促进债务人经济或社会功能的更生为重要追求，在当前制度环境下，个人财产及其经济收入等状况难以及时探知，因而必须对债务人的财产状况、经济收入等问题进行长期监督关注。

（三）豁免财产的认定与适用

豁免财产制度是指出于人道主义的考虑，为债务人及其扶养的家庭成员的基本生活提供必要保障，将债务人的部分财产交由其自行管理和使用的一项特殊制度。豁免财产制度是人类文明发展到一定阶段、债务人救济的独立价值得到广泛认可后的产物。债务人及其扶养的家庭成员的生存权和发展权，在价值位阶上一般优先于债权人的债权，[①] 在债务清偿程序中不加甄别地对债务人财产处置，可能导致债务人及其家庭极端贫困，甚至可能损害社会道德和公共秩序；在某些情况下，债务人的财产具有高度的人格属性或者精神价值，而经济价值不高、对于债权清偿意义不大的如勋章等对债务人有特殊纪念意义的物品等，也可交由债务人自行处理。对债务人及其扶养的家庭成员基本人权的保护和对其人格利益的尊重，是豁免财产制度产生和发展的根本。因此豁免财产仅在债务人为个人的情景下有价值，对企业法人和其他非法人组织则不具有意义，[②] 故而在《中华人民共和国企业破产法》中没有类似规定。

在豁免财产制度中，债权人和债务人的权益可能发生最直接、最激烈冲突，也最直观地彰显了一项法律制度在实现债权人保护和债务人救济两类价值目标中的取舍和决断。因此，豁免财产的认定范围是豁免财产制度最重要的议题。联合国国际贸易法委员会《破产法立法指南》指出，豁免财产的

---

① 当此债权系与债权人自身的基本生存权与发展权关联时，应当别论。例如，债务人应当支付的抚养费、赡养费等。

② 王斐民、乔星：《个人债务清理基本法律制度的中国塑造》，《贸大法律评论》2017年第1期。

范围不仅应当明确,而且其种类和价值必须局限在为保护债务人的个人权利和保证债务人仍能够积极生活所必需的最低限度内。① 有学者提出,豁免财产是为其继续工作提供合理的条件、为其重新创业提供无生存负担的环境,但不是为其保留或提供用于经营活动的、超出工作保障条件的财产与资金资源。②

在财产范围方面,综观浙江、江苏、四川等地有关法院发布的工作指引,个人债务集中清偿豁免财产(或称自有财产)范围多参考《中华人民共和国民事诉讼法》第二百二十三条,在对被执行人财产进行查封、扣押、冻结、拍卖、变卖时,应当在保留被执行人及其所扶养家属的生活必需品的基础上进一步扩展,主要有三类:保障债务人及其抚养的家庭成员基本生活的财产(如生活必需品);保障债务人及其家庭成员继续发展的财产(如因学习、职业发展需要必须保留的物品和合理费用);对债务人有特殊精神价值且经济价值不大的财产(如勋章、特殊纪念物品等)。从关注债务人及其扶养的家庭成员的生存权扩展到全面关注其生存权、发展权和特定人格利益,最大程度地保障债务人及其家庭成员积极生活和回归的可能性,充分表明相关制度视野中的"人"的形象更加立体全面,彰显了我国执行制度和破产制度理念变革发展中的人文关怀。③

在标准方面,因时因地因人而异。为了避免法官的判断随意性和自由裁量权过大,在确定类别的同时,亦应从价值标准上进行一定限制。例如,以当地最低工资标准、最低生活标准或基础性教育开支作为"必要性"参考标准等。此外,采取"列举+兜底"的立法方式,可提高各方对于豁免财产范围和清偿程度的预期,减少豁免财产的不确定性;同时,将豁免财产范围的表决权交给

---

① 联合国国际贸易法委员会:《破产法立法指南》(中文版),2006。转引自徐阳光、韩玥:《个人破产的三重控制机制:基于个人债务集中清理实践的分析》,《法律适用》2022 年第 6 期。

② 王欣新:《用市场经济的理念评价和指引个人破产法立法》,《法律适用》2019 年第 11 期。

③ 2022 年公布的《民事强制执行法(草案)》征求意见稿第一百零一条规定:"金钱债权执行中,下列财产不得执行:(一)被执行人及其所扶养的家庭成员必需的生活、医疗、学习物品和相关费用;(二)从事职业所必需的物品;(三)未公开的发明或者未发表的作品;(四)勋章或者其他表彰被执行人荣誉的物品;(五)不以营利为目的饲养,并与被执行人共同生活的宠物;(六)为履行行政管理职能或者公共服务职能所必需的财产;(七)依照法律、行政法规规定或者基于公序良俗不得执行的财产。"

债权人，并赋予人民法院最终裁决权，可以最大程度地在凝聚共识的同时确保程序的有效运行。

（四）新得收入的认定和处置

新得收入是指债务人在进入破产程序或者个人债务清偿程序之后取得的收入。在对待债务人财产的问题上，素有破产财团固定主义与破产财团膨胀主义之别。在固定主义模式下，债务人财产在破产申请受理或者破产宣告时确定，此后债务人新取得的财产不属于破产财产；膨胀主义模式下，债务人财产在破产宣告后仍可能扩大膨胀，即债务人在破产程序终结前所新取得的财产亦属于破产财产范围。相较而言，前者更倾向于债务人救济，而后者更倾向于债权人保护。不过，有研究发现，无论在起点上采取何种主义，两者都存在相应的缓和手段，进而最终走向效果相同的折中主义。[①]

我国采用膨胀主义的立法模式，《中华人民共和国企业破产法》第三十条规定，破产申请受理时属于债务人的全部财产，以及破产申请受理后至破产程序终结前债务人取得的财产，为债务人财产。不过，由于个人债务集中清偿制度以促进债务人的"经济康复"和更生为重要目标，因此与企业破产制度相比，新的财产处置制度在个人债务集中清偿中更为紧要。为保持法律制度的一致性，同时强化对债权人的保护，个人债务集中清偿亦应采取有限的破产财团膨胀主义的路径，即原则上应当将新得财产一并纳入破产财产范围；同时，应当按照一定比例，从新得财产中扣除必要部分，作为豁免财产交由债务人自行管理处置，以此减轻债务人"逃废债"的意愿，避免追偿过度导致债务人彻底丧失清偿债务的动力，促使其通过努力创造价值，改善生活条件并尽早回归。

四 结语

建立和完善个人债务集中清偿制度，是有效回应当前信用社会发展和制度

---

① 陈本寒、罗琳：《个人破产制度中豁免财产范围规则的本土化构建》，《湖北大学学报》（哲学社会科学版）2021 年第 1 期。

环境的时代命题的必要举措，将对我国未来经济社会发展、社会信用体系建设和文化建设产生深远影响。构建好相关制度，需要充分回应本土议题、利用本土资源，使其与当前我国经济社会发展、法律政策环境和文化发展相协调。在制度构建中，还存在诸多问题，例如专门机构的建立、管理人选任、与当前社会治理格局的融合等，值得持续思考和探究。

G 23
个人债务集中清偿试点工作调研报告

——以贵阳市南明区的探索为样本

贵州省贵阳市南明区人民法院调研组*

摘　要： 2023 年以来，贵阳市南明区人民法院在贵州省率先开展个人债务集中清偿试点工作。试点中，南明区人民法院立足本地实际情况，通过夯实队伍，跨部门搭建"执个"合议庭，严守关口，狠抓试点案件前期审核，优化程序，提升案件办理质效等措施，在现有制度框架下创新工作方法。"南明试点"表明，推进个人债务集中清偿工作，要聚焦"五个注重"，即注重释明沟通，争取当事人理解支持；注重"执个融合"，严防逃废债务；注重把控入口范围，确保集中清偿可查可控；注重机制创新，凸显试点优势；注重经验总结，相关做法被推广、复制。

关键词： 个人债务集中清偿　类个人破产　执破融合　制度创新

《中共中央关于进一步全面深化改革、推进中国式现代化的决定》指出，要健全企业破产机制，探索建立个人破产制度。2023 年以来，为贯彻落实国家发展和改革委员会、最高人民法院等《加快完善市场主体退出制度改革方

* 调研组组长：舒子贵，贵州省贵阳市南明区人民法院党组书记、院长、三级高级法官。调研组成员：韦娟，贵州省贵阳市南明区人民法院副院长、四级高级法官；刘晓玲，贵州省贵阳市南明区人民法院审委会委员（挂职）、三级高级法官；鲁迪，贵州省贵阳市南明区人民法院永乐法庭庭长、一级法官；王晶，贵州省高级人民法院法官助理；马倩，贵州省贵阳市南明区人民法院办公室副主任；杨济峰，贵州省贵阳市南明区人民法院法官助理。

案》和最高人民法院"五五改革纲要"要求，根据贵州省高级人民法院统一部署，在贵阳市中级人民法院的指导下，贵阳市南明区人民法院在贵州省率先开展个人债务集中清偿试点工作。南明区人民法院立足本地实际情况，在现有制度框架下创新工作方法，探索建立个人债务集中清偿工作机制，为当前情况推进个人债务集中清偿工作提供了素材样本。

一　"南明试点"的主要情况和做法

（一）主要情况

个人债务集中清偿，是以意思自治为前提，以债务人诚实信用、债权人公平受偿为基础，在现有法律框架内，参照执行和解、参与分配、信用惩戒等制度，在对债务人清产核资的基础上，形成个人债务集中清偿方案，对债务人的多个债权债务关系进行集中性、概括性地清偿、执行，以达到债务集中清偿、诚信债务人信用修复和债权人公平受偿的目的。个人债务集中清偿不能简单直接地等同于执行和解或个人破产，它应时代而生，兼具执行性和破产性两大特性，是过渡时期介于执行特别程序与个人破产制度之间的一种特殊产物。

截至 2024 年 8 月 1 日，南明区法院共受理个人债务集中清偿案件 4 件，审结 2 件。已审结案件共关联执行案件 7 件，关联生效未执行案件 2 件，涉及债权人 9 户，债权总额 132.92 万元，清偿金额 97.63 万元。通过个债清偿程序，不仅有效清理了执行案件，而且有效提高了债权清偿率（见表 1）。

表 1　审结个债清偿案件情况

项目	张某某案件	陈某某案件
集中清偿方式	重整	和解
债权总额（元）	715584.27	613656.45
清偿金额（元）	437972.80	538342.62
清偿率（%）	61.2	87.7
关联执行案件数（件）	1	6
关联生效未执行案件（件）	1	1
债权人（户）	2	7

个人债务集中清偿试点工作调研报告

试点工作遵循以下原则。

1.在现有的法律框架内审慎推进试点工作

参照执行和解、参与分配①、信用惩戒制度等相关的法律规定推进个人债务集中清偿试点案件，坚持在现有的法律框架内审慎推进试点工作。在现行法律框架下，开展试点工作的合法性依据主要是执行程序的相关制度，如执行和解、参与分配等。因此，很多法院在试点类似制度时直接将其定义为"执行中的特别程序"。②

2.坚持当事人意思自治原则

当事人作出的明确的参与个人债务集中清偿的表示，是启动相关程序的前提条件。无论是企业破产还是"个人破产"，其本质为私益纠纷，必须遵循"私法自治"的理念，③ 当前制度环境下，个人债务集中清偿尤其如此。例如，个人债务集中清偿程序必须经债务人同意才能启动，同时也要取得债权人的认可和配合。再如，在双重表决规则下，要先取得全体到会债权人对表决规则本身的同意，再根据表决规则对议案进行表决。所以，表决规则贯穿整个个人债务集中清偿程序，需要积极向当事人释明，充分尊重债务人及所有债权人的意见。

3.集中清偿原则上应以生效法律文书确定的债权为界限

集中清偿的债权范围为经生效执行依据确认的债权，对未经生效执行依据确认的债权进行调查、甄别、披露，但不纳入集中清偿范围，考虑创设预留机制予以化解。个人债务集中清偿虽不是个人破产，但同样具备某些破产法上的程序特征，比如债权人会议、管理人指定、债权申报等。在《中华人民共和国企业破产法》中，已取得生效执行依据的债权人、未取得生效执行依据的债权人、对债务人的特定财产享有担保权的债权人等都可以向管理人申报债

---

① 《最高人民法院关于适用〈中华人民共和国民事诉讼法〉的解释》第五百零六条：被执行人为公民或者其他组织，在执行程序开始后，被执行人的其他已经取得执行依据的债权人发现被执行人的财产不能清偿所有债权的，可以向人民法院申请参与分配。

② 例如，温州市中级人民法院《关于个人债务集中清理的实施意见（试行）》第一条规定：本意见所称个人债务集中清理程序，是执行中的特别程序，即在现有法律框架内，按照执行和解和参与分配等执行制度和理论，参照个人破产的原则和精神，在进一步财产调查和清算基础上，通过附条件的执行和解或者金融机构一致行动，形成个人债务清偿方案，以达到执行程序有效退出、债务人信用修复的目的。

③ 黄茂鲲：《利益衡平视角下终本执行与个人破产制度的衔接》，《河南财经政法大学学报》2024年第5期。

权，由管理人依一定程序对债权进行审查，同时赋予相应的救济渠道。在个人债务集中清偿试点案件的债权申报过程中，南明区法院基于现有法律依据、未确认债权的审查难度，参照其他省市试点过程中的做法，将债权申报的范围界定为已取得生效执行依据的债权，排除了未取得生效执行依据的债权。

4.集中清偿需要尤其注重债务人诚实守信，防范逃废债务

推动建立个人破产制度的一个重要考虑，是挽救"诚实而不幸"的债务人。① 因此，债务人要想通过个人债务集中清偿程序获得救济，就必须遵守程序规定的各项义务及限制措施，不得实施故意损害债权人利益、"逃废债"② 及其他不诚信的行为。个人债务集中清偿以债务人诚实信用、债权人公平受偿为基础，要严格审核程序，防范债务人借此程序逃废债务，谨防制度异化。

（二）主要做法

1.夯实队伍，跨部门搭建"执个"合议庭

一是高位推动。全面整合院内优质资源，搭建个人债务集中清偿工作领导组织架构，成立工作领导小组，全面负责统筹试点工作。二是人才驱动。立足个人债务集中清偿案件审理专业性强、无经验可借鉴的特点，选拔3名政治素质高、业务能力强、兼具破产审判和执行经验的年轻法官组成跨部门合议庭，探索、研究、推动个人债务集中清偿工作。三是争取上级支持。贵阳市中级人民法院指派清算与破产庭法官下沉指导，"领导包案、一案一策、定期调度"，保障案件顺利推进。

2.严守关口，狠抓试点案件前期审核

一是严控适用范围。将适用对象限制为具有南明区户籍，或在南明区居住满两年以上的自然人。同时，将"赌博、挥霍消费等不良原因导致不能清偿债务"等13种情形排除适用范围，避免债务人借此程序逃废债务。二是严选案件类型。坚持审慎推进原则，优先从已进入执行程序的终本案件中进行初步筛选，选取具有涉及债权人数少、债权金额小、矛盾纠纷较少等特点的代表性案件。通过访谈、约谈等方式做实做细债务人和债权人释明工作。试点工作开

① 许德风：《论个人破产免责制度》，《中外法学》2011年第4期；刘冰：《论我国个人破产制度的构建》，《中国法学》2019年第4期。

② 逃废债是指债务人先行将优质资产转移后再通过破产程序免除债务的行为。

展以来已筛选终本案件 1480 件。三是严格实施审查。制定执行案件转个人债务集中清偿审查资料清单，明确被执行人财产状况、被执行人涉执债务情况、被执行人在省内关联案件等 12 项审查内容。通过"执行局+破产"跨部门合议庭，对照资料清单逐项核查及分析，确保债务人不存在转移财产、规避执行等损害债权人利益的行为，符合"诚实而不幸"的案件受理标准。

3. 优化程序，提升案件办理质效

一是制度先行。深入研究并学习借鉴深圳、温州等省外法院先进经验，结合南明区审判执行实际情况，制定个人债务集中清偿工作的案件审查、程序推进、债务人财产报告、债权人会议等 10 余项工作制度及流程，构建特点鲜明、务实管用、行之有效的个人债务集中清偿制度体系，确保个人债务集中清偿工作规范化运行。二是执破融合。建立执行程序转个人债务集中清偿的衔接制度，充分发挥执行部门在财产线索排查、消除程序推进障碍等方面的"信息化"与"强制性"优势，探索建立"执个"数据融合、信息共享、业务协同的工作模式，提高案件办理效率。三是集中清偿。通过引入管理人，对债务人的债权债务进行全面梳理、查证、披露，搭建债务人与所有债权人公开、公平的谈判平台，形成合理的债务清偿方案，实现对债权人的集中公平清偿，提高债务人的还款积极性，提升债权人的债权清偿率。

二 "五个注重"："南明试点"的主要经验

（一）注重释明沟通，争取当事人理解支持

当前，社会公众对于个人破产、债务免除等理念的接受程度仍有不足，债务人、债权人对个人债务集中清偿程序不了解，既有顾虑，也可能存在一些不切实际的想法。同时，进入清偿程序的案件基本是执行案件，开展集中清偿工作必须充分维护生效裁判文书的权威性。对债权人而言，最大的影响在于破产程序的启动会造成其债权受清偿比例的降低，并可能会引发债务人的道德风险问题，在"性价比"方面，破产程序远不如终本执行程序；对债务人而言，在我国传统认知上，"破产人"的身份往往与"欠债不还"的不道德者这一污名化的观念紧密绑定。在实践层面，法院受传统欠债必还理念以及媒体中对于

部分债务人浪费、恣意消费却通过破产程序逃避债务宣传的影响，倾向于将申请破产者视为因本身恣意浪费行为而欲借条例逃债之人，因而常对不免责事由作扩大化解释，从而使免责变成了例外，不免责反而成了常态。① 为此，南明区法院从"预审查"阶段就充分重视与债权人、债务人的沟通，并特别注重债权清偿，最大程度地争取当事人的理解支持。

一是立案之前由"执个"合议庭以预审查的方式，充分告知当事人个债清偿的意义、后果、风险，征询所有债权人的意见，并取得全部同意。二是启动程序后指导管理人全面查找、梳理债务人的财产，加强信息披露特别是财产调查信息的披露。例如，陈某某案中查找到新资产，提高了清偿率。三是债务清偿方案充分听取债权人意见，在沟通中凝聚共识。例如，张某某案中债权人甲银行尚未就张某某的债务申请强制执行，通过公平谈判、延长还款期限等，使其获得与首封债权人乙银行同等的清偿地位。审结的 2 件案件中，张某某案重整计划草案获债权人全票通过，陈某某案债务人与全部债权人达成和解协议，两案均实现了清偿债权本金全覆盖，仅部分利息减免。

（二）注重"执个融合"，严防逃废债务

目前，已立案的 4 件案件均由执行程序转入。为了严防和打击利用个债清偿程序"逃废债"的行为，在执行程序中嵌入个人债务集中清偿案件"预审查"程序，通过"执个"跨部门合议庭提前介入，实现在执行程序中完成适格债务人筛选、财产查询评估、债权人意见征询、债务人背景调查等。一方面，为避免个人债务集中清偿程序被债务人滥用，成为债务人逃债的工具，在申请和审查上应从严把握，债务人需充分披露个人财产、收入状况。② 通过对适格债务人进行严格筛选，确保债务人不存在转移财产、规避执行等损害债权人利益的行为，严防债务人利用个人债务清偿程序逃废债务。另一方面，通过执行程序完成相关财产调查、财产评估等工作，延续至个人债务集中清偿程序，有效缩短办案时长。

---

① 张力毅：《个人破产法律规则的台湾生成：问题、路径、变革与启示》，《厦门大学法律评论》2015 年第 1 期。

② 黄茂鲲：《利益衡平视角下终本执行与个人破产制度的衔接》，《河南财经政法大学学报》2024 年第 5 期。

（三）注重把控入口范围，确保集中清偿可查可控

将入口债权的清偿范围控制在已取得生效执行依据的债权范围内，排除未取得生效执行依据的债权。主要是基于两点考虑，一方面，现行法律框架下的合法性保障。个人债务集中清偿是基于"执行不能"案件有序退出的特别程序设计。目前试点工作的制度依据主要来源于执行程序，如执行和解、参与分配等。无论是执行和解还是参与分配制度，均以债权经生效执行依据确认为前提。另一方面，我国的个人信用制度仍处于初步发展阶段，很多不足之处还有待完善，如个人信用观念淡薄、个人信用资料不真实、个人信用评估体系不专业以及缺乏法律法规及配套政策的保障等问题。[①] 考虑到当前我国个人信用体系建设和法院、管理人对债权甄别渠道、能力等现实情况，也为了避免当事人利用个债清偿程序"逃废债"，对未取得生效执行依据、缺乏程序保障的债权，暂未纳入集中清偿范围。

（四）注重机制创新，凸显试点优势

作为试点单位，南明区法院秉承大胆创新与审慎推进的态度，在试点过程中进行了多项机制创新（见图1）。

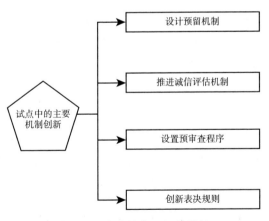

图1 试点中的主要机制创新

[①] 沈芳君：《个人债务集中清理司法探索与个人破产立法设想——以浙江省为主要视角》，《法治研究》2021 年第 6 期。

1. 设计预留机制

预留机制是为未取得生效执行依据的债权（或称之为社会债权）因未纳入集中清偿范围而采取的补救性措施。例如，在张某某案中，查找发现两户未向法院提起诉讼的社会债权。在重整计划草案中，为社会债权预留了必要份额，这一创新不仅获得了债权人的支持，而且打消了债务人的顾虑，有利于确保程序顺利进行。

2. 推进诚信评估机制

全方位收集并披露与债务人财产、信用有关的个人信息有助于快速甄别潜在道德风险、顺利推进债务清偿程序。① 在试点中创新提出由管理人向债权人会议提交基于大数据的诚信评估报告给债权人提供参考，打消其疑虑。这一做法被贵阳中院采纳并将其纳入《关于个人债务集中清偿的工作指引（试行）》，即"管理人应对债务人的诚信状况进行调查，形成诚信调查报告，提交第一次债权人会议报告"。为充实诚信调查报告的内容，贵阳市两级法院正与有关平台会商，通过依法提取、分析相关电子商务平台数据，帮助管理人形成更为客观、全面的诚信调查报告。

3. 设置预审查程序

在预审查中实现对债权人的征询、释明，对债务人财产进行全面调查，甚至可以前置评估、鉴定程序，有效缩短个人债务集中清偿程序的时长。例如，在陈某某案中，通过预审查程序，法官对陈某某父亲的遗产进行全面调查，历时40余天，案件转入个人债务集中清偿程序后，仅16天即形成清偿方案结案。

4. 创新表决规则

表决规则原则上为全票决，在重整程序中采用双重表决机制，即在全体到会债权人同意通过表决规则后，在该表决规则下对相关事项进行表决，既坚持破产法的基本原理，又充分尊重当事人的意思自治。

（五）注重经验总结，相关做法被推广、复制

第一，为三级法院多项制度的形成提供素材。在试点经验的基础上，贵州

---

① 巴于茜：《个人破产制度中的信息披露规则研究》，《财经法学》2023 年第 6 期。

省高级人民法院制定《个人债务集中清偿的工作指引（试行）》，贵阳市中级人民法院制定《关于个人债务集中清偿的工作指引（试行）》，南明区法院亦制定了相关工作指引以及《关于执行案件移送个人债务集中清偿审查的实施意见（试行）》。为下一步试点工作的开展提供了指导及依据。

第二，三级法院的法官为推进个人债务集中清偿工作，深入调研形成多篇调研文章以及省级课题，以理论研究指导实践。

第三，陈某某案获评省法院 2022~2023 年度优化营商环境"破产审判"典型案例。该案在上级法院的指导下，通过个人债务集中清偿程序在化解了 6 件执行积案的同时，合并处理了 1 件尚未进入执行程序的案件，充分探索了个人债务集中清偿化解执行积案的功效。

三 存在的突出问题

（一）共性问题

1. 上位法供给不足

个人债务集中清偿的试点工作是在现行法律框架下展开的，而现行的法律能够给予支撑的即为执行和解、参与执行分配制度等相关法律规定。执行程序本身即为个别清偿程序，与集中清偿所提倡的公平清偿相违背。这就导致涉及类破产程序中最为关键的停止计息、解封解冻、突破首封等体现破产公平清偿的措施难以在个人债务集中清偿程序中实现。

2. 社会公众认识不足

部分债务人没有认识到个人债务集中清偿是"诚实而不幸"的债务人依法退出债权纠纷、修复个人信用的有力措施，而寄希望于通过试点以解除债务，而部分债权人则认为该程序是帮助债务人逃避免除债务，进而产生消极抵抗情绪，存在抗拒心理。在债权人看来合法的债权理应得到充分的、完全的保护。虽然个人债务集中清偿能够预防无序争夺、降低讼累、公平清偿、降低成本并提高收益，但是对单个债权人而言，尤其是银行业金融机构债权人，参与分配意味着对于部分债权的放弃，双方难以达成合理的清偿方案。

3. 诚信监督机制落实存在困难

监督涉及监督责任的落实、债务人个人债务集中清偿的信息披露、监督部门的协调、监督线索的获得途径和方式的有限设立、考察期间各方主体之间权利义务的保障等问题。个人债务集中清偿的监督可分为前、中、后三个时期，各个时期都有相关的监督要求。前、中期主要是对既有的情况开展审查监督，后期监督需要预防"应有未报""无中生有"等情形的发生。① 现阶段类个人破产试点均停留在法院主导阶段，缺乏相关部门信息互通共享，缺少社会媒体公众监督，对债务人的重整计划执行监督易流于形式。

（二）个性问题

贵州省类个人破产制度试点相较于东部经济发达地区起步较晚，但在西部地区贵州省试点工作开展相对较早，仅稍晚于四川省。试点过程中发现的个性问题主要有以下方面。

1. 跨区域执行程序协调困难

地域性是个人债务集中清偿的重要特点，② 各地出台的个人债务集中清偿的操作指引或实施方案部分存在所涉执行案件在该辖区范围内的要求，有的地区除对债务人户籍、所在地有要求外，还会要求债务人在辖区外不能有作为被执行人、被告或者被申请人的应付或者可能应付经前给付义务的相关案件。在试点过程中，南明区法院对 1480 件终本案件进行筛选，最终确定可作为试点的备选案件仅 6 件。除考量债务人诚信、债务复杂性等因素外，最大的制约因素是债务人涉执案件跨区域跨层级，南明区法院无法突破执行管辖将其他法院的在执案件纳入集中清偿范围，尤其是跨省数据交互的壁垒尚未完全打破，后续债务人在辖区外发生的各类债权债务纠纷很难得到有效监管。

2. 缺乏资金支持，管理人报酬、清偿费用难以保障

目前，南明区法院的试点案件均采用管理人自愿报名无偿承办的方式开展。在少量试点案件探索阶段尚可推行，一旦该类案件数量增多，管理人报酬

---

① 陈柳杨：《长三角地区个人破产制度构建的立法与实践问题研究》，《法学前沿》集刊 2023 年第 2 卷。

② 陈柳杨：《长三角地区个人破产制度构建的立法与实践问题研究》，《法学前沿》集刊 2023 年第 2 卷。

问题势必凸显，低酬无酬等问题将成为案件推进的难点、堵点。

3. 府院联动不足，工作共识还需进一步凝聚

由破产管理部门或机构专门承担个人破产事务行政管理的职能，负责破产风险监测工作，为依法办理个人破产事务提供服务保障，能够以较低的集约化成本实现专业化的公共服务供给，优化营商环境建设，防范和打击破产欺诈以及其他违法行为。[①] 深圳出台相关规定明确个人破产事务的行政管理职能由深圳市人民政府确定的工作部门或者机构行使。目前南明区法院个人债务集中清偿的试点工作仅停留在法院内部，有关部门对试点工作不了解、支持力度较小，对试点工作的价值理解不透，在部门配合上共识不强。例如，银行不接受"个债"管理人调取相关交易明细、归集资金，公积金管理部门不同意提取公积金用于分配等。

四　做好个人债务集中清偿等类个人破产试点工作的对策建议

（一）加强内部机制建设深化试点工作

第一，进一步加强执破融合。浙江、江苏等地的个人破产探索均以执行程序为前提，借助现行法律框架内的一系列执行制度，其目的在于通过构建有效的执行区分机制，明确区分"诚实而不幸"的债务人与"具备履行能力却拒不履行"的债务人，为前者提供更为宽松的制度路径，而对后者则采取强制执行措施。[②] 积极贯彻落实最高人民法院执破融合工作部署，加强执行部门与破产审判部门在人员、财产申报、查控、处置等方面的衔接配合。培养人才，提升专业化水平，依靠执行制度深度发挥个人债务集中清偿的功能。

第二，推动重点类别案件办理。以被继承人债务清理、固定收入人群债务清偿为抓手，着力推动重点类别案件通过执行转入个人债务集中清偿程序，在有效化解执行积案的同时提高债权清偿率。

① 曹启选：《构建个人破产制度的若干思考——以深圳探索经验为视角》，《中国应用法学》2024年第1期。

② 梁晨：《我国个人破产制度的地方探索与完善建议》，《西部金融》2024年第5期。

第三，积极探索试点跨区域个人债务集中清偿工作，稳妥推进"扩面增量"，力争形成更多更好的实践经验。

（二）加强内外联动推动配套制度完善

第一，加大对个人债务集中清偿的宣传力度，通过对典型案件的报道，形成正向激励引导，提升社会公众认知度、认可度。

第二，积极争取财政资金支持，妥善解决清偿费用、管理人报酬等问题，提高管理人参与积极性。

第三，推动府院联动，积极与公安机关、金融机构等部门协调联动，厘清各职能部门职责，加强对个人信用体系、债务人监督体系等试点配套工作的支持，加大对债务人"逃废债"等违法行为的打击力度。

（三）加强数字法院建设推动案件办理信息化

第一，加强执行查控系统与破产办案平台的有效对接，开放破产案件"总对总""点对点"查询端口，提升案件办理便利度，实现信息共享互通。

第二，利用贵阳破产法庭建设申报契机，完善数字法院建设，构建集财产查控、银行开户、资金监管、债权申报、线上债权人会议、管理人履职监督等功能于一体的"一站式"破产服务平台。

第三，依托先进的数字资源，以"数字+政府+市场+第三方机构"的模式建立健全更加方便准确的个人信用评估制度、风险预警、信用恢复等完整的个人信用制度，探索合理的附条件债务免除制度和信用限制制度。利用南明区抢抓贵州建设数字经济发展创新区、打造新型数字化产业集聚区的先机，充分运用大数据平台，积极对接电商服务平台等，为司法服务，以数字赋能，为债务人诚信状况调查提供详尽数据分析。

第四，在债务人信息共享、破产状态公示、信用修复等方面建立常态化、高效率的协同机制。向社会公众公开债务人、破产管理人在破产程序中作出的诚信承诺，使其与公共信息管理系统形成联动，并由市场监管局等职能部门协助核查债务人信用信息，出具相关报告。①

---

① 巴于茜：《个人破产制度中的信息披露规则研究》，《财经法学》2023 年第 6 期。

府院联动与法治化营商环境建设

G 24

高质量发展视域下贵州企业破产处置
府院联动机制的现实困境及对策研究

谢 军 *

摘　要： 高质量发展的本质是推动质量变革、效益变革、动力变革，使发展成果更好惠及全体人民，不断满足人民对美好生活的需求。企业破产处置联动机制构建是高质量发展的有机组成部分。党的十九届四中全会明确提出健全破产制度，强化依法破产观念，加快"僵尸企业"退出，化解产能过剩，促进市场出清，优化资源配置，加快构建以国内大循环为主体、国内国际双循环相互促进的新发展格局。这一背景对构建企业破产处置府院联动机制提出了更高要求和更严格标准。贵州如何有效破解企业破产处置府院联动机制市场主体的救治与退出，如何界定政府介入边界问题，如何成功实现困境企业破产清算或重整，走出一条市场驱动、法治化的成功道路，为多彩贵州高质量发展作出新贡献，这些问题亟待解决。

---

* 谢军，贵州省社会科学院农村发展研究所助理研究员。

关键词： 高质量发展　企业破产处置　府院联动机制

一　高质量发展视域下企业破产处置府院联动的特征及价值认识

（一）府院联动机制的五大特征

在经济社会高质量发展背景下，企业破产处置府院联动已成为化解企业衍生社会问题的有效途径之一，是提高经济效率和化解市场"失灵"的重要手段，具有如下特征。

1. 市场化

高效的企业破产处置府院联动机制，能让市场主体进得便利，退得高效。作为治理市场"失灵"的补充机制，构建高效的企业破产处置府院联动机制，应坚持市场发展规律，遵从市场主体意愿，不断健全更加开放透明、规范高效的市场主体准入、壮大和退出机制，从而实现从"政府外在干预"迈向"市场内生驱动"常态化状态。

2. 法治化

市场经济本质上就是法治经济，法治化是市场经济发展的基础和前提。[①]企业破产处置过程中涉及管理人、债权人、债务人、职工、政府等多方利益主体，企业破产处置府院联动机制要依法对管理人监督，充分保障相关利益主体的知情权、参与权，并维护债务人的合法权益，依法平衡多方当事人的利益。

3. 协同化

企业破产涉及面广、影响重大，涉及法院、发展和改革委员会、国资委等二十多个部门，需要多部门合力解决破产企业处置中遇到的产权瑕疵、资产处置、资金支持、打击逃废债及维护社会稳定等一系列疑难复杂问题，切实提升企业破产处置府院联动机制效率。[②]

4. 专业化

企业破产处置涉及的专业性强、知识面广，作为企业破产处置府院联动主

---

① 2023 年营商环境创新试点"圳"在行动之十，深圳市发展和改革委员会。
② 贵阳市司法局：《贵阳市建立常态化府院联动机制工作方案》。

导地位的法院，要一体推进破产审判员队伍政治素质、业务素质、职业道德建设，注重队伍和人才培养，推动建立专业破产审判庭，配齐破产审判团队，同时，强化破产法学理论与破产实践深度融合，实现高水平研究成果转化。

5. 外部化

破产处置府院联动是提高市场主体解决效率或弥补市场"失灵"的补充机制，为行政权介入提供了理论依据，具有较强的外部性。但应明确司法权在企业破产处置府院联动中的主导性，政府在破产程序中的协同定位。[①]

（二）府院联动机制四大价值认识

在社会经济高质量发展背景下，企业破产处置府院联动机制以法院为主导，政府协调，通过不断完善企业破产制度配套政策，更好发挥政府在企业破产程序中的作用，依法推进企业破产工作，降低破产制度运行成本，加快"僵尸企业"出清，为经济社会高质量发展提供更加有力的司法保障，具有深远意义。

1. 助力经济社会高质量发展

企业破产处置联动机制通过企业破产程序实现资源重新配置，用好企业破产中的权益、经营管理、资产、技术等重大调整的有利契机，对不同企业分类处置，把科技、资本、劳动力和人力资源等生产要素调动好、配置好、协同好，助力实体经济和产业体系优质高效，助推经济社会高质量发展。

2. 帮助市场主体激发活力

企业破产处置联动机制通过充分运用重整、和解法律手段实现市场主体的有效救治，帮助企业提质增效；运用清算手段促使丧失经营价值的企业和产能及时退出市场，实现优胜劣汰，从而完善社会主义市场主体的救治和退出机制，最终激活企业市场竞争力。

3. 推动维护社会公平正义

企业破产处置联动机制不断完善政府与法院协调，切实实现破产重整企业识别、案件信息沟通，依法有序平衡债权人、债务人、投资人等多方利益，推动破产审判工作良性运行，彰显破产审判工作的公平正义制度价值和社会责任，实现社会和法律秩序的有机统一，维护社会公平正义。

[①] 曹文兵：《破产案件审理中司法权与行政权的边界》，《湖北民族学院学报》2018年第1期。

4. 帮助推动解决执行难困境

执行难作为司法实践三大难题之一，严重影响司法权威和和谐社会建设。企业破产处置联动机制将破产作为与立案、审判、执行既相互衔接又相对独立的一个重要环节，充分发挥破产审判对化解执行积案的促进功能，消除执行转破产的障碍，从司法公正机制上解决执行难的有效途径，从而摆脱司法实践中的执行难困境。

二 高质量发展视域下企业破产处置府院联动机制可行性诠释

（一）高质量发展内涵的三重维度

党的二十大报告指出，"高质量发展是全面建设社会主义现代化国家的首要任务"，并对"加快构建新发展格局，着力推动高质量发展"作出战略部署。高质量发展内涵主要体现在以下三方面。

1. 宏观维度

高质量发展是以人民为中心的发展。当前，我国社会主要矛盾是人民日益增长的美好生活需要和不平衡不充分的发展之间的矛盾，高质量发展是适应我国社会主要矛盾变化带来的新特征新要求。党的十八大以来，党对经济形势进行了科学研判，对发展理念和思路作出了及时调整，提出了创新、协调、绿色、开放、共享的新发展理念，推动经济迈向更加高质量、更加有效率、更加公平、更加可持续、更加安全的发展之路。这一进程彰显了高质量发展理念的引领作用。

2. 中观维度

高质量发展要正确处理好市场和政府关系，依法界定政府介入市场角色和边界。高质量发展强调市场在资源配置中的决定性作用，更好发挥政府协调作用。这就要求充分发挥市场主体在高质量发展、高水平开放、科技自立自强中的市场主体地位和主导作用，充分发挥市场对各类资源配置、促进要素自由流动的决定性作用，实现资源配置效率最大化；政府则需要在营造高质量发展的市场化、法治化、国际化营商环境方面下大力气，推动各类市场规则、规制和标准等统一和协调，为高质量发展提供制度环境和稳定的预期。

3. 微观维度

推动高质量发展就是要处理好速度和效率的关系。高质量发展强调效率导向和创新驱动发展，但不能理解为因为高质量发展，所以就要把增速降下来。增长速度与发展效率是辩证统一的，尤其当经济发展的源泉和动能主要依靠提高全要素生产率时，既可以保持较高的增长率，也可以实现高质量发展。从这一点来说，高质量发展是速度和效率的统一，二者之间不是对立和替代的关系，从现实需求来看，保持适度的中高速增长也是提升发展质量的重要基础和必要条件。

（二）府院联动机制的四重功能

法律的修改和完善反映社会经济发展的内在要求，《中华人民共和国企业破产法》也不例外，特别是随着经济社会高质量发展的深入推进，破产作为"僵尸企业"市场出清及提高资源效率的一种有效手段，企业破产处置府院联动机制一方面契合我国高质量发展的现实需要，另一方面也是彰显我国社会治理在全球治理体系中的地位和话语权。企业破产处置联动功能主要体现在以下四方面。

1. 府院联动机制构建是优化营商环境的内在要求

优质的营商环境为社会经济高质量发展提供稳定性及可预测性的预期，有利于营造公平竞争环境，促进经济社会高质量发展，优质的营商环境是一个国家或地区经济软实力的重要体现，是综合竞争力提高的重要组成部分。[①] 2002年，世界银行发布《2002年营商环境报告》，把企业破产作为10个主题中重点考评指标之一，体现企业破产在营商环境中的重要性。2020年，世界银行发布的《2020年营商环境报告》正式把政府如何服务市场主体、服务质量等指标纳入营商环境考评。基于此，我国相继出台了《优化营商环境条例》《国务院办公厅关于进一步优化营商环境降低市场主体制度性交易成本的意见》等一系列文件，降低了市场主体制度性交易成本，减轻了市场主体负担，激发了市场活力。

---

① 世界银行：《2022年营商环境报告》。

2. 府院联动机制构建是提高审判效率的有效途径

企业破产处置府院联动不但涉及法律问题，还涉及政府职权范围内的其他问题。企业破产不仅是立案、审理、宣判的法律问题，更是涉及了一系列需要政府协调处理的社会衍生问题，真正实现"案结事了"。例如，企业破产处置涉及职工安置、税收、行政注销等社会问题，急需政府采取绿色通道、特事特办等措施，实现节约司法资源，提高审判效率，从而实现社会资源效率提升。

3. 府院联动是国家实现社会公平正义的必然要求

公平正义是衡量一个国家或社会文明发展的标准，是人类文明的重要标志之一，也是我国构建社会主义和谐社会的重要特征之一。破产处置之所以要求政府介入，是因为破产处置过程涉及许多衍生性社会经济问题亟待解决，这些问题超过了司法审判职权和能力，特别是社会维稳问题需要政府公共权力的介入。破产案件与其他案件不同，其在审理过程中涉及债权人、债务人、投资人、员工等多方利益主体，集中表现为利益冲突激烈、社会影响较广等特点。[1] 法院不能"一破了之"，还必须解决在破产过程中伴随的相关问题。例如，在江口县凯德水泥厂破产处置过程中，涉及债权人、债务人、员工、周边被污染健康受损村民等多方利益主体，在水泥企业对外负债 3000 多万元情况下，法院如何审理该案件？如何对多方利益主体赔偿序位平衡？如何弥补赔偿不足问题？作为司法机关的法院，很难解决如上问题。最终通过政府及时介入，采取政府财政资金补偿部分利益主体部分损失，重新安置企业员工 78 人，搬迁周边农村村民 109 人，支付医疗费用 200 余万元，最终防止了因企业破产引发群体性事件的发生，有力维护了社会稳定。

4. 府院联动是市场决定资源配置的必然结果

企业破产处置府院联动肩负着促进企业优胜劣汰、推动资源优化配置的重要职能。破产过程中的衍生问题法院无法彻底解决，如企业重整中融资问题、贷款展期、债务协调等企业重生问题，需要政府统筹协调予以解决。因此，府院联动本着"破产保护"理念，为经济主体打造可以"有序进入、规范退出、涅槃重生"的府院联动平台，解决企业"生易死难"问题，促进市场出清，

---

① 王怡新：《全国法院破产审判工作会议纪要要点解读》，《法治研究》2019 年第 5 期。

化解产能过剩，促进动能转换，激发市场活力，助力市场资源优化配置，提升资源配置效率。

（三）高质量发展视域下破产处置府院联动的逻辑阐释

在高质量发展背景下，法院坚持把审判工作作为社会矛盾的"减压阀"、经济社会发展的"助推器"，法治社会的"践行者"，因此，我国法院履职宗旨和本质与政府职能职责高度统一，为助力经济社会高质量发展构建府院联动机制提供了有利契机。

1.联动破解企业破产难题目标的一致性

企业破产涉及利益主体多、数额大、衍生问题复杂等困境，是当前司法面临的一大难题。企业陷入经营困境，影响投资人、债务人、债权人、员工利益，同时阻碍资源重组与优化，影响资源利用率的提升，这些问题是法院与政府致力解决的共同问题。通过构建破产处置府院联动机制，按照企业主体、政府推动、市场引导、依法处置原则，强化府院协作配合，稳妥推动企业破产重整，提升破产案件审理效率和效果，更提升了企业市场竞争力。

2.联动创新驱动发展目标的契合性

创新驱动发展是高质量发展的重要组成部分。政府作为市场经济秩序的维护者和经济发展的推动者，通过制定一系列政策支持市场主体开展技术创新，依法保障市场创新主体的利益。而破产处置府院联动机制构建商标、专利、不正当竞争、反垄断案件信息共享和联动机制，强化重点领域知识产权保护力度，促进市场主体在公平竞争环境下实现创新发展，助推经济社会高质量发展。

3.联动优化营商环境目标的相同性

市场经济本质上就是法治经济。在社会经济高质量发展背景下，更需要公平的法治保障，优化营商环境，促进市场主体公平竞争，提升市场竞争力。破产处置府院联动机制牢固树立法治思维、厘清行政权力介入边界，平等保护各类市场主体，进一步加强信用体系建设，依法保护中小投资者合法权益，加大产权司法保护力度，形成便利化、法治化、可预期的营商环境，助推经济社会高质量发展。

4.联动构建金融司法协同目标的相似性

金融是国民经济的血脉，是国家核心竞争力的重要组成部分。2023年

10月底召开的中央金融工作会议充分肯定了金融对经济社会稳定发展的贡献，并首次提出"加快建设金融强国"，彰显对金融工作的高度重视。破产处置府院联动机制建立金融司法协同机制，对涉金融民商事纠纷进行协同、多元、全流程化解，对进入诉讼程序的金融案件进行一体化办理，助推金融高质量发展。

三 高质量发展视域下贵州企业破产处置府院联动机制的现实审视

（一）企业破产处置府院联动之贵州实践

近年来，贵州省为贯彻落实国务院《优化营商环境条例》精神，切实发挥企业破产退出和救治机制的作用，积极稳妥解决企业破产处置相关问题，进一步优化营商环境，根据国家发展和改革委员会、最高人民法院等部门联合印发的《加快完善市场主体退出制度改革方案》，出台了《关于建立企业破产处置府院联动机制进一步优化营商环境的通知》等一系列文件，建立政府与法院"互联互通、信息共享、协调配合、协同处置"常态化联动机制，统筹解决企业破产过程中的民生保障、财产接管、社会稳定、资产处置、税收申报、变更注册、信用修复、费用保障等相关问题，防范化解重大风险，为营造一流营商环境，服务多彩贵州高质量发展创造了良好条件。

1. 构建常态化联席会议机制

构建了省、市（州）、县（区）三级府院联席会议机制，根据相关文件要求，联席会议每年至少召开一次，由总召集人或副总召集人召集，办公室具体承办，负责听取企业破产处置情况报告、研究解决企业破产处置有关重大议题。不定期召集专题会议，由办公室根据议题召集相关成员单位参加，研究解决企业破产案件处置具体问题。

2. 构建常态化联合调研机制

由发展和改革委员会办公室会同有关成员单位对破产处置中的共性问题深入开展联合调研，共同起草调研报告或规范性意见，经相关单位主要领导共同审定同意后联合发文，并要求办公室依法严格督促落实。

3. 构建常态化重点案件专班机制

对部分社会影响力重大的疑难复杂破产案件，由破产案件受理地法院与属地政府联合成立工作专班，协调配合，专项推进解决。根据破产案件需要，特成立了破产经费补助及筹集专项组、破产企业财产采取强制措施专项组、妥善解决破产职工问题专项小组等专项机构，切实实现企业破产处置"一对一"解决问题，助力企业破产处置优化。

4. 构建明确的责任机制

根据《关于建立企业破产处置府院联动机制进一步优化营商环境的通知》，贵州省探索了省财政厅牵头建立破产经费补助和筹集机制，探索了省高级人民法院牵头依法解除对破产企业采取的强制措施，探索了省人力资源和社会保障厅牵头妥善解决破产企业职工问题等 19 项目标任务，明确了破产处置府院联动机制各成员单位职责，助推有效处理破产处置面临的新问题、新情况，强化政策落实。

（二）企业破产处置府院联动之贵州困境

近年来，贵州构建了省、市（州）、县（区）三级党委领导，政府领导、法院主导的破产处置府院联动机制，积极稳妥解决了企业破产处置相关问题，为防范化解重大风险，营造一流营商环境，服务贵州高质量发展创造良好条件。但也存在县（区）级企业破产处置府院联动机制文件少、企业破产处置府院联动机制不统一、企业破产处置府院联动机制约束性不强等问题。

1. 企业破产处置府院联动机制文件发布数量不足

通过公开渠道收集贵州省企业破产处置府院联动机制规则发现，截至 2024 年 4 月 30 日，贵州省 9 个市（州）实现了制定府院联动机制相关规则全覆盖，9 个市（州）在府院联动机制制度化领域取得了不同程度的成果，其中，市（州）级层面行政机关或中级人民法院出台府院联动机制文件 21 份，县（区）行政机关或基层人民法院出台相关文件 56 份，县（区）行政机关或基层人民法院出台府院联动机制文件数占全省总县（区）的 63.6%，尚有 30% 左右的县（区）尚未出台企业破产处置府院联动机制相关规范文件，严重影响府院联动机制政策落实。

2.企业破产处置府院联动机制有效性存疑

从现有市（州）行政机关或中级人民法院出台的 21 份文件及县（区）行政机关及基层人民法院出台的 56 份相关文件内容来看，市（州）府院联动机制文件中有 17 份文件明确总召集人或总负责人均为市（州）分管领导，副总召集人或副总负责人为中级人民法院分管负责同志。县（区）行政机关或基层人民法院出台的 56 份文件中，47 份文件总召集人或总负责人为分管领导，副总召集人或副总负责人为基层人民法院负责人；56 份文件均要求相关部门负责人参与，对人际协调和领导个人决策依赖程度较高，具有临时性；56 份文件提到建立府院联动机制下的常态化联络机构；51 份文件明确建立专门办公室负责日常联络，其中 49 份文件将办公室设在中级、基层人民法院，2 份文件按照省府院联动文件将办公室设在所属地发改部门；4 份文件将联络机构设在金融办，1 份文件将联络机构设在财政局。常态化联络机构的设置情况表明，贵州全省各地对于常态化联络存在差异，但总体上仍以"领导负责制"的观念为主，缺乏具备破产法专业知识与素养的人员，不利于府院联动机制与破产法实务的有效契合，且在负责人选择上仍具有临时性。

3.企业破产处置府院联动机制相关文件内容同质化程度较高

从文件内容及涉及范围来看，收集到的文件总数共 79 份，其中涉及府院联动协调机制的文件 63 份，涉及破产涉税的文件 3 份，涉及企业退出的文件 3 份，涉及职工权益保障的文件 4 份，涉及破产案件审理程序简化、协助管理人高效办案等相关问题的文件 1 份，涉及不动产相关文件 2 份，涉及有关金融机构的文件 1 份，涉及企业信用修复、"僵尸企业"处置等其他类文件 2 份。多数文件仍聚焦于府院联动宏观机制构建，流程对具体问题的落实程度有限，表述大部分较为笼统，具体业务部门发布的文件数量和覆盖范围难以与现实需要相适应，特别是县（区）级府院联动机制文件涉及内容不足，且文件内容高度概括，具体操作性不强，难以落实到位。

4.企业破产处置府院联动机制缺乏刚性约束力

从贵州省各地发布的相关文件来看，尽管都对当前破产处置中亟待解决的各类问题作出指引，但内容大同小异，所涉及相关政府部门的具体职责及法律责任不明确，这主要表现为缺乏对政府参与部门的不作为或其工作人员失职渎职滥权行为约束的规则。此外，就贵州现有府院联动机制的运行来看，仅强调政府与法院在破产处置中的职责远远不足以解决问题，不能无视破产处置程序中的专业性问题。[①]

（三）企业破产处置府院联动之贵州难点

企业破产处置涉及面广、影响较大、政策性较强，府院联动机制推进难度仍然较大，特别是面临破产界定难、优化管理人难、联动难等堵点问题。

1. 企业破产准确量化界定难

准确界定企业破产边界是企业破产处置的前提和基础。企业破产清算和重整需要对债务人财务状况、未来经营能力和盈利状况进行价值判断，为防止法官自由滥用自由裁量权或因商业知识、经验不足而带来企业资产价值贬损，侵害相关利益主体利益，急需操作性强的细化文件给予指导，但根据《中华人民共和国企业破产法》第二条第一款规定，企业法人不能清偿到期债务，并且资产不足以清偿全部债务或者明显缺乏清偿能力的，依照本法规定清理债务。根据现行法律规定，企业破产分为两种类型，即企业不能清偿到期债务且资产不足以清偿全部债务、企业不能清偿到期债务且明显缺乏清偿能力。这里的资产指的是企业全部资产，以企业现有的财产为限，不包括企业信用、商标、企业家能力等无形资产。这里的全部债务，包括已到期债务和未到期债务的总和。企业破产处置是公权力介入企业生产经营，可能影响企业经营决策和重大事项处置，影响企业经营意思自治。但现行法律规定的破产的主观性和模糊性现状，要求法官具有渊博商业理论和商业经验，熟悉运用商业判断规则，这给法官提出了更高的业务能力要求。但贵州省破产专业法官人数不足和质量不高的现状，导致法院对审判企业破产过程和结果把握不准，影响企业破产处置公平性。

2. 完善企业破产管理人制度

破产管理人是企业破产程序中的重要角色，承担平衡协调各方利益关系的职责，其在法院、政府部门、管理人协会的监督管理下与破产程序利害关系人形成"一对多"的角色。2023年，贵州总计有破产管理人174家，其中

[①] 翟静波、蒋慧：《企业破产处置府院联动机制的嬗变逻辑与进化路径》，《广西警察学院学报》2021年第4期。

一级破产管理人 15 家，一级破产管理人仅占总数的 8.6%。另外，贵州省在企业破产程序中，存在破产管理人地域限制及管理人聘任固化现象，缺乏"内科诊疗"的基础环境。以 2020~2022 年为例，贵州对公开竞选管理人资质要求严格，有 79% 的案件明确仅限一级管理人，特别是贵阳市全部要求一级管理人，且更将申报管理人范围缩小到各市辖区的管理名册，缺乏二、三级管理人向上流动为一级管理人的机制。[①] 贵州破产管理人选聘机制不利于各地破产案件审理、承办经验交流，也不利于工作方法的创新和结案率的提高。

3. 府院联动联易动难

贵州三级府院联动工作取得了显著成绩，为保障企业破产中公平正义、提高审判效率、保障各方主体合法利益作出了较大贡献，为优化营商环境夯实了基础。但也应该清晰地看到，部分县（区）府院联动机制流于形式，在少数案件主要是国家层面明确要求清理的"僵尸企业"破产案件中存在临时性的府院联动机制之外，府院联动机制基本上呈现"联而不动"状态。尽管贵州省部分县（区）出台了府院联动机制政策文件，但从文件形式及内容来看，基本上都"沿袭"了省级层面和市（州）层面的文件内容，府院联动尚处于通知层面，只是"应景之作"，在个案审理中，仍然处于法院或管理人"推一下动一下，不推就不动"[②] 的状态，导致府院联动政策目标落空。

4. 构建"1+N"协调联动机制难

尽管 2021 年贵州省出台了《关于建立企业破产处置府院联动机制进一步优化营商环境的通知》等一系列文件，但只是政策性框架，仍缺乏具体的操作细则，尚未实现各成员单位实质联动。企业破产过程中遭遇的难点、堵点和痛点，需要地方党委政府相关部门形成合力，才能有效推动破产程序。尽管贵州省级层面出台的文件规定了府院联动机制涉及 30 多个政府部门的工作职责，但相关政府部门工作职责缺乏刚性约束力，且实务中操作性不强，存在协而不调等形式问题，导致府院联动进展与政策目标差距较远。

---

① 贵州致远兴宏会计师事务所有限公司：《关于贵阳市破产管理人政策优化的建议》。

② 汤正旗：《襄阳市企业破产处置府院联动机制的探讨与完善》，《湖北文理学院学报》2022年第 7 期。

四　高质量发展视域下贵州企业破产处置
府院联动的对策建议

破产作为市场经济中的一种现象，其处理机制的完善直接关系到市场的健康发展和社会的和谐稳定。近年来，贵州始终立足实际，坚持府院协同推进，强化府院沟通协调，创新打造破产联动机制，有力有效服务多彩贵州高质量发展。但在实践中，也存在府院联动机制不完善、全省三级府院联动机制内容不统一、府院联动机制监督乏力、府院联动机制协调能力不强等问题。因此，探索构建"府领全局、院为主导、联为重点、动为核心"的府院联动机制，切实推动府院联动市场化、专业化、法治化的新型联动机制，助力多彩贵州高质量发展。

（一）府院联动，"府"领全局

政府作为企业破产处置府院联动机制的制定者，起到定方向、出措施、统协调的作用。一是统筹推动府院常设机构构建。贵州省三级人民政府应统一设立以政府分管常务领导和法院院长兼任双组长，分管领导与法院分管院长兼任副组长，三级政府各职能部门为成员的府院联动领导小组，明确府院联动机制的工作任务和各职能部门的工作职责，明晰府院联动会议的召开时间及工作方式，为府院联动机制的有效运行提供支撑。二是强化工作监督。常设机构派专职工作人员通过定期或不定期方式对府院联动成员单位工作开展情况进行督查，并把督查结果运用到单位和个人年度综合考评之中，作为领导升职或调动的依据，提升府院联动成员单位开展工作的积极性。三是明确政府介入权限。企业破产处置毕竟属于市场经济行为，政府在具体工作过程中，要严格遵循市场经济规律，充分发挥市场在资源配置中的主导地位，严格约束政府在破产处置中的权力边界和法律责任，要防止政府过度主导，政府要"有所为，有所不为"。

（二）府院联动，"院"为主导

法院作为府院联动机制的推动者和发起者，承担着善启动、重落实、见实效的作用。一是发挥法院专业智库优势。法院作为司法审判机关，肩负着确保法律法规实施的重要职责，在企业破产处置过程中，法院应充分发挥专业优势，积极推动府院联动机制建立，在破产案件处置过程中为党和政府出好点子、当好参谋助手，推动破产联席会议常态化，及时解决破产审判工作中的各种问题。二是推动专业审判人员制度建设。破产法官在企业破产案件审理过程中发挥"救死扶伤"作用，已成为企业"治病良医"，因此，积极推进破产专业审判庭和专业团队建设，着力培养破产专业审判法官，完善考核机制，建立破产疑难问题研讨机制，同时，让全体法官都熟悉《中华人民共和国企业破产法》，掌握该法的理念和原则。例如，可以在具体破产案件中推动政府相关部门召开"周座谈会"，主动作为推动解决企业破产案件中职工工资、养老保险、医疗保险等影响社会稳定的问题。

（三）府院联动，"联"是重点

破产案件涉及债权人、股东、职工等多方利益主体，需要法院与多方政府部门统筹协调解决问题，法院作为政府职能部门，在贯彻执行府院联动机制时，既不缺位，也不越位，作为府院联动机制的推动者，更不能让位。一是完善破产处置机制。贵州现有府院联动的工作方式为常态化领导小组总体领导下定期召开的联席会议制度，建议采用个案重点协调和出台文件规范一般问题，建立工作例会机制和应急协调机制，要形成风险预警、沟通协调、资金保障机制的有效衔接，这不仅仅是个案联动，而是整个层面上的联动机制。二是设立破产处置行政专业机构。建议设立处理破产衍生问题的专门行政管理机构作为府院联动机制的载体，将破产司法中的行政管理监督职责分离出来，以区分破产案件中法院的司法裁判职责与行政管理职责。建议考虑借鉴深圳破产事务管理署的做法，成立破产案件的公共服务机构。例如在司法行政部门下设类似的独立法人机构，承担破产事务的管理工作，遇到问题及时通过府院联动机制与相关成员单位沟通协调、及时推进、"一对一"解决问题。切实做到问题不过夜、矛盾不反复，真正实现"案结事了"。

（四）府院联动，"动"乃核心

府院联动机制的目的在于建立高效的力量整合机制，促进资源整合、力量融合、功能聚合、手段综合，及时解决破产审判过程中遇到的各种问题，需要成员单位在遇到问题时积极行动，采取有效措施，不能只联不动。一是统一思想。贵州三级府院联动机制各成员单位要牢固树立"一盘棋"思想，对于职责范围内的事情，要做到照单全收、不推诿、不扯皮，甚至可以开辟绿色通道及时解决问题。二是强化宣传。加强《中华人民共和国企业破产法》贯彻实施的宣传力度，通过组织专家宣讲、投放公益广告、举办知识竞赛等活动，积极普及破产法治观念，通过宣介破产典型案例、开展破产法治大讲坛、组织专业律师和公职律师上门服务等方式，增强市场主体学法用法能力，助力传统企业破产道德沦丧价值思维向企业破产经济意义价值观转变，为企业破产处置营造良好舆论环境。

G 25
破产程序中府院联动数字化改革的
探索与完善

——以贵州"府院"数字化改革为视角

柳 燕*

摘　要：数据共享、信息互通、业务协同是破产程序中"府院联动"机制的核心和关键，但从各地构建的运行框架来看，破产程序中"府院联动"数字化改革的顶层设计及场景运用还相对薄弱，除个别地区率先开展探索外，大部分地区还停留在线下、个案式、阶段性的府院联动模式。本报告以贵州"府院"数字化改革为视角，对贵州省加快推进破产程序中"府院联动"数字化改革、构建破产领域数据资源库、实现破产领域府院常态化、数字化、信息化协同联动进行研究探讨，结合实务提出相应解决措施及改革路径，为该地区充分发挥大数据优势，加快推动破产领域数字化改革提供参考。

关键词：府院联动　破产程序　数字化改革　信息交互营商环境

2019 年 10 月 22 日，国务院颁布的《优化营商环境条例》明确规定县级以上人民政府建立企业破产工作协调机制。为提升破产审判质效，不断优化营商环境，助力地方经济社会发展，全国各地陆续出台"府院联动"制度性文件，基本构建起府院联动机制的运行框架，在推动"办理破产"

---

* 柳燕，贵州贵达律师事务所律师。

便利化方面发挥了积极作用。但纵观全国破产领域府院联动机制运行现状，大部分地区对破产外部性问题的信息共享和协调联动尚缺乏具体操作细则，整体还处于个案式、领域性的"一事一议"阶段，实际上很难发挥常态化、信息化的协调联动功效。目前，破产审判信息化建设和数字政府建设发展迅速，但由于数据标准不统一、系统功能不兼容、数据平台未对接，数据壁垒和数据烟囱现象在破产办理中明显存在。由于涉破数据未得到有效整合和运用，破产程序中府院联动的数字化、信息化水平与当前优化营商环境、提升破产审判质效要求不相符合。本报告以贵州本地"府院"数字化改革为视角，结合破产实践需求，对府院联动中的数字化改革进行研究探索，以期对本地区加快破产领域府院联动中数据共享、信息互通、业务协同建言献策。

一 破产程序中府院联动信息化建设现状

（一）"府院"两端数字化改革力度大

从国家层面来看，2022 年 9 月，国务院办公厅印发了《全国一体化政务大数据体系建设指南》，整合构建标准统一、布局合理、管理协同、安全可靠的全国一体化政务大数据体系。2023 年 3 月，中共中央、国务院印发了《党和国家机构改革方案》，新增组建国家数据局，负责协调推进数据基础制度建设，统筹数据资源整合共享和开发利用，统筹推进数字中国、数字经济、数字社会规划和建设。从国家层面，设立专门的工作部门负责协调国家重要信息资源开发利用与共享、推动信息资源跨行业跨部门互联互通。目前全国一体化政务服务体系已基本搭建好，覆盖各层级的政务数据目录体系初步形成，各地区各部门依托全国一体化政务服务平台汇聚编制政务数据目录超过 300 万条，信息项超过 2000 万个。从法院方面来看，为提升破产案件审理的透明度和公信力，最高人民法院统筹建设全国企业破产重整案件信息平台，部分地方法院开发建设了区域性的破产信息系统。运行相对成熟的政务服务系统与破产审判信息系统为全国府院联动中数据融合、信息共享奠定了较好基础。从贵州实践来看，贵州省在 2016 年被批复成立国家大数据

（贵州）综合试验区，2018 年启动全省"一云一网一平台"建设，地区数字政府服务能力、政务数据质量、政务数据治理水平得到了极大提升。特别是近年来，在全国一体化政务服务平台建设的推动下，全省一体化政务大数据体系建设稳步推进，政务数据集成应用水平在全国处于领先地位。从法院层面来看，2022 年 5 月，"贵州智破云平台"正式启动运行，该平台是全国范围内第一个三级统一的智能化破产办案平台，破产审判信息化建设不断完善，在一定程度上满足了法院、破产管理人、债权人在破产程序中的信息化需求。

（二）府院联动数据壁垒林立

全国乃至贵州省府院两端各自的数字化改革和信息化建设迅速推进，但破产程序中府院联动的信息化建设还相对薄弱，数字化改革推进相对滞后，府院之间数据壁垒林立现象突出，府院两端数据共享互通程度低，数据库和信息化平台尚未实现端口对接和数据共享。破产审判具有其特殊性，企业破产中外部性问题涉及政府部门较多，对府院联动的依赖性较强，但府院数据壁垒未实现突破，导致"办理破产"信息化建设与当下各行各业数字化改革水平不相符合。与全国大多数地区相比，贵州在府院联动数字化改革方面并未体现作为大数据创新实验区的明显优势，"贵州智破云平台"与政府信息平台均无端口对接和信息交互，更未实现数据共享和功能兼容，破产程序中府院联动数字化改革任重道远。

（三）破产领域数字化改革需求迫切

随着破产案件不断增多，"一事一议"模式下的个案府院协调联动明显不能满足市场出清和市场主体挽救的现实需求，[①] 特别是在诸如房地产企业等外部性问题突出的破产案件中，房企破产程序可能涉及自然资源和规划、住房和城乡建设、人防、消防、综合行政执法、气象、水务、交通等近 20 个行政部门，涉及行政权力事项多达 80 项，涉及土地出让金等政府性基金

---

① 陆晓燕：《"府院联动"的建构与边界——围绕后疫情时代市场化破产中的政府定位展开》，《法律适用》2020 年第 17 期。

收入、行政性收费及其他保证金等 10 余项，破产衍生问题严重依赖府院联动机制。但府院之间对该类破产企业及破产外部性问题缺乏常态化的信息共享和数据实时交互机制，在一定程度上导致破产程序耗时长、成本高、债权回收率低。

二 破产程序中府院联动数字化改革困境

（一）危困企业异常信息共享和甄别不及时

从破产实践来看，危困企业进入破产程序的时间普遍较晚，本来具有拯救价值的企业长期得不到有效的破产保护，导致资产严重减损、债务不断增加、企业流动性丧失，最终错失最佳的"破产拯救"时机，不得不退出市场。究其原因，既有债务人拖延、债权人利益博弈等因素，也有府院数据共享程度低、对危困企业异常数据甄别不及时等因素。目前来看，不管是"府"还是"院"，都在一定程度上对陷于困境的企业缺乏信息整合和预判，也缺乏对困境企业的及时救助和有效的司法重整保护。从前端来看，政府基于对企业工商、税务、统计、融资以及职工社保等数据和信息的掌握，对企业陷入困境的相关经营和发展情况有着较大的信息资源优势，但部门之间存在隔离带和数据鸿沟，互通性较差，数据系统不互通，导致数据资源优势无从体现。从法院端来看，一个企业发生大量诉讼、执行及执行不能案件，在一定程度上可以表明企业已经陷入困境。但"府院"数据共享度不高，有效的数据资源没有得到充分重视和应用，在一定程度上影响了事前预判，导致困境企业久拖失救。

（二）管理人查询破产企业信息便利度不高

从 2022 年贵州省营商环境评估情况来看，贵州省"办理破产"相关平均收回债务所需时间、收回债务所需成本、债权清偿率、办理破产便利度等指标虽然整体较 2021 年有较大提升，但与发达地区相比，"办理破产"相关指标还有较大提升空间，其中值得关注的是管理人查询破产企业信息耗时长、便利度不高等问题。破产企业不动产登记、采矿权登记、资产查封抵押、工商登记、社保、公积金、税款、车辆登记、权证办理等信息查询往往涉及多个部门，但由于破产企业的特殊性，管理人往往无法通过"一网通办"实现涉企信息网上查询和事项网上办理。究其原因，主要是一体化政务服务平台关于涉企信息网上查询和事项网上办理设置基本只针对正常经营下的市场主体，对已被受理破产的市场主体未做出特殊的办理要件设定，管理人无法通过网上提交破产受理裁定书及指定管理人决定书来查询涉破企业信息，更无法以管理人身份在网上办理涉破企业政务服务事项，只能通过线下办理。且由于一些地区和部门办事人员对管理人身份的认可度不高，对破产程序不熟悉，管理人线下查询和办理涉企事项的沟通成本较高，"多次跑、来回跑、反复跑"的现象较为普遍。值得一提的是破产企业往往有几十个上百个银行账户，在不能通过"总对总"方式查询的情况下，管理人需到各银行网点查询银行账户情况。即使部分案件受理法院通过"总对总"系统帮助查询企业财产信息，但因"总对总"系统不完全覆盖企业全部账户和财产，且只能查询到账户余额，对其交易记录亦无法查询，管理人仍需根据账户清单逐家银行进行查询调取，耗时长，成本高。

（三）"府院"缺乏常态化信息交互平台

目前，全国一体化政务大数据体系具备对接党委、人大、政协、纪委监委、法院、检察院等机构数据的能力，[①] 但基于破产数据库建设空白，全国一体化政务服务平台与全国企业破产重整案件信息平台并未实现总对总系统联通或分级对接，府院常态化信息共享机制尚未建立，案件受理法院、政府工作部门和管理人对案件办理动态、疑难问题、涉企政策等信息不能及时互通，三方信息不对称、数据不共享。从贵州层面来看，2022 年 5 月，省高级人民法院打造的"贵州智破云平台"启动运行，破产案件办理从"线下"搬到"线上"，法院、管理人、债权人实现线上信息共享。但是该平台与"贵州一体化政务服务平台"同样未实现数据对接和系统兼容，案件受理及办理动态等情况无法实时线上推送到政务服务平台。同时，政府部门涉及该破产企业的相关

---

① 《国务院办公厅关于印发全国一体化政务大数据体系建设指南的通知》（国办函〔2022〕102 号），2022 年 9 月 13 日发布。

信息、优惠政策、行业指导、行政措施等也无法向受理法院、管理人精准推送和共享。

（四）破产企业重整投资招募渠道单一

目前，破产重整投资人招募难、破产财产处置难等问题突出，一方面有经济周期下行和投资信心修复不足的原因，另一方面也存在破产企业投资信息发布渠道单一、发布范围精准度低、投资信息不对称等问题。从贵州破产实践来看，大部分管理人通过全国企业破产重整案件信息网、"贵州智破云平台"、管理人机构微信公众号、私域流量等渠道发布破产重整投资人招募和破产财产处置信息，也有部分管理人选择在专门的电商平台发布，但整体效果并不理想。从全国大部分地区来看，破产程序与招商引资并未得到有机衔接，破产资产处置和破产企业投资人招募并未进入地方招商引资平台视野，破产企业尚未处置的土地、房产、矿产资源、特种设备、特许经营资质、专利等资产资源往往未纳入地方招商引资的资源库，从而导致区域破产企业资产分散、规模较小，在一定程度上阻碍了地区破产企业资源优化配置和闲置低效资产盘活。

（五）破产企业档案电子化管理程度低

近年来，随着企业破产案件数量不断增加，各类破产企业产生的档案数量随之快速增长，但破产企业特别是民营企业的档案归属、保存、管理、流向、开发利用等缺乏有效的处置体系。虽然《最高人民法院关于审理企业破产案件若干问题的规定》第九十九条规定无上级主管机关的，由破产企业的开办人或者股东保存，但在实践中，股东一般拒绝接收破产企业档案。民营企业档案管理基础设施不足，档案管理机关一般拒收破产企业档案资料，从而导致民营企业的档案资料只能滞留于管理人处，而管理人只是企业阶段性管理机构，且管理人通常缺少档案管理经验，对企业档案管理缺乏专业性支撑，在档案资料处置上存在一定随意性，极易导致破产企业档案毁损灭失。破产企业档案纸质化、电子化管理均缺乏府院联动机制，大部分地区并未针对破产企业档案管理出台相应规范性文件，更未将破产企业档案电子化管理纳入地区档案工作议事日程。

三　府院联动数字化改革探索样本分析

近年来，不少地区在府院联动数字化改革、信息化建设上做出了积极探索，对推动本地区破产程序中府院联动数字化改革具有一定参考价值。

（一）侧重信息共享互通的深圳做法

2021年8月，深圳市中级人民法院、深圳市市场监督管理局、深圳市破产事务管理署联合签署并印发了《关于建立破产信息共享与状态公示机制的实施意见》，构建全国首个政府与法院破产信息共享与状态公示、互联互通、合作推进的常态联动协作机制。

（二）打造府院联动"一网通查"的上海模式

2023年2月，上海市高级人民法院等18个部门联合印发了《上海市加强改革系统集成提升办理破产便利度的若干措施》，对数据共享和信息化建设进行全面部署，特别提出建立破产信息"一网通查"机制，整合法院、相关政府机关及企事业单位的信息数据系统，可以预见上海破产案件办理效率将在信息化的加持下大幅提升，涉案信息查询"线下跑"将变成数据"网上跑"。

（三）府院联动数字化流程再造的富阳探索

2022年，杭州市富阳区人民政府办公室出台了《关于建立办理破产府院联动数字化工作机制推动营商环境持续优化的实施意见（试行）》，2023年6月，在充分运用办理破产府院联动数字化应用——"办理破产一件事"融破智联系统（以下简称"融破智联系统"）的基础上，配套出台了《关于建立破产企业生态环境治理数字化协作机制的若干意见》，杭州市富阳区充分利用浙江数字化改革和数字法治建设的优势，对"办理破产"进行数字赋能，大力推动破产审判智能化建设，从多个维度对破产案件办理进行流程再造。① 通

---

① 余文玲、黄赛琼、金叶群：《数字孪生与模型嵌入之"141"基层治理体系重塑 基于富阳区破产"府院联动"数字化改革实证研究》，《中国审判》2022年第15期。

过不断迭代升级，目前已基本形成了集专业化、项目化、协同化于一体的高质效破产案件办理集成应用体系，成为全国各地推行府院联动数字化改革的标杆。

四 贵州省府院联动数字化改革路径

（一）依托"一云一网一平台"建设区域性企业破产（含破产倾向）数据资源库

2022 年 6 月，国务院印发了《关于加强数字政府建设的指导意见》（国发〔2022〕14 号），提出要全面构建经济治理基础数据库，加强对涉及国计民生关键数据的全链条全流程治理和应用，赋能传统产业转型升级和新兴产业高质量发展。《全国一体化政务大数据体系建设指南》也提出要持续建立各类基础数据库和业务资源数据库，为多行业和多跨场景应用提供多样化共享服务。办理破产是市场主体全生命周期的重要环节，建立企业破产数据库是强化经济监测和预警的基础性工作。从宏观上来看，通过对破产数据汇聚、统计、分析和综合运用，能有效提升综合经济趋势研判的精准性和可靠性，从而提升地方经济政策优化调整的科学性和预见性。从微观上看，企业破产数据库的建立有利于政府信息资源与司法审执数据汇聚整合和实时共享，能极大地促进破产办理中府院联动信息化建设水平，实现破产企业信息归集汇聚、快速查询、适时调用、分析研判和及时破产拯救。

目前，全国还没有专门的企业破产数据库，个别地区诸如苏州、三明等城市建立了破产企业资产（资源）库，数据归集范围集中在破产企业的土地、厂房、机械设备、存货、知识产权等生产要素上，数据归集范围和应用场景有限。贵州省立足本地实际，"一云一网一平台"建设已初具规模，特别是"一朵云"基本聚合全省各级各类政务数据和应用。因此，在全国企业破产数据资源库尚未建立前，贵州省有能力有条件率先建立区域性的企业破产数据库，将破产企业（含破产倾向、危困企业）政务数据及审执数据进行全面整合和智能化比对，对企业欠缴税款数据、社保数据、统计数据、经营异常名录、涉诉涉执数据等进行智能化抓取和异常提示，并及时反馈相关行业主管部门，提前开展有效纾困、破产咨询和破产拯救等服务，实现危困企业的破产甄别，切实帮助市场主体脱困和健康发展。对无重整价值的企业及时进行市场出清，优化市场资源配置，提升地方经济活力。

（二）加快推进府院信息化平台数据端口对接

2016 年以来，国务院印发了《政务信息资源共享管理暂行办法》《国务院关于加快推进全国一体化在线服务平台建设的指导意见》《全国一体化政务大数据体系建设指南》等一系列政策文件，统筹推进政务数据共享和应用工作，并连年开展省级政府和重点城乡一体化政务服务能力评估，地方政府一体化政务服务能力得到迅速提升，一体化政务大数据体系建设日臻完善。贵州省依托全国一体化政务大数据体系，已建成涵盖省、市（州）、县（市、区）三级各相关行政机关和公共服务部门的政务服务平台，基本实现了全省政务服务一网汇聚、一网受理、一网反馈。同时，贵州省近年来还一直致力于推动"聚通用"建设，基本打通政务数据与工商法人库、民政社会基础信息库等其他系统数据接口，在一定程度上解决了政府数据碎片化、应用条块化、服务割裂化、实用低价值化等突出问题。另外，贵州省高级人民法院打造的"贵州智破云平台"在 2022 年启动运行后，全省破产案件办理均纳入系统管理，实现了破产案件动态信息的收集汇聚、信息发布、资源共享。因此，"贵州智破云平台"与"贵州一体化政务服务平台"的数据端口对接，既有政策依据支撑，也有政务大数据体系建设的良好基础，两个信息平台的数据端口对接具有一定的可操作性和现实性。本报告认为，这两个平台如果能实现端口对接，系统之间的数据壁垒将被打通，两个平台数据同步上传、共享，将助力政府、法院、管理人多方信息及时交互，有效解决信息不对称问题。

（三）优化破产企业信息查询及事项办理的操作流程

如前文所述，破产案件办理中的信息查询和涉企事务办理耗费管理人大量时间精力，在一定程度上增加了办案成本，延长了办案时间，便利度和体验感不佳，从而导致地方破产领域营商环境得不到切实优化。目前诸如上海 2023 年 2 月印发的《上海市加强改革系统集成 提升办理破产便利度的若干措施》

破产程序中府院联动数字化改革的探索与完善

及重庆市 2023 年 10 月印发的《破产案件全流程网上办理工作指引（试行）》等，均体现国家首批营商环境创新试点城市在办理破产案件中府院联动数字化改革的探索路径。贵州有国家大数据（贵州）综合试验区，具有较好的数字化改革优势，应充分利用该优势，通过数字赋能不断优化地方营商环境。一方面，尽快制定出台企业信息查询的配套文件，为政务服务事项最大限度颗粒化提供政策依据，对涉破政务服务事项进行流程再造，结合破产案件实际情况对不同类别的企业信息查询和政务事项办理明确操作路径，针对市场主体全生命周期设定涉企服务事项，对已被受理破产的企业提供特殊的"网上办"通道。另一方面，加强对管理人身份的识别和认同，在"府院"两端平台实现端口对接、数据共享的情况下，管理人通过"贵州智破云平台"中的管理人平台入口直接跳转到政务服务平台，线上提交企业信息查询申请，被申请部门受理后管理人可以及时查询和办理，并通过线上反馈查询及办理结果，实现府院两个平台信息相互验证和业务协同办理，真正实现企业信息查询和涉企事项办理"网上通办"。在技术条件成熟的情况下，强化管理人身份识别验证后，授权管理人通过职能部门数据平台自行查询破产企业的相关信息，提高破产案件办理效率。

同时，在破产程序中还应重视与金融机构的协调联动，2022 年 8 月，贵州省高级人民法院、中国人民银行贵阳中心、国家金融监督管理总局贵州监管局联合印发了《关于企业破产程序中涉企金融服务相关问题处理的意见》，大幅提升了破产案件办理便利度，但如前文所述，由于部分涉破企业账户过多，金融机构对账户信息安全管理要求较高，一般要求双人双证查询，面对大批量的银行账户，管理人需耗费大量时间进行账户信息调取。当企业在同一家银行多个分支机构开设多个账户时，部分金融机构不能提供总对总查询，管理人仍需到各分支机构分别查询银行账户交易流水、交易对手等账户信息，信息化和便利化程度不能满足当前破产案件快速办理的现实需求。本报告认为，当前"贵州智破云平台"与多家金融机构均有一定合作基础，可适时探索建立管理人查询企业账户信息的网上通道，实现"总对总"查询，即管理人向区域分行网上提交查询申请，区域分行将本区域内各家支行或网点开立的该企业银行账户信息进行查询，并线上反馈查询结果，节约"办理破产"的时间和成本，不断优化营商环境。

（四）加快与区域招商引资工作协调联动

破产程序具有企业拯救和优化资源配置的双重功能，其本质就是二次招商引资，将破产资产处置、破产企业重整投资招募与地方招商引资有机衔接，建立健全企业破产办理与招商引资的常态化联动机制，对整合区域破产资产，发挥规模化、精准化优势具有重要意义。贵州省有专门的招商引资平台，同时还有智能化程度较高的"贵商易"企业综合服务平台，该平台覆盖了全省范围内的大部分规上企业，且具有企业精准匹配优惠政策的数字化应用功能，同时还可实现帮助企业找资金、找厂房、找市场、找服务、找人才等数字化应用场景，该平台功能与破产程序中企业破产财产处置和重整投资人招募具有较高匹配度和契合度。因此，贵州省应在完善破产审判配套机制的同时，积极与同级招商引资部门及"贵商易"企业综合服务平台主管单位协调联动，清点摸排在办破产案件中尚未处置的土地、房产等不动产，特种设备等动产以及特许经营资质、专利、著作权、商标、技术秘密等无形资产资源情况，并以此为基础建立区域性的破产企业资源数据库。同时，将"贵商易"企业综合服务平台与"贵州智破云平台"端口进行对接，或通过"贵商易"企业综合服务平台数据算法精准匹配，精准推送破产企业财产处置和投资人招募信息，统筹协调解决破产企业资产处置难、重整投资人招募难等问题，实现破产程序释放资源和市场需求有序对接，提升破产财产处置效率，优化市场资源配置。

（五）强化破产档案电子化管理

当前，国家档案管理部门正在推进企业档案工作数字化转型，并将提高企业档案管理能力作为"十四五"期间档案管理工作重点。有不少城市出台了破产案件档案管理办法，大部分针对国有企业破产的档案资料收集整理和保管存储，对民营企业无法移交股东保管的档案资料该如何管理成为当前亟待解决的问题。《企业档案管理办法》规定，企业破产以后，除设备档案、基建档案等随同实物移交外，其余档案应向有关档案馆移交。实际上，随着破产案件的增加，破产企业特别是民营企业的档案很难被地方档案馆接纳。破产是企业从开办到注销的重要环节，探索破产企业档案电子化处置和管理具有现实迫切性。"贵州智破云平台"本身具有一定档案生成、交换和存储的功能，但其范围主要局限于案件办理流程中产生的档案资料，对企业其他的档案并不具有存储能力。面对越来越多的破产企业档案，应依靠档案管理部门，在推进企业档案工作数字化转型过程中，探索建设破产企业档案数据库，由管理人在案件办理中委托专业第三方对企业档案资料进行电子化处理后进行存储，确保企业档案保管的完整性。

五 结语

可以预见，破产程序中府院联动数字化改革将成为下一阶段各地优化营商环境、提升"办理破产"指标的重要举措，贵州省各领域数字化改革快速推进，但数字化改革成果在多领域、多场景应用上还需进一步探索。在"办理破产"领域，尽早谋划推进破产程序中"府院"数字化改革，将会成为进一步提升地区竞争软实力，确保"办理破产"在全国大中城市营商环境评价中成为关键举措。

G 26
以科学考评指标牵引贵州破产审判升级

——世行 B-READY "企业破产" 评价指标对
贵州破产审判的启示

田滔 袁晶晶 詹雨 孟荣钊[*]

摘　要：世界银行更新后的营商环境（B-READY）"企业破产"评价体系从制度框架、公共服务、运行效果三个维度评价各经济体的企业破产制度。对照 B-READY 评价体系倡导的企业破产程序价值和细化指标，贵州破产审判实践中存在防未病治已病水平待提高，债权人决策监督程序待规范，债权人权益保护待加强，债务人资产管理效果待突破等挑战。抓住事物的关键，可有效带动其他环节。优化贵州省营商环境考核评价"企业破产"指标体系，能以科学指标牵引贵州破产审判升级。科学的指标体系应当重点考核提高企业破产程序价值认知的举措、效益本位的破产审判理念、债权人等利益关系人参与破产事务的程序保障、对债权人权益的充分保护、专业化的破产审判队伍这五个方面。

关键词：世界银行　营商环境　B-READY　企业破产　贵州

---

* 田滔，贵州省遵义市中级人民法院清算与破产审判庭庭长；袁晶晶，贵州省遵义市中级人民法院清算与破产审判庭副庭长；詹雨，贵州省遵义市中级人民法院员额法官；孟荣钊，贵州省遵义市红花岗区人民法院员额法官。

一　问题的提出

营商环境是经济发展的基础，破产制度运用越得当越能促进营商环境的发展。[①] 世界银行此前发布的《营商环境报告》包含"办理破产"指标，该指标旨在通过量化排名促进各国完善企业破产制度。参评世行营商环境评估，是优化营商环境促进经济高质量发展的重要抓手。2017 年以来，我国加大对标世行《营商环境报告》评估标准力度，带动我国营商环境提升。

2021 年 9 月 16 日，世行宣布停止发布《营商环境报告》，表示将研究评估商业和投资环境的新方法。2022 年 2 月 4 日，世行发布新评估体系——宜商环境（Business Enabling Environment，BEE）的初步概念说明，并在全球范围内收集意见。2022 年 12 月，世行发布宜商环境《概念说明》（BEE Concept Note）。2023 年 5 月，世行发布新营商环境评估（Business Ready ，B-READY）《B-Ready 方法论手册》（B-READY Methodology Handbook）、《B-Ready 说明及指南》（B-READY Manual and Guide），并在世界各地举办了方法论研讨会。至此，世行营商环境新评估体系基本形成。B-READY 覆盖全球大多数经济体，为私营部门发展提供商业环境的定量评估，围绕企业的生命周期和其参与市场的方式专注于企业破产等十个主题。针对世行新项目名称 B-READY，目前有营商就绪、商业就绪、营商环境成熟度等中文译法，但没有官方中文翻译，国务院及各地的系列文件均表述为营商环境，且意旨大同小异，故本报告继续沿用"营商环境"的表述。

贵州省目前的营商环境评价体系来源于世行原本的营商环境评估体系（Doing Business，DB），其中的"办理破产"指标主要评估破产办理时间、成本、债权回收率及配套制度，历年评估为各市（州）促进破产办理便利化，持续优化营商环境提供了良好指引。但是，案件审理时间不等于清算程序债权人收回债权的时间和重整程序债务人脱困重生的时间；低成本可能意味着破产程序的低效益产出；决定债权回收率的关键因素是债务人的负债与财产，法官或管理人作用

---

①　温岭市人民法院课题组：《促进民营经济高质量发展的司法保障研究——基于构建破产便利化视角》，《上海市经济管理干部学院学报》2023 年第 1 期。

有限；各市（州）排名与经济发展水平或企业获得感不尽一致。指标体系构建是评价核心问题。[①] 为此，有必要对照 B-READY "企业破产"指标，探讨贵州省破产审判实践面临的挑战，优化考核评价指标体系牵引贵州破产审判升级。

二 指标结构：评价企业破产程序的三个维度[②]

B-READY 评价指标体系倡导的"企业破产"制度价值为：①有效预警避免企业陷入财务困境；②债务人、债权人等利益关系人积极参与；③充分保障债权人权益；④有效管理债务人资产。B-READY "企业破产"主题（一级指标）分别从制度框架、公共服务、运行效果三个维度（二级指标）进行评价。下表给出了三个维度及细化的三级、四级指标。

维度 I：制度框架——破产程序法规质（29 项指标）	
1.1	制度标准（13 项指标）
1.1.1	破产程序启动前的预警和启动程序（5 项指标）
1.1.2	清算重组程序（5 项指标）
1.1.3	破产管理人专业知识（3 项指标）
1.2	资产和利益相关者（11 项指标）
1.2.1	债务人资产管理（6 项指标）
1.2.2	债权人参与（5 项指标）
1.3	专门程序（5 项指标）
1.3.1	小微企业（3 项指标）
1.3.2	跨境破产（2 项指标）
维度 II：公共服务——基础设施和人力资源供给（12 项指标）	
2.1	数字化和在线服务（10 项指标）
2.1.1	电子法庭（6 项指标）
2.1.2	电子服务的互用性和信息的公开性（4 项指标）
2.2	破产法官和破产管理人队伍（2 项指标）
2.2.1	破产法庭或破产法官的专业化（1 项指标）
2.2.2	破产管理人的专业化（1 项指标）

---

① 郑方辉、王正、魏红征：《营商法治环境指数：评价体系与广东实证》，《广东社会科学》2019 年第 5 期。

② 关于企业破产的评估目标、方法、评分标准等，参见 WORLD BANK GROUP, B-READY Methodology Handbook, B-READY Manual and Guide, https://www.worldbank.org/en/businessready/b-ready。

维度Ⅲ:运行效果——实践中的效率与成本(4项指标)
3.1	实践中的清算程序(2项指标)
3.1.1	清算程序的时间(1项指标)
3.1.2	清算程序的费用(1项指标)
3.2	实践中的重组程序(2项指标)
3.2.1	重组程序的时间(1项指标)
3.2.2	重组程序的成本(1项指标)

（一）维度Ⅰ：制度框架——破产程序法规质量

1.制度标准

（1）破产程序启动前的预警和启动程序

有效预警避免企业陷入困境及困境企业能及时进入破产程序。当企业陷入财务困境时，科学的企业破产制度框架应当具备以下三个方面的特征。第一，企业管理层有职责保护债权人和其他利益关系人的合法权益，并及时采取行动，最大限度减少财务困境对企业的负面影响。第二，最大限度减少监管障碍，且为债务人和债权人的庭外重组创造条件。第三，有明确的启动正式企业破产程序的标准、程序，确保符合条件的企业及时进入程序。

（2）清算重组程序

提供适合解决企业困境的正确程序。企业破产制度框架应充分平衡通过清算让债权人在短期内收回债务与通过重组保护债务人商业价值的优势，尊重债权人、债务人等利益关系人的诉求，确保提供最适合解决企业财务困境的程序，并提供重组失败转清算的路径，让无法继续经营的企业快速退出市场。

（3）破产管理人专业知识

监督破产管理人依法高效履职。科学的企业破产制度框架应当能够公平、公正、公开地为企业选出适任管理人。管理人必须具有多方面的知识技能、丰富的从业经验，并严守职业道德和执业纪律，确保破产程序的公开公正、透明高效，维护企业破产制度的公信力。

335

2. 资产和利益相关者

（1）债务人资产管理

维护并最大化债务人资产。企业破产制度框架本着"逢进不逢出"的原则，维护并最大化债务人资产。为此，企业破产制度框架应为正在进行的诉讼或仲裁，拒绝履行对债务人不利的合同，继续履行对债务人有利的合同，为债务人的资金需求提供解决方案；同时，防止债权人过早收回债务，妨碍债务人继续经营。

（2）债权人参与

平衡好债权人的权益保障效果与决策参与效率。债务人资产的处理关系到债权人的切身利益，但债权人对决策的过度或不科学参与可能会导致债权人会议不能有效率地形成正确决策，影响破产程序的高效进行。因此要平衡好债权人的权益保障效果与决策参与效率。既要有维护债权人利益的明确规则，也要有债权人委员会等机制确保债权人能有效参与重要决策。

3. 专门程序

（1）小微企业

促进小微企业快速破产的简化程序。低效的企业破产制度框架对创业有害，缺乏快速高效简化的退出渠道可能会阻碍企业家创业。小微企业快速破产的专门程序应包括简化申请程序、重组清算程序间的转换、债务免除的简化条件等规则。

（2）跨境破产

承认他国程序的跨境破产法律体系。跨境破产制度框架可以提高外资贸易与投资的确定性，实现债务人资产价值最大化，救助困境企业，进而保护投资和维持就业。跨境破产制度框架应承认他国破产程序，并促进与他国法院、管理人合作。

（二）维度Ⅱ：公共服务——基础设施和人力资源供给

1. 数字化和在线服务

（1）电子法庭

拥有智能化一站式办案平台。法院的信息化、智能化、智慧化办案水平可以提高办案效率和透明度，降低成本。拥有一站式的智能化办案平台，可以实现线上申请、电子缴费、线上办案、电子拍卖、网络会议等。

（2）电子服务的互用性和信息的公开性

线上服务可互用，信息可公开。法官、管理人、债权人等相关方能线上查询债务人财产、破产程序进展等信息。破产程序中的法律文书应及时公布在网上，供法官和管理人参考借鉴。

2.破产法官和破产管理人队伍

（1）破产法庭或破产法官的专业化

专业的破产法官。破产程序涉及利益相互冲突的多元主体，矛盾纠纷尖锐，法律关系复杂，对破产法官的综合素质要求高。了解债务人财务状况需要法官掌握一定的财务知识，为债务人寻求资金支持需要专门的破产法庭协调相关投资人。因此，应设置专门破产法庭或有专职破产法官。

（2）破产管理人的专业化

专业的破产管理人。管理人应融会贯通掌握破产法、民法、刑法、行政法等法律知识，具有一定的商业运营、财务管理等技能。此外，在实践中也应举办专门培训提升破产管理人的能力水平。

（三）维度Ⅱ：运行效果——实践中的效率与成本

1.实践中的清算程序

清算程序应效率高且成本低。效率高且成本低的清算程序可以促进低效企业快速退出市场，鼓励踊跃创业。清算时间从申请之日计至清偿部分或全部债权之日止。清算成本包含案件受理费、管理人报酬、审计评估费、资产变现费等。

2.实践中的重组程序

重组程序应效率高且成本低。重组和业务分拆时间过长会直接导致债务人资产价值的贬损。重组时间从申请之日计至重组计划获得批准之日止。重组成本包含案件受理费、管理人报酬、审计评估费、资产变现费等。

三　对照检视：贵州破产审判实践中的挑战

（一）防未病治已病水平待提高

贵州地区部分政府部门和企业主对破产程序的价值认识不足，导致企业陷入困境时错过最佳拯救时机；同时，破产法官数量和水平均不足，距离 B-READY 希望企业破产程序发挥的"有效预警避免企业陷入财务困境"作用尚有较大提升空间。

1. 破产程序的价值未被充分认知

当前贵州地区的部分政府部门、企业主、债权人等对企业破产程序市场救治与退出的价值认识不足，谈"破"色变。一些地方政府担心企业破产影响经济发展或社会稳定。当地有一定影响力的企业陷入财务困境时，政府部门往往会及时组建工作专班，召开工作协调会，想办法帮助企业脱困。然而，债务负担沉重的企业，作为被执行人的案件众多，资产大多被查封冻结，如没有破产程序的解除查封冻结、清产核资、切割债务等诸多保护措施，很难引进投资人。政府工作专班监管企业一年甚至更长时间后，发现企业已经运转不下去，此时才会想起最后一道防线企业破产程序。而经过一番"折腾"后的企业，已经错失了破产重整的最佳时机。即便"强行"重整，也是艰难推进，效果不好。

2. 企业主申请破产顾虑多，不给法院防"未病"治"已病"的机会

大部分企业主对破产程序的保护功能认识不深，对破产的认识偏负面，普遍将企业破产与事业失败挂钩，不想破、不敢破，主动申请破产的意愿不强。笔者办案过程中遇到过一个作为被执行人案件众多，大部分资产被查封，企业基本没有经营的房开企业。当问及企业主为何不申请破产时，企业主表示，企业虽然没有经营，但还有一些营利空间，等企业彻底"转不动了"再说。该企业主未认识到破产程序的救治价值，等企业彻底"转不动了"，优质资产被处置殆尽，债务负担沉重，已经彻底丧失了挽救可能。

3. 破产法官防"未病"治"已病"的数量和水平均不足

截至 2022 年底，贵州省市场主体总数为 436.87 万户，全年新设立市场主体 74.54 万户，比上年增长 6.3%。[①] 每个县（市、区）都不乏面临经营风险，即将或已经陷入财务困境并停止经营的企业。因企业破产程序的价值未得到充分认识和挖掘。贵州 88 个县级行政单位中，部分县（市、区）法院没有审理过破产案件，大部分县（市、区）审理过数量很少的破产案件，自然也就没

---

① 《贵州省 2022 年国民经济和社会发展统计公报》。

有专业化的破产法官。另一方面，员额制法官改革中的法官员额数量设置并未考量过破产审判这一项工作，法官少诉讼案件量多，破产案件数量很少或没有的法院，诉讼案件数量特别多的法院，均没有专业化或专司破产审判的法官。贵州省9个市（州）中，目前只有贵阳等少数几家中院设立了专门的破产审判庭，有专业的破产法官，破产法官数量和质量均严重不足。

（二）债权人决策监督程序待规范

在法律条文中，债权人会议和债委会应当发挥许多重要作用，但实践中，债权人会议，特别是人数众多的债权人会议常存在决策监督程序失灵的现象。债权人由重大事项决策者异化成旁观者，管理人由具体事务执行者异化成最终决策者。债权人等利益关系人的参与程序有待进一步规范，以达到 B-READY "债务人、债权人等利益关系人积极参与"的要求。

1. 讨论程序缺失

《中华人民共和国企业破产法》第七章专门规定了债权人会议和债权人委员会的职权、召开程序、表决规则等事项；第五十九条规定债权人会议应当有债务人的职工和工会的代表参加，对有关事项发表意见；第八十二条规定各类债权的债权人应参加讨论重整计划草案的债权人会议；第九十六条规定法院应召集债权人会议讨论和解协议草案。第一百一十一条、第一百一十五条规定管理人应当拟订破产财产变价方案、分配方案，提交债权人会议讨论。可以说在我国企业破产制度框架层面，充分赋予了债权人参与讨论重大事项的权利。然而在司法实践中，基于决策效率等方面的原因，人数较少的债权人会议，亦鲜有专门安排讨论和搜集意见建议等环节，更不用说人数众多的大型债权人会议。债权人会议往往异化成"情况通报会"，债权人一般享有投赞成、反对、弃权票的权利，但实质性参与讨论优化方案的情况较少。

2. 监督权被剥夺

《中华人民共和国企业破产法》第六十一条规定，债权人会议有申请更换、监督管理人，审查管理人费用和报酬等权利；第六十八条规定，债权人委员会有监督债务人财产的管理和处分、分配等权利；债权人委员会执行职务时，有权要求管理人、债务人等有关人员对有关事务作出说明或者提供有关文件；管理人、债务人等有关人员拒绝接受监督的，债权人委员会有权就监督事项请求人民法院作出决定。质询权、监督权是债权人充分参与破产程序重要保障。然而，法院或管理人出于债权人会议场面失控、开会决策效率低等方面的考虑，债权人会议通常在会议开始时或会议材料中告知债权人，未经许可不得发言、提问，如有问题提问，可在会后询问管理人等注意事项。债权人的质询权、监督权让位于债权人会议的效率和秩序，这种安排是对债权人会议监督权的剥夺与限制。在管理人履职过程中，由于更换管理人成本高等方面的原因，管理人有恃无恐，即便法律有明确规定，管理人也可能拒绝接受债权人的质询监督。

3. 决策权被架空

《中华人民共和国企业破产法》规定债权人会议有核查债权，申请法院更换管理人，审查管理人的费用和报酬，监督管理人，选任和更换债权人委员会成员，决定继续或者停止债务人的营业，通过重整计划，通过和解协议，通过财产管理方案、变价方案、分配方案等权利。然而在司法实践中，由于惧怕债权人会议通不过相关方案或管理人想给自己留下灵活操作空间，管理人一般在方案中回避对债权人不利的表述，而作原则性的表述，通篇大多是正确的"废话"，将变价方案简略成依法变价，将分配方案简略成依法分配。无论债权人投票赞成、反对或弃权，均没有对核心问题进行实质决策，管理人自主操作空间巨大，由具体事务执行者异化成最终决策者。

（三）债权人权益维护待加强

《中华人民共和国企业破产法》保护债权人利益、债务人利益和社会公共利益，并且在债权人内部进行了区别对待。如共益债权、购房债权、建设工程价款优先受偿权、抵押权，无财产担保债权中的职工债权、税款债权、普通债权、劣后债权等。因此，从债权人开会程序、表决规则、异议渠道等制度设计可以看出，该法保护债权人这个群体的利益，个别债权人的权益存在感低，让位于全体债权人的利益，让位于破产程序的整体利益。因此，有待精准维护各类别债权人权益，实现 B-READY 倡导的"充分保护债权人权益"的目标。

1. 占据先权优势的债权人利益受损

古希腊法谚说，"法律不保护躺在权利上睡觉的人"。但破产程序会损害此前积极行使自己权利的人。资产几乎被查封殆尽，或有价值资产被查封，债务人往往会申请破产保护。一旦法院受理破产案件，将中止执行程序，解除查封，即便正在拍卖的执行标的物变现价款也将归入债务人资金池，申请执行人的债权只能等待破产程序中的统一清偿。破产程序中有不少信访案件正是因此产生，例如申请执行人认为执行法官慢作为或不作为，裁定受理破产申请的法官与被执行人恶意串通损害其利益。

2.债权清偿时间不确定且漫长

营商环境评估要求在破产程序中高效、快速实现当事人债权清偿。但法律并未对破产案件规定审限。以贵州法院审理的占较大比重的房开企业、煤矿企业破产案件为例，为数不少的破产案件不能在短期内审结，或即便审结，债权人的债权也并未得到清偿。如房企破产重整案件，法院已经裁定终止重整，进入重整计划执行期，但工程尚未竣工，资产尚未变现，虽然法院已经结案，但债权人的债权并未在审限内得到清偿。又如在破产清算案件中，大量资产无人接盘，有价无市，破产费用、共益债务、税收债权等又需要现金清偿，而资产短时间内无法变现，债权人的债权并没有得到清偿，导致债权人获得感较差。

3.部分类别债权人权益往往被牺牲

基于不同案件的特殊情况，被牺牲掉的债权人类别在不同案件中有差别。一是优先债权人的利益可能受损。政府相关部门负责人谈"破"色变，希望多重整少清算，把法院建设成救治企业的医院。社会公共利益优先或债务人本位的破产程序价值导向，让银行等优先债权人被迫参与到冗长的破产程序集体清偿活动中。二是普通债权人的利益可能受损。法院或管理人在履职过程中可能会重点关注债务人的继续经营优先、购房权益优先、税款债权优先等各种优先权。当面临强制批准分配方案、重整计划等决议时，普通债权人的利益可能会被牺牲。三是全体债权人的权益因善意的"瞎指挥"而受损。有一定影响的企业进入破产程序，政府首先考虑的是帮助企业脱困，组建工作专班监管企业，相关人员并非企业经营管理和企业所在行业的专家高手，他们可能无法对企业进行有效的监管和指导，甚至可能因为不专业而做出错误决策，导致部分企业经过一番"折腾"后，无法再继续运转，只能破产清算，企业丧失重整良机，资产缩水，全体债权人的利益因此受损。四是裁判规则的不统一导致债权人利益受损。破产案件历史问题、社会问题、法律问题相互交织，矛盾冲突集中在破产程序中爆发。一案一策有其存在的必要，但因此也可能产生裁判规则不统一的问题，例如在房企破产案件中，购房者权益、建设工程价款优先受偿权、抵押权、职工债权、劣后债权的认定标准和清偿顺位等规则在不同案件中就有所差别，部分类别债权可能被牺牲。

（四）债务人资产管理效果待突破

相较于发达地区，贵州法院破产审判工作起步晚，业务水平普遍不高，管理债务人资产还处于确保程序合规的水平，对债务人资产的管理效果还有待突破，暂未达到 B-READY "有效管理债务人资产" 的期望。

1.法官和管理人缺乏资产管理技能储备

破产法官和律师身份的管理人精通企业破产法律规则，会计师身份的管理人精通会计规则。贵州破产法官和管理人的专业背景和经验无法满足有效管理和运营债务人资产的需要。他们缺乏对特定行业、市场动态和资产类型的深入了解，无法准确判断资产的价值和潜力，进而无法制定有效的资产管理和经营方案。债务人财产一般会经过拍卖变价贬值出售，鲜有因出售或企业恢复营运而得到保值增值。[①]

2.投资人与债务人之间的匹配困难

贵州地区兼并重组市场的发展相对滞后，市场的参与活跃度和流动性不足。资金端供给少，而需求端渴求投资人的债务人不良资产较多。缺乏资产管理技能储备的管理人在资金端供给少的情况下，很难将债务人资产卖个好价钱或溢价招募到投资人。

3.法官和管理人保值增值债务人资产的动力不足

在优化营商环境背景下，相较于保值增值债务人资产，案件审理时限更易考核评估，法官和管理人处理企业破产程序的优先选项是快速变现资产清偿债权结案，满足考核要求，缺乏保值增值债务人资产的动力。此外，对于管理人的报酬而言，存在着边际效益递减的规律。从管理人的投入产出比看，保值增值债务人资产有利于全体债权人，但也因此意味着管理人更多人力物力的投入。管理人通过保值增值债务人财产增加的报酬不如新收案件报酬高。

---

① 张钦昱：《我国破产法的系统性反思与重构——以世界银行〈营商环境报告〉之"办理破产"指标为视角》，《法商研究》2020年第6期。

四　破题之道：以科学指标牵引贵州破产审判升级

有纪有纲，一引其纪，万目皆起，一引其纲，万目皆张。考核评价是优化营商环境的"纲"，科学的指标体系则是营商环境评价的"纪"。抓住事物的关键，可有效带动其他环节。指标体系决定评价的科学性，居于评价体系的核心地位。[1] 考核评价指标体系可作为参考标准助力贵州全面梳理全省营商环境建设成效，精准查找问题不足，提出整改提升对策，以评促改、以评促优、以评促建，以科学指标牵引破产审判升级。科学合理的指标体系应当重点考量以下五个方面的内容。

（一）提高企业破产程序价值认知的举措

只有政府、企业、债权人等相关方充分认识到企业破产程序的价值，法院主导的企业破产程序才能实现 B-READY 倡导的制度价值"有效预警避免企业陷入财务困境"，防未病，通过诉讼执行程序、企业法治体检等渠道的有效预警避免企业陷入财务困境，并切实治已病，帮助已经陷入困境的企业脱困重生。

1. 引导理解形成共识，提升破产程序的价值认知

通过加强宣传引导，提升政府部门、企业主、债权人等各方对企业破产程序的正确理解，在贵州形成"宽容失败、鼓励重生"的社会认知，是优化破产法治环境的重要途径。尤其重要的是，抓住领导干部这个"关键少数"，引领企业主、债权人等"最大多数"。因此，提升党政领导一把手、政府各职能部门负责人对破产程序的价值认知，是有效预警避免企业陷入财务困境，充分发挥企业破产程序市场救治与退出功能司法效能的关键。

2. 普及知识消除误解，提升破产程序的正面形象

通过媒体渠道，广泛宣传企业破产程序的市场救治与退出功能，消除社会各界对破产程序的误解和恐惧。这包括通过各种媒体平台，如电视、广播、自媒体、短视频等，普及破产法律知识，详细解读破产程序的操作流程，并重点

---

① 魏红征：《法治化营商环境评价指标体系研究》，博士学位论文，华南理工大学，2019。

展示破产程序在解决实际问题中的积极作用，以正面形象推动社会各界对破产程序的理解和接受。

3. 分享经验实操指导，提升破产程序的实用价值

通过举办专题培训、座谈研讨、沙龙论坛等活动，邀请学者、法官、律师、会计师等分享经验和案例，指导各方利用好企业破产程序，帮助企业脱困重生。这些活动可以涵盖破产程序的各个方面，如破产申请的辅导、破产财产的管理、债权债务的清偿等。同时，也应鼓励各方以实际问题为导向，灵活运用破产程序解决相关问题。

（二）效益本位的破产审判理念

B-READY 倡导的四大制度价值之一是有效管理债务人资产，以尽量低的成本换取尽可能大的资产收益，促进社会资源的最优配置。为了降低破产成本，提升资产收益，增大企业破产程序效益，应具有效益本位的破产审判理念。效益本位的破产审判理念至少包括以下三个方面的内容。

1. 坚持破产程序的市场化导向

因惧怕职工失业、群体性上访、社会不稳定等企业破产引发的"瀑布"效应，社会公众往往呼吁政府干预困境企业，将为企业职工纾困解困、维护社会稳定等置于优先序列。[1] 非市场化的破产审判理念可能牺牲企业破产程序的效益。因此，要转变破产审判理念，审理企业破产案件必须直面多元利益冲突，不应过于强调稳定和保守,[2] 而应当尊重市场规律，以市场化、法治化、科学化手段引导没有存在价值的企业及时退出市场，盘活有继续经营价值的企业资产，激发企业盈利活力。

2. 贯彻资产运营的整体化观念

应当优先选择重整或整体出售等方式，维持或提升债务人资产的运营价值，避免资产分割或贬值，实现债务人资产保值增值，提高债权人受偿水平和企业复兴可能。

3. 确保债务人资产最大化的制度落实

管理人应用足用尽用好各种制度安排，以确保债务人资产的最大化。例

---

[1] 张钦昱：《僵尸企业出清新解：强制注销的制度安排》，《法学杂志》2019 年第 12 期。

[2] 张世君：《我国破产重整立法的理念调适与核心制度改进》，《法学杂志》2020 年第 7 期。

如，《中华人民共和国企业破产法》第十八条规定，管理人可以根据债务人利益，自主决定解除或继续履行未履行完毕的合同；第四章第三十条至第四十条规定，管理人可以行使撤销、追回、追缴出资、取回等权利，以维护债务人财产。

（三）债权人等利益关系人参与破产事务的程序保障

B-READY 倡导的四大制度价值之一是债务人、债权人等利益关系人积极参与。在我国法院主导的破产程序中，存在着讨论程序缺失、监督权被剥夺、决策权被架空等问题。然而，只有债权人、债务人等利益关系人在信息基本对称的情况下，真实参与谈判，才会存在公平、理性的博弈，结果才会被大家所接受、信服和执行。[1] 因此，考核评价应重点考量审判实践中债务人、债权人等利益关系人参与破产的程序保障。

1. 增加讨论程序

应建立债权人、债务人参与讨论财产管理方案、分配方案、重整计划草案等重大决策的机制。如在债权人会议中增加讨论环节，确保债权人有机会就重大事项发表意见和建议；设立专门的讨论环节，由债权人提出问题和建议，管理人和债务人代表进行回答和解释。在大型债权人会议中设立多个讨论小组，分别就不同的议题进行讨论，以便更好地集中意见和建议。

2. 保障监督程序

法院和管理人应消除对债权人会议的恐惧，充分保障债权人的发言权和提问权，平衡开会效率和决策民主。但是，债权人会议由于人数较多、协调复杂，债权人难以全流程参与和监督破产程序，债委会则可以弥补这一缺陷，化解债权人集体行动问题，兼顾破产效率和透明度。因此，应考核债委会成员的代表性、行使监督权的途径、管理人拒绝接受监督的处理等方面的内容。

3. 强化实质决策

评价企业破产程序的制度框架、运行效果，应考量管理人在拟定相关方案前是否充分征求并吸纳了债权人、债务人等利益关系人的意见建议；在债权

---

[1] 王欣新：《营商环境破产评价指标的内容解读与立法完善》，《法治研究》2021 年第 3 期。

会议中，是否通过详细的讨论和解释，使债权人充分了解方案的细节和影响，以便更好地行使决策权。

（四）对债权人权益的充分保护

对债权人权益的充分保护是 B-READY 评价企业破产程序的四大制度价值之一。因此全省营商环境考核评价指标体系应当重点评价债权人收回债权的实际效果。

第一，评价指标不应简单地强调从立案到结案的审理时间，而是应该考核从进入破产程序计至债权人实际收回债权的时间。在营商环境考核过分强调审理时间的背景下，破产程序结案不意味着债权人实际收回债权，由此产生了营商环境考核评价漂亮数据与债权人获得感天差地别的怪现象。老百姓到法院不是为了走程序的，而是为了解决问题的。债权人不关心法院是否快速审结了破产案件，而是关心自己在多少天内收回债权。

第二，评价指标不应简单地强调成本和债权清偿率，而应当从效果上考核债务人资产变现溢价率。一味压缩管理人报酬、资产变现中介费等破产费用，其结果往往是管理人和其他中介机构工作的不卖力，最终影响债务人资产的变现价值，损害全体债权人的利益。同时，决定一个破产案件清偿率的主要因素是企业负债规模和财产价值。这两个因素是先天性的，法官或管理人的作用微乎其微。如企业负债 1 亿元，只有 10 万元资产，即便资产溢价 10 倍变现，债权清偿率仍然极低。但资产溢价 10 倍变现却是法官或管理人的巨大工作成果，因此应考核债务人资产变现溢价率。法律不强人所难，评价指标考核法官或管理人无能为力的地方没有任何正面意义，反而会起到迫使法院不敢受理清偿率低的案件的负面后果。

（五）专业化的破产审判队伍

专业化的破产审判队伍是 B-READY 考核评价的重要指标。破产程序中的每一个关键环节，都需要破产法官点头，否则便无法往下推进。作为破产案件的掌舵人，破产法官的能力水平、审判理念、精力投入几乎可以决定案件的质量。即便管理人水平很高，但部分逐利的管理人发现破产法官很好"忽悠"，破产案件的效率、质量和效果也可能因此大打折扣。企业破产程序之所以存在许多问题，其根本原因是没有专业化的破产法官。为此，要重点考核是否建立了专业化的破产审判队伍。

1. 在中院设立专业破产审判庭

专门的破产法庭或破产法官是高效率制度设计的重要组成部分。[①] 在审理诉讼案件的同时兼办破产案件的法官，因主要精力集中于诉讼案件的日常指标考核，可能连企业破产法及其司法解释都没有系统学习过。笔者在接受本辖区基层法院法官的业务咨询过程中，就发现对于企业破产法及其司法解释有明确规定的问题，部分法官都不掌握。因此，要选拔两级法院的破产审判精英，在中院组建专业破产审判庭，集中防"未病"，治"已病"，以有效预警避免企业陷入困境，审理本辖区破产及衍生诉讼案件，以专业化的破产审判团队，提升审理水平，不仅仅是循规蹈矩地走完破产程序，而是要在无望中挖掘希望，充分发挥企业破产程序促进资源优化配置的司法效能。考核评价体系不应单单看是否成立了破产审判庭，而是要看该市（州）破产案件承办法官是属于专业破产审判庭，还是分散在两级法院，甚至是同一法院的不同部门，看承办破产案件的法官是否兼办了大量破产案件之外的诉讼案件。

2. 有破产法官的专业化培养体系

指标体系应考核省法院或各市（州）中院是否有破产法官的选拔标准、培训计划、考核机制等，确保破产法官熟练掌握破产法律规则，了解市场经济运行规律，具备资产管理和处置能力。其中最基本的是法官办理破产案件前，应当通过破产相关法律规定考试。在此基础上，通过组织破产法官参加各种专题培训、学习交流、案例分析等活动，不断提升其业务水平和创新能力。

3. 有破产法官的专业化工作机制

应建立破产审判工作规范指引、管理人选任指引、破产案件财务管理办法等配套制度，规范破产程序的操作流程，确保破产案件的合法合规、效率、质量和效果。此外，"贵州智破云平台"除强调质效指标监管功能外，还应确保管理人账户资金监管、电子送达、网络债权人会议召开等功能的正常化、便利化使用。

---

① 李曙光：《美国破产法院综述》，《法制资讯》2013 第 10 期。

五　结语

优化营商环境需要对区域营商环境工作有准确认知和客观评估。世行B-READY营商环境评价改革体现了企业破产程序的新导向、新要求。面对B-READY营商环境评价改革的契机，贵州法院应当正确认识并充分吸收B-READY"企业破产"评价体系中所体现的国际先进理念，优化贵州考核评价指标体系，以科学指标牵引贵州破产审判升级。通过科学的指标体系查找问题短板以评促改，推广示范做法以评促优，总结实务经验以评促建，不断优化贵州破产审判工作，推动贵州破产审判水平迈上新台阶，立足法院破产审判职责，围绕公正透明的法治环境，打造以企业为贵、以契约为贵、以效率为贵、以法治为贵的"贵人服务"品牌，营造市场化、法治化、国际化一流营商环境，让贵州成为企业创业投资的首选之地。①

---

① 《做好"贵人服务"优化营商环境》，《贵阳日报》2023 年 7 月 7 日，第 A02 版。

图书在版编目（CIP）数据

贵州破产法治发展报告 / 邓德禄，陈应武主编.
北京：社会科学文献出版社，2025.5. -- ISBN 978-7
-5228-4971-3

Ⅰ. D927.730.229.192.4
中国国家版本馆 CIP 数据核字第 2025X471E5 号

贵州破产法治发展报告

主　　　编 / 邓德禄　陈应武
执行主编 / 贾梦嫣　雷　苑

出　版　人 / 冀祥德
责任编辑 / 张铭晏
责任印制 / 岳　阳

出　　　版 / 社会科学文献出版社·皮书分社（010）59367127
　　　　　　地址：北京市北三环中路甲 29 号院华龙大厦　邮编：100029
　　　　　　网址：www.ssap.com.cn
发　　　行 / 社会科学文献出版社（010）59367028
印　　　装 / 三河市东方印刷有限公司

规　　　格 / 开　本：787mm×1092mm　1/16
　　　　　　印　张：22.5　字　数：376 千字
版　　　次 / 2025 年 5 月第 1 版　2025 年 5 月第 1 次印刷
书　　　号 / ISBN 978-7-5228-4971-3
定　　　价 / 168.00 元

读者服务电话：4008918866